프랭클린 익스프레스

길고 쓸모 있는 인생의 비밀을 찾아 떠난 여행

프랭클린 익스프레스

에릭 와이너 지음 | 김하현 옮김

어크로스

쓸모 있고 유의미한 삶

아마 많은 분이 저를 《소크라테스 익스프레스》의 저자로 기억하실 겁니다. 부산과 서울을 비롯해 한국의 여러 지역에서 이 책이 크게 환영받은 것은 제게 놀랍고도 무척 기쁜 일이었습니다. 미국에 있는 제 고향에서 수천 킬로미터 떨어진 곳에서 그토록 열렬한 반응을 불러일으킨 이유는 무엇이었을까요? 저는 한국인이 사색적인 천성을 타고났기 때문에 이 책에서 탐구한 아이디어에 공감할 수 있었다고 생각합니다. 또한 한국인은 《소크라테스 익스프레스》에서 발견할 수 있는 두 가지, 바로 가벼운 농담과 유머를 좋아하지요.

이제 저와 함께 또 다른 여행을 떠나봅시다. 이번 열차는 《프랭클린 익스프레스^{Ben & ME}》입니다. 이 책에서 저는 벤저민 프랭클린이라는 인물 한 명에게 집중했습니다. "한 명"이라고 말하긴 했지만 사실 프랭클린은 여러 명이었습니다. 프랭클린은 내면에 수많은 인물을 품고 있었거든요. 그러나 여러분은 이러한 프랭클린의 모습들을 잘 모르실 겁니다. 프랭클린은 여러분의 삶에서 단 군왕검 같은 한민족의 시조보다 훨씬 멀고 별 의미 없는 인물이 겠지요.

하지만 걱정 마세요. 어차피 대다수 미국인도 프랭클린을 잘 모르니까요. 프랭클린이 미국을 건국했고 100달러 지폐에 얼굴 이 새겨져 있다는 사실을 빼면요. 다 괜찮습니다.《소크라테스 익 스프레스》가 소크라테스에 관한 책이 아니었듯이, 이 책도 벤저 민 프랭클린에 관한 책이 아닙니다. 이 책은 좋은 삶을 추구하는 방법을 다룹니다. 과거에 저지른 실수(프랭클린의 표현에 따르면 "오 자")를 수습하는 방법, 분노를 건설적으로 해소하는 방법을 다룹 니다. 간단히 말하면 여러분이 들고 있는 이 책은 쓸모 있고 유의 미한 삶을 살아가는 방법을 이야기합니다.

여러분과 프랭클린 사이에는 공간적 거리뿐만 아니라 시간적 거리도 있습니다. 프랭클린은 200년 전 사람이기 때문에 그에게 서 과연 무엇을 배울 수 있을지 궁금할 수도 있습니다. 오래전에 죽은 미국인이 어떻게 오늘날의 최첨단 세계에서 유용한 말을 해 줄 수 있을까요? 그러나 프랭클린에게는 해줄 말이 많습니다. 기 술이 진보하고 지도가 다시 쓰이는 동안에도 인간 본성의 핵심은 변하지 않기 때문입니다.

저의 다른 책들과 마찬가지로 이 책도 한편으로는 여행기라고 할 수 있습니다. 저는 장소가 매우 중요한 사람이고 그건 벤저민 프랭클린도 마찬가지였습니다. 그는 대단한 여행가였고 당대 가 장 널리 여행한 미국인이었습니다. 대서양을 여덟 번 횡단했고 거의 7만 킬로미터를 이동했지요. 저와 함께 프랭클린의 발자취를 따라 보스턴과 필라델피아, 런던과 파리를 여행합시다. 이 여행은 프랭클린에게도, 또 저에게도 꼭 필요했습니다. 프랭클린의 말마따나 "여행은 삶을 연장"해주기 때문이죠.

이 책에는 제 개인적인 이야기도 실려 있습니다. 프랭클린은 중요한 시기에 저를 찾아왔습니다. 언젠가 만났던 아이슬란드의 한 작곡가가 제게 절대 잊을 수 없는 말을 남겼습니다. "나는 언제나 내게 필요한 때에 내게 필요한 사람을 만났어요." 저 또한 제게 필요한 때에 벤저민 프랭클린을 만났습니다. 당시 저는 삶의 중요한 이정표(60세라는 나이)를 앞두고 있었고 겁에 질려 있었습니다. 잘 나이 드는 법을 알려주는 길잡이가 절실하게 필요했지만 찾지 못했습니다. 벤저민 프랭클린이 나타나기 전까지는요.

사실 프랭클린의 철학은 매우 한국적입니다. 그 핵심에는 좋은 습관을 쌓는 자기 수양이 있습니다. 한국어에서 철학은 말 그대로 "지혜 연구" 또는 "지혜로워지는 방법"을 뜻합니다. 벤저민 프랭클린을 사로잡은 것이 바로 이 "방법"이었습니다. 그는 대다수 사람이 무엇이 올바른 행동인지 알지만 실천하는 방법을 모른다고 믿었습니다. 유교 사상과 매우 비슷하지요. 실제로 프랭클린은 유교에 지속적으로 흥미를 보였고 자신의 신문 〈펜실베이니아 가제트〉에 공자의 글을 싣기도 했습니다. 그는 (자신이 "도덕적 완벽함"이라고 칭한) 개인의 향상에 관심이 많았으나 언제나 더 폭넓은 사회적 목표를 추구했습니다. 매우 한국적인 개념이지요. 한국의 전통에서 인간은 무엇보다 사회적 동물입니다. 개인의 안

녕은 다른 사람들의 안녕과 불가분하게 엮여 있습니다. 사회의 조화는 좋은 삶의 필수 요소입니다. 우리는 사회에서 가장 불행한 사람만큼만 행복할 수 있습니다. 바로 이것이 프랭클린이 추구한 가치입니다.

그러니 저와 함께하는 이 여행에서 이 사실을 잊지 마세요. 결국 우리는 그리 다르지 않습니다. 벤저민 프랭클린 같은 위대한 인물과 우리 사이를 갈라놓는 수천 킬로미터와 수 세기의 거리는 태평양만큼 거대해 보일지 모르지만 그건 환영일 뿐입니다. 벤저민 프랭클린은, 그의 글과 삶에 담긴 소중한 지혜는 여러분의 생각보다 더 가까이 있습니다.

2024년 8월

에릭 와이너

우리 삶에는 좋은 안내자가 필요하다

가장 생생하게 기억나는 것은 먼지다. 내 피부와 마이크, 바보 같은 기자 조끼, 다소 일찍 벗겨진 듬성듬성한 머리카락에 달라붙는 엄청난 양의 적갈색 흙먼지. 어둠과 절망의 도시 카불은 척박했고, 능력 밖의 업무에 허덕이던 젊은 기자였던 나는 그 부근에서 가장 풋풋한 존재였다.

1996년이었다. 탈레반이 아프가니스탄의 수도 카불을 막 점령했을 때였다. 이 종교적 광신도들은 뒤에 유탄 발사기를 실은 도요타 픽업트럭을 타고 곳곳이 움푹 파인 카불의 진흙투성이 도로를 달리며 시간을 때웠다. 음악은 금지되었다. 여성들은 간혹 위험을 무릅쓰고 거리에 나설 때면 부르카를 뒤집어써야 했다. 부르카는 앞을 볼 수 있도록 작게 만든 망사 창을 제외하면 머리끝부터 발끝까지 몸을 전부 감싸는 복장이었다. 부르카는 어울리지 않게 우아한 푸른빛을 띠고 있어서 이걸 입으면 마치 얼굴 없는 유령들 같았다. 축구 경기장은 공개 처형장으로 변했다.

나는 NPR(미국 공영 라디오 방송-옮긴이)에 전송할 기사를 성실하게 작성했다. 마이크를 마법 지팡이처럼 휘두르면서, 고통을 전한 만큼 그 고통이 줄어들기를 바라면서.

하루는 이 암울함에서 잠시 벗어나 그 지역 카펫 상점에 들르기로 했다. 탈레반 통치하에서 여전히 허용되는 예술 형식이 그곳에 있었다. 나는 원하던 카펫을 발견하고는(고동색으로 촘촘하게 짠 아름다운 부하라 카펫이었다) 사람 좋은 웃음과 씁쓸한 미소를 지닌 통통한 가게 주인과 머뭇머뭇 값을 흥정했다(나는 흥정을 싫어한다). 가격이 결정되자 나는 배에 두른 혁대에서 10달러짜리와 20달러짜리가 섞인 지폐 뭉치를 꺼냈다.

"노." 가게 주인이 말했다. 그의 얼굴에서 미소가 사라지고 목소리가 격앙되었다. "온리 프랭클린! 온리 프랭클린!"

100달러 지폐 위의 얼굴. 바로 그것이 전 세계 대부분의 사람이 아는 벤저민 프랭클린의 모습이다(모든 100달러 지폐의 3분의 2가 미국 바깥에서 유통된다). 나도 프랭클린을 그런 식으로 생각했다. 애초에 그를 생각하기나 했다면 말이지만. 그럴 때면 머릿속에 만화 같은 이미지가 떠올랐다. 인쇄기를 조작하는 프랭클린. 미국 헌법에 서명하는 프랭클린. 파리의 숙녀들에게 추파를 던지는 프랭클린. 그리고 당연히, 전기가 흐르는 연을 날리는 프랭클린.

한자리에 가만히 못 있는 성격인 나는 늘 간디, 공자, 니체 같은 이방인의 지혜에 끌렸다. 진정한 지혜는 늘 저 멀리서 외국어로 표현되리라 생각했다. 자국 역사는 모르고 타국의 역사만 게걸스레 흡수했다. 마음에 걸리긴 했지만 그렇다고 뭘 하지는 않았다.

내게는 취재해야 할 전쟁, 목격해야 할 세상이 있었기에 남은 프랭클린을 다시 혁대에 숨기고 다시는 그를 떠올리지 않았다.

얼마 전까지는.

30년 뒤로 빨리 감기. 나는 더는 젊은이가 아니다. 불안과 걱정이 숙명처럼 따라다니는 중년 남성이다. 플라톤이 말한 노년의 문턱이 점점 가까워지고 있다. 엄밀히 말하면 늙은 것은 아니지만 그렇다고 젊은 것도 아니다. 나는 중년과 경로 우대 대상 사이의 불편한 중간계에 있다. 생일이 다가온다. 6이라는 숫자가 떡하니 자리 잡는 묵직한 생일이다. 그동안은 그냥 무시하려고 했다. 처음에는 꽤 쉬웠다. 생일은 순항 고도에 오른 비행기나 사우스다코타의 황무지 상공에 높이 떠오른 열기구처럼 광활한 하늘 속의 작은 점 같은 것이었다.

그러나 이름 없는 생일은 점점 거대해지더니 결국 내 시야를 가득 채웠다. 나는 내 삶의 재고 조사를 시작했고 그렇게 작성된 목록이 마음에 들지 않았다. 끝도 없고 생각도 없이 쏟아붓던 그 노력은 다 무슨 소용이었나? 나는 이 세상에 무슨 도움이 되었나?

프랭클린이 내 삶에 재등장한 것이 바로 그때였다. 그는 나도 모르게 내 삶에 몰래 숨어들었다. 당시 내 편집자는 외계인에 관한 책을 써보라고 제안했다. 구체적으로 말하면, 1969년에 매사추세츠주 버크셔 산맥에서 일어났을 수도 있고 아닐 수도 있는 UFO와의 만남에 관한 책이었다.[1] 외계인 책은 쓰고 싶지 않았지만 편집자를 기쁘게 하고 싶어서 버크셔 사건에 대해 꼭 찾아보겠다고 약속했다.

버크셔 사건은 웬만한 UFO 목격담보다 더 수상쩍었다. 환한 빛이 나타났고 일가족이 납치당했으며 벌레처럼 생긴 생명체들이 등장했다. 한숨이 나왔다(나는 한숨을 아주 많이 쉰다). UFO 개념 자체에 반감이 더 커졌다. 조금만 더 조사해보고 편집자에게 전화해서 거절 의사를 밝혀야겠다고 마음먹었다. "UFO 책은 절대 안 쓸 거예요." 그러다가 우연히 읽은 기사 하나가 모든 것을 바꿨다.

기사의 제목은 "건국의 아버지들, 외계인에 심취하다"였다.[2] 호기심이 동한 나는 기사를 읽기 시작했다. 건국의 아버지 다수가 우주에 지적 생명체가 존재할 가능성을 믿은 모양이었다. 1639년 매사추세츠만식민지의 첫 번째 총독이었던 존 윈스럽은 보스턴 상공에서 기이한 물체, 즉 UFO를 보았다고 언급했다. 젊은 벤저민 프랭클린 역시 이렇게 말했다. "나는 우리 행성계 너머, 눈에 보이는 항성 너머, 사방으로 무한한 우주를 상상하며 그 안에 우리의 것과 같은 태양이 가득하고 각각의 태양에 다양한 세상의 합창이 울려 퍼지리라 믿는다."

다양한 세상의 합창! 이제야 흥미가 생겼다. UFO가 아니라 벤저민 프랭클린에게.

벤저민 프랭클린은 낯선 땅과 민족의 팬이자 과학자라기보다는 예술가인 나 같은 사람에게는 그리 대단한 영감의 원천이 아니다. 하지만 그동안 여행에서 내가 배운 점이 있다면 그건 늘 가정을 의심하고 질문하라는 것이었다. 만약 내가 잘못된 장소만 찾아다닌 거라면? 만약 지혜가 내 생각보다 훨씬 가까이에 있다면?

벤저민 프랭클린을 자세히 알면 알수록 그야말로 내가 그동안

찾아다닌 나이 듦과 인생의 안내자이자 멘토일지 모르겠다는 생
각이 들었다. 그의 삶은 후반 3분의 1이 단연코 가장 재미있고, 전
반 3분의 2는 그야말로 흥미롭다. 그가 가장 많은 것을 성취하고
바꾼 시기는 요즘 플로리다에서 골프를 치듯 식민지에서 골프를
칠 수도 있었을 삶의 마지막 장이었다. 왕당파였던 프랭클린이
독립군의 편에 선 것도, 노예를 부리던 프랭클린이 노예해방론자
가 된 것도 그때였다. 그가 매력을 발휘해 미국의 대의에 동참해
달라고 프랑스를 설득해낸 것도 그때였다. 역설적이게도 그가 오
랫동안 손에 잡히지 않던 거의 부처에 가까운 평정심을 발견한
것도 그때였다.

프랭클린은 가장 육체적인 건국의 아버지였다. 제퍼슨과 애덤
스, 워싱턴은 모두 머리가 좋았지만 바로 그게 문제였다. 그들은
그저 머리일 뿐이었다. 나는 제퍼슨의 배(배가 있긴 했나?)나 워싱
턴의 엉덩이가 어떻게 생겼는지 전혀 모른다. 아아, 그러나 프랭
클린은 다르다. 여기 온전한 몸을 가진 건국자가 있었다! 한 학자
의 말처럼 "살이 있고 세속적이고 유연하고 불경한" 건국자.[3]

'그래 맞아.' 나는 이 단어들을 보며 생각했다. 그리고 감사하게
도 살이 있고 유연한 이 사람은 가장 인간적인 건국자이기도 했
다. 그는 같이 맥주 한잔하고 싶은 건국자다. 토머스 제퍼슨을 '토
미'라고 부르거나 제임스 매디슨을 '짐보'라고 부르는 건 상상이
안 되지만 프랭클린은 마음 편하게 '벤'이라고, 심지어 그의 어린
시절 애칭인 '베니'라고 부를 수 있다.

벤저민 프랭클린은 대통령이었던 적이 없는 가장 유명한 대통

령이다. 그는 어디서부터 시작해야 할지 모를 만큼 수많은 업적을 쌓았다. 당대 가장 유명한 미국인으로서 건국의 아버지 중 독립전쟁이 일어나지 않았더라도 이름을 떨쳤을 유일한 인물이었다. 프랭클린은 인쇄업자이자 출판업자, 풍자 작가, 과학자, 독지가, 유머 작가, 외교관, 발명가, 입법가, 기상학자, 전기 작가, 우체국장, 편집자, 여행가, 폭로자, 열렬한 팬이었다. 또한 그는 인플루언서였다. 아마도 그가 최초의 인플루언서였을 것이다. 그는 새로운 공화국의 설립으로 이어지는 네 개 문서에 전부 서명한 유일한 인물이었다.[4] 그는 피뢰침과 이중 초점 안경, 새로운 유형의 스토브, 기부금 매칭, 유리로 만든 아르모니카, 사다리 겸용 의자를 발명했다.[5] 게다가 이 목록은 일부일 뿐이다. 필라델피아에서 그는 공공 도서관과 병원, 의용 소방대, 마을 방범대처럼 오늘날 우리가 당연하게 여기는 여러 시민 조직을 만들었다.

내 이력서는 훨씬 밋밋하다. 아무것도 발명하지 않았고 아무것도 설립하지 않았다. 나는 이 시대 가장 유명한 미국인이 아니다. 그 어떤 전쟁에서도 승리하지 못했고 그 어떤 선언문에도 서명하지 않았다.

그러나 더욱 파고들면서 벤과 나의 몇 가지 유사점을 발견했다. 나 또한 살을 몇 킬로그램 빼야 한다. 나 또한 사람의 마음을 얻는 가장 좋은 방법은 유머라고 믿는다. 나처럼 프랭클린도 여행을 즐겼다. 그는 그 시대 그 어떤 미국인보다 더 멀리, 더 오래 여행했다. 목적지 도착을 보장할 수 없고 기내 서비스가 오늘날보다 훨씬 형편없었던 시대에 대서양을 여덟 번 횡단했다. 길었던 인생의 3분의 1을 해외에서 지내면서 런던과 파리에 거주하고, 캐나다, 아일랜드, 스코틀랜드, 독일, 네덜란드를 방문하고, 포르투갈령 마데이라섬에서 눈부시게 아름다운 3일을 보냈다. 마데이라 와인은 그가 소중히 여긴 작은 기쁨이었다. 그는 마데이라 와인을 넉넉히 모으면 초대형 행복을 얻을 수 있다고 믿었다.

프랭클린은 가장 오해받는 건국의 아버지다. 성공한 사업가였고 자기 얼굴로 100달러 지폐를 빛내고 있긴 하지만 그는 악착같이 돈을 긁어모으는 자본가가 아니었다. 내가 찾은 정보에 따르면 그는 은행가보다는 불자에 가까웠다. 그는 도덕성과 죽음, 신, 희열, 사랑처럼 정답 없는 삶의 문제로 씨름했다. 냉정함으로 악명 높긴 했지만 그는 로봇이 아니었다.

그렇다면 프랭클린은 완벽했는가? 절대 아니다. 나는 그에게 때때로 실망하고 때때로 격노한다. 한 역사가의 말처럼 그는 "분별의 완벽한 본보기"였고 내게 그보다 더 짜증나는 것은 없다.[6] 그는 이따금 상상력과 융통성이 지나치게 부족했고 지나치게 신중했다. 자민족 중심적이고 편협하기도 했다. 그러므로 그에게도 결함이 있었다. 그러나 나 또한 그렇다.

나처럼 벤도 좋은 이야기를 들려주는 것을 무엇보다 좋아했다. 우리 인간에게는 산소와 물이 필요하듯이 자신에게 들려줄 이야기, 특히 세 가지 필수 질문에 관한 이야기가 필요하다. 우리는 어떻게 이곳에 왔는가? 죽으면 어디로 가는가? 그때까지 무엇을 해야 하는가? 앞의 두 가지 질문에 대해 프랭클린은 별 도움이 되지 않는다. 그에게는 한가롭게 공상에 빠질 시간이 없었다. 그러나 세 번째 질문에 대해 그는 내놓을 것이 많다. 그는 좋은 안내자이고, 내게는 확실히 좋은 안내자가 필요하다.

나를 포함한 모두가 더 나은 자신이 되려고 고군분투하는 지금, 미국 최초의 자기 계발 전도사인 프랭클린은 생각보다 쉽게 그럴 수 있음을 보여준다. 미국이라는 태피스트리가 서서히 해지고 있는 지금, 프랭클린은 미국의 실험에 유난히 희망적이고 감탄스러운 면이 있음을 보여준다. 우리의 생각이 딱딱하게 굳어버린 지금, 프랭클린은 생각을 바꾸는 것이 고결한 행동일 뿐만 아니라 매우 미국적인 행동임을 보여준다.

안타깝게도 벤저민 프랭클린은 과거에 살고 과거는 우리 미국인이 애써 찾아가는 곳이 아니다. 물론 우리는 훌륭한 박물관 기념품점과 남북전쟁 재연 행사를 좋아하지만 젊은 국가로서 과거보다는 가능성과 두려움으로 가득한 미래에 훨씬 매혹된다. 그러나 지난 몇 년간 나는 과거, 특히 18세기에 머리를 처박고 있었다. 그곳은 흑인이나 북미 원주민이나 여성이 아닌 사람, 그러니까 적절한 발음을 구사하는 백인 남성에 한해서는 그리 나쁜 곳이 아니었다.

작고한 사회비평가 닐 포스트먼은 《18세기로 향하는 다리 건설하기》라는 책을 썼다. 그의 논지는 18세기가 여러 근대 사상이 태어난 중요한 시대이므로 되돌아보는 편이 좋다는 것이었다. 그는 이렇게 말했다. "우리가 저지른 실수를 잊는 것은 문제다. 그러나 우리가 이룬 성공을 잊는 것이 더 큰 문제일지도 모른다."[7] 우리는 과거를 되풀이할까 봐 너무 두려운 나머지 그 안에 숨은 보물까지 내버린다. 나는 이 개념이 대단히 매력적이라고 생각한다. 나에게 어떤 직함이 있다면 바로 보물 사냥꾼일 것이다.

프랭클린과 그가 살던 시대를 향한 나의 호기심은 처음에는 서서히 보글대다가 곧 나조차 놀랄 만큼 강력하고 끈질기게 팔팔 끓기 시작했다. 이 집착의 결과물이 바로 여러분이 쥐고 있는 이 책이다. 아아, 안타깝게도 이 책에서 외계인은 만나지 못할 테지만, 바라건대 내가 발견한 벤저민 프랭클린의 모습, 즉 우리에게 큰 가르침을 주는 살이 있고 유연한 건국자를 여러분도 발견하기를. 구하기 어려운 만큼 매혹적인 그의 가르침은 바로 길고 쓸모 있는 삶을 사는 비결이다.

차례

1부

스스로 성공 공식이 된
인간의 탄생

1

나를 이용해주세요

사람은 죽어서야 완전히 태어난다.

— 벤저민 프랭클린

이 책은 당연히 끝에서 시작된다. 이 여정은 오로지 여기, 삶의 종착지에서만 이해할 수 있다. 아직 살아 있는 삶을 판단하는 것은 아직 보고 있는 영화나 아직 먹고 있는 음식을 평가하는 것과 마찬가지다. 우리의 판단은 좋게 말하면 불완전하고 나쁘게 말하면 어리석을 수밖에 없다.

끝은 저마다 다르지만 그 어떤 끝도 행복하지 않다. 1790년 봄, 필라델피아 자택에서 펼쳐진 벤저민 프랭클린의 마지막 장도 예외는 아니었다. 그 마지막 장은 프랭클린의 둘째 딸이나 다름없었던 폴리 스티븐슨의 손으로 꼼꼼하게 기록되었다.[1] 런던에서 두 사람은 수년간 같은 집에 살면서 자연 세계를 향한 맹렬한 호기심을 함께 나누었다. 벤은 폴리를 "귀여운 철학자"라고 불렀다.

생애 마지막 해에 벤은 자기 침실을 좀처럼 벗어나지 못했다. 그는 도르래 장치를 사용해 침대에 누운 채로 방문을 닫았다. 아편과 알코올을 섞어 만든 로더넘 복용량을 점점 늘리고 있었지만 통풍과 신장결석, 늑막염으로 고통에 시달렸다. 그럼에도 폴리는 "그분에게서 불평과 짜증은 전혀 새어 나오지 않았"으며 눈곱만큼의 자기 연민도 드러나지 않았다고 말한다.[2]

벤저민 프랭클린은 84세까지 긴 삶을 누렸다. 18세기 사람들이 맞이한 무수히 다채로운 죽음의 방식을 생각하면 더더욱 그렇다. 프랭클린은 각종 질병과 두 차례의 전쟁, 여덟 번의 대양 횡단, 목숨을 앗아갈 만큼의 전기 부하와 칠면조를 이용한 엉망진창 실험에서 살아남았다.[3] 모두가 프랭클린의 긴 삶을 놀라워했다. 특히 프랭클린 본인이 가장 놀라워했다. 그는 친구에게 이렇게 말했다. "침대에 누워 잠들었어야 하는 사람이 후대의 앞을 가로막은 듯한 느낌이네. 하지만 내가 일흔에 죽었다면 내 인생에서 가장 활동적이고 가장 중요한 사안을 고민했던 12년이 사라졌겠지." 이 말로는 부족하다. 프랭클린 인생의 마지막 10여 년은 그가 가장 분주하고 가장 행복한 때였다.

평생을 바쁘게 활동한 끝에 벤저민 프랭클린은 오랫동안 그를 피해 다닌 것, 바로 휴식을 얻었다. 1788년 여러 공적인 의무에서 면제된 그는 편안히 기대앉아 "그토록 오래 고대한 여유"를 즐길 수 있었다. 여기 안식을 취하는 프랭클린이 있었다. 그게 아니라면 한시도 가만히 못 있는 사람에게 그나마 안식에 가까운 것이거나. 여전히 할 일이 많았다. 자서전도 완성하고 자기 삶도 돌아보고 오늘날 프랭클린 코트라고 불리는 필라델피아 마켓 스트리트에 있는 작은 집도 돌봐야 했다.

벤은 말년에 읽고 쓰고 옛 친구들을 만나고 손님을 초대하며 시간을 보냈다. 그는 맥주와 러셋 감자로 간소한 식사를 내놓는 별나지만 쾌활한 주인이었다. 머내시 커틀러라는 목사는 미국의 왕족을 만나리라 예상하며 프랭클린의 집에 도착했으나 그 대신 "퀘이커교도 복장에 정수리가 휜하고 짧은 백발인 키 작고 뚱뚱하고 구부정한 남자가 모자도 쓰지 않고 나무 아래 앉아 있는 모습"을 발견했다고 회상했다.[4] 평범함은 아마도 프랭클린이 지닌 가장 비범한 자질이었을 것이다.

프랭클린은 손님에게 자신의 발명품과 진귀한 수집품을 보여주기를 즐겼다. 그중에는 머리가 두 개인 뱀, 인간의 순환기를 보여주는 유리 장치, 초기 복사기, 수많은 책장의 맨 위 칸까지 닿는 '긴 팔' 장치가 있었다. 비유하자면 프랭클린 코트는 18세기의 샤퍼이미지(획기적인 최첨단 전자기기를 판매하던 미국의 전문 소매점-옮긴이)와 비슷했다. 어린 벤이 고향 보스턴에서 거의 12명의 가족과 함께 생활했던 소박한 방 두 개짜리 집과는 완전히 딴판이었다.

◆

삶이 끝을 향해 가던 1790년 4월 초 그는 잠시 기운을 회복하며 희망을 품었지만 2주 뒤 한쪽 폐에 있던 농양이 터지면서 물이 찼다. 주치의였던 존 존스는 "차분한 무기력 상태가 이어졌다"고

전한다.[5] 그러던 4월 17일 오후 11시 "그는 84년 하고도 석 달의 길고 쓸모 있는 삶을 마감하며 평온히 영면에 들었다."[6]

의사의 단어 선택이 중요하다. 단순히 긴 삶이 아니라 길고 쓸모 있는 삶이다. 쓸모는 18세기에 매우 중요한 문제였다. 모든 발상을 판단하는 가장 중요한 기준은 바로 효용성이었다. 최대 다수의 최대 행복에 이바지했는가?[7]

사실 우리는 쓸모 있는 삶에 양가감정을 느낀다. 그런 삶을 살고자 노력한다고 주장하면서도 이런저런 것들이 "그저 나를 이용한다"고 불평한다. 다른 사람에게 늘 이용당하는 친절한 성격은 결함으로 취급된다. 그러나 어쩌면 그건 최고의 칭찬일지도 모른다. 이용당하기를 피하지 말고 오히려 기꺼이 요청해야 하는지도 모른다. 네, 제발 저를 이용해주세요.

쓸모는 프랭클린에게 특히 중요했다. 이 단어는 그의 자서전에 거의 서른 번 등장한다. 쓸모는 그의 원동력이고 특성이었다. 그는 쓸모 있는 인쇄업자이자 쓸모 있는 정치인, 쓸모 있는 과학자, 쓸모 있는 작가, 쓸모 있는 친구였다. 또한 그는 쓸모 있는 혁명가였다. 아마 조지 워싱턴 다음으로 가장 쓸모가 많았을 것이다.

나는 쓸모 있는 사람인가? 의문스럽다. 다른 사람과 비교하면 한참 부족하다. 우리 아버지는 의사였다. 아버지는 삶을 살렸다. 우리 어머니는 교사였다. 어머니는 삶을 빚었다. 내 친구 제임스는 명상을 지도한다. 제임스는 삶을 진정시킨다. 나? 나는 종이 위에 글을 휘갈기고 어떤 날은 그마저도 많이 못 한다. 그러니 나는 쓸모 있는 사람이 아니다. 벤저민 프랭클린과 비교하면 더더욱 그렇다.

그렇게 생각하니 오래전부터 내 뒤를 그림자처럼 따라다닌 은은한 우울감이 올라온다. 벤은 이렇게 낙담한 적이 없었다. 그는 낙관적 전망을 유지했고, 다른 이들이 희망을 잃을 때도 결코 희망의 끈을 놓지 않았다. 무언가를 할 수 있을지 또는 개선할 수 있을지 물으면 그는 늘 이런 식으로 답했다. "안 될 게 뭐야?"

벤저민 프랭클린은 실용주의자라기보다는 신경과학자 데이비드 이글먼이 말하는 "가능성주의자possibilian"에 가까웠다.[8] 실용주의자는 "지금 우리는 무엇을 할 수 있는가?"를 묻는다. 가능성주의자는 아무리 있을 법하지 않은 일도 그 미래 가능성을 믿는다. 가능성주의자의 인내심은 끝이 없다. 가능성주의자는 언제나 끈기 있게 앞으로 나아가고 절대 한숨 쉬지 않는다.

어쩌면 내 안에 가능성주의자가 숨어 있을 가능성도 있지 않을까?

2

주어진 선택지를 거부하다

벤저민 프랭클린은 길었던 삶의 대부분 '닥터 프랭클린'으로 불렸다. 엄밀히 말하면 거짓은 아니었지만 그렇다고 사실도 아니었다. 의학에 지대한 관심과 지식을 드러내긴 했어도 프랭클린은 의사가 아니었다. 박식하고 여러 언어에 정통하긴 했어도 그에겐 박사 학위는커녕 고등학교 졸업장도 없었다. 닥터는 먼저 스코틀랜드의 세인트앤드루스 대학교에서, 그다음에는 옥스퍼드 대학교에서 수여한 명예 학위였다. 닥터 프랭클린은 '진짜' 닥터가 아니었다.

나도 진짜 닥터가 아니다. 하지만 내 서재에는 내게 독토르 호노리스 카우사^{Doctor Honoris Causa}(명예박사 학위라는 뜻-옮긴이)의 칭호를 수여하는 졸업장이 걸려 있다. 격조 높은 서체에 없어서는 안 될 중세 느낌의 문양과 함께 간간이 라틴어도 섞여 있다. 나는 액자에 넣은 이 학위를 자주, 어쩌면 너무 자주 바라본다.

내 명예박사 학위는 옥스퍼드 대학교나 여러분이 이름을 들어

봤을지 모를 여타 대학교에서 받은 것이 아니다. 이 학위는 불가리아에서 두 번째로 훌륭한 명문대학인 벨리코 타르노보의 세인트 키릴 앤드 메토디 대학교에서 받았다. 미국인의 입으로 이 불가리아어 음절을 구사하기까지 일주일간 부단히 연습해야 했지만 결국 나는 대학 이름과 함께 다음 14개 단어를 마스터했다. 이 즈비네테, 노 불가르스키아트 미 네 에 므노고 도부르, 타카 체 슈테 고 보리아 나 안글리이스키. "죄송하지만 불가리아어를 잘하지 못하는 관계로 영어로 말하겠습니다."

이것이 바로 어느 봄날 이 대학에 모인 교수진과 학생 그리고 수십 명의 기자 앞에서 내가 한 말이다. 그 순간을 영원히 잊지 못할 것이다. 검은색과 보라색이 섞인 가운을 두르고 부적처럼 내 학위를 움켜쥔 나는 프랭클린이 명예박사 학위를 받을 때 느꼈을지 모를 감정을 경험했다. 자부심과 인정받았다는 느낌이 복잡하게 뒤섞였고 여기에 약간의 당혹감이 더해졌다. 내가 이걸 받을 자격이 있나? 내가 얻어낸 게 맞나?

무엇보다 나는 안도감을 느꼈다. 벨리코 타르노보의 선량한 사람들은 몸과 마음을 망가뜨리는 나의 깊은 한을 풀어주었다. 아내나 여러 다른 친구들과 달리 나는 아이비리그 졸업생이 아니다. 나는 게으르고 헐렁한 학생이었다. 로즈 장학생^{Rhodes Scholar}(옥스퍼드 대학교 학생에게 주어지는 장학금-옮긴이)이 아니라 로드 워리어^{road warrior}(비즈니스 여행자-옮긴이)였다. 여기저기를 떠도는 강박적 방랑자이자 반성할 줄 모르는 신경증자였다. 하지만 이제 나도 박사였고 그 사실을 증명할 문서도 있었다.

내게 반복해서 떠오르는 망상이 하나 있다. 비행기 안에서(당연히 일등석이다. 이건 망상이니까) 블러드메리를 홀짝이며 견과류를 우물거리고 있는데 한 승무원이 기내 방송을 한다.

"승객 여러분께 안내 말씀 드립니다. 탑승하신 분 중 닥터 있으십니까? 계신다면 벨을 눌러주시기 바랍니다."

나는 벨을 누르고 승무원이 내 자리로 달려온다.

"손님, 닥터이십니까?"

"뭐, 그렇습니다. 정확히 말하면 불가리아에서 두 번째로 훌륭한 명문대학에서 받은 명예박사 학위이긴 하지만요. 무엇을 도와드릴까요?"

내게는 이론이 하나 있다. 모두가 어딘가에서는 유명하다. 벤저민 프랭클린과 배우 제리 루이스는 미국보다 프랑스에서 훨씬 유명했다. 독일인은 배우 데이비드 하셀호프를 숭배한다.

추첨운이 좋았는지, 나는 불가리아를 뽑았다. 불가리아인은 나를 좋아한다. 마이클 볼튼보다도 나를 더 좋아한다. 참고로 말하자면 그들은 마이클 볼튼을 엄청나게 좋아한다. 불가리아의 수도 소피아를 찾았을 때 길모퉁이를 돌자 이 빛바랜 팝스타의 광고판이 보였다. 8층 높이의 광고판이었다. 불가리아에는 이런 말이 있다. "록스타는 서쪽에서 뜨고 동쪽으로 진다."

불가리아인이 나를 왜 좋아하는지는 모르겠다. 솔직히 말하면 나조차도 나를 좋아하지 않을 때가 있는데 말이다. 생각해보니 그래서일지도 모르겠다. 불가리아인은 세상에서 가장 불행한 민족 중 하나이기에 내 우울한 감성을 이해하는 것이 아닐까. 또는 내 어두운 유머가 공감을 자아내는 것일지도 모른다. 아무튼 불만은 없다. 청하지 않은 애정은 선물이고, 선물에는 무릇 의문을 제기하지 않는 편이 좋다. 모든 선물이 그렇듯 말이다. 프랭클린은 이 교훈을 어린 나이에 습득했다.

춥고 비 오는 1월의 어느 날 '닥터' 프랭클린이 받은 교육을 생각하며 올드 보스턴의 거리를 걷는다. 내게는 목적지가 있다. 내가 묵는 호텔에서 도보로 겨우 5분 거리인데도 그 사이에 벤을 두 번이나 마주친다. 프랭클린 스트리트(50개 주 전체에 적어도 하나씩은 있다)를 지나자 100달러 지폐에 있는 것과 똑같은 그의 통통한 얼굴이 그려진 간판이 나타난다. "벤저민, 블록체인을 만나다"라고 쓰여 있다. 월스트리트의 마천루나 바하마의 별장에서 만들어낸 블록체인이나 크립토(암호화라는 뜻으로 암호화폐를 의미하기도 한다-옮긴이) 같은 금융계의 묘기를 프랭클린도 좋아했으리라는 뜻이다. 난 잘 모르겠다. 벤은 혁신적인 기술 중에서도 쓸모 있는 것들만 좋아했고 내 생각에 이런 금융계의 '혁신'들은 그 수준에 못 미친다.

목적지에 도착한다. 밀크 스트리트 17번지. 주변에 있는 건물 10여 채와 그리 다르지 않은 6층짜리 벽돌 건물이지만 이 건물은, 아니 정확히 말하면 이 장소는 특별하다. 고개를 들자 카나비스트라는 이름의 마리화나 판매점과 치과 사이에 샌드위치처럼 끼어 있는 벤이 보인다(카나비스트의 창문에 걸린 간판에는 "오늘 어떤 기분이면 좋겠나요?"라고 쓰여 있다). 벤은 자신이 어쩌다 여기에 있는

지, 카나비스트에 있는 선량한 사람들은 왜 가끔 무료 샘플을 제공하지 않는지 궁금해하며 2층 창문에 매달려 있다.

너무 소박해서 나 말고는 아무도 발견하지 못하는 듯한 그 자그마한 반신상이 프랭클린이 태어난 곳을 말해준다. 때는 셰익스피어 사망 이후 한 세기도 지나지 않았고 악명 높은 세일럼 마녀 재판 이후 고작 13년이 지난 1706년 1월 17일이었다.[1] 아기 벤은 새로운 시대인 계몽주의 시대가 서서히 밝아올 무렵 때맞춰 도착했다. 오래된 미신이 사라지고, 더 합리적이고 희망찬 세계관이 그 자리를 대신했다. 태어난 시기는 적절했지만 태어난 장소는 적절하지 않았다고, 아래를 내려다보는 젊은 벤이 내 말을 바로 잡을지도 모르겠다. 하지만 아직은 아니다. 보스턴은 아직 벤과 할 일이 있었고 벤도 보스턴에서 할 일이 있었다.

프랭클린의 생가는 오래전에 사라졌다. 1810년에 전소되었는데, 다행히도 한 이웃이 화재 직전에 집을 스케치했다.[2] 배낭에서 그림 사본을 꺼낸다. 앞 벽에는 가로널을 붙이고 옆벽에는 고르지 않은 커다란 조약돌을 붙인 2층짜리 소박한 시골집이다. 내부는 공간이 귀했다. 1층에는 방이 딱 하나였고 위층에도 방이 그리 많지 않았다. 창문 두 개가 도로를 면했고, 나머지 창문은 집 뒤의 작은 마당과 정원 쪽으로 나 있었다.

그림에서 고개를 들어 21세기의 밀크 스트리트를 바라본다. 커피숍이 보인다. 나보다 더 '쿨'한, 안에 있는 그 누구도 날씨 얘기가 아니면 쿨이라는 단어를 절대, 절대 쓰지 않을 것 같은 그런 장소다. 프랭클린이 살던 시대에도 커피숍이 많았지만 요즘만큼 장

인정신이 투철하지는 않았다. 커피숍 옆에는 설그레이브 뉴스라는 작은 가게가 있다. 이곳에 신문이나 잡지는 없고 복권과 강력한 에너지드링크를 판다. 벤은 분명 서서히 진행되는 출판업의 죽음을 비통해했을 것이다. 그의 혈관에는 인쇄소의 잉크가 흘렀다.

신문 판매점 아닌 신문 판매점 옆에는 교회 아닌 교회가 있다. 초록색 첨탑이 있고 벽마다 하얀색 창틀의 아치창이 나란히 달린 벽돌 건물이다.[3] 청교도인들이 생각하는 교회는 사람들이 모여서 예배를 드리는 건물이 아니었다. 그들에게 '교회'는 신도들, 사람들이었다. 그들은 회관이라고 불린 교회 건물에 모이지 않을 때면 결혼식이나 바르미츠바(유대인 남자아이들이 13세에 치르는 성인식-옮긴이) 같은 다른 행사에 공간을 빌려주었다.

1669년에 세워진 (교회 아닌) 올드사우스 교회는 더 명망 있던 (교회 아닌) 노스 교회에서 갈라져 나온 당찬 신참이었다. 벤의 아버지인 조사이아 프랭클린을 비롯한 많은 보스턴 주민에게 노스 교회는 지나치게 청교도적이었던 것 같다. 올드사우스 교회는 보스턴의 지식인들이 모이는 곳이었다. 청교도인에게는 한낱 건물일지 모르지만 얼마나 대단한 건물인가! 바로 이곳에서 세일럼 마녀재판을 감독한 판사 한 명이 "그 비난과 수치"를 받아들이며 사과했다.[4] 바로 이곳에서 최초의 흑인 노예 시인인 필리스 휘틀리가 예배를 드렸다. 바로 이곳에서 새뮤얼 애덤스와 다른 자유의 아들들이 보스턴 차 사건을 모의했다.

그리고 여기서 아기 벤 프랭클린이 세례를 받았다. 새뮤얼 윌러드 목사가 세례식을 집전했다. 그는 인정 많은 사람이었고 프랭클린 가족의 친구였다. 목사는 얼음처럼 차가운 물을 갓난아이의 이마에 뿌리며 청교도 기도문을 낭송했다. "아버지와 아들과 성령의 이름으로…… 은혜 언약의 표와 인장을." 프랭클린이 처음 들은 말 중 하나인 이 기도문은 독실한 기독교인이자 청교도인의 삶을 축성하는 것이었다. 벤은 조사이아 프랭클린의 열 번째 아들이었고, 아버지는 아들을 "교회에 봉사하도록" 이끌려고 했다.[5] 어린 벤은 목사가 될 운명이었다.

현재 올드사우스 회관은 작은 박물관으로 운영된다. 안으로 들어가 나무로 된 서까래와 가지런히 늘어선 좌석을 둘러본다. 진열장 안에 옛 자리 배치도가 있다. 몸을 앞으로 기울여 작은 글씨를 읽는다. 여기 있다. "프랭클린." 자리가 나쁘지 않다. 최상은 아니지만 그렇다고 저 뒷자리도 아니다. 조사이아 프랭클린은 비누와 양초를 만드는 평범한 상인이었다. 당시 "가죽 앞치마"라고 불리던 육체노동자였던 그가 어떻게 이런 좋은 자리를 차지할 수 있었을까?

"교회에 양초를 공급했을지도 몰라요." 상냥한 가이드인 딜레이니가 말한다.

"일종의 물물교환인가요?" 내가 말한다.

"바로 그거죠."

충분히 가능하다. 보스턴 사람들은 물물교환을 좋아했고, 쿼드프로 쿼('무엇을 위한 무엇'이라는 의미의 라틴어로 동등한 교환을 의미한다-옮긴이)에서 쿼를 열심히 채워 넣었다. 그러나 더 고결한 설명도 있다. 조사이아 프랭클린은 가난한 사람이었을지 모르지만 인성과 평판 면에서는 부자였다. 주민들은 아버지 프랭클린을 찾아와 조언을 구하고 중재를 부탁했다. 잉글랜드와 달리 보스턴에서는 양초장이가 그런 점에서 존경받을 수 있었고 정치적 역할을 맡을 수도 있었다. 어느 역사가의 말처럼, "개인의 미덕이 공적 역할을 보장했다."[6]

올드사우스 회관에서 몇 블록을 걸어 그래너리 공동묘지에 도착한다. 눈이 약간 내리기 시작해서 묘비들 위에 얇고 새하얀 솜털이 덮였다. 공동묘지는 언제나 눈 오는 날이 더 보기 좋다. 폴 리비어와 존 행콕, 새뮤얼 애덤스 같은 독립전쟁 시기의 많은 저명인사가 이곳에 묻혔다. 그들의 무덤에는 수수한 묘비가 세워져 있다. 이와 달리 묘지 중앙에는 남근처럼 생긴 빗각기둥이 우뚝 솟아 있다. 그 위에 커다란 글씨로 이렇게 쓰여 있다. "프랭클린."

모두가 내성적이고 겸손하다고 말했던 벤의 부모님을 기리는, 이상할 만큼 과시적인 기념비다. 벤은 아버지가 자기 권한을 매우 신중하게 행사하는 현명하고 온화한 남자였다고 기억한다(그에 반해 어머니에 대해서는 "사려 깊고 정숙한 여성"이었다는 것 외에는 별다른 말을 남기지 않았다). 어린 벤과 친구들이 공사장에서 돌을 훔치다 걸렸을 때 조사이아 프랭클린은 다른 아버지들이 아들한테 하듯 어린 벤을 "바로잡는"(이라고 쓰고 "채찍질하는"이라고 읽는다) 대신 "정직하지 않은 것은 아무 쓸모가 없다"는 잊지 못할 교훈을 가르쳤다. 쓸모가 또 등장했다. 나는 쓸모에 대한 프랭클린의 열정이 그의 제2의 고향 필라델피아가 아닌 이곳 보스턴에서 탄생했음을 깨닫는다.

작은 돌계단을 올라가 기념비 앞에 도착하니 프랭클린 순례지가 흔히 그렇듯 사람들이 놓고 간 1센트와 25센트 동전이 보인다 (100달러 지폐는 없다). 감동적이고 이해도 가지만 내가 보기에 이 행동은 벤 프랭클린과 그의 부모 인생에서 가장 중요했던 점을 놓치는 것 같다. 지금 내 앞에 그 부모의 묘비가 있다. 아들 벤저민은 이런 글을 남겼다.

조사이아 프랭클린

그리고 그의 아내 어바이아가

이곳에 묻히다.

두 사람은 다정한 부부로서

55년을 함께 살았다.

재산이나 돈 되는 직업은 없었으나

부단한 노동과 성실함,

신의 은총으로

대가족을 풍족하게 부양했다.

벤은 자기 부모의 삶이 길었을 뿐만 아니라 쓸모 있었다면서 가진 것 없는 사람들의 훌륭한 본보기라고 말한다.

그대는 이 사례를 보고

용기를 얻어 그대의 사명에 부단히 정진하고

섭리를 의심하지 말지어다.

정진하라는 말은 이해한다. 전형적인 프랭클린이다. 우리는 정신을 집중하고 부단히 노력해야 성공할 수 있다. 그러나 '섭리를 의심하지 말라'는 경고는 놀랍다. 그는 운명의 변덕에 굴하는 사람이 아니었다. "행운을 기다리는 사람은 저녁 식사를 보장할 수 없다"라고 말하기도 했다. 섭리를 인정하는 이 발언은 독실했던 아버지를 향한 존경의 표시였을까, 아니면 더 큰 의미였을까? 벤에게 행운이 따랐다는 것은 부인할 수 없는 사실이며, 그 행운 중에는 그가 태어나기 수십 년 전에 일어난 일도 있었다.

1683년 보스턴에 도착한 조사이아 프랭클린은 존 윈스럽의 "언덕 위의 도시"에서 새롭게 출발하려 했던 영국국교회 반대자였다. 잉글랜드에서 조사이아는 성공한 염색업자였으나 직물업이 없는 보스턴에서는 그 기술이 필요치 않았기에 수지양초 제작이라는 새로운 일을 익혔다. 그는 동물성 지방을 비누와 양초처럼 쓸모 있는 상품으로 바꾸는 일종의 연금술사였다. 그의 막내아들도 장차 과학과 정치 이론을 유용한 발명품과 관례로 바꾸며 자기만의 연금술을 행하게 될 터였다.

벤의 아버지는 강인하고 다부졌다. 문화적 소양도 있었다. 프랭클린은 아버지가 "아름다운 그림"을 그릴 수 있었고, "듣기 좋은 맑은 목소리"를 가졌다고 회상한다. 그는 바이올린을 연주했다. 독실한 신자였던 그는 종종 아이들 앞에서 성경을 인용했다. 그는 특히 솔로몬의 말을 자주 언급했다. "제 일에 능숙한 사람은 임금을 섬긴다. 어찌 여느 사람을 섬기랴."[7] 조사이아는 막내아들이 훗날 네 명의 왕 앞에 설 것이며 다섯 번째 왕과 함께 식사하리

라고는 상상도 못 했을 것이다.[8]

조사이아 프랭클린은 청렴과 자제력의 본보기였고 벤도 그 자질을 물려받았다. 그 역시 자기 아버지처럼 친절했고 때로는 따뜻하기까지 했으나 그의 안에는 늘 거리를 유지하는 냉담한 면이 있었다. 그건 자신을 보호하기 위함이었을까? 사람들과 너무 가까워지면 상처받을까 봐 두려웠을까? 그건 그때나 지금이나 흔한 방어기제다. 내 아버지는 이 기술의 대가였다. 누가 아버지를 무시하면 또는 무시했다고 생각되면 아버지는 즉시 그 사람을 마음속에서 영구 추방했다. 아버지에겐 친구가 별로 없었다. 너무나 단호하게 자신을 보호한 나머지 가장 겁 많은 거북도 가끔은 등껍질에서 고개를 내민다는 사실을 잊고 친밀한 관계를 거의 다 잃어버렸다.

나도 아버지의 대립 기피증을 물려받아, 가능하면 대립을 피하려고 한다. 갈등이 큰지 작은지는 중요치 않다. 오히려 가장 불안한 것은 삶에서 발생하는 작은 실랑이다. 항공사 직원이나 바리스타와의 대립 또는 내 머릿속 대립은 기나긴 우울로 이어질 수 있다. 나도 이유를 모르겠다. 수년간 받은 상담과 수많은 자기 계발서도 내 고통의 이유를 속 시원히 밝히지 못했다. 나는 내 갈등 회피에 대가가 따른다는 것을 알고 기꺼이 그 대가를 지불한다. 어쨌거나 괜한 소동에, 더 나쁘게는 난장판에 말려들고 싶은 사람이 어디 있겠는가? 그러나 한편으로는 결국 내 아버지처럼 별탈은 없지만 친구도 없는 사람이 될까 봐 걱정스럽다.

프랭클린도 정면 대립을 두려워했다. 하지만 우리와는 다른 지점이 있었다. 나는 은밀한 적대감을 드러내는 수동공격을 개시하고 속으로 조용히 부글거리며 상대방이 내 말 없는 분노의 원인을 알아봐주길 바란다. 무책임한 전략이다. 마찰을 인정하지 않으면 마찰을 해결할 수 없다. 프랭클린은 나와 접근법이 달랐다.

어린 나이에 그는 "건방지고 짜증나게"(그의 표현이다) 구는 것이 자신에게 아무 도움도 안 된다는 사실을 깨닫고는 말투를 부드럽게 다듬고 "신중한 겸양"의 전략을 택했다. 그는 확실히나 틀림없이 같은 단정적인 표현을 버리고 '내 생각엔, 내가 이해하기엔, 내가 볼 땐 이러저러해' 같은 더 완곡한 표현을 사용했다. 이런 식으로 그는 대화 상대를 밀어내지 않고 자기 의견을 드러냈다. 어쩌면 나도 부드러운 말투를 사용해 나의 갈등 기피를 극복할 수 있을지 모른다. 내가 보기엔 그럴 수도 있을 것 같아요, 벤.

인구가 8000명이었던 프랭클린 시대의 보스턴은 도시보다는 마을에 가까웠다. 이곳은 대영제국의 끄트머리에 걸터앉은 식민 정착지였다. 그러나 거리는 저주인 동시에 축복이다. 당시 과학과 행정 분야에서 최고의 발전은 런던이 아닌 머나먼 미국에서 이뤄졌다. "터틀"이라고 불린 데이비드 부쉬넬의 잠수함. 엘리 휘트니의 조면기.[9] 이런 발전들은 영국과의 거리에도 불구하고가 아니라 그 거리 덕분에 이뤄질 수 있었다. 보호자 없이 처음 여행을 떠나는 10대라면 누구나 알 수 있듯이 거리는 자유를 준다.

보스턴은 광활한 바다로 툭 튀어나온 좁다란 반도에 밝은 색으로 칠한 집들이 빽빽하게 들어찬 도시였다. 삶은 고됐다. 덮개 없는 하수도가 거리 한복판을 가로질렀다. 기나긴 겨울이면 땔감과 담수가 부족했다. 천연두 같은 전염병이 놀라울 만큼 주기적으로 퍼졌다. 신생아 네 명 중 한 명이 며칠 내로 사망했다.

유아기를 살아서 넘긴다 해도 위험이 끝나는 것은 아니었다. 지역 신문들은 몇 주마다 원주민들의 급습을 보도했다. 해적 행위가 횡행했고 생포된 해적들은 종종 공개 교수형에 처해졌다. 대다수 영국인이 떠올리는 보스턴은 흉포하고 위험한 곳이었다. 그들이 보스턴을 떠올리는 일 자체가 드물긴 했지만 말이다. 영국 제국주의의 계산법에서 보스턴은 반올림으로 사라지는 오차일 뿐이었다.

그러나 보스턴은 놀라울 만큼 교육 수준이 높았다. 식자율이 남성은 98퍼센트, 여성은 62퍼센트였다. 게다가 보스턴은 작긴 해도 뉴욕이나 필라델피아보다는 훨씬 컸다. 오만한 '보스턴 상류층'의 원형이 이미 형성되고 있었고 그 모습은 거의 존 애덤스와 흡사했다. 애덤스는 처음 필라델피아를 방문하고 돌아온 직후 자기 일기에서 보스턴의 특별함을 한껏 과시한다. "우리 주민의 도덕성이 훨씬 높고 우리의 태도가 더 공손하고 상냥하며⋯⋯ 우리의 언어가 더 낫고, 우리의 외모가 더 잘생겼고, 우리의 사기가 더 높고, 우리의 법이 더 지혜롭고, 우리의 종교가 더 우월하고, 우리의 교육이 더 뛰어나다. 모든 면에서 우리가 그들을 앞선다."[10]

애덤스는 적어도 한 가지 면에서는 옳았다. 보스턴은 평범한 도시가 아니었다. 〈블루스 브라더스〉(1980년에 개봉한 미국의 뮤지

컬 코미디 영화로, 영화의 주인공인 두 형제는 자신들이 자란 가톨릭 보육원을 구하는 것을 신이 주신 사명으로 삼는다-옮긴이)처럼 보스턴은 신이 내린 사명 위에 세워졌다. 1630년에 청교도들이 세운 보스턴은 신과 국가가 뒤얽힌 종교 사회였다. 거리에서 귀를 기울이면 날씨나 마을의 소문에 관한 잡담 너머로 이런 질문이 흔히 들려왔다. "당신은 구원받았습니까?" 보스턴 주민들은 안식일을 매우 엄격하게 지켰다. 공인된 교회는 뉴잉글랜드 회중교회뿐이었다. 매사추세츠 당국은 퀘이커교도를 비롯한 다른 분파를 박해했다. 18세기 초의 보스턴은 신권정치는 아니어도 거의 그에 가까운 정치가 이뤄지는 곳이었다.

이처럼 종교적 열의가 대단했음에도 보스턴 사회는 유동적이었다. 적어도 직업 선택의 측면에서는 그랬다. 관리직에 있는 성직자들의 심기를 건드리지만 않는다면 어느 정도 자신이 원하는 일을 할 수 있었다. 보스턴 사람들은 사업을 시작하고 책을 출판했다. 놀라울 만큼 많은 사람이 도시의 삶을 완전히 포기하고 더 목가적인 삶을 선택하며 원주민에 합류했다.[11]

이 시대와 장소가 가진 미덕은 직업을 하나만 선택할 필요가 없었다는 것이다. 당시는 하이픈으로 연결되는 직업의 시대였다. 보스턴 주민들은 의사-농부, 변호사-시인, 전도사-과학자, 인쇄업자-기자였다. 그때는 오늘날과는 다른 방식으로 이런 하이브리드적 삶을 살아갈 수 있었다.

사람들이 여러 분야의 기술에 숙달할 수 있었던 한 가지 이유는 숙달할 내용이 많지 않다는 것이었다. 18세기는 아마 인류 역사상 한 사람이 그때까지 나온 지식을 모조리 파악할 수 있는 마지막 시대였을 것이다. 물론 전문 지식에는 장점도 있지만 그만큼 단점도 있고 나로서는 하이픈으로 연결되는 직업의 시대가 끝난 것이 애석하다. 나는 정말로 이발사-물리학자나 디제이-의사가 되고 싶다. 생각해보면 그래서 직업으로 기자를 선택한 것 같다. 기자는 여러 페르소나를 걸쳐볼 수 있다. 항공기 조종사를 따라다닌 하루 동안은 내가 바로 항공기 조종사였고 같은 방식으로 소방관이나 월스트리트의 주식 거래인도 될 수 있었다.

상인과 무역상의 도시였던 보스턴은 잉글랜드에서 많은 것을 수입했고 그중에는 미국 혁명의 사상적 대부인 존 로크의 발상처럼 위험한 것들도 있었다. 프랭클린이 살던 보스턴은 아직 새뮤얼 애덤스와 자유의 아들들 같은 반항아의 온상이 아니었지만 이미 저항의 씨앗이 싹트고 있었다. 보스턴 주민들은 본질적으로 영국에 유리했던 무역과 항해법을 자주 무시했다.

보스턴이 청교도의 도시였을지는 모르지만 그렇다고 기쁨이 없는 것은 아니었다. 보스턴 사람들은 즐기는 법을 알았다(물론 일요일이 아니라는 전제하에). 역사가 클로드-앤 로페즈와 유지니아 허버트는 "[보스턴 주민들이] 목사의 반대 앞에서도 자기 예산 안에서 최대한 우아하게 옷을 차려입었고" 또한 "음주를 즐겨서 가난한 사람은 집에서 직접 만든 사과주를, 형편이 나은 사람은 럼주를, 부자는 수입한 와인을 마셨다"고 말한다.[12] 프랭클린의 집 근처에는 보스턴에서 가장 유명한 술집이었던 그린드래곤이 있었고, 모퉁이를 돌면 "조신한 쾌락의 숙녀"가 운영하는 성매

매업소가 있었다. "조신한 쾌락의 숙녀"라니, 청교도인 포주에게 정말이지 잘 어울리는 이름 아닌가.[13]

어린 벤이 새롭고 독특한 형태로 자기 정체성을 형성할 수 있었던 것은 식민지 보스턴의 이 유연한 특성 덕분이었다. 그는 어릴 때부터 자신에게 주어진 선택지를 거부했다. 그는 메뉴판에 없는 음식을 주문했다. 더 나아가 미래 세대가 정독할 수 있는 완전히 새로운 메뉴판을 개발했다. 그의 아버지가 크나큰 위험을 감수하고 미지의 세계로 떠나지 않았더라면 이 모든 게 불가능했을 것이다.

올드 보스턴의 작은 규모가, 그 휴먼 스케일이 고마워지기 시작한다. 어디든 걸어서 10분이면 도착한다. 그래너리 공동묘지에서 잠깐 걸으니 금세 스쿨 스트리트가 나온다. 또 다른 벤 프랭클린이 보인다. 이번에는 청동 동상이다. 한 손으로는 모자를, 다른 손으로는 지팡이를 들고 있고 실제 모습보다 더 당당해 보인다. 살짝 아래를 바라보는 프랭클린의 시선이…… 어딘가로 향한다. 그 끝을 따라가니 보도 위의 알록달록한 모자이크가 보인다. 1983년에 제작된 이 모자이크는 신발이 그 위를 지나다닌 40년간 점점 닳았지만 여전히 선명하다.

사방치기 판처럼 생긴 이 모자이크는 연을 날리고 줄넘기와 구슬치기를 하고 재주를 넘고 나무에서 뛰어내리고 그림을 그리며 천진하게 노는 아이들의 모습을 담고 있다. 모자이크는 보스턴 라틴 스쿨이 있던 장소를 나타낸다. 1635년에 설립된 보스턴 라틴 스쿨은 미국에서 가장 오래된 공립학교다. 어린 벤도 이곳의 학생이었다. 한동안은.

학교의 교훈을 바라본다. 당연히 라틴어다. 라보르 옴니아 빈치트. 옴니부스 옵포르투니타스. "노력이 모든 것을 정복한다. 모두를 위한 기회." 이것이 바로 프랭클린이 겨우 여덟 살에 공유한 정서다. 성실한 노력은 더 나은 삶으로 향하는 그의 열쇠였다.

프랭클린은 좋은 학생이었다. 반에서 두각을 보이다가 결국 월반까지 했다. 어느 모로 보나 그에게는 행복한 시절이었다. 학교 건물은 환하고 바람이 잘 통했고, 따뜻한 봄날에 창문을 열면 근처 해안에서 북적대는 소리가 들려왔다. 보스턴 라틴 스쿨은 식민지 최고의 중등교육을 제공했다.

학교 측은 야심찬 교과 과정을 내놓았지만 벤은 수업 내용에 손쉽게 통달했다. 얼마 안 가 그는《이솝우화》를 라틴어로 번역하는 등 학문적 재주를 선보였다. 벤보다 더 특권층 출신이었던 대다수 학생은 하버드 대학교에 진학한 뒤 성직자의 길을 걸어갈 운명이었다.

그러나 1년 뒤 벤의 아버지는 이 명망 높은 라틴 스쿨에서 벤을 빼내어, 무용, 자수, 바이올린, 플루트, "영국과 프랑스식 퀼트" 등을 가르치는 훨씬 변변찮은 학교에 입학시켰다. 조사이아 프랭클린은 1년 뒤 또다시 벤을 학교에서 빼냈고 이로써 벤저민 프랭클린의 정규교육은 종지부를 찍었다.

벤은 분명 마음이 쓰렸을 것이다. 어떤 면에서는 학교생활을 맛만 보는 것이 아예 모르는 것보다 더 나쁘다. 교육받은 삶의 가능성이 벤 앞에서 어른거리다 돌연 사라졌다. 조사이아 프랭클린은 왜 막내아들을 교육시키지 않으려 했을까?

프랭클린 자신이 내세우기도 했던 가장 흔한 설명은 학비를 낼 여력이 없었다는 것이다. 그러나 이 의견은 설득력이 없다. 라틴스쿨은 학비가 없었고 그 밖의 비용(땔감 구입비로 몇 실링)도 극히 적었다. 그의 아버지는 벤을 학교에 보낼 여력이 있었다. 문제는 돈이 아닌 신앙, 구체적으로 말하면 벤에게 신앙이 부족하다는 사실이었다.

프랭클린은 어릴 때부터 의심이 많았다. "나는 요한계시록을 의심하기 시작했다." 또한 그는 종교 전통을 친근하게 조롱하곤 했다. 하루는 그의 아버지가 여느 때처럼 식사 자리에서 감사기도를 올리자 벤이 유익한 제안을 하나 내놓았다. "아버지, 제 생각에는 음식통 앞에서 감사기도를 한 번에 끝내면 시간을 엄청나게 절약할 수 있을 것 같아요."[14] 조사이아 프랭클린은 목사가 벤처럼 꾀바른 회의주의자를 절대 받아주지 않으리란 것을 알았다. 교육의 목적은 성직자가 되는 것이었으므로 이제 벤저민의 교육은 무의미했다.

프랭클린의 교육이 도중에 중단되었다는 사실(대다수 건국의 아버지들에 비해 훨씬 부족했다)은 많은 것을 설명해준다. 이 사실은 나만큼이나 깊은 벤저민의 한을 설명해준다. 그가 라틴어와 고대 그리스어를 지나치게 많이 사용하는 관습을 왜 "돌팔이 문학"이라고 비난했는지 설명해준다.[15] 그가 속물적인 우월의식의 기미만 보여도 알레르기를 일으킨 이유를 설명해준다. 무엇보다 기민하고 지략이 풍부한 그의 지성을 설명해준다. 벤을 학교에서 빼낸 조사이아 프랭클린의 결정은 지금 돌아보면 벤저민 인생 최고의 행운이었다. 섭리를 의심하지 말지어다.

삶은 되돌아볼 때 가장 잘 이해할 수 있지만 우리는 앞을 보면서 살아가야 한다고, 덴마크의 철학자 쇠렌 키르케고르는 말했다. 어쩌면 우리는 비디오를 되감듯 우리 삶을 거꾸로 돌아볼 때 섭리를 더욱 잘 믿을 수 있을지도 모른다. 어쩌면 섭리는 언제나 우리에게 유리하게 작동하고 있는데 우리가 너무 가까이에 있어서 그 사실을 알아차리지 못하는 것일지도 모른다. 섭리의 솜씨에 감탄하기 위해 꼭 필요한 거리는 오로지 시간만이 제공해준다.

3

자기 지혜를 숨기지 못하는 사람은 바보다

어린 벤의 등교는 열 살에 끝났을지 모르지만 벤의 교육은 이제 막 시작된 참이었다. 그저 장소가 학교 교실에서 아버지의 작은 서재나 형의 인쇄소, 밀 폰드의 나무 밑, 모두가 잠든 늦은 밤의 침대로 바뀌었을 뿐이다. 교과과정은 여러 국가를 넘나들었다. 교수진으로는 대니얼 디포와 존 로크, 플루타르코스, 크세노폰, 플리니우스, 제3대 섀프츠베리 백작이 있었다. 과목은 수학과 철학에서 고전과 프랑스 문학에 이르기까지 그 어떤 학교 못지않게 풍성하고 다양했다.

프랭클린은 책을 사랑하는 공동체에서 태어나는 행운을 누렸다. 심지어 보스턴 도서관은 보스턴이 생기기 전부터 존재했다. 아라벨라호가 진수되어 최초로 청교도인을 잉글랜드에서 세일럼으로 실어 나르기 1년 전인 1629년 이제 막 설립된 매사추세츠만 회사는 50권가량의 책을 취득했다. 물론 대개는 신학 서적이었지만 그 외에 문법책도 있었고 알 수 없는 이유로 "프랑스 시골 농장"이라는 제목의 작고 이상한 책도 있었다. 짐 싣는 곳에 여유가 전혀 없는데도 책을 위한 공간을 만들었다는 사실이 청교도인들의 독서 사랑을 잘 보여준다. 육지에 도착하자 코튼 매더 같은 지도자들은 주민에게 자유 시간을 현명하게 쓰라고 촉구했다. "바보가 되지 말고 본인을 위해 이 시간을 구원하십시오……. 그대 자신을 독서에 내맡기십시오."[1] 청교도인에 대한 생각은 저마다 다르겠지만 그들이 책을 사랑했다는 점은 분명하다.

벤 프랭클린도 마찬가지였다. 그의 길고 쓸모 있는 삶은 책과 밀접하게 얽혀 있었다. 그는 책을 읽고 쓰고 사고팔고 빌리고 빌려주고 편집하고 인쇄하고 선물하고 수집하고 사랑했다. 필라델피아에서는 스물다섯 살의 나이에 미국 최초의 관외 대출 도서관을 세웠다. 그곳에서 매일 최소 한두 시간 독서했고 "그렇게 아버지의 뜻에 따라 학교에 다니다 도중에 중단된 교육을 어느 정도 만회할 수 있었다." 1790년에 세상을 떠날 무렵에는 집에 책이 4276권 있었다. 젊은 국가인 미국에서 가장 대규모의 개인 장서 중 하나였다.

당시 출판업의 중요성은 이루 말할 수 없이 컸다. 구어를 제외하면 출판물이 유일한 정보 전달 매체였고 글쓰기가 유일한 의사소통 형태였다. 무언가를 배우고 싶으면 직접 가서 듣거나 관련 도서를 읽어야 했다. 무엇을 읽느냐가 곧 그 사람을 정의했고 벤저민 프랭클린만큼 이 사실을 잘 아는 사람은 없었다.

훗날 파리에 모인 친구들의 식사 자리에서 프랭클린의 친구였던 아베 드 레날이 겉으로는 단순해 보이지만 사실 그렇지 않은 질문을 하나 던졌다. "가장 동정받아 마땅한 사람은 어떤 모습일까?" 친구들은 한 명씩 질문에 답했다. 자기 차례가 되자 프랭클린이 대답했다. "비 오는 날, 글을 모르는 외로운 사람."[2]

당시 책에는 마법 같은 힘이 있었고 그건 지금도 마찬가지다. 책은 우리를 태우고 수 세기를 넘나드는 타임머신이다. 프랭클린이 살던 시대에 책은 '중간 부류'에 속한 평범한 장사꾼이 사회의 상류층에 진입할 유일한 수단이기도 했다.

책이 인생을 구할 수 있다면 아마 벤 프랭클린의 인생을 구했을 것이다. 청교도의 도시 보스턴에서 표류하던 어린 벤은 책 덕분에 가능성으로 약동하는 더 넓은 세계와 연결될 수 있었다. 프랭클린이 독서를 사랑한 이유는 그가 그 밖의 다른 활동을 사랑한 이유와 같았다. 독서는 즐거운 동시에 쓸모 있었고 그 두 가지의 크기는 서로 비등비등했다.

본인의 말마따나 프랭클린은 언제나 "책벌레 성향"이 있었다. 그는 책을 읽지 않던 시절을 전혀 떠올리지 못했다. 다섯 살 때 성경을 읽었고 이내 본인의 코 묻은 돈을 책 사는 데 쓰기 시작했다. 그가 채식주의자가 된 데에는 돈을 아껴서 책을 사려던 의도도 있었다.

그는 구할 수 있는 책이라면 무엇이든 닥치는 대로 읽었다. 가장 먼저 읽기 시작한 것은 아버지가 소장한 "논쟁적 신학" 서적들이었지만 얼마 안 가 아버지의 책장에서 대니얼 디포의 《프로젝트론》을 발견했다. 1697년에 출간된 디포의 첫 책인 《프로젝트론》은 사람들의 삶을 개선할 영리하고 통찰력 있는 계획을 제안했다. 바로 그물망처럼 연결된 지역 은행 네트워크, 노동계급 자녀를 위한 대학교, 남편을 여읜 여성들을 위한 연금 기금 등이 그 내용이다. 이 책의 서문에서 디포는 어린 벤에게 말을 거는 듯하다. "책은 그 주제를 이해할 수 있는 사람에게만 유용하고, 프로젝트에 관해 한 번도 생각해본 적이 없는 사람에게 프로젝트에 관한 책을 헌정하는 것은 귀 없는 사람에게 음악을 들려주는 것과 같다."[3] 유용한 프로젝트에 관해서라면 프랭클린의 귀는 비르투오소(뛰어난 기교를 지닌 음악가-옮긴이)의 귀라고 할 수 있었다.

나중에 벤은 형의 인쇄소와 신문사에서 일하면서 그에게는 알렉산드리아 도서관에 버금갔을 책들을 만났다. 그중에는 플리니우스의《박물사》와 아리스토텔레스의《정치학》, 조지 샌디스George Sandys의《여행기Travels》, 셰익스피어와 성 아우구스티누스 전집, 조너선 스위프트의《통 이야기》, 조반니 마라나Giovanni Marana의《튀르크 스파이가 쓴 편지Letters Writ by a Turkish Spy》, 토머스 트라이온Thomas Tryon의《건강 증진법The Way to Health》》(벤의 채식주의에 영감을 주었다) 등이 있었다.

어린 벤이 처음 산 책은 당시 큰 인기를 끌었던 존 버니언의《천로역정》이었다. 왜 어린 벤이 이 이야기에 끌렸는지 알겠다. 주인공 크리스천은 "절망의 구렁텅이" 바깥에 있는 더 의미 있는 삶을 갈망하며 용감하게 그 삶을 찾기 위한 여정에 나선다.[4]

프랭클린을 사로잡은 것은 이야기 자체보다는 버니언의 문체였다. 이 책은 살아 움직이듯 생생한 대화체로 쓰였으며 군더더기가 없었다. 프랭클린이 "정직한 존"이라고 부른 존 버니언은 프랭클린이 읽은 작가 중 처음으로 서술과 대화를 고루 사용한 사람이었다. 덕분에 독자는 "가장 흥미진진한 지점에서 마치 그 자리에 동석해 대화에 참여하는 듯한 느낌"을 받을 수 있었다.

프랭클린은 자신이 소장한《천로역정》을 소중히 여겼지만 다른 책을 구하기 위해서라면 기꺼이 헤어질 의향도 있었다. 그의 장서 목록은 그의 삶처럼 상황에 따라 유연하게 변했고 그는 언제나 가장 효율적이고 유용한 길을 추구했다. 그는 일단 책에서 쓸모를 다 빨아먹으면 팔거나 그 책이 필요할 듯한 사람에게 선물로 주었다.

프랭클린은 얼마 안 가 버니언의 허구적 순례기를 실제 모험담과 바꾸었다. 이 이야기들은 보따리장수가 동쪽 해안선을 오르내리며 판매하는 작고 값싼 소책자에 담겨 있었다. 생동감 넘치는 쉬운 문체로 쓰인 이 책들은 대담한 모험 이야기나 오늘날 우리가 말하는 '비사'를 들려주었다. 이 책들의 제목은 "영국 군주의 총애를 받은 비운의 인물들"이나 "여성의 탁월함 또는 여성의 영광: 유명한 아홉 여성의 가치 있는 삶과 인상적인 업적", "자연과 예술의 놀라운 기적"처럼 강렬하고 유혹적이었다.

어린 벤은 롤모델을 찾고 있었고 어느 정도는 이런 소책자에서 롤모델을 찾았다. 그러나 이 책들은 그에게 너무 가벼웠다. 그는 더욱 알찬 메뉴를 갈망했고《플루타르코스 영웅전》만큼 알찬 책은 없었다. 서기 2세기에 쓰인 이 책은 그리스와 로마의 명망 높은 인물들의 발자취를 따라간다. 이 책이 평범한 역사책과 다른 점은 역사적 사건 자체보다는 비범한 인물들이 전하는 교훈에 더 주목한다는 것이다. 플루타르코스에 따르면 그의 목적은 "이 위대한 인물들의 미덕을 일종의 거울 삼아 나의 삶을 갈고닦는" 것이었다.[5]

어린 벤이 왜 이 책에 끌렸는지 알 것 같다. 이 안에 묘사된 인물들은 영웅주의의 본보기일 뿐만 아니라 쓸모의 본보기이기도 하다. 그들이 지닌 자질은 그 누구든, 심지어 노동자계급인 "가죽 앞치마"도 열심히 흉내 낼 수 있다. 예를 들어 아테네의 페리클레스는 "자신이 바람직하다고 여기는 방향으로 손쉽게 전환하고 변신하는 능력"을 갖춘 민첩한 지도자로 그려진다.[6] 프랭클린은 이 교훈을 몸에 흡수했다.

프랭클린의 독서에는 은밀하고 거의 전복적인 면이 있었다. 늦은 밤 담요에 몸을 파묻고 있을 때, 아니면 모두가 교회에 간 일요일 아침 형의 인쇄소에서 그는 자신이 스파이나 반역자가 된 것 같은 기분을 느꼈다. 그는 서적상의 도제들과 한 팀이 되어 아무도 모르게 책을 빌린 다음 책이 더러워지지 않도록 조심스레 읽고는 마치 아무 일도 없었던 것처럼 제자리에 반납했다. 프랭클린에게 독서란 저자와 독자 사이의 음모였고 그의 작당에는 누구의 허락도 필요치 않았다.

벤은 그저 책을 읽은 것이 아니었다. 그는 책과 대화를 나눴다. 이 대화는 보통 독자와 저자가 만나는 공간인 책의 여백에서 이루어졌다. 프랭클린은 열심히 밑줄을 치고 메모를 남기는 여백의 거주자였다. 그의 독서는 폭넓고 현명했다. 지혜로 가득한 책을 선택하면서도 자신만의 지혜를 잃지 않았다. 회의적이지만 열린 태도로 책을 읽었다. 어릴 때부터 가능성주의자였던 그는 창조적 재능과 가장 밀접하게 결부되는 성격적 특성, 바로 경험에 대한 개방성을 지니고 있었다. 프랭클린에게는 독서가 곧 경험이었다.

프랭클린은 책을 사랑했고 책을 사랑하는 사람들을 사랑했다. 어린 시절 친구들을 설명할 때 그는 친구들의 직업은 별로 언급하지 않고 그저 그들이 "전부 독서 애호가"였다고만 말한다. 책은 프랭클린의 길을 터주기도 했다. 뉴욕의 왕립총독은 벤이 인상적인 장서 목록을 가졌다는 말만 듣고 젊은 벤을 만났다.

벤은 책에 너그러워서 빌린 책을 잘 돌려주지 않는 친구들에게도 선뜻 책을 빌려주었다. 영국인 친구인 조너선 시플리에게 보내는 편지에서 그는 어떤 책을 더 빨리 보내주지 못해서 미안하다고 사과하며 그 책이 사라졌다고 말한다. "다른 사람에게 빌려준 것 같은데, 그게 누구인지 생각이 안 난다네." 이런 일이 빈번했다. 한번은 자신이 소유한 신문인 〈펜실베이니아 가제트〉에 자기 책을 빌려간 사람은 책을 돌려주면 고맙겠다는 내용의 광고를 신기도 했다.[7] 관대함에는 대가가 따른다. 벤 프랭클린은 그 대가를 기꺼이 지불했다.

프랭클린은 다독가였지만 자기 학식을 뽐내는 일은 드물었다. 그는 유명인의 이름을 들먹이는 사람이 아니었다. 그건 벤의 반엘리트주의 때문이기도 하지만 내 생각엔 다른 이유가 있는 듯하다. 원래 뒷받침은 눈에 보이지 않을 때 가장 효과가 좋다. 안 보이는 기둥이 건물을 떠받치고, 알아차리기 힘든 늘임표가 음표를 잇고, 방대하지만 겉으로 드러나지 않는 연구 조사가 논거를 지탱하듯이 말이다. 진정한 학식은 자신을 과시하지 않는다. 또는 프랭클린의 말처럼 "자기 지혜를 숨기지 못하는 사람은 바보다."

보스턴 코플리 광장 인근을 짧게 걸은 뒤 목적지에 도착한다. 프랭클린만큼이나 책을 사랑하는 곳이다. 돔 모양의 천장과 종교적 장식이 있는 보스턴 공공도서관은 책을 보관하는 장소라기보다는 책에 예배드리러 가는 성당 같은 느낌이다. 활자의 성모. 나는 유리 엘리베이터를 타고 3층에 있는 지성소로 향한다. 바로 고문서 자료실이다.

이 자료실은 그냥 걸어 들어가면 안 된다. 따라야 할 절차와 수행해야 할 의식이 있다. 들고 입장할 수 있는 품목은 노트북과 휴대전화, 독서용 안경뿐이다. 펜이나 공책은 반입 불가이며, 커피는 당치도 않다. 들어가기 전에 손을 씻으라는 말에 평소답지 않게 꼼꼼히 손을 씻는다. 수술을 앞둔 의사가 된 것 같다.

보안 장치를 지나 청정실로 들어가자 사서가 나를 지정석으로 안내하고 내가 요청한 책을 발포 고무 받침대에 살포시 올려놓는다. 그리고 책을 천천히 넘겨야 하며 아무리 손을 빡빡 닦았어도 손이 아니라 추를 매단 가름끈으로 책을 펼쳐야 한다고 당부한다. 말 그대로 인간의 손, 그중에서도 투실투실한 내 손보다는 가름끈이 종이를 덜 훼손한다는 뜻이다.

어디선가 시선이 느껴진다. 사서의 시선이다. 무서워서 책을 만질 수가 없다. 실수를 저지를까 봐 걱정된다. 가름끈을 만지작거리다 나이가 300년도 더 된 이 귀중한 책이 내 손안에서 바스라지면, 그래서 이곳에서 추방되고 평생 고문서 자료실에서 제명당하면 어쩌지?

그래서 나는 한참 동안 책을 바라보고만 있다. 가죽으로 장정된 이 고동색 책은 내 예상보다 더 작다. 바보처럼 굴지 마. 그냥 책일 뿐이야. 조심스럽게 책을 들어본다. 생각보다 더 가볍다. 설명대로 가름끈을 사용해서 천천히 종이를 넘긴다. 견고하고 거칠거칠하며 적당한 무게감이 있다. 속표지를 펼친다. 화려한 서체로 쓰인 제목이 정말이지 대단하다. 《보니파키우스: 인생의 위대한 목표에 답하고 도움되는 삶을 살고 싶은 이들이 마련하고 고안해야 할 선에 관한 에세이》. 오늘날 이 책은 짧게 "선행록"이라고 불린다.

프랭클린도 이 책을 한 부 갖고 있었다. 내가 지금 들고 있는 책처럼 1710년에 출간된 판본이었다. 프랭클린의 책은 중고였고 몇 쪽이 빠져 있었음에도 그의 마음을 울렸다. 훗날 그는 이 책이 "생각의 전환을 일으켜 내 삶의 중요한 일부 사건에 영향을 미쳤다"라고 술회했다. 이 책의 저자인 코튼 매더 목사는 프랭클린에게 그리 당연한 영감의 원천은 아니었다.

매더는 뼛속까지 청교도인이었다. 비록 간접적이긴 했지만 악명 높은 세일럼 마녀재판에 관여하기도 했다. 그는 사람이 악마에 사로잡힐 수 있다고 믿었고, 동료 시민들에게 무대에 오르거나 운에 좌우되는 게임을 하지 말라고 촉구했다. 그러나 그는 결코 편협한 청교도인은 아니었다. 그는 450권의 책을 썼고 당시 가장 명망 높은 과학 단체였던 왕립학회의 회원이었으며 일곱 개의 언어를 구사했다. 무려 3000권에 달하는 그의 장서는 보스턴 하노버 스트리트에 있는 그의 대저택에서 가장 큰 공간을 차지했다. 그 목록에는 신학 서적은 물론이고 지리학, 의학, 물리학, 천문학, 식물학, 정치 및 군사 역사와 관련된 도서, (그리스어와 라틴어로 쓰인) 고전뿐만 아니라 항해술과 상업 같은 실용적인 주제를 다룬 책들도 있었다. 매더는 프랭클린처럼 뻔뻔하게 책을 간청하고 빌리면서 자기 장서의 규모를 꾸준히 키워나갔다.

매더는 특히 의학에 조예가 깊어서 보스턴의 웬만한 의사들보다 아는 것이 많았다. 그는 환자를 잘 대했을 뿐만 아니라 감정과 질병의 관계를 최초로 규명한 인물 중 하나였다. 그는 "평온한 마음이 신체의 질병을 완화하는 데 큰 도움이 된다"면서 의사들에게 환자와 대화를 통해 그들이 느끼는 불안의 원인을 파악하고 불안을 가라앉힐 방법을 찾으라고 조언했다. 1721년 보스턴에 천연두가 번졌을 때 예방접종이라는 새롭고 논쟁적인 조치를 시행하자고 주장한 것도 보스턴의 의사들이 아닌 코튼 매더 목사였다.[8]

나는 청교도인들이 위대한 과학 사상가일 거라고는 전혀 생각지 않았는데, 실제로는 그런 경우가 많았다. 역사가 아서 투르텔롯은 "청교도주의만큼 과학을 적대하지 않는 종교도 없다"고 말한다.[9] 18세기 초에 런던 왕립학회 회원으로 선출된 아홉 명의 식민지 미국인 중 여덟 명이 청교도인이었다. 물론 이 전도사-과학자들에게는 자연 세계를 탐구하고 설명해야 할 아주 명확한 이유가 있었지만(신의 작품에 감사하고 신의 영광을 찬미해야 하므로) 그렇다고 그들이 지닌 과학적, 철학적 역량을 부정할 수는 없다. 당시는 이성과 믿음이 다른 길을 가기 전이었다.

매일 의식을 치르듯 콘택트렌즈를 끼는 아내만큼 조심스럽게 (나는 그 의식을 "현미경 수술 집도"라고 부른다) 나는 300년 된 매더의 책을 펼친다. 책의 내용은 놀라울 만큼 낙관적이고, 비단 청교도 인에게만 해당되는 내용도 아니다. 코튼 매더는 맨 앞에서 이 세상은 엉망진창이고 선을 행하는 이들이 절실히 필요하다는 주장을 펼친다. 슬프지만 오늘날에도 똑같이 적용되는 말이다. 매더는 1960년대를 내다보며 우리는 곧 해결책이거나 문제라고 말한다. "사람들 사이에서 선을 행하지 않는 자는 인간으로 대우할 가치가 없다."[10]

매더는 선행을 부담스러운 짐이 아닌 특권으로 묘사한다. "선을 행하는 것은 가치를 헤아릴 수 없는 영예이며 비길 데 없는 기쁨이다."[11] 한결같은 이탤릭(여기서 고딕체로 강조된 단어들은 원서에 이탤릭체로 표기되어 있다-옮긴이) 애호가 매더는 선행과 경건함을 간단명료하게 연결한다. "행함 없는 믿음은 가치 없는 믿음이다."[12]

그는 선행이 벅차게 느껴질 수 있음을 인정한다. 어디서부터 시작해야 할까? 가장 가까운 사람, 바로 가족의 삶을 개선하는 데서 시작하면 어떨까? 그는 이렇게 말한다. "자신이 진정 선하다는 사실을 입증하는 한 가지 방법은 가족에게 선을 베푸는 것이다."

어린 벤이 촛불 옆에서 매더의 책을 읽으며 열의를 불태우는 장면을 상상할 수 있다. 분명히 벤은 이 문장에 공명했을 것이다. "어쩌면 그대는 이 세상에서 그리 중요치 않은 인물일지도 모른다, 비천한 형제여." 비누 장사꾼의 아들인 어린 벤이 고개를 주억거리는 모습이 보인다. 네, 맞습니다, 코튼 목사님. 더 얘기해주세요. 벼락처럼 내리치는 매더의 목소리가 귓가에 들리는 것 같다. "이 크나큰 격려를 들어라! …… 가난한 자의 지혜가 제안의 출발점이 되어 도시를 구하고 국가에 이바지할 수 있다!"[13]

좋은 책은 늘 벤 프랭클린의 비옥한 정신을 뒤흔들었고, 그는 저자의 배경이나 사소한 실수를 개의치 않았다. 벤에게는 책을 누가 썼는지보다 책이 무엇을 말하는지가 더 중요했다. 슬프게도 오늘날 우리는 그렇지 않다. 우리는 책이 아닌 저자를 읽는다. 삶을 바꿀지도 모를 새로운 발상을 구하는 대신 그 출처를 묻고 종종 그 정보만을 토대로 발상을 수용하거나 거부한다. 그리고 그 과정에서 수많은 지혜를 놓치고 만다.

프랭클린이 코튼 매더에게 품었을지 모를 은은한 적대감은 서서히 사라졌고, 시간이 흐를수록 오히려 이 청교도 전도사를 향한 애정이 커졌다. 훗날 프랭클린은 매더의 노스 보스턴 자택을 방문했던 때를 애틋하게 회상했다. 그는 집에서 나오면서 천장이 낮은 비좁은 계단에 발을 디뎠다. "수그리게나!" 매더가 외쳤다. 한 발 늦은 벤은 들보에 머리를 박았다. 매더는 이 사건에서 교훈을 끌어내며 이렇게 덧붙였다. "이 경험을 고개를 늘 뻣뻣하게 들고 다니지 말라는 경고로 삼게. 수그리게나, 젊은 친구. 세상을 헤쳐 나갈 때는 고개를 수그려야 해. 그러면 힘든 충돌을 많이 피할 수 있을 걸세."[14] 프랭클린은 머리를 박지 않도록 자부심을 단속할 필요가 있었다. 다시 날아오르기 위해 수그려라. 프랭클린은 이 조언을 따랐다. 적어도 그러려고 노력했다.

코튼 매더가 세상을 떠나고 오랜 시간이 지났을 무렵 프랭클린은 매더의 아들 새뮤얼에게 편지를 보내 매더의 책이 자신에게 얼마나 큰 영향을 미쳤는지 설명했다. "나는 늘 그 어떤 명성보다 선을 행하는 자의 인격을 더 높이 평가했고, 만일 내가…… 그간 쓸모 있는 시민이었다면 그 덕을 누리는 대중은 이 책에 빚진 것입니다."

그림자가, 내 근처를 맴도는 존재가 느껴진다. 고개를 드니 사서가 보인다. 사서는 미소 짓고 있지만 심기가 불편해 보인다. 그는 공손하고 조용하게 나를 꾸짖는다. 책을 부적절하게 넘겼거나 발포 고무 받침대를 올바르게 사용하지 못한 것 같다. 나는 사과한 뒤 이제 내 운을 과신하지 않기로 한다. 쫓겨나기 전에 자발적으로 이 지성소를 떠나는 편이 낫다. 나는 《선행록》을 사서에게 반납하면서 이 책이 다치지 않고 건강하게 다시 300년을 보낼 수 있기를 빈다.

유리 엘리베이터를 타고 로비로 내려와 보일스턴 스트리트로 나온다. 밝고 희망찬 하늘을 올려다보며 부두를 향해 동쪽으로 향한다.

4

경험과 실험의 애호가

보스턴 로건 국제공항을 출발하는 여객기가 머리 위에서 굉음을 내뿜고, 나는 프랭클린이 너무 일찍 태어난 것을 애석해했다는 사실을 떠올린다. "물질을 지배하는 인간의 힘이 향후 1000년간 얼마나 더 커질지 상상조차 하기 힘들다. 어쩌면 우리는 수월한 이동을 위해 거대한 물질의 중력을 없애고 절대적 가벼움으로 채우는 방법을 배울지도 모른다."

정확히 맞혔어요, 벤. 반면에 나는 너무 늦게 태어난 것이 애석하다. 미래는 환영이자 신기루이며, 내가 감량해야 하는 7킬로그램처럼 감질날 만큼 가깝지만 언제나 손에 잡히지 않는다. 언젠가 아마존에서 휴대용 태양열 타임머신을 구매할 수 있다면(세 시간 내로 주문하면 어제 도착 가능!) 내가 향할 곳은 미래가 아닌 과거다. 나는 아직 탐험하지 않은 미지의 땅과 진짜 모험이 있던 시절, 구글 지도와 패키지여행과 '셀카'가 등장하기 이전의 시절을 동경한다.

내가 과거에 끌리는 이유는 내가 여행에 끌리는 이유와 같다.

과거와 여행은 둘 다 깨달음과 명료함을 주는 경험이다. 낯선 땅에서 하루를 보내면 책 10여 권을 읽는 것보다 그 장소를 더 많이 알게 된다. 슬프게도 먼 옛날을 정확히 알 방법은 없다. 우리는 영원히 외부인으로 남아 과거의 창문에 코를 박고 있을 뿐이다. 영국 작가 레슬리 하틀리는 이렇게 말했다. "과거는 외국이다. 그곳에서 사람들은 다르게 생활한다."[1]

과거와 현재의 불편한 관계를 생각하며 부두 쪽으로 구불구불 걷는다. 폴 리비어를 비롯해 보스턴 프리덤 트레일에 있는 혁명의 영웅들 동상을 지나친다. 왼쪽으로는 빨간 벽돌 건물이 밀집해 있고 오른쪽으로는 유리섬유로 만든 요트들이 작은 함대를 이루고 있다. 저 앞에는 매사추세츠만의 차디찬 물이 있다. 시간 여행자의 기술을 동원해, 눈을 가늘게 뜨고 벽돌 건물과 요트를 시야에서 지우며 프랭클린이 살던 시대의 풍경을 상상해본다.

때는 1718년이다. 보스턴은 물의 세상이다. 삶은 바다와 만 외에도 수많은 강과 하구, 연못과 호수를 중심으로 펼쳐졌다. 보스턴에는 영국령 북아메리카에서 가장 큰 훌륭한 항구가 있었다. 어떤 날이든 멀리서 출발한 배들이 도착했다. 브라질, 마데이라, 바베이도스, 마다가스카르, 그리고 당연히 영국. 항구를 어슬렁거리던 어린 벤은 틀림없이 바다의 모험담을 들었을 것이다. 집에서 몇 킬로미터 밖으로 나가본 적 없는 어린 소년에게는 분명 자극적인 내용이었으리라. 그가 "집에서 벗어나 바다로 떠나기를" 간절히 바란 것도 당연했다. 그러나 그의 아버지가 반대했다. 프랭클린의 많은 형 중 한 명이었던 조사이아 주니어는 선원이 된 뒤 연락이 끊겼다. 아버지 조사이아는 바다에 또 한 명의 아들을 잃을 생각이 없었다.

그래서 벤은 물과 육지가 다 있는 보스턴 지역을 탐험하는 것에 만족했다. 그는 찰스강의 넓은 어귀에 있는 염수 습지인 밀 폰드를 좋아했다(안타깝게도 밀 폰드는 오래전에 사라졌다. 지금은 그 자리에 농구팀 보스턴 셀틱스와 하키팀 보스턴 브루인스의 홈구장인 TD 가든이 있다). 벤은 다른 남자아이들처럼 밀 폰드에서 긴 시간을 보냈다. 그러나 그 남자애들(그리고 대다수 보스턴 주민)과 달리 벤은 보트를 타거나 낚시만 한 것이 아니었다. 그는 그 안으로 뛰어들어 헤엄쳤다.

벤은 한 번에 몇 시간씩 연거푸 수영을 하곤 했다. 물 위아래를 들락거리며 각종 묘기를 선보여 구경꾼들을 즐겁게 했다. 그는 상체 힘이 대단했다. 현대적인 수영복이 아직 존재하지 않았기에 프랭클린은 당시의 모든 소년과 성인 남성처럼 나체로 수영했다. 여성은 적어도 사람들 앞에서는 수영을 하지 않았다.

고전 시대에 수영 능력은 교육과 상식의 증거로 여겨졌다. 로마에는 글과 수영을 배우지 않은 사람은 아무짝에도 쓸모가 없다는 말이 있었다.[2] 그러다 수영은 몇백 년간 인기를 잃었다. 벤이 살던 시대에는 심지어 선원 중에도 수영할 수 있는 사람이 드물었다. 식민지 시대 신문들은 주기적으로 익사 사고를 보도했다. 내 생각엔 프랭클린이 수영을 즐긴 또 다른 이유가 있다. 수영은 안식일에 금지되고 거의 초자연적이라고 여겨지던 다소 전복적인 활동이었다. 사람들은 물에 뜨느냐 가라앉느냐를 보고 마녀인지 아닌지를 확인했다. 인간은 가라앉았다. 마녀는 물 위로 떠올랐다.

물론 어린 프랭클린이 저절로 수영을 잘하게 된 것은 아니었다. 수영하는 법을 배워야 했지만 수영을 가르치는 학교는 없었다. 그는 책에 의지했다. "적절한 그림과 조언을 통해 설명하는 수영의 기술"이라는 제목의 작고 이상한 책이었다. 이 책은 오늘날 딱히 베스트셀러라고 할 수 없지만 나는 1696년에 출간된 초판의 재쇄로 한 부를 입수할 수 있었다.

1쪽에서 멜키세덱 테베노라는 이름의 프랑스인 저자는 선원과 물에서 일하는 사람들뿐만 아니라 그저 재미로 수영을 즐기고 싶은 사람들을 위해 이 책을 썼다고 설명한다. 내 눈길을 끈 것은 글이 아닌 목판화 그림이다. 벌거벗은 남자들이 물위와 물속에서 여러 괴상한 자세로 버둥거리고 있다. 수영과 관련이 있을 법한 그림도 몇 개 있지만 확신은 못 하겠다. 궁금하다. 프랭클린은 어떻게 이 책으로 수영을 배웠지?

벤은 이 책으로 수영을 배운 것이 아니었다. 그는 책을 읽어야 할 때와 독서를 멈춰야 할 때를 잘 알았다. 책을 사랑했지만 그 한계도 알았다. 책에서 얻은 지식은 귀중하긴 하지만 불완전하다. 당연하게도 그 지식은 늘 전해 들은 것이다. 프랭클린은 이 사실을 인식함으로써 많은 책벌레가 빠지는 함정을 피했다. 우리는 책과 인간을 혼동하고, 선택권이 주어진다면 인간보다는 책과 시간을 보내려 한다. 충분히 이해한다. 사람과 달리 책은 우리를 괴롭히지도 부끄럽게 하지도 않는다. 책은 우리 마음을 부숴놓지 못한다. 책 속에 편안히 자리 잡으면 그 누구도 우리를 해칠 수 없다.

궁금하다. 책이 아니라면 프랭클린은 어디서 수영을 배웠을까? 라틴 스쿨을 기념하는 보도 위의 모자이크 그림으로 되돌아가기로 한다. 무언가를 놓쳤다는 느낌이 사라지지 않는다. 그림을 자세히 들여다보니 아니나 다를까 거기에 있다. 이 학교의 가장 유명한 중퇴자가 남긴 말이다. "경험은 값비싼 학교다. 그러나 바보들은 다른 데서 배우려 한다."

경험. 이 단어, 이 개념은 프랭클린에게 몹시도 중요했다. 또 다른 단어인 실험만큼이나, 어쩌면 그보다도 더 중요했다. 아니, 꼭 그렇지만도 않다. 프랭클린의 머릿속에서 이 두 단어는 거의 동의어였다. 사전에서도 그렇다. 라틴어에서 파생된 언어 대다수에서 경험experience과 실험experiment은 같다. 메리엄 웹스터 사전이 내게 가르쳐준 내용에 따르면 둘 다 "가능성의 시험"을 수반한다. 그러나 벤저민 프랭클린 같은 완고한 가능성주의자는 사전 없이도 이 사실을 잘 알았다.

프랭클린은 경험주의자였다. 그는 모든 지식은 습득하는 것이지 타고나는 것이 아니라고 믿었다. 우리는 미리 설치된 소프트웨어 없이 하드웨어만 갖추고 태어난다. 그리고 자기 감각을 통해 지식을 얻는다. 프랑스 철학자 르네 데카르트는 코기토 에르고 숨, "나는 생각한다, 고로 존재한다"라는 유명한 말을 남겼다. 프랭클린과 그의 동료 경험주의자들은 이 말을 믿지 않았다. "나는 감각한다, 고로 존재한다"가 이들의 비공식 모토였다. 이러한 삶의 방식은 어떤 행동으로 드러날까? 프랭클린은 이야기를 통해 질문에 답하는 것을 좋아했다. 그러므로 나도 그러려고 한다.

프랭클린의 가장 기발한 실험 중 하나는 물과 기름에 관한 것이었다. 그는 기름을 약간 넣으면 격렬한 물살을 잠재울 수 있다는 사실을 발견했다. 어느 날 한 연못에서 그는 의심 많은 남자를 만났다. 어떻게 그런 게 가능합니까? 그러자 프랭클린은 화려한 쇼맨십을 선보이며 그 '마술'을 직접 실연했다. 남자는 깜짝 놀라서 말을 잃었다.

"그렇다면 선생님." 남자가 버벅대며 말했다. "저는 여기서 무엇을 얻어야 할까요?"

"딱 하나, 직접 본 것만 얻어가세요."[3] 프랭클린이 대답했다.

이게 바로 경험주의다. 프랭클린에게 경험은 얄팍하거나 사소한 것이 아니었다. 경험은 지식의 한 형태였다. 책은 우리를 멀리 데려가지 못한다. 경험은 다르다. 책의 타당성은 의심할 수 있지만 경험의 타당성은 그렇지 않다. 책은 반박할 수 있다. 그러나 경험은 그럴 수 없다.

행복을 예로 들어보자. 감정을 다루는 연구자들은 누군가가 행복한지 아닌지를 어떻게 파악할까? 그들은 뇌를 스캔하지도, 그 밖의 다른 기술을 사용하지도 않는다. 그 대신 사람들에게 이렇게 묻는다. "1에서 10점까지의 척도로, 요즘 얼마나 행복하십니까?"

많은 이가 이런 접근법을 수상쩍어한다. 이런 자기 보고는 주관적이지 않나? 물론 그렇다. 하지만 그렇다고 해서 이 보고가 타당성을 잃지는 않는다. 행복이나 슬픔 또는 다른 감정 상태를 직접 경험하는 사람에게만 감정의 강도를 평가할 자격이 있다. "주관적 정보"라는 용어는 모순어법이 아니다. 의사라면, 적어도 좋은 의사라면 MRI에서 문제가 드러나지 않더라도 환자의 고통을 묵살하지 않을 것이다. 우리는 모두 자기 자신의 전문가이자 자기 책의 저자다. 이 책은 한 번에 한 경험씩 쌓이는, 오로지 우리만 읽을 수 있는 이야기다.

나는 이 사실을 끊임없이 상기해야 한다. 그 이유를 보여주는 적절한 사례가 바로 나와 내 스마트워치 사이의 골치 아픈 관계다. 처음에 우리는 쿵짝이 잘 맞았다. 스마트워치는 못 하는 게 없어서 내 걸음 수와 섭취 칼로리, 수면을 전부 추적했다. 내 스트레스 수치와 혈중 산소 농도, 내 탱크에 남은 힘을 뜻하는 "바디 배터리"도 관찰했다. 심지어 시간도 말해줬다.

그러나 우리 관계는 곧 틀어지고 말았다. 문제의 시발점은 수면 추적이었다. 매일 아침 나는 놀라울 만큼 낮은 수면 점수를 확인했다. "지난밤에 잠을 제대로 못 잤습니다." 내 시계는 이렇게 꾸짖었다. 나는 이를 닦기도 전에 실패자가 된 기분을 느꼈고, 의기양양한 내 시계는 내가 양치를 제대로 완수했다는 사실에는 관심도 없었다. 나는 스크롤을 내리면서 질 낮은 수면의 끔찍한 결과를 확인했다. "당신의 몸은 충분히 회복되지 않았습니다." 시계가 나를 책망했다. "오늘 피곤할 것으로 보입니다."

내 시계가 옳았다. 그날 나는 피곤했다. 하지만 그건 내가 정말 피곤해서였을까, 아니면 교활한 시계가 내 머릿속에 그 생각을 심어놓았기 때문일까?

"어제 엉망으로 잤어." 나는 매일 아침 아내에게 말하곤 했다. 아내는 어느 정도 동정을 표하다가 어느 날 내게 쏘아붙였다.

"어제 엉망으로 잤는지 어떻게 알아?"

"시계가 말해줬어."

아내는 네가 그렇지 하는 눈빛을 던지며 무언의 메시지를 전달했다. 네 손목에 묶인 작은 기계를 믿을래, 아니면 네 몸을 믿을래?

아내가 옳았다. 나는 내 행복감을 외부 장치에 위탁했다. 수면으로 내 피로가 회복되었는지 아닌지를 누가 말해줄 수 있겠는가? 내가 푹 잤다고 느끼는지 아닌지가 중요한 것 아닌가? 프랭클린은 아마 그렇다고 대답할 것이다. 내 경험에서 나온 정보는 내 스마트워치의 정보 못지않게, 아니 그보다 더 유효하다.

그러나 차마 이별을 말하지 못하는 연인처럼 나는 스마트워치와 헤어지지 못했다. 칼로리 계산과 진동 알람이 간절했다. 외부의 승인이 간절했다. 스스로가 실패자처럼 느껴진다 할지라도. 나는 일주일간 시계를 차고 그다음 주는 다시 책상 서랍에 밀어 넣기를 반복했다. 그렇게 몇 달이 흐른 어느 날, 아날로그 시계의 시곗바늘에 스마트워치의 추적 기능을 더한 하이브리드 시계를 발견했다. 모든 하이브리드와 마찬가지로 불완전한 타협이었지만 불완전한 인간인 나는 그 정도는 감수할 수 있다.

어린 벤은 근육으로 이루어진 자신의 탄탄한 직감을 믿었다. 밀 폰드의 허리까지 오는 물속에서 스마트워치를 차지 않은 발가벗은 몸으로 그는 경험하고 실험했다. 테베노의 책을 지침 삼아 간단한 영법을 익힌 다음 "쓸모 있을 뿐만 아니라 우아하고 수월한" 자기만의 영법을 개발했다. 마음에 든다. 이 표현이 프랭클린의 인생철학을 간결하게 요약한다. 가치 있는 활동이란 자고로 그 두 가지 기준을 충족해야 한다. 우아함과 쓸모. 희귀한 조합이지만 우아함과 쓸모가 만나면 볼 만한 것이 탄생한다. 테니스 선수인 로저 페더러의 백핸드가 떠오른다. 그의 백핸드는 그저 강력하고 우아한 것이 아니라 우아하기 때문에 강력하다.

나는 수영할 수 있나? 간신히 익사를 면하는 것을 수영이라 부를 수 있다면 그렇다. 나는 수영할 수 있다. 내가 선호하는 영법은? 개헤엄. 내가 고전하는 것은 수영 동작이 아니라 물이다. 사실 나는 물을 좋아하지 않는다. 한 번도 좋았던 적이 없다. 나의 이 물 혐오에 어떤 의미가 있을지 궁금하다. 좋은 의미는 없을 것 같다. 숫자가 문제다. 우리 몸의 60퍼센트는 물이다. 내가 물을 싫어한다면 그건 내가 나를 40퍼센트만 좋아한다는 뜻일까?

어렸을 때 볼티모어 교외에서 받았던 수영 수업을 떠올리면 메스꺼운 기분이 든다. 자세히 기억나는 것은 두 개뿐이다. 병원에 온 것 같은 지독한 염소 냄새(요즘도 이 냄새를 맡으면 심장이 뛴다)와 '생존 수영'이라는 이름의 특히나 끔찍했던 연습. 강사는 우리에게 두 팔을 머리 위로 쭉 뻗고 아래를 보는 상태로 물 위에 떠보라고 말했다. 머리를 최대한 살짝 들어서 숨을 들이마셔야 했다. 내가 물을 경멸하는 것도 당연하다. 우리가 무엇을 어떤 방식으로 배우느냐는 우리가 그것을 숙달할 수 있는가뿐만 아니라 그것을 즐길 수 있는가까지 결정한다.

이런 가혹한 명령에서 자유로웠던 어린 벤은 물속에서 자신의 탄탄한 몸을 더욱 효율적으로 밀고 나가는 다양한 방식을 시도했다. 인간의 몸은 수영에 적합하게 만들어졌지만 두 가지 예외가 있다. 바로 손바닥과 발바닥이 너무 작아서 추진력을 내는 데 한계가 있다는 것이다. 어린 벤은 이 장애물을 해결하기 시작했다. 그는 화가의 팔레트와 비슷하게 생긴 달걀형 판자를 두 개 만들고 엄지를 단단히 끼울 수 있도록 구멍을 뚫었다. "나는 판자의 옆면으로 물을 가르며 앞으로 밀었다가 평평한 면으로 물을 세게 때리며 다시 끌어당겼다."[4]

효과가 있었다. 수영 속도가 빨라졌다! 그가 오리발의 초기 형태인 "일종의 샌들"을 발에 끼웠을 때는 이만큼 성공적이지 않았다. 아이디어는 좋았지만 안타깝게도 아직은 때가 아니었다. 유연한 고무가 아직 개발되기 전이었다.

프랭클린의 대담한 수중 실험이 또 하나 있었다. 어느 날 그는 자신의 수영 사랑을 자신의 연 사랑과 결합하면 무슨 일이 벌어질지 궁금했다. 그래서 동네 연못으로 걸어 들어가 연을 띄운 다음 줄을 꽉 붙잡고 뒤로 누웠다. 그는 "나는 수면 위에서 아주 기분 좋게 끌려갔다"고 회상했다.[5] 윈드서핑(또는 윈드-스위밍)을 발명한 것이었다. 그는 독서가 아닌 시행착오를 통해, 경험이라는 학교에 성실히 출석함으로써 이러한 성취를 이뤄냈다.

그는 이 새로운 형태의 추진력을 개발함으로써 새로운 경험도 개발했다. 독창성의 진정한 결과물은 최신 장비가 아니라 이런 새로운 경험이다. 18세기 가장 위대한 발명품은 토머스 뉴커먼의

증기기관도 엘리 휘트니의 조면기도 아닌 행복이라는 개념이었
다. 모호한 내세의 행복이 아닌 지금 이곳에서의 행복. 프랭클린
은 이 개념에 대해 할 말이 아주 많았다.

5

가면 쓴 어린 현자

서둘러 부두를 떠나 서쪽으로 향한다. 하노버 스트리트까지 천천히 달리다가 좁은 길로 빠진다. 코튼 매더의 교구였던 노스 교회의 그림자 속에서 내가 찾던 곳을 발견한다. 이디스 앤드 길이라는 이름의 식민지 시대 인쇄소다.

인쇄소는 닫혀 있다. 실망스럽다. 물론 실망을 좋아하는 사람은 없지만 나는 실망에 특히 크게 타격받는다. 사소한 차질과 중대한 재난을 구분하는 기준이 다른 사람들에게는 있고 내게는 없는 것 같다. 국세청 감사나 주차위반 딱지나. 뇌진탕이나 종이에 베인 상처나. 내게는 다 똑같다. 전부 똑같이 실망스럽다. 이유를 모르겠다. 도와줘요, 벤. 어쨌거나 당신은 "분별의 완벽한 본보기"잖아요. 어떻게 그럴 수 있었죠? 이런 사소한 실망을, 당신이 겪은 그 수많은 낙담을 어떻게 풍선처럼 부풀리지 않을 수 있었나요? 존 버니언이 말하는 절망의 구렁텅이에, 그 바닥없는 우울의 수렁에 어떻게 빠지지 않을 수 있었나요?

인쇄소 창문에 코를 처박고 안을 들여다본다. 나무로 된 커다란 인쇄기가 보인다. 잉크를 고르게 펴 바르는 금속 공, 금속활자를 담는 활판도 있다. 인쇄는 복잡하고 매우 고된 작업이었다. 신문 한 면을 만드는 데 25시간이 걸리기도 했다. 그러나 인쇄공은 고결한 직업이었다. 인쇄기는 곧바로 사라지는 말을 오래가는 무언가로 만드는 강력하고 거의 신비롭기까지 한 힘이었다. 인쇄기는 평범한 기계가 아니라 계몽주의 시대에 동력을 공급한 엔진이었다.

열한 살의 어린 벤이 이곳 유리창에 작은 코를 처박고 있는 모습을 상상할 수 있다. 당시 벤은 아버지가 운영하는 비누 양초 가게에서 일하며 매 순간 치를 떨었다. 벤이 갈망하는 지적 자극이 전혀 없는 힘들고 지저분한 일이었다. 짧은 자유 시간에 그는 책을 읽거나 수영을 하거나 보스턴의 몇 없는 인쇄소에 가서 어슬렁거렸다. 그 매력이 무엇이었는지 알 것 같다. 그곳에는 진짜 일이 있었다. 몸과 머리를 동시에 쓰는 일, 비누 양초와는 다른 방식으로 쓸모 있는 일이.

운 좋게도 (섭리를 의심하지 말지어다) 벤보다 아홉 살 많은 형 제임스가 인쇄소를 운영하고 있었다. 경쟁이 심한 업계였지만 프랭클린 가문의 대다수 인물과 마찬가지로 제임스 역시 재능 있고 단호했다. 벤의 아버지는 막내아들이 인쇄업에 매료된 데다 책벌레 기질이 있음을 알아차리고 제임스를 설득해 벤을 도제로 고용하게 했다.

도제 제도는 만만치 않았다. 도제와 멘토는 법적 구속력이 있는 협약을 맺고 약 7년간 함께 일했다. 도제는 급료 없이 멘토와 나란히 일했고 심지어 멘토의 집에서 같이 살기도 했다. 그들은 계약 노동자로서 장인에게 경제적으로 의존했다. 계약 기간을 채우지 않고 떠나는 것은 징역형에 처할 수 있는 범죄였다.

도제와 멘토가 잘만 지낸다면 이 협약은 양측에 이익이었다. 그러나 제임스와 벤은 잘 지내지 못했다. 두 사람은 자주 다퉜다. 어린 벤은 보스턴 퀸 스트리트에 있는 이 불편한 분위기의 비좁은 인쇄소에서 글쓰기를 독학했다.

벤은 인쇄소에서 다양한 책뿐만 아니라 런던의 흥미로운 잡지인 애디슨과 스틸의 〈스펙테이터〉 같은 정기간행물도 접할 수 있었다. 벤은 특별한 독학 방식을 개발했다. 바로 짧은 글을 읽고 문장을 마구 뒤섞은 다음 재구성하는 것이었다. 그는 모방을 통해 배우고 있었지만 여기에는 약간의 반전이 있었다. 그는 저자의 글쓰기 기법을 흉내 낸 다음 자기만의 미사여구를 추가했다. 훗날 벤은 "선인을 모방하는 것과 선인을 가장하는 것에는 큰 차이가 있다"고 말했다.[1] 모방은 선인을 영광스럽게 한다. 가장은 선인을 모욕한다.

비록 벤보다 늦은 나이였지만 나도 똑같은 방식으로 글쓰기를 배웠다. 먼저 내가 존경하는 작가들의 책을 읽었다. 잰 모리스, 피코 아이어, 이탈로 칼비노, 존 스타인벡, 폴 서루. 그리고 그들처럼 문장을 구성했다. 처음에는 지나치게 비슷했다. 나는 그들을 가장하고 있었다. 그러나 결국 내가 만들어낸 문장들은 비슷하긴 해도 그들의 것은 아니었다. 그 문장들은 내 것이었다. 나는 그들을 모방하고 있었다.

내가 처음 발표한 글은 뉴저지 매디슨 적십자 지부의 뉴스레터에 실렸다. 헌혈 캠페인이나, 아니면 홍수 대비 요령에 관한 글이었을 것이다. 완성된 결과물을 처음 바라보며 느꼈던 기쁨의 전율이 생생하게 기억난다. 여기 내 글이, 나의 것이 내 이름과 함께 실려 있었다. 그때 나는 열아홉 살이었는데, 프랭클린의 기준에는 노령이나 마찬가지일 것이다.

어린 벤은 겨우 열두 살 때 두 편의 시를 썼다. 둘 다 바다가 주제였다. 하나는 악명 높은 해적인 검은 수염의 생포와 처형을 노래했다. 다른 하나는 "등대의 비극"이라는 제목의 발라드로, 등대지기와 그 가족이 익사하는 음울한 이야기였다. 열두 살에게는 다소 어두운 소재였지만 그때도 벤은 무엇이 좋은 이야기인지 잘 알았다.

벤은 부둣가에서 팝콘이나 솜사탕을 팔듯 시를 팔았고 시는 잘 팔려나갔다. 그러나 벤이 잔뜩 들떠서 시인이 되겠다는 꿈을 품기도 전에 그의 아버지가 싹을 잘라버렸다. "삼류 시인은 다 빈털터리"라고 아버지 프랭클린은 말했다. 슬프게도 이 말은 여전히 사실이다. 훗날 벤은 "형편없는 시인이 되지 않게 막아준" 아버지의 이 조언을 감사히 여겼다.

나는 잘 모르겠다. 프랭클린은 시인의 감성이 풍부했다. 평생 시를 읽으며 글쓰기 독학에 활용했다. 그는 산문을 운문으로, 그리고 다시 산문으로 바꿨다. 그에겐 리듬이 중요했다. 그는 보기 좋은 글이 아닌 듣기 좋은 글을 썼다(그래서 프랭클린의 글에 이탤릭이 그렇게 많은 것이다. 그는 연설의 강조 표현을 이탤릭으로 모방하려 했다). 그는 자기 산문을 더욱 날카롭게 다듬기 위해 평생 시를 썼고 젊은 작가들에게 운문부터 쓰라고 조언했다. 그도 나처럼 시를 유용하게 여겼다. 종종 그렇듯 글이 막히면 나는 시집을 펼친다. 그러면 역시나 내 글쓰기 기어가 다시 돌기 시작한다.

결정적 기회는 1721년에 찾아왔다. 벤의 형 제임스가 신문 〈뉴잉글랜드 커런트〉를 창간한 것이다. 보스턴에는 이미 신문사 두 곳이 있었지만 둘 다 배짱 없이 정부 대변인 노릇을 했다. 〈뉴잉글랜드 커런트〉는 다를 것이었다. 제임스 프랭클린이 만든 이 신문의 사명은 "두려움도 편애도 없이" "지위 고하를 막론하고 모두의 악덕과 어리석음을 폭로하는 것"이었다.[2] 〈뉴잉글랜드 커런트〉가 미국 최초의 '진정한' 신문이었다고 말해도 무방할 것이다.

경쟁자들은 이 건방진 신입의 등장에 그리 환호하지 않았다. 〈보스턴 뉴스레터〉는 이 새로운 라이벌을 "헛소리와 무례, 희롱, 신성모독, 외설, 오만, 비방, 거짓말, 모순처럼 다툼과 분열을 일으키고 뉴잉글랜드의 사고방식과 풍습을 더럽히고 타락시키는 것들로 가득한 악명 높고 추악한 신문"으로 묘사했다.[3] 그들은 갈수록 비열해졌다. 〈뉴잉글랜드 커런트〉의 적들은 제임스 프랭클린과 그의 작가 친구들에게 "지옥불 클럽"이라는 별명을 붙였다. 그럴 의도는 없었던 것 같지만 제임스 프랭클린과 그의 친구들은 이 별명을 칭찬으로 받아들인 듯하다.

제임스 프랭클린이 신문을 창간한 것은 천연두가 창궐했을 때였다. 운이 좋다고 할 수는 없었지만 덕분에 기삿거리는 풍성했다. 〈뉴잉글랜드 커런트〉는 논란이 분분했던 새로운 천연두 예방 접종을 반대했다. 프랭클린 가문이 과학에 호의적이었다는 점을 생각하면 이상하게 느껴지지만 제임스의 이러한 입장은 과학이 아닌 반감에서 비롯된 것이었다. 코튼 매더가 이 새로운 기술에 찬성했기에 제임스 프랭클린은 반대한 것이었다(벤 프랭클린은 나중에 천연두 예방접종의 열렬한 지지자가 된다).

이렇게 적대감과 공포가 만연한 분위기 속에서 어느 날 아침 잠에서 깨어난 제임스 프랭클린은 방문 밑으로 밀어 넣어진 종이 뭉치를 발견했다. 사일런스 두굿(침묵 속에서 선을 행한다는 뜻-옮긴이)이라는 이름의 여성이 보낸 편지, 아니 일종의 에세이였다. 이 여성은 자신이 〈뉴잉글랜드 커런트〉의 독자들을 좋아한다면서 "그들을 조금이나마 즐겁게" 하고 싶다고 했다. 흥미가 생긴 제임스 프랭클린은 편지를 마저 읽었다.

사일런스 두굿은 구세계에서 신세계로 향하는 바닷길 위에서 태어났다. 비극적인 운명의 장난으로 사일런스의 아버지는 그가 태어날 때 사망했다. 그는 사일런스의 탄생을 크게 기뻐하며 갑판에 서 있었는데, 그때 "무자비한 파도가 배를 덮쳐 순식간에 그를 집어삼켰다." 보스턴에 도착한 뒤에도 사일런스의 삶은 나아지지 않았다. 어머니와 남편이 세상을 떠나면서 사일런스는 고아이자 과부가 되었다.

사일런스는 글을 마무리하면서 다시 편지하겠다는 약속과 함께 주의 사항을 남긴다. 그는 자신이 모든 독자를 기쁘게 할 수 없음을 알지만 "그렇다고 고의로 독자를 불쾌하게 만드는 일은 없을 것이며, 내 의도와 달리 기분이 상한 사람들은 상대하지 않겠다"고 말한다.

제임스 프랭클린은 편지 내용이 만족스러웠다. 1722년 4월 2일 그는 〈뉴잉글랜드 커런트〉 1면에 사일런스 두굿의 에세이를 실었다. 부지불식간에 열여섯 살 남동생이 작가 생활을 시작하도록 도운 것이었다.

벤은 전부터 형의 신문에 글을 쓰고 싶었지만 그럴 가능성이 낮다는 것을 알았다. 그는 너무 어린 풋내기였고 오만불손하기까지 했다. 그래서 그는 자기 필체와 정체를 숨기고 사일런스 두굿이라는 인물을 창조했다.

이 이름은 코튼 매더를 향한 경의의 표시였다. 비꼬는 뜻도 있었지만(매더는 침묵할 수 없는 사람이었다) 농담은 아니었다. "두굿dogood"이라는 이름은 멸칭이 아니었다. 오지랖 부리며 착한 척하는 사람이라는 비하의 의미는 아직 존재하기 전이었다. 선행은 의심쩍은 것이 아닌 고결한 행위였다. 그 후 몇 달간 벤 프랭클린, 일명 사일런스 두굿은 에세이 열세 편을 더 보냈고 전부 〈뉴잉글랜드 커런트〉에 실렸다.

나는 프랭클린이 태어난 밀크 스트리트 17번지로 되돌아간다. 프랭클린 흉상 바로 밑에 있는 1층에 그리스 레스토랑이 있다. 샐러드와 커피를 주문하고 조용한 자리에 앉는다. 구운 할루미 치즈를 베어 먹으며 사일런스 두굿의 글을 읽는다.

사일런스는 전혀 조용하지 않다. 사일런스의 글은 논평과 의견으로 가득하며, 이를 재치 있고 이해하기 쉬운 문체로 전달한다.

사일런스는 영리하고 거침없다. 사일런스의 지혜는 투박하고 직설적이다.

사일런스는 두 번째 에세이에서 자신이 좋아하는 것과 싫어하는 것을 소개하면서 설명이라기보다는 경고 같은 문단을 넣는다. "명심하십시오. 나는 악덕의 적이요, 미덕의 친구입니다. 나는 대단히 관대하고, 사사로운 마음의 상처를 흔쾌히 용서합니다. 나는 성직자와 모든 선량한 사람들의 따뜻한 친구이자 독단적인 정부와 끝없는 권력의 철천지원수입니다."

사일런스(즉 프랭클린)가 이 글을 썼을 무렵 미국이 영국의 통치에 공개적으로 저항하기까지는 반세기 이상 남아 있었지만 그의 글에서는 뚜렷한 저항 정신이 느껴진다. 비록 사일런스 두굿이라는 단호한 과부의 외피를 두르고 있었지만 말이다. "나는 당연히 내 조국의 권리와 자유를 지키는 데 열심입니다. 그 귀중한 특권이 침해받는 기미라도 보이면 피가 부글부글 끓습니다."

그 뒤에 이어진 10여 편의 에세이에서 사일런스 두굿의 피는 자주 끓어오른다. 그는 독실한 척하는 위선자를 공격하고 하버드 졸업생과 살을 덧댄 속치마를 조롱하며("절구를 뒤집어놓은 듯한 괴상한 모양") 마을의 술주정뱅이들을 나무란다. 두굿은 교육과 종교적 집착, 독단적인 권력, 여성의 지위, 엘리트주의처럼 자신의 조종자 벤 프랭클린의 길고 쓸모 있는 삶에서 중요한 위치를 차지했던 주제들을 언급한다.

사일런스 두굿은 잔소리만 하지 않는다. 해결책을 지향하며 모든 보스턴 주민의 삶을 개선할 시민 사업을 제안한다. 언론의 자유를 옹호하고 여성을 교육해야 한다고 주장한다. 과도한 음주 같은 악습을 억제하고 자선 활동 같은 좋은 습관을 장려하고자 한다. 그는 겸손하지 않다. "나는 내 재능을 냅킨에 감출 생각이 전혀 없다." 가면 뒤에서 자기 재능을 냅킨에 감춘 사람은 사일런스 두굿이 아닌 프랭클린이었다.

가면은 문명만큼이나, 심지어 그보다 더 오래되었다. 인간은 최소 3만 년 전부터 이런저런 형태의 가면을 썼다. 우리는 전쟁과 평화의 시기에, 축제와 장례식에서, 풍요제와 연극 공연에서, 퍼레이드와 유행병 속에서 가면과 마스크를 쓴다.

가면은 감춘다. 우리는 그 뒤에 숨는다. 가면은 드러내기도 한다. 가면 뒤에서 우리는 다른 상황에서라면 숨겼을 자기 생각과 의견을 자유롭게 표출한다. 사람person이라는 단어는 그리스 로마의 연극배우들이 무대 위에서 쓰는 가면이라는 뜻의 라틴어 페르소나persona에서 나왔다. 고대인에게 사람은 가면 뒤에 있는 인간을 뜻하지 않는다. 사람이 곧 가면이다. 우리는 역할을 연기하지 않는다. 우리가 곧 우리의 역할이다. 우리는 늘 가면을 쓰고 있다. 그저 그 사실을 인지하지 않을 뿐이다.

브리티시컬럼비아의 누할크 부족을 비롯한 토착민들은 의례용 가면을 쓸 때 다른 무언가를 흉내 내고 있는 것이 아니다. 그들은 다른 버전의 자기 자신이 된다. 랠프 엘리슨의 말처럼 변장은 "가능성의 유희"다.[4]

이러한 유희는 젠더를 넘나든다. 남성이 여성으로 변장하는 것은 오랜 전통이다. 남성들은 어떤 문화에서는 풍작이나 다산을 보장하고자 여성으로 변장하고, 또 다른 문화에서는 평소에는 금지되었던 자신의 여성적 측면을 표현하고자 여성을 따라 한다. 로마의 일부 남성 전사들은 여성의 맹렬함을 체화하려고 여성으로 변장했다. 이 남전사들은 아마존 여전사의 얼굴처럼 보이는 투구를 쓰고 그들의 흉포함에 닿을 수 있기를 희망했다.

가면은 식민지 미국 문화의 일부이기도 했다. 가장무도회에서 가면을 쓴 여성들은 자신의 평판을 해치지 않고 자유롭게 남성을 유혹할 수 있었다. 사우스캐롤라이나의 찰스턴에서 여성들은 집 밖으로 나갈 때 태양과 바람으로부터 얼굴을 보호하려고 마스크를 썼다. 한편으로 이 마스크는 "사회의 평가 없이 원하는 곳을 바라보고 원하는 표정을 지을 수 있는" 자유를 주기도 했다.[5] 변장의 다른 말은 실험이다.

사일런스 두굿의 에세이에 푹 빠진 나는 이따금 정신을 차리며 이 글들이 중년 여성이 아닌 열여섯 살짜리 소년이 쓴 것임을 되새긴다. 프랭클린의 글이 어찌나 설득력 있었던지 수많은 독자가 사일런스 두굿에게 청혼하는 편지를 신문사로 보냈다. 그러나 프랭클린과 그가 지어낸 사일런스 두굿 사이의 공통점은 나와 드웨인 '더 록' 존슨 사이의 공통점만큼이나 드물었다. 프랭클린은 여성도 중년도 시골 출신도 아니었다(그는 농촌에서 단 하루도 보낸 적이 없었다). 사일런스 두굿의 목소리로 신뢰할 수 있는 글을 쓰려면 엄청난 상상력과 공감 능력이 필요했다.

필명 사용은 18세기에도 흔했지만 남성이 여성의 목소리로 글을 쓰는 경우는 드물었다. 이것이 바로 존 업다이크가 말한 프랭클린의 "중성적 상상력"이었다.[6] 프랭클린은 여기서 자신의 초기 페미니즘을 언뜻 드러내기도 한다. 어린 나이에도 그는 여성이 부당하게 대우받고 있으며 실제로 여러 면에서 남성을 능가할 수 있다고 믿었던 대니얼 디포의 생각에 동의했다. 프랭클린은 평생에 걸쳐 여성에게 적절한 교육을 받을 권리가 있다고 주장했다. 비록 자기 딸은 교육시키지 않았지만. 프랭클린은 다면적인 사람이었다. 일관성은 그 다면적 특성에 포함되지 않았다.

이상적인 세계라면 작가에게 가면이 필요치 않을 것이다. 독자는 오로지 작가의 자질에 따라 글을 판단할 것이다. 그러나 프랭클린이 살던 세상은 우리가 사는 세상만큼이나 이상적이지 않았다. 그는 가면이 중요하며 신중하게 선택해야 한다는 사실을 알았다. 사일런스 두굿은 좋은 선택이었다. 18세기 보스턴의 주민들은 신랄하고 수영을 좋아하며 학교를 중퇴한 인쇄소 도제의 말에 귀 기울일 생각이 없었다. 반면 직설적이지만 인정 많고 공동체의 개선에 진심으로 관심이 많은 지혜로운 시골 여성에게는 기꺼이 귀를 기울였다. 여성인 사일런스 두굿은 프랭클린에게는 불가능한 방식으로 인물과 제도를 비판할 수 있었다.

사일런스 두굿은 프랭클린의 첫 번째 가면이었지만 마지막 가면은 아니었다. 변장은 평생의 습관이 되었다. 리처드 손더스는 "모두가 그대를 알게 하라. 그러나 그 누구도 그대를 속속들이 알아서는 안 된다"라고 말했다. 다만 그는 진짜 리처드 손더스가 아니었다. 그런 인물은 존재하지 않았다. 앨리스 애더텅도, 폴리 베이커도, 세일리아 쇼트페이스도, 이드로 스탠드패스트도, 앤서니 애프터위트도, 에브라임 센소리어스도, 마사 케어풀도, 그가 지어낸 다른 수많은 인물도 마찬가지였다.

프랭클린의 가면은 모습이 다양했다. 부자거나 빈자였고, 서민이거나 귀족이었고, 남성이거나 여성이었고, 노인이거나 청년이었다. 그는 북미 원주민 족장과 아프리카인 노예, 알제리 왕이 되어서 글을 썼다. 임신한 독신 여성과 프로이센의 왕이 되어서 글을 썼다. 알파벳 Z와 장애가 있는 다리, 하루살이, 자신이 앓는 통풍의 관점에서 글을 썼다.

프랭클린은 연극에 소질이 있었고 삶을 "한 편의 극"에 비유한 적도 있었다. 그는 톰 행크스만큼 수월하게 여러 역할을 넘나들었다. 런던에서는 영국 신사를 연기했다. 프랑스에서는 가발 없는 머리에 담비 털모자를 쓰고 시골뜨기 철학자를 연기했다. 프랑스인들은 벤의 이 모습에 열광했다.

프랭클린은 왜 그렇게 다양한 가면을 썼을까? 먼저 변장은 즐겁다. 그는 사람들을 속이며 즐거워했다. 그가 지어낸 인물들은 일부 독자가 실존 인물로 믿을 만큼 매우 그럴싸했다. 사람들은 "알제리 왕" 시디 이브라힘의 글을 읽고 서점과 도서관에 가서 그 글이 실린 책을 달라고 했다. 혼외 자식을 낳아 기소된 여성인 폴리 베이커가 법정에서 자신을 재판하는 남성 치안판사보다 훨씬 논리적인 주장을 펼쳤을 때 수많은 유럽인은 그가 실존 인물이 아니라는 사실을 믿지 않으려 했다. 이처럼 사람들을 속이는 것보다 사람들에게 당신이 속았음을 납득시키는 것이 더 어렵다.

그리고 프로이센 왕이 있었다. 그는 모든 영국인을 프로이센의 신민으로 만들겠다는 칙령을 내렸다. 런던의 한 신문이 이 소식을 전하자 많은 독자가 프로이센의 침략이 임박했다며 걱정했다. "프로이센 왕이 이 왕국을 차지하겠다고 하네!"[7] 프랭클린도 참석한 런던의 상류층 모임에서 작가 폴 화이트헤드가 외쳤다. "건방진 놈 같으니." 또 다른 사람이 부르짖었다. "내 감히 말하건대, 다음 기사에서 저놈이 병사 10만 명을 이끌고 쳐들어오고 있다는 소식을 듣게 될 걸세." 프랭클린은 그들의 발언을 엿들으며 남몰래 빙긋 웃었다.

훗날 그는 여동생 제인에게 보낸 편지에서 자신이 거짓을 지어내 사람들을 속인 이유를 설명했다. "나는 [영국의] 대신들이 자신의 추한 얼굴을, 영국이 자신의 부당함을 볼 수 있도록 거울을 들었던 거야." 가면을 자세히 들여다보면 그 어떤 거울보다 더 선명하게 자기 모습을 바라볼 수 있다.

프랭클린의 가면에는 다른 쓸모도 있었다. 벤은 가면 덕분에 병원과 학교 설립 같은 여러 프로젝트에 착수할 수 있었다. 그는 보통 제안서에 자기 이름을 적지 않았다. 그 대신 익명으로 에세이를 써서 이 아이디어가 "여러 친구들"이나 "공공심 있는 신사들"에게서 나왔다고 설명했다. 그는 이런 제안들이 지지를 얻은 후에야 프로젝트의 주역이 아닌 관계자 중 한 명으로 모습을 드러냈다.

프랭클린의 가면은 친구들에게 그의 글을 솔직하게 평가할 자유를 주었다. 가면 쓴 벤은 그의 독자들에게도 유용했다. "벤저민 프랭클린에게 조언받는 불쾌함을 덜어주었기" 때문이다.[8] 사람들은《가난한 리처드의 연감》의 필명 저자인 리처드 손더스의 조언은 기꺼이 받아들였다. 이런 수법은 오늘날에도 쓰인다. 신문이나 잡지에서 고민을 상담하는 여러 작가가 보통 필명을 사용한다.

또한 프랭클린은 가면 덕분에 제 나이보다 더 성숙하고 지혜롭게 행동할 수 있었다. 중년인 사일런스 두굿에서《부자가 되는 길》의 주름 자글자글한 아브라함 신부에 이르기까지 그는 종종 지혜로운 노인의 가면을 썼다. 나이 든 현자 역할을 연기하는 데 너무나 익숙했기에 진짜 노인이 되었을 때도 물 흐르듯 자연스럽게 그 역할에 안착했다.

변장은 공짜가 아니다. 대가가 따른다. 프랭클린이 계속해서 다른 인물을 연기하자 사람들은 그를 의심하기 시작했다. 한 비평가는 1740년에 쓴 글에서 프랭클린은 "할 말이 떨어지는 법이 없었고, 자기 모습을 드러내고 싶지 않을 때도 늘 자기 대신 말해줄 사람이 있었다"고 은근히 비난했다.[9] 존 애덤스는 더 가혹해서 "나는 그의 말을 믿지 않는다. 그의 말이 언제 진실이고 언제 거짓인지 전혀 모르겠다"라고 말했다(애덤스와 프랭클린은 자주 충돌했다).

솔직히 말하면 나는 프랭클린의 이 모든 변장이 불편하다. 가면 뒤에 있던 사람은 누구였을까? 아니면 벤 프랭클린은 그저 가면의 총합일 뿐이었을까? 전기 작가들은 '진짜 벤저민 프랭클린'을 찾으려고 역사적 기록을 샅샅이 뒤졌다. 그들은 아직도 진짜 프랭클린을 찾지 못했다. 프랭클린의 전기 작가 에드먼드 모건은 "우리는 그저 이 인물을 추측할 수밖에 없다"고 말했다.[10] 평생 프랭클린을 연구하고 《벤저민 프랭클린의 기록》을 (가장 최근까지) 43권이나 편집한 존경받는 예일대 학자가 이렇게 말했다. 내가 뭘 어쩌겠는가?

어쩌면 프랭클린은 우리 모두가 참여하는 가장 놀이의 더 극단적인 사례일 뿐인지도 모른다. 모두가 가면을 쓴다. 아마 나는 프랭클린만큼이나 내 모습을 감추고 있을 것이다. 집에서 나는 남편 가면과 아빠 가면을 쓴다. 바깥세상에서는 오랫동안 기자의 가면을 썼다. 이 가면은 아주 유용하고 좋은 가면이었다. 어느 정도는 그랬다. 기자 가면은 나를 탁월하게 감춰주어서 나는 공정한 척하며 효율적으로 기사를 쓸 수 있었다. 하지만 기자 가면은 나를 잘 드러내지는 못했다. 나는 기자 가면을 작가 가면과 바꾸었다. 극도로 취약하긴 하지만 기자 가면보다 더욱 유용하다. 나에게는 외향인 가면도 있다. 굉장히 불안정하고 끊임없이 재충전해야 하는 가면이다. 그밖에 눈에 잘 안 띄는 다른 가면도 쓰고 있는 것 같은데, 나는 내가 그 가면을 쓰고 있는지조차 모른다. 어쩌면 이 글을 쓰고 있는 것도 내가 아니라 가면을 쓴 나일지 모른다. 그렇다면 몇몇이 프랭클린에게 붙인 꼬리표처럼 나 또한 사기꾼인 걸까, 아니면 사기 치는 사람은 오히려 가면 반대자들이고 벤은 일종의 가면 쓴 진정성을 실천했던 걸까?

이 모든 성가신 질문의 핵심에는 진정성이라는 단어가 있다. 우리는 진정성이 가장 고결한 이상이며 가장 중요한 과제는 진정성 있는 삶을 살고 진정한 자신을 찾는 것이라는 말을 듣는다. 마치 진정성이 자동차 열쇠나 양말 한 짝처럼 사라져버렸다는 듯이 말이다. 누군가가 "진짜가 아니"라는 말에는 그 사람이 철학자 장폴 사르트르가 말한 "자기기만"에 빠져 있으며 어쩐지 부도덕하다는 비난의 뜻이 숨어 있다.

한 학자는 진정한 자신을 찾으려는 우리의 집착에 "진정성 숭배"라는 이름을 붙였다.[11] 이러한 집착은 셰익스피어의 〈햄릿〉에 등장하는 인물인 폴로니우스에게까지 거슬러 올라간다. 그는 아버지로서 아들에게 이렇게 충고했다. "너 자신에게 진실하라." 프랭클린이 살던 시대에 진정성 숭배는 더욱 기세를 모았다. 철학자 장 자크 루소는 막 나타나기 시작한 이런 단절감의 원인이 사회에 있다고 주장했다. 사회규범과 문화적 관습이 우리를 너무 두텁게 뒤덮고 있어서 우리가 진정한 본성과 단절됐다는 것이다. 루소는 이 인위적인 겉치레를 걷어내고 사회에 속하기 이전의 진정성 있는 자신과 다시 연결되는 것이 우리의 과제라고 말했다.

진정성이 가장 중요하다는 주장은 너무나 자명한 사실처럼 보여서 우리는 좀처럼 이에 의문을 제기하지 않는다. 그러나 이 주장이 사실이 아니라면? 진정한 자기 같은 것은 없고, 존재하는 것은 형태와 크기가 다양한 가면들뿐이라면? 불교도의 말처럼 자아 자체가 없기에 진정한 자아도 없는 거라면? 우리에게 고정된 정체성이 있다는 생각은 환상이다. 만물은 끝없이 변하며, 그건 우리도 마찬가지다.

이런 불교 철학의 관점은 나를 불안하게 한다. 나는 종종 우울감에 휩싸이는 신경증 환자일지 모르지만 적어도 언제나 나 자신을 확실한 자아가 있는 한 명의 인간으로 여겼다. 이제는 그조차 환상이란다. '맘에 안 들어.' 나는 생각한다. 그렇다면 이렇게 생각하는 '나'는 누구인가? 그런 것이 존재하지 않는다면 '나'는 어떻게 아침에 침대에서 나올 수 있단 말인가? 존재하지 않는 자기가 하늘로 둥둥 떠오르지 않게 막는 것은 무엇이란 말인가? 결정적으로, 자기가 없다면 그동안 내 심리치료사에게 그 돈을 다 갖다 바친 사람은 누구란 말인가?

철학자이자 1960년대의 구루였던 앨런 와츠는 이 형이상학적 미로의 출구를 제시했다. 더 이상 진정한 자기라는 환상 때문에 초조해하지 말고 "진실한 가짜"가 돼라.[12] 진실한 가짜는 사기꾼도 아니고 착각에 빠진 것도 아니다. 진실한 가짜는 자기 역할, 아니 역할들에 너무 깊이 몰입해서 배역과 사람, 가면과 얼굴이 하나가 된다. 중요한 것은 우리가 어떤 종류의 가면을 쓰느냐가 아니라 그 가면이 우리 얼굴에 얼마나 잘 맞느냐다. 벤 프랭클린의 가면은 그의 얼굴에 잘 맞았다. 그는 진실한 가짜였다.

프랭클린은 '마치'의 철학을 지지했다. 자기 삶을 마치 좋다는 듯이 살아가다 보면 삶은 어느새 정말로 좋아져 있다. 동료 인간을 마치 좋은 사람처럼 대하다 보면 언젠가 그들은 정말로 좋은 사람, 아니면 적어도 더 나은 사람이 된다. 프랭클린이 자기 가면 중 하나인 리처드 손더스를 통해서 한 말처럼 "보이고 싶은 모습이 있다면 제대로 연기해야 한다."

1723년 후반에 벤 프랭클린의 여러 가면과 그의 삶은 헝클어지기 시작했다. 그의 형이 사일런스 두굿의 정체를 파악한 것이다. 제임스 프랭클린은 분노했고, 분노할 때면 종종 폭력적으로 변했다. 그는 한 번 이상 자기 동생을 폭행했다. 두 사람의 관계는 악화되었고 벤의 글쓰기도 한동안은 끝이 났다. 사일런스 두굿에게 목소리를 주면서 프랭클린은 자기 목소리를 잃었다.

어느 날 벤은 형의 인쇄소에서 무단이탈했다. 제임스 프랭클린은 그 응답으로 벤이 보스턴에 있는 그 어떤 인쇄소에도 취업하지 못하도록 조치했다. 벤의 경솔한 종교적 발언도 보스턴에서의 입지를 위태롭게 했다. 훗날 그는 "선한 사람들에게 불신자이자 무신론자라는 분노에 찬 손가락질"을 받았다고 회상했다. 사회적 동물인 프랭클린에게 이보다 더한 벌은 없었다. 그는 자신을 이해하는 포용력 있는 집단을 갈망했다. 그는 자신이 무엇을 해야 하는지 알았다. 보스턴을 떠나야 했다.

벤의 심정을 이해할 수 있다. 프랭클린이 느낀 보스턴은 내가 느끼는 볼티모어와 비슷하다. 최대한 빠르고 멀리 도망쳐야 하는 장소. 나를 도망치게 만든 사건이나 인물을 정확하게 짚어낼 순 없다. 내 부모님은 내가 여섯 살 때 이혼하셨다. 그런 가족의 불화를 겪기엔 너무 어린 나이였다. 물론 그러기에 '좋은 나이'란 없지만. 내 어린 시절은 종종 슬펐지만 폭력을 경험한 적은 없다. 내가 도망쳐야 했던 것은 볼티모어 교외의 그 케케묵고 갑갑한 공기였다. 어느 정도는 내 문제였음을 안다. 이렇게 말하는 것이 고통스럽지만, 나는 지극히 평범했다. 운동을 잘했지만 충분히 잘하지 못했고 똑똑했지만 충분히 똑똑하지 못했다. 내가 범속함이라는 바닥이 안 보이는 캄캄한 수렁으로 떨어지고 있을까 봐 두려웠다.

다른 곳에서 새로 시작해야 했다. 도망쳐야 했다. 그래서 그렇게 했다. 처음에는 뉴욕으로, 그러다 뉴델리로. 프랭클린이 "최선을 다해 보스턴을 잊는 데" 열중했듯이 나도 최선을 다해 볼티모어를 잊으려 했다.

우리 둘 다 알게 되었듯이 이런 계속되는 도피는 헛된 노력이다. 우리는 자신이 태어난 곳을 절대 잊지 못한다. 고향은 우리 안에 남아 있으며, 시간이 흐를수록 존재감이 더욱 커진다. 어린 시절은 시간이라는 은은한 렌즈를 통해 바라보면 더 좋아 보인다. 1788년 여든두 살의 프랭클린은 "어린 시절의 천진한 기쁨"을 돌아보며 한 번 더 고향을 방문할 수 있기를 간절히 바란다. "보스턴 사람들의 예의와 표현 방식, 심지어 목소리의 톤과 억양까지도 전부 내게 기쁨을 주며 내게 원기와 활기를 불러일으키는 듯하다." 나와 볼티모어에 대해 말하자면 나는 지금도 볼티모어 명물인 게를 좋아하고 워터를 '워더'라고 발음하며 볼티모어를 찾을 때마다 만족스레 밀려드는 익숙함을 느낀다. 볼티모어는 지금 내가 사는 곳에서 겨우 64킬로미터 거리에 있다. 고향의 인력은 우리 생각보다 더 강하다.

◆

프랭클린은 보스턴을 떠났지만 보스턴은 결코 그를 완전히 떠나지 않았다. 그는 프로젝트와 자기 소명을 향한 청교도적 열정을 계속 간직했다. 그저 그 충동을 더 세속적인 버전으로 바꿨을 뿐이다. 보스턴은 프랭클린에게 자기 수양의 가치를 알려주었고, 존경받는 전도사든 머리가 희끗희끗한 부두 노동자든 저명한 학자든 지극히 평범한 양초장이든 상관없이 각계각층의 사람들과 나누는 대화의 가치를 알려주었다. 그가 자기 삶을 바꾼 공연, 즉 아치볼드 스펜서라는 순회 강연자-과학자의 전기 시연을 본 것도 1743년의 보스턴이었다.

엄밀히 말하면 프랭클린은 보스턴을 등진 것이 아니었다. 그는 곁길로 빠져서 청교도의 도시가 내놓은 것 중 일부(예를 들어 청교도)를 거부하고, 다른 많은 것(예를 들면 책)을 받아들이고, 그보다 더 많은 것을 변화시켰다. 그는 신^{God}을 향한 청교도인의 헌신에 'o'를 추가해 "하느님을 섬기는 가장 좋은 방법은 인간에게 선^{good}을 베푸는 것"이라는 결론을 내렸다. 이것이 그의 평생의 소명이 될 예정이었다. 그는 이 사실을 잘 알았다. 유일한 문제는 어디로 가야 하느냐는 것이었다.

프랭클린의 아버지는 세상에서 물러나려고 보스턴으로 왔다. 반면 그의 막내아들은 이 도시를, 그중에서도 특히 부산한 항구를 길목으로 여겼다. 바다는 벤의 출구였다. 1723년의 늦은 여름 그는 소중한 책을 팔아 뱃삯을 마련했다. 그리고 9월의 어느 날 주머니에 동전 몇 닢밖에 없는 고작 열일곱 살의 벤저민 프랭클린은 뉴욕과 그 너머의 넓고 경이로운 세계로 향하는 작은 범선에 올랐다.

6

영혼의 장소를 찾아서

오늘날 벤저민 프랭클린과 필라델피아는 치즈와 스테이크처럼 불가분하게 엮여 있지만 처음부터 그런 것은 아니었다. 둘은 서로를 놓칠 뻔했다. 이 연애는 우연히 시작되었다. 섭리를 의심하지 말지어다.

배가 뉴욕에 닿은 뒤 벤은 인쇄공 일자리를 찾아다녔다. 뉴욕에 얼마 없는 인쇄공 중 한 명이었던 윌리엄 브래드퍼드는 열일곱 살 소년의 희망을 꺾었다. 뉴욕에선 일자리를 찾을 수 없다. 필라델피아로 가라. 그래서 프랭클린은 그렇게 했다.

휴. 이 아슬아슬한 장면을 읽으며 속으로 안도의 한숨을 내쉰다. 당시 뉴욕은 필라델피아보다 작았다. 비교적 투박한 도시였던 뉴욕은 해적과 약탈자, 밀수업자, 노예 상인의 안식처였다. 중요한 기준은 오로지 돈이었다. 한 팸플릿 집필자의 말처럼 "우리 중 가난하지만 현명한 사람은 무시와 경멸을 당하고…… 부유한 지진아는 하나같이 존경을 끌어모은다."[1] 벤이 필라델피아가 아닌 뉴욕에서 일자리를 구했더라면 아마 이만큼 활약하지 못했을 테고, 오늘날 우리는 벤저민 프랭클린이라는 이름을 몰랐을지도 모른다. 역사는 벤저민 프랭클린 같은 위대한 인물뿐만 아니라 위대한 우연을 통해 형성된다.

필라델피아에 가려면 뉴저지를 가로질러야 했는데, 당시 뉴저지 횡단은 오늘날만큼 위험한 일이었다. 발생할 수 있는 모든 문제가 실제로 벌어졌다. 맨해튼에서 퍼스앰보이까지는 보통 두 시간이 걸렸다. 그러나 벤의 여정은 30시간이 넘게 걸렸다. 돌풍과 거친 파도가 "형편없는 돛을 거의 찢어발겼기" 때문이다. 한 승객은 바다에 빠져서 프랭클린이 구해주지 않았다면 익사할 뻔했다. 프랭클린과 배에 탄 다른 사람들은 롱아일랜드 근처에서 잠 못 드는 밤을 보냈고 물보라 때문에 모두가 흠뻑 젖었다. "오염된 럼주 한 병"을 빼면 먹거나 마실 것이 하나도 없었다.

그는 다음 날 퍼스앰보이에 도착했지만 고열을 견디며 오늘날 필라델피아 교외에 해당하는 뉴저지 벌링턴까지 80킬로미터 이상을 걸어야 했다. 걷는 내내 비가 내렸다. 그는 쫄딱 젖어 의기소침한 상태로 벌링턴에 도착했고 "집을 떠나지 않는 편이 나았겠다고 생각하기 시작했다."

그럼에도 프랭클린은 포기하지 않았다. 더럽고 꾀죄죄한 벤을 가엾게 여긴 벌링턴의 한 아주머니가 겨우 맥주 한 병만 받고 황소 볼살로 푸짐한 식사를 차려주었다. 이렇게 프랭클린의 평생에 걸쳐 반복된 패턴이 시작되었다. 그는 언제나 친절을 감사히 받아들였지만 결코 그 친절에 의지하지 않았다. 그날 저녁 그는 델라웨어강을 통해 필라델피아로 가는 작은 배에 올랐다. 바람이 없어서 승객들이 번갈아 노를 저었다. 모두가 지치고 어둠이 깔리기 시작하자 그들은 작은 지류에 배를 대고 장작불 주위에 모여 10월 밤의 추위를 견디며 하룻밤을 보냈다. 다음 날 아침 배가 필라델피아의 마켓 스트리트 부두에 도착했다. 어린 벤은 약속의 땅에 도착한 듯한 기분을 느꼈다.

우리 각자에게 영혼의 단짝이 있듯이 우리에게는 영혼의 장소도 있다. 영혼의 장소에서 우리는 자신이 그곳에 있어야 한다는 사실을 직감한다. 영혼의 단짝처럼 영혼의 장소는 우리 안에서 최고의 모습을 끌어내고 우리 안에 있는 줄도 몰랐던 능력을 키워준다. 파트너가 여럿일 순 있지만 영혼의 단짝은 오직 한 명이듯이 여러 장소를 사랑할 순 있지만 영혼의 장소는 오직 한 곳뿐이다.

영혼의 단짝과 마찬가지로 영혼의 장소도 우리가 찾아내는 것이 아니다. 그곳이 우리를 찾아낸다. 타이밍이 중요하다. 운도 중요하다. 나의 경우 오래전 어느 가을날 이 두 가지가 불시에 기적처럼 나를 찾아왔다.

나는 NPR에서 경제 전문 기자로 일하고 있었다. 내가 되고 싶은 건 경제 전문 기자가 아니었다. 나는 해외 통신원이 되고 싶었기 때문에 NPR의 외신부장인 쾌활한 성격의 엘리자베스 베커에게 기회가 있을 때마다 이 사실을 알렸다. 어느 날 베커가 나를 자기 사무실로 불렀다.

"그래서 해외로 나가고 싶다고요?" 베커가 다 알면서 물었다.

"꼭 그러고 싶습니다." 내가 대답했다.

"알았어요. 한번 봅시다." 베커가 이렇게 말하고는 벽에 테이프로 붙여놓은 세계지도를 쳐다봤다. 베커의 시선이 런던에서 멈췄다. 오, 런던. 나는 생각했다. 아주 좋지. 시선이 남쪽으로 영국해협을 지나 파리로 넘어갔다. 파리도 훌륭하지. 프랑스어는 못하지만 앞으로 배우면 돼. 그러나 베커의 시선은 거기서 멈추지 않았다. 거침없이 동쪽으로 이동하며 이탈리아와 그리스를 지났고, 더욱 속도를 높여 중동 전체를 횡단하더니 돌연 인도 아대륙에서 급정지했다.

"델리는 어때요?" 베커가 물었다.

나는 인도는 근처에도 가본 적이 없었다. 인도에서 사용하는 수백 개의 언어 중 할 줄 아는 게 하나도 없었고 인도라는 나라에 대해서도 거의 몰랐다. 델리행이 말도 안 되고 직업적으로나 개인적으로나 대참사일 수밖에 없는 이 모든 이유를 생각하고 있는데, 내 입이 내 뇌를 납치했다. "너무 좋죠." 내 입이 말하는 소리가 들렸다. "인도에 가고 싶습니다."

알고 보니 인도는 내 영혼의 장소였다. 타이밍이 좋았다. 1993년의 인도는 경제를 개혁하며 바깥세상에 문을 열고 이미지를 혁신하고 있었다. 뱀 부리는 사람과 힌두교 고행자의 땅이라는 만화속 이미지는 사라졌다. 인도는 변화의 과도기에 있었다. 나도 마찬가지였다.

인도로 가는 길은 고난의 연속이었다. 네팔을 거쳐 인도로 입국하기로 했는데, 네팔에서 비즈니스 저널리즘 특강을 공동 진행하기로 했기 때문이다. 나는 5일째가 되어서야 학생들이 영어를 잘 이해하지 못한다는 사실을 깨달았다. 카트만두에서 델리로 떠나기 전날 저녁 속이 안 좋았다. 처음에는 약간 배가 아픈 정도였는데 어느새 심각한 오한과 함께 열이 40도까지 올랐다. 다음 날 아침 상태가 더 악화되었지만 기어이 뉴델리로 이동하기로 했다. 나는 비행 내내 몸을 덜덜 떨었고 입국 심사대에서도, 택시에서도, 호텔에 체크인하면서도 몸을 덜덜 떨었다. 호텔 직원이 나를 걱정스럽게 쳐다보더니 의사를 불러주었다. 그 후 5일간 침대에서 나오지 못했다. 상관없었다. 인도에 도착했으니까.

영혼의 장소는 우리 응석을 받아주지 않는다. 영혼의 장소는 우리에게 요구한다. 인도는 내게 속도를 늦추고 늘 수용하는 연습을 하라고 요구했다. 그렇게 하거나 미쳐버리거나, 둘 중 하나였다. 선택은 나의 몫이었다.

영혼의 장소와 멀어지는 경험은 영혼의 단짝과 멀어지는 것만큼이나 고통스럽다. 남북전쟁이 한창이던 1864년 남군이 애브너 스몰이라는 이름의 북군 병사를 전쟁 포로로 붙잡았다. 그와 함께 붙잡힌 포로들은 상처가 그리 심하지 않은데도 천천히 죽어가고 있었다. 스몰은 자기 일기에서 그 이유를 고민했다. "그들은 향수병에 걸려서 낙심한 것이다. 그들은…… 향수 때문에 죽어가고 있다."[2]

살만 루슈디는 회고록에서 자기 가족이 1960년대에 뭄바이에서 런던으로 데려온 유모 메리가 점점 실의에 빠졌던 일을 회상한다. 메리는 고향이 그리워서 심장이 아팠다. 이 말은 처음에는 비유적인 표현이었지만 곧 물리적 사실이 되었다. 심장병이 생긴 것이다. 메리는 다시 인도로 돌아갔고, 심장병은 깨끗이 사라져 다시는 재발하지 않았다. 메리는 백 살 넘게 살았다. "실제로 가슴이 아파서 죽을 수 있다는 발상은 괜찮은 글감이었다."[3] 루슈디는 말한다. 나도 동의한다. 영혼의 장소에서 뜯겨 나오면 가슴이 찢어질 수 있다는 발상도 괜찮은 글감이다.

프랭클린은 "사랑하는 필라델피아"를 떠날 때마다 가슴이 아팠다. 프랭클린과 필라델피아의 관계는 소크라테스와 아테네, 디킨스와 런던, 가수 셰어와 라스베이거스의 관계와 마찬가지였다. 프랭클린은 필라델피아를 사랑했고 필라델피아도 프랭클린을 사랑했다. 필라델피아가 프랭클린을 만들었고 프랭클린도 필라델피아를 만들었다. 그는 수차례 필라델피아를 떠났지만 늘 되돌아왔다.

프랭클린이 처음 도착한 1723년의 필라델피아는 어린 도시였다. 실제로는 인구가 고작 6000명가량인 큰 마을에 가까웠다. 여느 청년과 마찬가지로 필라델피아는 필요한 것도 많고 요구도 많았다. 가능성이 흘러넘쳤지만 그 가능성을 실현할 사람이 필요했다. 그 사람이 바로 벤저민 프랭클린이었다. 프랭클린이 도착했을 무렵 필라델피아에는 소방서도, 포장도로도, 가로등도, 위생국도, 야간 경비도, 병원도, 관외 대출이 가능한 도서관도 없었다. 30년 뒤 필라델피아에는 이 모든 것뿐만 아니라 그 이상이 있었다. 프랭클린은 프로젝트 하나하나에 관여했다. 그 사실이 눈에 띄지 않을 때도 있었지만 말이다.

올리버 웬델 홈스의 말처럼 위대함은 대개 적절한 장소에서 나온다. 프랭클린은 적절한 장소에 있었고 결정적으로 적절한 시기를 만났다. 필라델피아는 18세기의 뉴욕이었으며, 무엇이든 가능할 것 같은 역동적이고 비현실적인 곳이었다. 보스턴은 독실한 신자들을 끌어모았다. 필라델피아는 결단력 있는 사람들을 끌어모았다. 뉴잉글랜드 사람인 존 애덤스는 필라델피아를 미국의 "송과선"(수면을 비롯한 여러 신체 기능을 조절하는 뇌 속의 내분비기관-옮긴이)이라고 칭하며 마지못해 이 사실을 인정했다[4](그는 뭐든 지루하게 만들 수 있는 사람이었다).

필라델피아는 빚을 갚는 과정에서 탄생했다. 때는 1681년이었다. 찰스 2세는 윌리엄 펜 가문에 상당한 빚을 지고 있었다. 왕은 현금을 지불하는 대신 물물교환을 제안했다. 윌리엄, 북아메리카의 최상급 토지를 주면 어떻겠나? 퀘이커교도였기에 영국에서 박해받던 펜은 새 땅을 찾고 있었다. 그는 제안을 받아들였다.

펜은 이 땅과 첫눈에 반했다. 친구에게 보내는 편지에서 그는 이 지역(오늘날의 펜실베이니아)을 에덴동산으로 묘사했다. "공기는 달고 맛있고, 땅은 비옥하고, 샘물은 풍부하고 쾌적하다네."[5]

한 인물이 낳은 도시가 있다면 그게 바로 필라델피아였다. 윌리엄 펜이 이 도시의 이름을 짓고 자리를 정하고 도로 계획을 짜고 분위기를 확립했다. 이상주의자였던 펜은 평범한 식민지를 만들지는 않겠다고 다짐했다. 펜실베이니아는 "거룩한 실험"이었고 펜실베이니아의 도시 필라델피아는 "국가의 씨앗"이었다.

윌리엄 펜은 자신이 세운 새 식민지만큼이나 모순적인 사람이었다. 그는 퀘이커교도였으나 멋쟁이처럼 차려입었다. 칙칙한 옷이나 챙 넓은 모자는 사절했고 대신 맞춤 정장에 파란색 비단 띠와 의장 검을 걸쳤다. 또한 그는 야심이 넘쳤다.

필라델피아는 미국 최초의 계획도시였다. 펜은 자기 도시를 깔끔하게 격자무늬로 구획했다. 푸릇푸릇한 시골 마을, 여유가 넘치는 영혼의 장소를 꿈꿨다. 하이 스트리트(현재는 마켓 스트리트)의 폭은 17세기 런던의 그 어떤 대로보다 넓은 30미터였다. 처음에 유명 정착민의 이름을 따서 지었던 도로명은 삼나무, 소나무, 가문비나무, 호두나무, 밤나무, 오디나무, 사사프라스, 포도나무 같은 이 지역 수목의 이름으로 바뀌었다. 이 모든 것이 윌리엄 펜의 푸릇푸릇하고 질서 정연한 도시계획의 일부였다.

이것이 원래의 발상이었다. 그러나 그 어떤 도시계획도 현실 속 사람들과의 첫 만남을 버텨내지 못한다. 몇 년 지나지 않아 수많은 골목길이 생겨났다. 사람들은 펜의 바람처럼 도시 전체에 고르게 집을 짓는 대신 물가에 모여들었다. 해안의 집을 탐내는 것은 시대를 초월한 취향이다. 윌리엄 펜의 목가적 낙원은 곧 미국에서 가장 혼잡한 도시 중 하나가 되었다.

펜의 "거룩한 실험"을 떠받치는 또 다른 기둥은 더 좋은 성과를 냈다. 필라델피아는 모든 기독교인을 비롯해 비기독교인까지도 환영하는 종교적 피난처가 될 예정이었다. 펜은 퀘이커교의 평화주의에 따라 필라델피아를 비무장 지대로 만들었다. 방어시설이나 성벽, 수비대, 군인은 전혀 없었다. 처음에는 정부도 없었다.

펜은 이를 통해 당파 정치를 예방하고자 했던 것이다. 윌리엄 펜의 도시는 전 세계 그 어떤 도시와도 달랐다.

그러나 전부터 이 땅에 살았던 델라웨어족 또는 레니 레나페족에게 이곳은 유토피아가 아니었다. 펜은 이들과 평화롭게 공존하고자 했고 한동안은 실제로 그렇게 했다. 그는 부족의 땅을 몰수하는 대신 돈을 주고 구입했고 정직하게 협상하겠다고 맹세했다. 펜이 다른 식민지 개척자들보다 더 깨어 있는 인물이긴 했지만 그 역시 자신이 원주민에게 은혜를 베푼다고 생각했고 그들이 기독교로 개종하기를 바랐다.

필라델피아의 노예 매매는 이 도시의 역사만큼이나 오래되었다. 펜이 필라델피아를 세우고 2년이 지난 1684년 이저벨라호가 아프리카인 노예 150명을 태우고 부두에 도착했다.[6] 이들은 "들뜬 필라델피아 구매자들"에게 팔려나갔다. 1700년에는 필라델피아 주민 열 명 중 한 명이 노예였다.[7] 윌리엄 펜 본인도 노예를 소유했다. 필라델피아는 식민지 미국에서 노예제 폐지를 가장 열렬히 주장한 인물들의 고향이기도 했다. 이 도시는 다면적이었다.

필라델피아의 주요 사업은 사업이었다. 내 고향인 메릴랜드(게으름뱅이들의 땅이다)에서 온 한 방문객은 필라델피아의 가게들이 새벽 5시에 문을 열고 중앙 시장의 규모가 다른 지역의 시장들을 압도한다는 사실에 경탄했다. 1700년 스웨덴에서 온 목사인 안드레아스 루드먼은 필라델피아에 처음 온 사람은 이 도시의 역사가 10년 미만이라는 사실에 "몹시 놀랄 것"이라고 말했다. "300에서 400채나 되는 집들이 전부 벽돌로 지어졌고 집마다 가게가 있어서 원하는 것을 언제든 돈 주고 살 수 있다."⁸ 필라델피아 주민들은 신문과 책, 팸플릿을 우편으로 주문할 수 있었다.

퀘이커교도의 필라델피아는 청교도의 보스턴보다 훨씬 즐거운 곳이었다(사실 보스턴보다 재미없기는 어렵다). 필라델피아는 당구와 볼링을 허용했다. 춤 학교도 있었다. 이 유쾌한 정신은 이발소에서도 확연히 드러났다. 왕진 의사였던 알렉산더 해밀턴(건국의 아버지인 그 해밀턴이 아니다)은 이렇게 증언했다. "약간 까다롭고 등이 굽은 늙은 이발사에게 면도를 받았는데, 그는 면도하는 내내 내 주위를 돌며 춤을 추고 수다를 떨었다……. 그러면서도 그는 자기 일을 민첩하고 정확하게 끝냈다."⁹ 유능한 동시에 유쾌하다. 이것이 바로 필라델피아의 정신이었다.

윌리엄 펜의 필라델피아는 존 윈스럽의 보스턴보다 훨씬 관대했다. 이곳이야말로 진정한 언덕 위의 도시였다. 독일인, 스코틀랜드인, 아일랜드인, 웨일스인, 스위스인, 스웨덴인, 위그노교도, 물론 영국인까지 모두가 환영받았다. 필라델피아는 세계에서 문화가 가장 다양한 도시 중 하나였다. 의사 해밀턴은 동네 술집에서 식사를 하다가 손님들의 종교가 너무나 다양해서 감탄했다고 말한다. 로마가톨릭교 신자, 감리교 신자, 퀘이커교 신자, 제칠일안식일예수재림교 신자, "그리고 유대인 한 명"이 나란히 앉아 있었다. 필라델피아의 한 주민은 이렇게 말했다. "우리는 세계 각지에서 모여든 사람들이지요. 언어도 예절도 정서도 전부 달라요."¹⁰ 그러나 왜인지 이들은 잘 지냈다.

사람들은 맥주가 흘러넘칠 때면 더더욱 잘 지냈다. 필라델피아는 술집의 도시였다. 거리 여기저기에 100곳이 넘는 술집이 있었다. 성인 12명당 하나꼴이었다. 선원들이 찾는 부두 근처의 허름한 술집에서부터 고급스러운 시티 태번에 이르기까지 취향과 예산에 따라 다양한 술집이 있었다. 책 애호가들은 자연스럽게 라이브러리 태번에, 예술가들은 제임스 커피하우스에(커피만 팔지는 않았다), 탐험가들은 불스헤드에 모였다. 한때는 교도소 안에도 술집이 있었다. 이 도시를 찾은 한 방문객은 거리를 일주일간 돌아다닐 때보다 술집에서 한 시간을 보낼 때 필라델피아를 더 많이 알 수 있다고 말했다.[11]

그러나 필라델피아는 낙원이 아니었다. 범죄가 횡행했다. 폐기물 처리는 쓰레기를 게걸스레 파먹는 돼지들이 도맡았다. 사방에 악취가 진동했다. 어떤 사람들은 이 젊은 도시를 지독하게 더럽다는 뜻의 "필시-더티Filthy-dirty"라고 부르기 시작했다.[12]

프랭클린은 달랐다. 그는 이 도시를 사랑했다. 300년 전의 어느 화창한 가을날 마켓 스트리트에 처음 발을 내디딘 순간부터 이 도시의 구석구석을 빠짐없이 사랑했다. 그는 깨끗한 옷이 없었다. 그의 가방은 지저분한 셔츠와 양말로 가득했다. 그에게선 지저분한 냄새가 났다. 지치고 배고픈 그가 가진 것이라곤 네덜란드 은화 한 닢과 1실링 상당의 구리 동전뿐이었다. 벤은 뉴저지에서 타고 온 배의 주인에게 뱃삯으로 이 구리 동전을 냈지만 주인은 받지 않으려 했고, 결국 프랭클린은 직접 노를 저었다. 그러면서도 프랭클린은 주인에게 한사코 동전을 건넸다. 훗날 그는 자서전에서 "때때로 사람은 풍요로울 때보다 가진 것이 적을 때

더 너그럽다"라고 말했다. 프랭클린이 말한 이 빈자의 넉넉함은 얼마 남지 않은 자존심을 지키려는 수단일지도 모른다. 하지만 다른 설명도 가능하다. 이들은 돈은 부족하지만 이해심만은 풍부하다.

미국 문학사의 가장 상징적인 장면 중 하나에서 프랭클린은 마켓 스트리트를 걷다가 어느 빵집에 들어가 빵을 3페니어치만 달라고 했다. 보스턴에서는 빵 한 덩이를 살 수 있는 금액이었지만 필라델피아의 제빵사는 프랭클린에게 "커다랗고 통통한 빵 세 덩이"를 주었다. 프랭클린은 양팔에 빵을 한 덩이씩 끼고 한 덩이는 우물거리며 거리를 걸었다. 그러면서 필라델피아의 너그러움에, 이 넘쳐흐르는 풍요에 감탄했다. 이곳이 바로 그의 집이었다.

그는 리드 가족의 집 앞을 지나며 장차 그의 아내가 될 어린 데버라 리드와 눈이 마주쳤을 때 자신이 "대단히 꼴사납고 우스꽝스러운 행색"임을 알았다. 그는 자신이 타고 온 배가 정박해 있는 마켓 스트리트 부두로 돌아와 델라웨어강에서 흘러온 물을 온몸에 끼얹었다. 깨끗해진 프랭클린은 줄지어 어딘가로 향하는 사람들을 발견하고 그 뒤를 따라갔다. 사람들이 향한 곳은 도시에서 가장 큰 건물인 퀘이커 회관이었다. 완전한 침묵 속에서 예배드리는 신자들 사이에 앉아 그는 몇 시간을 졸았다. "그러므로 이곳은 내가 필라델피아에서 처음 들어간 집, 처음 잠을 잔 집이었다."

가능성주의자 프랭클린의 필라델피아 모험은 계속 이어졌다. 그는 새뮤얼 키머라는 이름의 괴팍한 인쇄공 밑에서 조수 일자리를 구한 뒤 리드 가족의 옆집에 셋방을 구했다. 그는 곧 자신처럼 가죽 앞치마를 걸친 애서가들과 친구가 되었다. 그들은 함께 긴 산책에 나섰고 스쿨킬강에서 헤엄쳤으며 시 경연대회를 열었다.

멋진 삶이었다. 비록 일은 그다지 만족스럽지 않았지만 말이다. 프랭클린의 상관인 키머는 "낡아빠진 고물 인쇄기" 한 대밖에 없는 실력 없는 인쇄공이었다. 그는 퀘이커교도인 것처럼 굴었지만 사실 그렇지 않았고 매우 기이한 종교관을 지니고 있었다. 심지어 직접 종파를 세워 프랭클린을 끌어들이려 했다. 벤은 제안을 받아들이길 꺼렸다. 그러고는 장난삼아 키머에게 육식을 하지 않겠다는 맹세를 교칙에 넣으면 어떻겠느냐고 제안했다. 두 사람은 세 달간 고기를 먹지 않았다. 프랭클린은 나중에 이렇게 말했다. "나는 가뿐하게 채식을 이어갔으나 불쌍한 키머는 몹시 괴로워하며 채식에 진절머리를 냈고 육식을 갈망하다가 결국 구운 돼지고기를 주문했다."

◆

한때 미국 도시들을 구별 짓던 날카로운 차이는 시간과 체인점 속에서 점차 희미해졌다. 오늘날에는 시애틀과 애틀랜타, 보스턴과 필라델피아가 적어도 겉으로는 재미없을 만큼 똑같다. 그러나 안을 조금만 파보면 마치 꼬리의 흔적처럼 오래된 차이가 나타난다. 보스턴의 명물이 숟가락으로 천천히 떠먹는 깔끔한 음식인 클램차우더인 반면 필라델피아의 명물은 두 손으로 붙잡고 와구와구 흘리며 먹는 치즈스테이크 샌드위치인 것은 우연이 아니다.

필라델피아의 구시가지는 보스턴처럼 아늑하고 자그맣다. 보스턴처럼 이곳에서도 뾰족한 모자, 머리를 까딱거리는 건국의 아버지 인형, 스노볼 같은 식민지 시대 관광상품을 팔며, 거리를 걷다가 제퍼슨이나 워싱턴을 닮은 사람을 마주칠 수도 있다. 유사점은 여기서 끝난다. 보스턴은 자기 역사를 드라이클리닝한 뒤 다림질해서 걸친다. 필라델피아는 자기 역사를 드라이클리닝은 고사하고 세탁기도 본 적 없는 듯한 헐렁한 청바지처럼 걸친다. 보스턴에서 프랭클린 동상은 치과 옆이나 과거 보스턴 라틴 스쿨이 있던 곳에 조심스레 자리 잡고 있다. 필라델피아에서 프랭클린은 다리나 광고판 위에 올라가 있다. 그는 치즈스테이크 샌드위치와 맥주를 팔고 농구팀 세븐티식서스를 응원한다.

체스트넛 스트리트를 따라 부두로 향한다. 벤이 "사랑하는 필라델피아"의 현재 모습을, 그가 도착하고 300년이 지난 오늘날의 모습을 보면 무슨 생각을 할지 궁금하다. 옛 풍경을 알아볼 수 있을까? 차크라 치유와 점쾌 풀이를 광고하는 상점 간판을 보면 무슨 생각을 할까? 닥터 프랭클린은 아마 어느 정도는 동의할 것이다. 의술에 관심이 많았던 그는 경험을 통해 확인할 수만 있다면 새로운 치료법도 기꺼이 받아들였다. 한편 그는 분명 미래의 선도자였지만 미래를 예측하는 것보다는 미래를 만드는 데 더 관심이 많았다. 행운은 인내를 좋아한다.

쭉 걷다가 유리창 앞에 "고급 수제 비누"를 진열한 미용실 앞을 지난다. 벤이 움찔하며 아버지 가게에서 비누를 만들던 어두운 시절로 되돌아가는 모습이 눈에 선하다. 계속 걷는다. "못된 인어의 크랩 하우스와 피아노 바. 굴은 많이, 조개는 적게"라고 쓰인 간판 앞을 지난다. 식당 창문이 판자로 막혀 있다. 폐업이다. 안타깝다. 벤은 이 유머러스한 간판과 굴을 좋아했으리라.

벤은 내가 마켓 스트리트에서 만난 청년을 보고 무슨 생각을 할까? 붉은색 티셔츠와 스니커즈 차림의 청년은 일회용 컵과 "집 없고 배고픈 노숙자입니다. 도와주세요"라고 적힌 판지를 애지중지 들고 있다. 프랭클린은 청년을 가엾게 여기고 일자리를 찾게 도와주겠다고 제안할지 모르지만, 결코 컵에 동전을 넣지는 않을 것이다. 그는 보조금이 의존성을 키우고 "나태함과 방탕함을 부추겨…… 거지가 줄지 않고 오히려 증가할 것"이라며 보조금 지급에 반대했다. 그는 물고기를 주기보다는 물고기 잡는 법을 가르쳐야 한다는 진영에 속했다. "내 생각에 가난한 사람을 돕는 가장 좋은 방법은 그들을 가난 속에서 편안하게 하는 것이 아니라 가난에서 빠져나오도록 이끌거나 몰아붙이는 것이다."

이러한 입장이 레이건 대통령 시기의 공화당원 같다고 생각된다면 판단을 잠시 유보하시길. 프랭클린의 의견 중에는 현대 진보주의자의 여린 마음을 기쁘게 할 만한 것들도 있었다. 그는 "과도한 재산"의 사적 소유에 반대했다. 과세에 찬성했고(물론 그 규칙은 시민 대표가 정해야 했다) 세금 납부가 시민의 의무라고 생각했다. "사회 부양에 제 몫을 다하지 않는 사람은 사회의 혜택을 받을 권리가 없다." 그는 선출직 공무원은 무급으로 일해야 하며 교도소는 인도적인 장소가 되어야 한다고 생각했다. 프랭클린의 말과 삶은 다양한 정치적 신념을 만족시킬 만한 내용을 빠짐없이 갖추고 있다.

프랭클린 코트에서 모퉁이를 돌아 3번가로 접어드니 온통 개
판이다. 오퍼튜니티 바크스와 러프 라이프라는 이름의 개 훈련학
교 두 곳이 있고, 멀지 않은 곳에 포스 개 입양 센터가 있다. 벤이
라면 좋아했을 것이다. 그는 개를 사랑했고 그중에서도 특히 아
들 윌리엄의 뉴펀들랜드를 아꼈다. 칠면조도 무척 좋아했다. 그
는 흰머리수리가 아닌 칠면조가 젊은 미국의 국조가 되어야 한다
고 생각했다. 그는 다람쥐도 좋아했다. 특히 뭉고라는 이름의 다
람쥐가 벤의 마음을 사로잡았다. 뭉고는 방랑 다람쥐였다. 뭉고
는 프랭클린의 도움을 받아 미국에서 영국으로, 다시 햄프셔에
있는 프랭클린의 친구 조너선 시플리의 저택으로 이동했다. 그리
고 그곳에서 시플리의 어린 딸 조지아나의 애정 어린 보살핌을
받으며 행복한 삶을 살다가 어느 날 이웃집 개와의 격투 끝에 세
상을 떠났다.[13]

좁은 골목길로 꺾어 들어가니 관광객으로 붐비는 구시가지에
서 노동자들이 사는 동네로 갑자기 내던져진 느낌이다. 가죽 앞
치마의 지역이다. 허름한 가게가 보이고("미스터 바 스툴, 재고 수천
개 보유") 둥근 톱과 망치 소리를 박자 삼아 살사 선율이 흐르는 건
설 현장이 나타난다. 이들이 프랭클린의 사람들이다. 부자에 전
세계적 유명인이 되었을 때도 프랭클린은 본인을 가죽 앞치마로
여겼다. "기술을 소유한 자가 재산을 소유한다."

프랭클린과 필라델피아는 꼭 맞는 영혼의 단짝이었다. 둘 다
젊고 다급했다. 둘 다 너그러운 정신과 대단한 수완을 지녔다. 둘

다 꾀죄죄하고 세련미가 없었다. 둘 다 질서를 열망했으나 얻지는 못했다.

필라델피아는 프랭클린에게 가장 필요했던 것, 바로 익명성을 제공했다. 형과의 도제 계약을 깨버린 프랭클린은 엄밀히 말하면 도망자였고 체포될 수도 있었다. 그러나 필라델피아에서 그럴 가능성은 낮았다. 그 누구도 어디 출신이고 이름이 무엇인지를 묻지 않았다. 당신은 무슨 일을 할 수 있습니까? 필라델피아 주민들의 머릿속에 가장 먼저 떠오른 질문은 바로 이것이었다.

이곳은 교회가 삶의 방식을 결정하지 않는 곳이었다. 돈 한 푼 없는 꾀죄죄한 도망자들을 환영하는 곳이었다. 선행이 필요한 곳이었다. 이곳은 새롭게 출발하기에 완벽한 장소였다.

| 2부 |

아무도 가지 않은 길을
떠나다

7

거짓말에서 시작된 여행

이따금 우리는 떠나고 나서야 영혼의 장소에 고마움을 느낀다.

때는 1723년이었고, 프랭클린은 일감이 부족해서 불만족스러 웠다. 지루해서 엉덩이가 들썩이기도 했다. 프랭클린이 필라델피아의 인쇄소에서 괴팍한 주인과 함께 일하고 있던 어느 날 펜실베이니아의 부총독인 윌리엄 키스가 옷을 완벽하게 차려입고 인쇄소를 찾아와 문을 두드렸다. 부총독이 보러 온 사람은 키머가 아닌 프랭클린이었다. 보스턴에서 온 10대 소년에 대한 좋은 소문을 듣고 근처 술집에서 질 좋은 마데이라 와인을 함께 마시자고 찾아온 것이었다.

당시의 필라델피아는 이런 곳이었다. 야심은 가득하지만 학교는 겨우 2년밖에 못 다녔고 주머니에 동전 한 푼 없는 젊은 도망자가 동네 술집에서 식민지 부총독과 질 좋은 와인을 마실 수 있는 그런 곳.

키스는 어린 벤에게서 무언가를 발견하고 직접 인쇄소를 차려보면 어떻겠느냐고 제안했다. 벤은 배를 타고 보스턴으로 돌아가 겸허하게 아버지에게 돈을 빌려달라고 청했다. 이 계획이 탐탁지 않았던 아버지는 프랭클린의 부탁을 거절했다. 윌리엄 키스 부총독은 다시 필라델피아로 돌아온 프랭클린을 구슬려 런던으로 가라고 권했다. 자신의 신용으로 새 인쇄소에 필요한 장비를 마련할 수 있으리라는 것이었다.

이렇게 해서 1724년 11월 5일 열여덟 살의 벤 프랭클린은 희망찬 런던(이 이름이 역설적이라는 사실을 그는 곧 깨닫게 된다)이라는 이름의 범선에 올라 델라웨어강이 멀어지며 델라웨어만으로 바뀌고, 델라웨어만이 곧 광활하고 험난한 북대서양으로 바뀌는 모습을 바라보았다. 파도가 거칠고 날씨가 험악했다. 희망찬 런던은 6주 뒤 크리스마스이브에 영국해협에 진입했다.

벤과 나 사이의 공통점. 우리 둘 다 어린 나이에 여행병에 걸렸다. 나는 1970년대 볼티모어에서, 벤은 1710년대 보스턴에서. 나는 프렌드십 공항(현재는 볼티모어-워싱턴 국제공항)으로 향하는 비행기들을 고개 들어 바라보며 조종사를 꿈꿨다. 벤은 보스턴 항구로 들어오는 배들을 바라보며 선원을 꿈꿨다. 그러나 그건 불가능한 일이었기에 어린 벤은 아버지가 비좁은 집 벽에 붙여놓은 세계지도 네 개를 들여다보고 여행기를 읽고 보스턴 항구에 내린 선원들과 대화를 나누며 머릿속으로 여행을 떠났다.

곧 벤은 아버지의 허락 없이도 여행할 수 있는 나이가 되었다. 그래서 그는 평생에 걸쳐 6만 7600킬로미터를 이동했다.[1] 체신장관 대리로서 북동부 전역을 여행했고 일흔 살의 나이에 몬트리올로 향하는 고된 여정을 떠났다. 일흔여섯에는 마차 여행으로 죽을 수도 있다는 사실을 미처 깨닫지 못하고 이탈리아 여행을 계획하기도 했다. 그는 여행에 자부심이 대단해서 그간 이동한 거리나 자신의 강철 같은 위장을 친구들에게 자랑하곤 했다. 다른 승객들이 먹은 것을 배 밖으로 게워낼 때도 그의 위장은 끄떡없었다.

프랭클린에게 여행은 선택의 문제가 아니었다. 매년 여름 여행을 떠나지 않으면 짜증이 나기 시작했다. 아내 데버라에게 보낸 한 전형적인 편지에서 그는 이렇게 말한다. "나는 평소처럼 여행을 떠나지 않고도 잘 지내고 있지만 슬슬 여행이 고파서 며칠 안으로 떠날 예정이오." 프랭클린은 여행 덕분에 청교도 보스턴과 여전히 비좁았던 필라델피아 너머를 바라볼 수 있었다. 또한 여행은 "삶을 연장하는 한 방식"이기도 했다. 그는 올바른 마음가짐만 있다면 파리에서 보내는 2주가 다른 곳에서 보내는 여섯 달만큼 길게 느껴진다고 말했다.

벤은 여행을 통해 잠시 속도를 늦추고 생각에 잠길 수 있었다. 실제로 그의 가장 훌륭한 글과 실험은 길 위나 바다 위에서 탄생했다. 그가 식민지 연합이라는 명석하고 통찰력 있는 계획을 떠올린 것은 1754년에 필라델피아에서 뉴욕 올버니로 향하는 덜컹거리는 마차 안에서였다. 훗날 "부자가 되는 길"이라는 제목이 붙은 그 유명한 "아브라함 신부의 연설"을 쓴 것은 1757년 런던으로 가기 위해 대서양을 횡단할 때였다.

여행이 우리의 지평을 넓힌다는 말은 자명한 이치다. 그러나 자명한 이치가 대개 그렇듯 이 말은 어느 정도까지만 사실이다. 여행은 실제로 우리의 세상을 확장하지만 그건 여행이 우리의 삶을 축소하기 때문이다. 길 위의 삶은 감당할 수 있는 범위로 제한된다. 이것이 내가 여행에 그토록 끌리는 이유다. 나에겐 축소된 삶이 더 낫고 더 행복하다.

여행의 은밀한 비밀은 여행이 그럴싸한 농간이자 심리전이라는 것이다. 길 위에 있는 우리는 집에 있는 우리와 같은 사람이다. 파리에서 더 낭만적인 사람이 된 것 같고 리우데자네이루에서 더 느긋한 사람이 된 것 같을 수는 있다. 하지만 이 도시들이 아무리 멋지다 한들 우리를 다른 사람으로 만들 순 없다. 그렇다면 변화는 어디서 오는가? 우리는 여행지에서 낭만적이거나 느긋하거나, 하여튼 지금과 다른 사람이 될 자유를 스스로에게 부여하고 실제로 그런 사람이 된다. 우리가 여행 중에 경험하는 모든 것은 사실 집에서도 전부 경험할 수 있다. 그저 훨씬 힘들 뿐이다. 약간의 농간과 자기기만은 도움이 된다. 존 애덤스가 "늙은 마술사"라고 불렀던 프랭클린만큼 이 사실을 잘 아는 사람은 없었다.[2] 애덤스의 이 말은 칭찬이 아니었지만(그는 프랭클린의 이중성을 언급한 것이었다) 벤은 분명 이 별명을 듣고 빙긋 웃었을 것이다.

프랭클린은 어릴 때부터 까탈스러운 여행자였다. 그는 좋아하는 것과 싫어하는 것이 분명했다. 그때 트립어드바이저가 있었다면 프랭클린은 모든 호텔 주인에게 최악의 악몽이었을 것이다. 프랑스에서 그는 극히 사소한 문제로 여관 주인들과 입씨름을 했다. 영국에서는 포츠머스 호텔을 편지지마저 조악한 "끔찍한 여관"으로 묘사했다. 영국 도시 그레이브젠드는 주민들이 능수능란하게 여행자의 돈을 훔치는 "저주받은 악랄한 곳"이었다. 프랭클린은 "그곳에서 물건을 사면 그들이 부르는 값의 절반만 줘도 제값의 두 배를 내게 된다"고 말한 뒤 최후의 일격을 날린다. "정말 다행이다, 내일이 떠나는 날이어서."

프랭클린이 언제 부총독 키스의 약속을 의심하게 되었는지는 정확히 알기 어렵다. 어쩌면 선장이 영국 바다에 도착하기 전에는 키스의 신용장을 보여줄 수 없다고 말했을 때인지도 모른다. 아니면 신용장 자체가 없다는 사실을 알아차린 때인지도 모른다. 런던에서 만난 상인들이 키스에 대해 좋은 말을 하기는커녕 그의 이름을 듣고 욕설을 쏟아냈을 때 아마 프랭클린은 본인이 속았음을 확실히 깨달았을 것이다. 그는 키스가 자신에게 신용장을 주지 않은 이유는 신용이 없었기 때문이라는 결론을 내릴 수밖에 없었다. 벤은 부총독이 왜 기구한 청년을 속이려고 한 건지 궁금했지만 그에게는 더 시급하게 해결해야 할 문제가 있었다.[3]

당시 벤저민 프랭클린의 입장이 되어보자. 당신은 열여덟 살이다. 인구가 1만 명이 넘는 도시에는 가본 적이 없다. 당신은 믿었던 어른에게 속아 불안한 영혼이 50만 명도 넘는 메트로폴리스, 디포가 말한 "거대한 괴물"에 와 있다.[4] 직업도 돈도 없다. 어떻게 하겠는가?

나는 대다수가 어떻게 해서든 필라델피아로 가는 다음 배표를 손에 넣으리라고 생각한다. 프랭클린은 아니었다. 후츠파(저돌적인 담대함과 배짱을 뜻하는 히브리어-옮긴이)라는 단어를 그가 알았는지, 이 단어가 그때도 있었는지는 모르겠지만 그게 바로 프랭클린이 보여준 것이었다. 그는 사람들을 구슬려 인쇄소 일자리를 하나도 아니고 두 개나 구했다. 그는 작가이자 철학자인 버나드 맨더빌을 비롯해 런던의 가장 저명한 사상가들을 만났다. 그리고 자신의 지위를 '이국적인' 식민지 개척자로 끌어올리는 데 성공했다.

신대륙은 18세기의 암호화폐였다. 버지니아의 담배. 자메이카의 럼. 안티과의 설탕. 전부 새로운 것, 그러므로 좋은 것이었다. 모두가 한몫 챙기고 싶어 했다. 위험하지 않았느냐고? 물론 위험했지만 투자자들은 질문을 그리 많이 던지지 않았다. 잠재적 수익이 너무나도 유혹적이었다. 신대륙에서 온 골동품도 수요가 많았다. 자신감이 어마어마하고 이국적인 물건이 가방에 최소 한 개는 처박혀 있던 필라델피아에서 온 젊은 인쇄공보다 이 사실을 잘 아는 사람은 없었다. 그러나 먼저 그는 이 거대하고 가혹한 도시를 가진 것 없이 홀로 헤쳐 나가야 했다.

8

커피하우스를 사랑한 이유

걸어서 템스강을 건넌다. 마구잡이로 자라는 관목처럼 건물들이 강 양쪽에 끝없이 생겨나는 광경이 감탄스럽다. 런던은 언제나 바쁜 도시였다. 나는 보행자들 틈을 헤치고 지나가면서 과거 "거대한 괴물"이었고 현재도 그러한 이곳 런던에 있는 젊은 벤의 모습을 상상한다.

지하철에 올라탄다. 프랭클린은 속도와 평등함이라는 두 가지 매력을 뽐내는 이 교통수단을 분명 좋아했을 것이다. 누구나 지하철을 탈 수 있다. 나는 목적지에 도착해 긴 보행자 터널을 따라간다. 바이올린 연주하는 사람 앞을 지난다. 실력이 나쁘지 않은 것 같은데, 모자나 바이올린 케이스는 어디 있지? 이 사람은 돈을 어떻게 받는 거지? 그때 발견한다. 카드 리더기다. 이 터널의 음악가는 신용카드와 함께 애플페이도 받는다. 이 낯선 장면을 보고 미소 짓는 프랭클린의 얼굴이 그려진다. 그는 늘 새로운 형태의 통화를 꿈꿨다. 펜실베이니아에서는 당시로서는 새로운 개념이었던 지폐 사용을 장려하며 위조 방지 지폐 인쇄법을 개발하기도 했다.

역에서 나와 엄마 오리 같은 선생님 뒤를 시끌벅적하게 따라가는 어린 학생들 사이를 이리저리 통과한다. 런던 자연사박물관이 가까워지자 "망가진 지구. 우리는 어떻게 여기까지 왔고 어떻게 지구를 되돌릴 것인가"라고 쓰인 현수막이 보인다. 좋은 주제다. 프랭클린은 두 번째 질문에 더 관심이 많았을 것이다. 그는 문제의 원인을 알아내기보다는 새로운 해결책을 찾으려 했다. 나는 그 반대다. 해결책을 내놓기보다는 문제를 곱씹는다. 이러한 태도에는 나름의 이점이 있다. 어떤 해결책이 실패할까 봐 걱정할 필요가 없다는 것이다. 여기에는 단점도 있다. 예를 들면 아내와 티격태격하게 된다. 내가 요즘 겪고 있는 문제를 이야기할 때마다 아내는 대담하게도 해결책을 제시한다. 가끔은 (여기가 진짜로 괴상한 지점이다) 다수의 해결책을 제시하기도 한다. 아내는 내가 찾는 것이 문제의 해결책이 아니라는 사실을 이해하지 못한다. 내가 찾는 것은 나와 함께 문제를 씹고 또 씹어줄 파트너다.

웅장한 빅토리아 시대풍의 건물로 들어선다. 런던 자연사박물관이다. 호프라는 이름의 거대한 대왕고래가 천장에 매달려 있다. 나는 모든 자연사박물관에 반드시 거대한 고래가 매달려 있어야 하는 건지 궁금해하며 빙긋 웃는다. 동굴처럼 깊은 광물 전시실로 향한다. 시간이 좀 걸렸지만 찰스 다윈이 갖고 있었을 법한 오래된 나무 보관장 속에서 그것을 찾아낸다. 보관장에는 이렇게 쓰여 있다. "슬론의 기증품."

한스 슬론은 부유한 의사이자 골동품 수집가였다. 그는 17세기 후반부터 진귀한 물건을 찾아 전 세계를 여행하기 시작했다. 슬론에게 너무 미천하거나 너무 특이한 물건이란 없었다. 〈가디언〉의 설명에 따르면 그의 컬렉션에는 "모기의 피, 이누이트족의 햇빛 가리개, 토할 수 있도록 목구멍에 쑤셔 넣는 막대기, 눈이 하나뿐인 돼지, 은으로 만든 성기 보호구, 사람 손을 꼭 닮은 산호"가 있었다.[1] 1753년 사망할 무렵 슬론에게는 이런 물건이 7만 1000점가량 있었고, 영국 정부가 이를 취득해 대영박물관과 지금 내가 와 있는 자연사박물관을 설립하는 데 활용했다.

이곳에 전시된 슬론의 골동품 중에는 중국에서 온 호박 빗받침대와 독일에서 온 자수정 코담뱃갑도 있지만, 내 시선은 다른 곳으로 향한다. 털 난 오징어처럼 생긴 얇고 하얀 실뭉치다. 설명란에 "석면 지갑"이라고 쓰여 있다. 더 이상 지갑처럼 보이지는 않지만 그건 중요치 않다. 이 지갑은 벤저민 프랭클린의 소장품이었다.

프랭클린은 똑똑하게도 필라델피아에서 런던으로 이 지갑을 가져왔고, 한스 슬론 같은 사람이 이 지갑에 관심을 보이리란 것을 알 만큼 총명했다. 그래서 그는 슬론에게 편지를 썼다. 먼저 이 지갑의 이국적인 특성을 잔뜩 부풀렸다. "최근 미국 북부에 갔다가 석면으로 만든 지갑을 가져왔습니다……. 그곳 주민들은 석면을 불을 견디는 면이라고 부르지요." 그는 곧 방향을 틀어 아첨을 떨다가("골동품 애호가로 유명하시지 않습니까……") 부드럽게 판매를 제안한다. "이 물건을 구매하거나 살펴볼 의향이 있으시다면 제게 알려주시기 바랍니다." 그는 다음 추신으로 편지를 끝맺는다. "저는 이삼 일 후에 이곳을 떠날 예정이오니 즉시 답장 주시면 감사하겠습니다."

거짓말이었다. 프랭클린은 어디 갈 계획이 전혀 없었다. 전 세계 판매원이 사용하는 전형적인 '서두르세요, 타임 세일입니다!' 전략이었다. 이 전략은 효과가 있었다. 한스 슬론은 블룸스버리 스퀘어에 있는 자신의 우아한 저택에 프랭클린을 초대해 거금을 주고 그 지갑을 구매했다. 프랭클린은 그 돈으로 무엇을 했는지 언급하지 않았다. 책 사는 데 썼을까? 아니면 런던이 제공한 '오락'을 마음껏 즐겼을까? 내 생각엔 둘 다일 것 같다.

"사색의 방"이라는 팻말을 발견하고 흥미를 느낀다. 나에겐 사색이 필요하다. 요가 교실 같기도 하고 모스크 같기도 한, 장식이 많지 않은 공간에 들어선다. 바닥에 빈백 소파 하나와 이슬람교도의 기도용 깔개 대여섯 개가 놓여 있다. 벽에 붙은 안내판에 이 공간의 규칙이 쓰여 있다. 음식을 먹거나 마시면 안 되고 휴대전화를 사용하면 안 된다는 규칙은 타당해 보인다. 그런데 "향기 나는 제품의 사용을 삼가"달란다. 조금 너무하다는 생각이 든다. 향기 좋은 제품을 도대체 누가 싫어한다고?

방은 황홀할 만큼 고요하다. 빈백 소파 위에 쓰러져서 사색에 잠긴다. 질문이 잔뜩 떠오른다. 젊은 벤 프랭클린은 어떤 사람이었을까? 한스 슬론과 버나드 맨더빌 같은 거물을 만날 배짱은 어디서 나왔을까?[2] 그건 그저 젊은이의 무모한 자신감이었을까, 아니면 프랭클린은 이미 위대함을 풍기고 있었던 걸까? 훗날 그의 삶의 특징이 된 극한의 쓸모가 이미 조짐을 드러내고 있었을까? 몇몇 징후가 있었다. 런던에서 그는 한 친구에게 수영하는 법을 알려주었고, 또 다른 친구에게는 돈을 빌려주었다. 말년에 했던 체계적인 자선 행위와는 달랐지만 이것은 하나의 시작이었다.

첫 런던 방문은 프랭클린에게 분명 강렬하고도 두려운 경험이었을 것이다. 보스턴이나 필라델피아보다 인구가 50배 많은 런던은 그가 본 그 어떤 도시와도 달랐다. 또한 런던은 경기 침체에 더해 여전히 1666년의 대화재와 1703년의 대폭풍에서 회복 중인 대혼란의 상태였다.

건물들은 각기 다른 형태로 황폐했고 제리 화이트는 18세기 런던의 역사를 망라한 저서에서 "해골 같은 이 건물들은 사실 폐허더미나 마찬가지"였다고 말한다.[3] 거리는 여기저기가 움푹 파여서 바퀴 차축이나 뼈가 부러질 수 있었다. 거리의 이름을 통해 그때의 거리 상태를 파악할 수 있다. 오물길과 진창길, 썩은 길이 있었고, 그중 내가 가장 좋아하는 이름은 오줌길이다(그 당시의 한 인물은 이를 "매우 적절한 이름"이라 평했다).[4] 여름이면 악취가 너무 심해서 세인트 제임스 궁전에 머물던 왕족들은 햄프턴 코트 궁전으로 떠났다. 다른 이들은 이만큼 운이 좋지 못했다.

런던은 더럽고 위험했지만 매혹적이기도 했다. 공기 중에 감도는 진보의 냄새는 매연과 먼지만큼이나 강렬하고 압도적이었다. 계몽주의가 한창이었고 사방에서 불꽃이 번뜩였다. 아이작 뉴턴을 비롯한 자연철학자(당시에는 과학자들을 이렇게 불렀다)들의 고향인 왕립학회가 번창했다. 조너선 스위프트와 조지프 애디슨, 리처드 스틸 같은 작가들이 새로운 장을 열고 있었다. 1709년에 대니얼 디포의《로빈슨 크루소》가 출간되면서 근대 영국소설이 탄생했다.

이처럼 새롭고 흥미진진한 발상들은 대부분 강의실이나 실험실이 아닌 커피하우스에서 태어났다. 커피하우스는 지성을 배양하는 페트리 접시이자 "커피라는 검고 쓴 음료"만큼이나 아이디어가 콸콸 흐르는 장소였다.[5] 커피하우스에서는 테이블 위에 펼쳐진 오늘 자 신문을 읽거나 최신 소문을 주워들을 수 있었다. "페니 대학"이라는 별명을 얻은 커피하우스의 손님들은 철학이나 예술, 과학 강의를 들으며 독학할 수 있었다.

커피하우스들은 전문 분야가 각기 달랐다. 어떤 곳은 상인과 은행가가 커피를 마시며 거래를 성사시키는 사업의 장이었다. 로이드와 크리스티, 소더비는 모두 커피하우스에서 시작되었다. 돈 살테로스라는 커피하우스는 세계 각지에서 온 방대한 골동품 컬렉션을 소장하고 있어서 사실상 커피를 내놓는 박물관이나 다름없었다. 어떤 커피하우스의 손님들은 라틴어로만 대화해야 했다(이곳은 오래가지 못했다).

프랭클린이 런던의 커피하우스를 사랑한 이유를 알 것 같다. 커피하우스는 프랭클린이 방문할 수 있는 드물게 저렴한 장소 중하나였다. 이곳은 사교의 장이었고 프랭클린은 사회적 동물이었다. 커피하우스는 유용하고 평등했다. 또는 18세기 영국의 기준에서는 매우 평등했다. 이곳에서는 각기 다른 계층의 사람들이 (거의 예외 없이 전부 남자였다) 함께 값싼 커피를 마시며 새로운 발상이 탄생하는 장면을 지켜볼 수 있었다.

프랭클린에게는 특히 즐겨 찾는 곳이 있었다. 당연히 그는 필라델피아의 최신 신문을 읽을 수 있는 펜실베이니아 커피하우스를 즐겨 찾았다. 그밖에 뉴잉글랜드 커피하우스도 있었고 골든팬이라는 곳도 있었다. 특히 골든팬은 리틀브리튼에 있는 그의 값싼 셋방과 매우 가까워서 그가 자주 들렀던 곳이다.

오늘날 리틀브리튼에는 번쩍이는 새 아파트와 환하게 빛나는 오피스 타워, "양과 족발"이나 "손과 가위" 같은 이름의 술집이 여기저기 들어서 있다. 모퉁이를 돌자 크리스토퍼 렌의 걸작인 세인트폴 대성당이 나타난다. 젊은 벤 프랭클린도 자주 보았을 광경이다. 세인트폴 대성당은 1666년 대화재로 소실되었다가 수십 년의 재건 과정을 거쳐 1711년에야 완공되었다. 프랭클린이 런던에 도착하기 겨우 13년 전이었다.

프랭클린이 살던 당시 리틀브리튼은 사륜마차 택시와 소가 끄는 우차, 신경질적인 보행자들이 지나다녔다. 오늘날 이 거리는 레인지로버와 테슬라, 신경질적인 보행자들이 지나다닌다. 나는 병원 앞을 지난다. 한쪽 면은 새것처럼 번쩍번쩍하고 다른 한쪽 면은 오래돼서 누렇게 변했다. 이 병원은 미국의 건물들과 달리 수백 년을 수월하게 가로지른다. 미국은 새것이거나 낡았거나, 둘 중 하나다. 둘 다인 경우는 흔치 않다.

눈을 감고 열여덟 살의 벤이 이 거리를 걷는 모습을 상상한다. 그는 젊고 야심만만하다. 확실히 건방진 면이 있지만 본인이 모르는 것이 있음을 알 정도로는 자신을 잘 파악하고 있다. 그는 존

윌콕스라는 친절한 주인이 운영하는 헌책방 그린드래곤을 자주 찾았다. 프랭클린의 주머니 사정으로는 새 책을 살 수 없었기에 윌콕스는 이 젊은 인쇄공에게 "합당한 조건으로" 하룻밤 동안 책 몇 권을 빌려주었다.

모두가 이렇게 그를 환대한 것은 아니었다. 프랭클린은 미국인이었고, 그러므로 당연히 촌뜨기였다. 평범한 영국인에게 미국은 치과나 마찬가지였다. 극도로 절박하지 않으면 절대 방문하지 않는 어딘가 신비롭고 아마도 고통스러운 장소. 미국은 사나운 동물과 원시적인 '야만인'이 득시글대는 야생의 땅이었다. 많은 영국인이 미국인은 영어를 할 줄 모른다고 믿었는데, 정말이지 이상하게 느껴진다. 수많은 미국인이 사실…… 영국에서 왔다는 점을 고려하면 말이다. 당대의 작가인 새뮤얼 존슨은 이렇게 말했다. "미국인은 죄수의 민족이며 교수형 외에 우리가 제공하는 모든 것에 감사해야 한다."[6] 불쾌한 발언이지만 전쟁은 아직 수십 년 뒤의 일이었다. 벤저민 프랭클린은 당시 거의 모든 미국인이 그랬듯이 스스로를 자랑스럽고 충직한 영국 신민으로 여겼다.

그러나 행복한 신민은 아니었다. 그는 자신이 진로를 바꿔야 한다는 사실을 알았다. 아니, 진로를 정해야 한다는 것을 알았다. 이때까지 그는 훗날 자신이 파리 상공에서 목격한 열기구처럼 살고 있었다. 바람이 부는 대로 이리저리 부유하는 열기구.

조금 더 걷다가 간판에 이렇게 써놓은 식당을 발견한다. "영감을 주는 오늘의 명언: 개자식처럼 굴지 마라." 유익한 조언이다. 벤저민 프랭클린은 이 조언을 따랐다. 대체로는. 친구였던 제임스 랠프가 런던을 떠나 있을 때 프랭클린은 그의 여자 친구를 찾아가 추근댔다. 훗날 그는 주로 가족 곁에 없는 남편이자 아버지가 되었다. 그렇다, 프랭클린은 개자식처럼 굴 수 있는 사람이었다. 그는 성인군자가 아니었다.

세인트 바살러뮤 더 그레이트 수도원 교회, 또는 줄여서 그레이트 세인트 바츠는 런던에 있는 가장 오래된 교회다. 이곳은 교회에 그리 열심히 나가지 않았던 벤 프랭클린이 일자리를 구한 곳이기도 했다.

일하는 사람들이 담배를 피우며 쉬고 있는 작은 안뜰을 가로질러 좁은 통로를 따라 본당으로 들어가니 젊고 통통한 목사 한 명이 보인다.

"마커스 씨를 찾고 있는데요." 내가 목사에게 말한다.

"제가 마커스입니다." 목사가 말한다.

마커스는 장황하게 설명을 늘어놓으며 이 교회와 프랭클린의 연관성을 자랑한다. 1123년에 수도원으로 지어진 이 교회는 "영국 기준으로도" 오래된 곳이라고, 마커스가 영국인답게 은근히 뽐내며 말한다. 영국은 진짜 진짜로 역사가 길고 그에 비해 미국은 아기일 뿐이라는, 은근슬쩍 내려다보는 태도다.

그레이트 세인트 바츠는 거의 모든 중세 시대 교회와 마찬가지로 성모 마리아에게 바치는 별도의 제실이 있었다. 마커스는 종교 개혁 때 "성모 마리아가 벼랑에서 떨어졌다"고 설명하고, 이어지는 대화 내내 나는 자유낙하하는 성모의 이미지를 머릿속에서 떨쳐내지 못한다.

여분의 공간을 떠맡은 그레이트 세인트 바츠의 관리인은 여느 집주인처럼 새 세입자를 찾았다. 교회의 새 세입자는 새뮤얼 파머라는 이름의 인쇄공이었다. 교구 주민들이 교회에서 예배를 드리는 동안 몇 미터 떨어진 곳에서 파머가 인쇄기로 불경한 소음을 내는 광경은 꽤 볼만했을 것이다. 마커스에게 이 부조화에 대해 묻자 그가 철학적 답변을 내놓는다.

"그런 시절이었죠."

프랭클린은 파머의 인쇄소에서 조판공 일자리를 구했다. 그는 자신이 "무척 성실하게" 일했다고 회고했지만 뉴저지 출신의 경박한 시인이었던 친구 제임스 랠프와 어울리며 "연극을 보고 유흥 시설을 찾는 데" 번 돈을 거의 다 썼다. 프랭클린은 그 유흥 시설이 정확히 어떤 곳이었는지 말하지 않았지만 아마 템스강 너머 서더크에 있는 곳이었을 것이다. 런던의 또 다른 더러운 자아였던 서더크에서는 곰을 잔인하게 괴롭히는 놀이와 서커스가 흔하게 펼쳐졌고 "신분 낮은 여성과 은밀한 관계"를 맺을 기회도 수없이 많았다.

오래전에 사라진 파머의 인쇄소 자리에는 현재 기념 명판이 달려 있다. "마리아 제실: 벤저민 프랭클린이 기술을 배운 곳."[7] 명판에는 바로 이곳에서 프랭클린이 자신의 처음이자 유일한 도덕 철학 작품인《자유와 필요, 쾌락과 고통에 대한 논고》를 썼다고 적혀 있다.

이 짧은 글은 기이하고 충격적이다. 이 글에서 프랭클린은 아무엇도 중요하지 않다고 주장한다. 미덕과 악덕? 둘은 별 차이가 없다. 쾌락과 고통? 마찬가지다. 선과 악도 똑같다. 다른 내용도 들어 있긴 하지만 그리 대단치는 않다. 그는 무신론을 건드리면서 이신론을 주장한다. 이신론이란 우주의 창조자가 실존하기는 하지만 그 존재는 이 세상에서 벌어지는 사건을 통제하거나 인간과 교류하지 않는다는 믿음이다. 자연종교라고도 불리는 이신론은 당시 일부 집단에서 인기를 끌었으나 이단적인 사상으로 남았다.

프랭클린의 논고는 스캔들을 일으킬 만한 내용을 담고 있었기에 널리 읽혔다면 당국과 마찰을 빚을 수도 있었다. 다행히도 읽은 사람은 거의 없었다. 그는 이 논고를 쓴 것을 즉시 후회하며 인쇄한 100부를 재빨리 되찾아 불태워버렸다.

이 논고는 프랭클린의 형이상학자 커리어의 시작이자 끝이었다. 그는 이제 그러한 추측이 "역겹다"고 말했다. 절대 진리를 찾는 것은 혼란만 일으키는 무의미한 행위다. 사람들은 눈에 보이는 세상에 대해서도 합의를 보지 못한다. 그렇다면 눈에 보이지 않는 세상에 대해서는 어떻겠는가? 그는 철학을 계속했지만 방식은 전과 달랐다. 그의 삶이 곧 그의 메시지가 되었다. 그의 철학은 말이 아닌 행동을 통한 철학, 쓸모의 철학이었다.

조급한 청년이었던 프랭클린은 곧 파머의 인쇄소에서 지루함을 느끼고 존 와츠가 소유한 더 명망 있는 인쇄소로 자리를 옮겼다. 이번에는 인쇄 작업을 맡았다. 몸은 더 힘들었지만 "미국에서

했던 신체 활동이 이곳에서는 부족하다고 느꼈기" 때문에 그는 이 업무를 훨씬 선호했다.

벤저민 프랭클린을 상상할 때마다 내 머릿속에는 똑같은 이미지가 떠올랐다. 운동이라고는 맥주잔을 입으로 가져가는 것밖에 모르는 땅딸막하고 뚱뚱한 남자. 그러나 이 이미지는 적어도 프랭클린이 젊었을 때는 사실이 아니었다. 그의 키는 177센티미터로 당시에는 큰 편이었다. 몸매는 탄탄한 근육질이었고 눈동자와 숱 많은 머리카락은 갈색이었다.[8] 건국의 할아버지 벤저민 프랭클린은 몸이 단단했다. 운동하는 사람이 드물었던 시대에 그는 평생 꾸준히 걷고 노를 젓고 수영을 하고 역기를 들었다. 어렸을 때는 턱에 기막힌 어퍼컷을 날려 상대를 쓰러뜨리곤 하던 능수능란한 권투 선수였다. 안타깝게도 이 몸 좋은 프랭클린의 초상화는 없다. 그때의 그는 아직 유명하지 않았다.

맥주의 경우 프랭클린은 와츠 인쇄소의 동료들과 달리 아주 가끔씩만 마셨고(그는 마데이라 와인을 더 선호했다) 그조차도 아침에는 마시지 않았다. 그는 맥주 대신 물을 마셨기 때문에 "물 좋아하는 미국인"이라는 별명을 얻었다.

이 별명은 맥주를 입에 쏟아붓는 그의 동료들이 생각한 것보다 더 적절했다. 프랭클린의 수영 능력은 그와 함께 대서양을 넘었고 그 덕분에 그는 런던에서 유명세를 얻었다. 당시에는 수영할 줄 아는 사람이 드물었다. 목욕조차 눈살을 찌푸리게 했다. 물에 몸을 담그는 것은 상스럽고 건강에도 좋지 않은 행동으로 여겨졌다. 체취는 몸을 감싸는 보호막이자 성적 자극제였다. 나는 18세기를 집처럼 편안하게 느꼈을 것 같다. 체취 때문이 아니라 나의 수영 혐오 때문이다.

어느 날 친구의 거듭되는 요청에 프랭클린은 옷을 벗고 템스강에 뛰어들었다. 그는 첼시에서 출발해 물속과 물 위에서 갖가지 묘기를 선보이며 손쉽게 블랙프라이어스까지 헤엄쳤다. 모두가 크게 감명받았다. 프랭클린의 실력을 알게 된 한 부유한 귀족이 자기 자녀들에게 수영을 가르쳐달라고 부탁했다.[9] 프랭클린은 솔깃했지만 귀족의 제안을 거절했다. 다른 제안이 그를 사로잡았기 때문이었다. 퀘이커교도 상인인 토머스 데넘이 자기 직원으로 들어오면 필라델피아로 가는 여비를 대주겠다고 제안한 것이었다. 그는 나중에 프랭클린을 사업 파트너로 삼을 가능성도 내비쳤다. 당장 집으로 돌아갈 준비가 되어 있었던 프랭클린은 데넘의 제안을 받아들였다. 프랭클린은 런던에서의 마지막 날들을 여행을 앞둔 나와 똑같이 보냈다. 아무리 짧은 여행이라도 나는 짐을 싸고, 풀었다 다시 싸고, 밖에 나가서 잡다한 일을 처리하고, 필요하거나 말거나 이런저런 물건을 산다.

배에 오르기 전에 프랭클린은 런던에서 보낸 시간을 되돌아보았다. 귀중한 인쇄소 경력을 얻었고, 닥치는 대로 책을 읽었고, "아주 영리한 지인들을 사귀었다." 아침에 맥주 대신 물을 마시고 꾸준히 수영을 하고 긴 산책을 즐기는 건강한 습관을 쌓았다. 그는 런던에 도착할 때처럼 떠날 때도 빈털터리였다(친구 제임스 랠프가 그에게 27파운드를 빌렸다. 당시로서는 매우 큰 금액이었지만 프랭클린이 그의 여자 친구를 유혹하려고 했으니 그 돈을 돌려받을 가능성은 낮았다). 그는 잘못된 판단으로 위험을 초래할 수도 있었던 글을 썼다. 과격한 반미주의에 정면으로 맞섰다. 그는 이름을 떨치지 못했다. 쓸모 있는 사람도 아니었다. 가진 것도 없고 목적의식도 없는 얼뜨기가 어떻게 그런 사람이 될 수 있었겠는가?

이제 집으로 돌아갈 때였다. 1726년 7월 21일 프랭클린은 필라델피아로 향하는 버크셔호에 올랐다. 이 여정은 원래 5~6주가 소요될 예정이었으나 거의 13주나 걸렸다. 그러나 프랭클린이 훗날의 프랭클린이 된 것은 바람 없는 대서양 위를 힘겹게 나아가던 이 배 위에서였다.

9

운수 나쁜 여정 한가운데서

어떤 여정은 분자 수준에서 우리를 뒤바꾼다. 우리는 떠날 때
와 다른 사람이 되어 돌아온다. 꼭 마법 같다고 말하고 싶지만 그
건 마법이 아니다. 무언가 다른 일이 벌어진다. 여행하는 행위, 이
동하는 행위는 우리를 뒤바꾼다기보다는 더욱 단단하게 굳힌다.
길 위에서 우리는 자신과 타인의 기대에서 자유로워지고, 전에는
산산이 쪼개져 있던 우리의 조각들이 제자리를 찾아 하나의 전체
가 된다. 이런 일이 갈라파고스에서 찰스 다윈에게, 남아프리카
에서 마하트마 간디에게, 갠지스 강둑에서 조지 해리슨에게 일어
났다. 이들 모두 작가 로버트 그루딘이 말한 "돌연한 깨달음의 아
름다움"을 경험했다.[1]

벤저민 프랭클린도 그런 여정을 떠났다. 겨우 스무 살의 나이
에 그는 런던에서 다시 필라델피아로 이동했다. 그리고 떠났을
때와 다른 사람이 되어 돌아왔다. 런던을 떠날 때 그는 "신분 낮은
여성과 은밀한 관계"를 맺고 가장 친한 친구의 애인에게 작업을

걸고 귀족들의 비위를 맞추고 스캔들을 일으킬 대체로 무의미한 글을 쓰고 언제나 전형적인 사내애처럼 구는 얼뜨기였다. 그로부터 13주 뒤, 그는 다른 사람이 되어 필라델피아에 도착했다.

레드젯이라는 이름의 총알 보트에 조심조심 올라탄 뒤 맨 앞자리에 앉는다. 곧 우리는 로켓처럼 영국해협을 가로지른다. 안내책자에 따르면 이 보트는 "물분사 추진 시스템을 갖춘 고속 MTU 디젤 엔진"으로 구동된다. 무슨 말인지 전혀 모르겠지만 프랭클린이 살던 시대와 달리 배가 너무나도 부드럽고 수월하게 나아가는 모습에 감탄한다. 속도는 우리를 유혹한다. 요란한 아첨과 솔깃한 약속으로 우리를 꾀어낸다. 저기요. 네, 거기 당신 말이에요. 속도는 우리에게 속삭인다. 어디 가는 것 같은데, 나랑 같이 가면 더 많은 곳에 가고, 더 많은 것을 보고, 더 많은 것을 살아낼 수 있답니다. 누가 이걸 뿌리칠 수 있을까?[2]

보트는 매끈한 비행기 같고 좌석은 편안함이나 안전보다는 속도감, 더 나아가 진보의 감각을 증폭시키기 위해 설계된 것 같다. 이건 기만일까? 프랭클린은 그렇게 생각하지 않았을 것이다. 그는 겉모습을 무척이나 신경 썼다. 그에게 겉모습은 진정성을 대체하는 것이 아니라 강화하는 것이었다. 처음 필라델피아에 도착한 어린 인쇄소 도제였을 때, 그는 일부러 도시의 자갈길 위로 시끄럽게 외바퀴 손수레를 끌었다. "이렇게 해서 나는 근면하고 성실한 청년으로 인정받았고 내가 구매한 물건의 대금도 제때 지불했다……. 그렇게 일이 술술 풀렸다."[3] 프랭클린은 정말로 성실했다. 그는 그저 모두가 그 사실을 알기를 바랐을 뿐이다.

우리는 쏜살같이 달려 나가며 자연을 진압하고 시간을 정복한다. 프랭클린은 이 또한 긍정적으로 보았을 것이다. 프랭클린 평생의 사명은, 아니 그의 여러 사명 중 하나는 자연의 날카로운 이빨을 뽑는 것이었다. 이 노력을 잘 보여주는 사례가 바로 그의 가장 유명한 발명품인 피뢰침, 당시 이름으로 하면 "프랭클린 막대"였다.

선장이 보트의 엔진을 끈다. 우리 배는 도착을 앞둔 비행기처럼 미끄러지듯 앞으로 나아간다. 바로 앞에 와이트섬과 항구도시 카우즈가 보인다. 해안선을 따라 건물들이 뒤죽박죽 들어서 있고 언덕 맨 위에 성처럼 보이는 건물이 있다. 내 옆쪽의 항구에는 점처럼 늘어선 작은 범선들 사이로 드문드문 요트가 섞여 있다.

스무 살의 벤저민 프랭클린이 이곳에 도착한 뒤 오늘까지 거의 300년이 흘렀다. 프랭클린이 탄 배는 런던에서 출발해 와이트섬에 도착하기까지 일주일 넘게 걸렸다. 나는 기차와 배를 타고 같은 거리를 몇 시간 만에 이동했다. 변덕스러운 바람이나 해류, 선장에게 반항하는 선원, 괴혈병, 그밖에 18세기에 바다로 이동하는 사람들을 괴롭혔던 여러 잡다한 위험을 걱정할 필요가 없었다. 이 또한 진보를 의미한다는 것을 알지만 그 대가가 무엇인지 고민하지 않을 수 없다. 자연을 '정복'하면서 우리는 인간성의 핵심을 버리고 있는 것이 아닐까?

프랭클린은 이런 문제로 오래 고민하지 않았다. 그는 결과주의자였다. 그에게 중요한 것은 어떤 행동의 도덕성이 아니라 그 행위의 결과였다. 도움되고 쓸모 있는 행동은 좋은 것이다. 그렇지 않은 행위는 나쁜 것이다. 나는 사변주의자다. 내 생각은 쉽게 이론으로 빠진다. 나는 그 어떤 세상보다 관념의 세상이 가장 편안하다. 나에겐 "난해한 에릭"이라는 별명이 있다. 칭찬이라고 생각하고 싶지만 사실 그렇지 않다는 것을 안다.

프랭클린의 300년 된 여행기를 손에 꼭 쥐고 레드젯에서 내리는데 이런 생각이 떠오른다. 시간을 거슬러 올라가는 것 같아. 나는 즉시 이 생각을 후회한다. 너무 진부하잖아! 너무 시시하고. 시간을 거스른다는 말은 여행 인솔자와 고등학교 선생님들이 하는 거짓말이다. 물론 우리는 박물관을 찾거나 역사책을 읽거나 재연행사를 구경하거나 우습게 생긴 모자를 쓰거나 그것도 아니면 두 눈을 감고 몇백 년 전 세계를 상상할 수도 있지만 이것들은 결국 시간여행의 조악한 복제품이다. 우리는 영원히 현재에 갇힌 죄수다. 우리가 과거에 바랄 수 있는 최대치는 이따금 면회로 만나는 것뿐이다. 아무것도 없는 것보다는 낫다고 생각한다. 분명 프랭클린은 이렇게 조언했을 것이다. 있는 것을 활용하라.

프랭클린은 카우즈에서 와이트섬의 가장 큰 도시인 뉴포트까지 7킬로미터를 걸었다. 나는 2층 버스에 올라 여덟 살짜리처럼 눈을 휘둥그레 뜨고 2층 맨 앞자리에 앉는다. 프랭클린의 말처럼 정말로 여행이 삶을 연장해준다면 나는 그 길어진 삶을 아주 가까이에서 보고 싶다.

까탈스러운 프랭클린은 뉴포트를 좋아했다. 그는 자기 일기에서 "집들이 나무와 아름답게 뒤섞여 있고 마을 한가운데 옛날식 교회 첨탑이 우뚝 솟아 있다"라고 말한다. 나도 뉴포트가 좋다. 모든 것이 오래된 느낌인데, 퀴퀴함이 아닌 그윽함이 느껴진다. 좋은 낡음이다. 요가 스튜디오와 이발소, 코믹커피 카페, 슈퍼마켓("모리슨 상점: 1899년부터")이 전부 편안한 연속성을 풍긴다. 심지어 맥도날드도 오래된 것 같다. 나는 공원 벤치에 앉아 생각에 잠긴다.

우리는 왜 그렇게 오래된 건물에 끌릴까? 익숙하면서도 낯선 건축 언어로 쓰인 예술작품을 감상하고 해석할 수 있기 때문이다. 과거와 연결되어 이 방대한 시간의 연속체 위에서 우리 위치를 가늠할 수 있기 때문이다. 그러나 그게 다가 아니다. 오래된 건물을 보면 현재가 더 편안하게 느껴진다. 현재는 더 이상 이전과 이후에서 단절되어 부유하는 것이 아닌, 긴 사슬을 이루는 하나의 연결고리가 된다. 현재의 삶이 가변적이고 예측 불가능할수록 과거와 연결되어야 할 필요성도 더 커진다. 우리가 평생 볼 것보다 더 많은 것을 보아온 건물만큼 마음을 편안하게 해주는 것은 없다.

"오래된 건물은 직접 만질 수 있는 기억과 같다." 건축가 메리 디나다이는 말했다.[4] 마음에 든다. 이 말은 구글 스트리트 뷰의 시대에도 사람들이 여전히 여행을 떠나는 이유를 설명해준다. 온라인에서 모든 정보와 데이터 포인트를 일체 빠짐없이 찾을 수 있는데도 내가 기어이 영국해협에 있는 이 작은 섬을 찾아온 이유를 설명해준다. 둘은 같지 않다. 정확히 말하면 나는 기억을, 프랭클린의 300년 된 기억을 직접 만져봐야 한다.

한 손에는 최신 버전의 애플 지도를, 다른 한 손에는 프랭클린의 일기를 들고 걷기 시작한다. 모퉁이를 돌아, 금속제 지팡이를 보행 보조기이자 타악기로 활용하며 거리를 느릿느릿 걷고 있는 노인 옆을 지난다. 노인의 걸음마다 쨍 하는 소리가 울려 퍼진다. 나는 반사적으로 눈을 돌린다. 노인의 나이 든 얼굴을 보면 왜 마음이 불편해질까? 나만 그런 것은 아니다. 대다수가 오래된 장소는 좋아하지만 나이 든 사람은 불편해한다. 우리는 전자는 자랑스레 내놓고(입장료를 받고 선물 가게를 열고) 후자는 꽁꽁 감춘다. 우리가 노인을 피하는 이유는 그들이 우리와 달라서가 아니라 닮아서다. 우리는 그들에게서 언뜻 자신의 미래를 발견하고, 그 미래를 마음에 들어 하지 않는다.

조금 더 걷다가 멈춰서 휴대전화를 주머니에 넣고 프랭클린의 일기를 읽는다. 필라델피아로의 귀향길을 기록한 이 일기는 귀한 자료다. 그는 좀처럼 일기를 쓰지 않았다. 솔직히 약이 오르지만 벤을 탓할 순 없다. 그는 자신의 유명 전기 작가인 칼 밴 도렌의 말마따나 "철학을 쓰기보다는 철학자가 되는 것을 더 좋아했고", 마찬가지로 여행자로 사느라 너무 바빠서 여행 일지를 쓸 수 없었다.[5]

그러나 이 여정에서 프랭클린은 시간을 선물받았다. 진정한 선물이 으레 그렇듯 이 선물도 처음에는 선물처럼 보이지 않았다. 오히려 선물과는 거리가 멀었다. 벤 프랭클린의 이 바다 횡단은 끔찍하고 지독한 데다 좋은 것이라곤 하나도 없는 아주 운수 나쁜 여정이었다. 버크셔호가 런던에서 출항한 순간부터 문제가 발생겼다. 바람이 거의 불지 않았고, 분다 해도 잘못된 방향으로 불었다. 배는 망연자실하고 고통스러울 만큼 느리게 나아갔다. 한 번은 배가 뒤로 움직였다. 배에 탄 거의 모두가 (프랭클린은 제외하고) 뱃멀미에 시달렸다. 상어 한 마리가 배 주위를 맴돌아서 벤은 매일 하던 수영을 건너뛸 수밖에 없었다. 배 안에는 부주의한 요리사와 카드게임 사기꾼이 타고 있었다.

아주 좋은 점도 하나 있었다. 벤에게는 시간이 있었다는 것이다. 그는 그 시간을 활용했다. 그는 과학(자연사와 항해술, 수학)뿐만 아니라 마음의 문제인 심리학과 도덕에 대해서도 사색했다. 또한 그는 자기 안을 들여다보기도 했다. 이때의 일기는 좀처럼 자기 내면을 드러내지 않았던 한 은밀한 남자의 정신과 마음을 보여주는 진귀한 창문이다. 벤이 탁 트인 바다를 느릿느릿 나아가는 배 위에서 닫힌 마음을 연 것은 우연이 아니다. 속도는 우리를 유혹하지만 진정한 돌파구는 삶이 느려진 순간에, 막간의 휴식 시간에 나타난다.

대로에서 벗어나 산책길로 들어선다. 산책길footpath이라는 영국식 표현이 트레일이나 보도라는 표현보다 마음에 든다. 내 귀에는 더 부드럽고 친근하게 들린다. 자전거를 탄 여성이 경적을 울리며 한껏 사과하고는("미안해요, 미안해요") 내 옆을 지나간 뒤 다시 한껏 고마워한다("고마워요, 고마워요"). 10대인 내 딸의 표현을 빌리면 약간 "과한" 것 같다.

자전거 탄 저 여성은 정말 나에게 미안했을까? 정말 나에게 고

마웠을까? 오래전부터 런던에 살고 있는 내 미국인 친구 프랭크는 아닐 거라고 확신했다. 물론 영국인은 아주 정중하지만 진심은 아니라고. 이런 진심 없는 행동은 나쁜 걸까? 분명 프랭클린은 아니라고 말했으리라. 진심이든 아니든 영국인은 정중하고 정중함은 사회적 기능을 수행한다. 정중함은 사회의 바퀴를 계속 굴러가게 하는 윤활제다. 훗날 벤은 정중함을 보편적 가치로 묘사한다. "여러 국가의 관습을 공평하게 조사해보면 예의의 규칙이 없는 무례한 사람들은 찾아볼 수 없을 것이다."[6] 벤에게 정중함은 쓸모 있는 것, 그러므로 좋은 것이다.

산책길이 구불구불 자연으로 이어진다. 모퉁이 부근에 무언가가 보이지만 처음에는 알아보지 못한다. 그러다 그것이 프랭클린이 일기에서 말한 오래된 교회임을 깨닫는다. 300년이 지난 지금, 정확히 프랭클린의 말대로 교회가 이곳에 있다. 바보 같다는 걸 알지만 프랭클린의 일기와 (아이폰 화면이 아닌 현실에서) 내 앞에 보이는 풍경이 일치하니 벤과 더 친해진 느낌이다.

먼저 교회 묘지에 들어선다. 묘비가 사방팔방으로 기울어져 있지만 수백 년간 결코 쓰러지지는 않았다. 묘비에 새겨진 비문을 읽으려고 시도해보지만 비바람에 풍화되어 알아볼 수 없다. 어떤 것들은 한때 무언가가 쓰여 있었다는 사실을 믿을 수 없을 만큼 닳고 파였다. 그러나 비문은 분명 적혀 있었다. 누군가가 이곳에 묻혀 있다. 나처럼 프랭클린도 비문을 읽지 못했다. 비문은 그때도 너무 흐릿했다. 300년은 매우 긴 시간인 동시에 찰나이기도 하다.

교회 정문으로 향한다. 문에 "개인이 기도하고 성찰할 수 있도록 매일 문을 엽니다"라고 쓰여 있다. 프랭클린도 이 말을 좋아했을 것이다. 그에게 기도는 언제나 개인적인 문제였다. 건물 안은 시원하고 조용하다. 천장에 마이크 두 대가 달려 있다. 마이크를 제외하면 내부는 프랭클린 시대 이후 크게 변하지 않았다. 교회는 여전히 "우아한 건물"이고 여전히 "낡은 외관이 매우 유서 깊어 보인다." 눈 닿는 곳마다 나무 서까래와 돌이 보이고 벽에 고인을 추모하는 명판이 붙어 있다. 이번에는 글씨를 읽을 수 있다. 고인의 나이는 9세에서 80세까지 다양하다. 프랭클린이 살던 시대에는 오늘날보다 죽음이 더 가까웠고 훨씬 예측 불가능했다.

프랭클린이 언급한 개울을 따라 다시 걸음을 재촉한다. 영국 시골길에 당황한 애플 지도보다 프랭클린이 나를 더 잘 안내하고 있는 것 같다. 벤이 말한 대로 길이 점점 더 가팔라진다. 숨이 헉헉 찬다. 나보다 마흔 살쯤 어렸던 벤은 이 길을 아주 가뿐히 올랐다. 애송이 녀석.

울창한 나무 아래를 지나자 탁 트인 하늘이 나타난다. 포장된 길이 흙길이 되었다가 다시 포장길이 된다. 프랭클린이라면 만물이 변화하며 흐른다고 말했으리라. 그는 유연한 사상가였고 그의 삶은 다양한 형태의 흐름 주위를 맴돌았다. 현금 흐름. 인쇄용 잉크의 흐름. 정맥을 따라 솟구치는 피의 흐름. 대서양 아래를 흐르는 멕시코 만류. 템스강에서 헤엄칠 때 그의 몸 아래서 흐르던 강물. 런던 세인트폴 커피하우스와 파리 프로코프 카페에서 마시던 커피와 어디에서나 마시던 마데이라 와인의 흐름. 풍선을 띄우는 상승 기류. 무엇보다 거침없이 요동치던 역사의 흐름.

프랭클린이 살던 시대에 사람들은 이동과 변화를, 변화의 구체적 형태가 아닌 변화라는 개념 자체를 깊이 성찰했다. 진보의 세기였던 18세기의 산물 중 하나는 영원한 진보에 대한 믿음이었다. 현재는 과거보다 더 낮고 미래는 현재보다 더 나을 것이다. 오늘날 이러한 발전 개념은 적어도 과학과 기술에 한해서는 매우 자명하게 느껴지지만 사실은 300년 전 런던의 커피하우스와 파리의 살롱에서 태어난 비교적 새로운 개념이었다.

그러나 이 개념은 순조롭게 탄생하지 않았다. 반대하는 목소리들이 있었다. 그중 가장 큰 목소리는 철학자 장 자크 루소에게서 나왔다. 그는 "인간 이성에 진정한 진보란 없다. 우리가 얻은 것은 다른 방향에서 보면 우리가 잃은 것이기 때문이다"라고 말했다.[7] 우리는 자신이 영국해협을 헤엄쳐서 건너고 있다고 생각하지만 사실 우리는 수영장을 돌며 기운을 소진할 뿐 어디로도 향하지 못하고 있는지도 모른다.

나무가 빽빽한 숲속으로 들어서자 산책길은 더 시원하고 가팔라진다. 저 아래 예스러운 마을 카리스브루크가 펼쳐진다. 붉은 벽돌집에 얹은 검은 지붕들이 마치 미니어처 콜라주 같다. 시간의 흐름에 훼손되지 않은 정말 아름다운 풍경이라고 생각하고 있는데, 관광버스 한 대가 옆을 요란하게 지나가며 나를 다시 21세기로 던져놓는다.

언덕을 걸어 내려가 2층 버스를 타자 어느새 다시 항구도시 카우즈다. 레드젯을 타기 전에 시간이 좀 남아서 플랫화이트 커피를 마시며 거리 음악가의 기타 연주와 노래를 듣는다. "오늘 밤 어디서 잘 건가요……." 젊지는 않은데 그래도 실력이 좋다. 그때 생각이 멈춘다. '그래도'라니? 왜 나이 들면 능력이 감퇴할 거라고 생각하지? 프랭클린의 능력은 감퇴하지 않았다. 적어도 중요한 능력들은 그랬다.

나이 들면 좋거나 나쁜 성격이 드러난다. 이것이 바로 벤이 와이트섬의 전 총독이었던 조지프 더들리를 만나고 나서 내린 결론이었다. 그는 좋은 사람이 아니었고 어디에서나 멸시받았다. 고약한 사람이 늘 그렇듯 더들리는 자신의 고약함을 감추려고 했지만 소용없었다. 프랭클린은 그를 보며 한 가지 자명한 진실을 깨달았다. 그가 평생을 품고 살았던, 그리고 그의 간결한 표현 덕분에 우리 역시 평생을 품게 된 그 진실은 바로 "정직이 최선의 방책"이라는 것이었다.

나는 아무리 악마처럼 간교한 사람도 정직한 사람이라는 이름을 무덤까지 가져갈 만큼 간교함을 완벽하게 숨길 수는 없으며 결국 이런저런 우연으로 누군가에게 그 본성을 들키게 되리라고 생각한다. 진실함과 정직함은 고유의 독특한 광채가 있어서 결코 완벽하게 위조할 수 없다. 그림으로 똑같이 묘사할 수 없는 불이나 화염과 마찬가지다.

프랭클린도 나처럼 자신을 돌아보며 카우즈를 떠났다. 솔직히 말하겠다. 나는 지금 나이 듦의 망령에 대해 생각하고 있다. 나는 나이 듦이 무섭다. 죽음도 무섭지만 나이 듦이 더 무섭다. 죽음은, 더 정확히 말하자면 죽어가는 시간은 끝이 있는 경험이다. 자연은 절대 그 시간을 오래 끌지 않는다(느끼기엔 한없이 길 수 있지만). 나이 듦은 얘기가 다르다. 죽어가는 시간과 달리 나이 듦은 오래도록 계속될 수 있고 규칙도 더 불분명하다. 죽어가는 사람은 반드시 죽는다. 나이 든 사람은…… 뭐지? 더 늙어야 하나? 젊은 척해야 하나? 정답이 뭔지 모르겠다. 아는 사람이 있을지도 잘 모르겠다.

버크셔호는 마침내 영국해협에서 빠져나와 탁 트인 바다에서 필라델피아로 향했다. 속도는 아주 느렸다. 바람이 여전히 비협조적이었다. 바람 한 점 없이 며칠이 흘렀다. 프랭클린의 일기는 바람 상태에 따라 수다와 짧은 스타카토 사이를 오간다. 8월 8일 월요일의 일기는 이게 다다. "날씨는 좋지만 바람은 온종일 이렇다 할 만큼 불지 않는다. 오후에 도마뱀을 봤다."

프랭클린은 해양 생물을 관찰하며 긴 시간을 보냈다. 쇠돌고래, 날치, 굴, 돌고래, 상어, "크기가 7센티 못의 머리만 하고 색은 누르스름한" 자그마한 게. 며칠 뒤 그는 장차 연구에 쓰일 수 있기를 바라며 유리병에 바닷물을 채우고 게 한 마리를 담았다. 가능성주의자 프랭클린의 모습이었다.

날치가 특히 그의 흥미를 끌었다. 날치는 바다에서 뛰쳐나와 우아하게 날았지만 공중에서 방향을 바꾸진 못했다. 프랭클린은 날치가 방향을 통제하지 못하기 때문에 돌고래의 손쉬운 먹잇감이 된다고 말한다. 이것이 날치 이야기만은 아닌 듯하다는 생각을 떨칠 수가 없다. 프랭클린은 키스 총독에게 속았을 때처럼 늘 즉석에서 방향을 돌리는 사람이었다. 그에겐 선택지가 필요했다. 그는 이런 방식으로 돌고래와 상어를 피했다.

프랭클린은 버크셔호 위에서 벌어지는 사회생활도 관찰했다. 사람들의 기분은 바람과 함께 이리저리 흔들렸다. 바람이 동쪽에서 강하게 불면 사람들의 사기도 높아졌다. 그는 일기에서 "모두가 깨끗한 셔츠를 입고 유쾌한 표정을 짓는다. 우리는 서로에게 매우 좋은 친구가 되기 시작했다"라고 말한다. 그러나 바람이 약해지거나 역방향으로 불면 배 위의 분위기도 나빠졌다. 9월 11일의 일기에는 이렇게 쓰여 있다. "역풍이 이어지면서 우리는 활기를 잃었고 우리 사이에 오가는 말은 세 단어를 채 넘지 않았다."

먹을 것이 점점 떨어져서 선장은 빵을 배급할 수밖에 없었고 승객 한 명당 하루에 비스킷 두 개 반이 지급되었다. 요리사는 "파이 만드는 데 밀가루를 지나치게 낭비했다"는 이유로 매를 맞았다. 나는 이 문장을 읽고 몸을 움찔한다. 밀가루를 너무 많이 써서 매를 맞는다고? 버크셔호에서의 생활과 비교하면 요리 경연 프로그램 〈더 그레이트 브리티시 베이크 오프〉는 천국이나 마찬가지다.

어느 날 한 승객이 카드 한 벌에 몰래 표시를 남기다가 한 네덜란드 승객에게 발각되었다. 심각한 혐의였다. "재판소"가 소집되었고 그 승객은 유죄 판결을 받았다. 피고인은 무죄를 주장하며 본인에게 부과된 벌금을 내지 않으려 했다. 그러자 "재판소"는 더

더욱 잔인한 처벌을 고안했다. 바로 그 사람을 파문하는 것이었다. 모든 승객은 그 사람이 벌금을 낼 때까지 그와 식사도 음주도 게임도 대화도 할 수 없었다. 이러한 상황이 며칠간 이어지자 유죄 판결을 받은 승객은 더 이상 고립을 견딜 수 없는 상태가 되었다. 그는 벌금을 내고 승객들 무리에 다시 합류했다.

이 사건은 프랭클린이 고독의 본질을 숙고하는 계기가 되었다. 그는 고독이 "번잡한 머릿속을 기분 좋게 씻어주는" 회복제가 될 수도 있음을 인정했지만 그래도 결국 고독은 불쾌한 것, 더 나아가 고문의 한 형태라고 생각했다. "인간은 사회적 존재이며, 내가 아는 한 인간이 받을 수 있는 최악의 형벌 중 하나는 사회에서 추방되는 것이다." 그는 파리의 바스티유 감옥에서 한 남자가 7년간 독방에 갇히는 형벌을 받았다는 이야기를 떠올렸다. 그 남자는 "생각하는 사람"이었고 종잇조각을 이용해 창의적인 방식으로 머릿속을 채움으로써 미치지 않을 수 있었다.

나는 잘 모르겠어요, 벤. 오해는 말아요. 난 사람들이 좋지만(여하튼 대체로는 좋아해요) 그건 내가 운동을 좋아하는 거랑 비슷해요. 그러니까 간헐적으로 조금씩, 이후에 충분한 회복 시간을 두고 좋아하는 거죠. 고독은 저평가되고 있어요.

벤은 대서양 위를 표류하면서 여러 중요한 질문을 고민했고 그의 머릿속은 바람 한 점 없는 여름의 공기 속에서 세차게 요동쳤다. 그는 자신의 모든 신념에 의문을 품기 시작했다. 시작은 런던에서 배포한 팸플릿(《자유와 필요, 쾌락과 고통에 관한 논고》)이었다. 이제 그는 미덕과 악덕은 서로 다르며, 이 둘을 분별하는 게 중요한 문제라고 판단하게 되었다. 그리고 덕 있고 쓸모 있는 삶을 살겠다고 맹세했다. 그에게 미덕과 쓸모는 뗄 수 없는 것이었다. 진실성과 근면함 같은 미덕은 개인이 사회적 재화를 얻는 도구, 즉 수단이므로 그 자체로 쓸모가 있다는 이야기였다. 그는 또한 이 신론 철학을 의심하기 시작했다. 훗날 그는 이때의 생각 변화를 돌아보며 이렇게 말했다. "나는 이 교리가 진실일지언정 그리 쓸모 있지는 않다고 생각하기 시작했다."

나는 처음 이 문장을 읽고 당황했다. 어떤 것이 진실이라면 당연히 쓸모도 있는 것 아닌가? 2 더하기 2는 4다. 이 말은 진실인 동시에 쓸모도 있다. 예를 들면, 음, 셈을 하거나 초등학교를 졸업할 때 그렇다.

아마 프랭클린은 이렇게 말할 것이다. 물론 그건 사실이지만 윤리와 종교의 문제에서는 진실과 쓸모의 관계가 점점 모호해진다고. 그는 고결한 진리보다는 훗날 철학자 존 듀이가 말한 "도구주의"에 더 관심이 많았다. 프랭클린에게 모든 도덕적 주장을 판단하는 궁극적 기준은 진실함이 아닌 유용함이었다. 무언가가 '진실'이라고 해보자. 프랭클린은 이렇게 말한다. 그거 좋죠. 하지만 그렇게 행동한 결과가 뭐죠? 만약 결과가 좋지 않다면, 개인에게나 사회에나 그리 유익하지 않다면 갖다 버리고 더 유용한 다른 진실을 찾읍시다.

물론 프랭클린은 진실을 중시했지만 어떤 대가를 치르든 맹목적으로 진실을 추구하지는 않았다. 세상에는 많은 진실이 있고, 유용한 진실과 무용한 진실을 구분하는 것은 지적이고 남을 배려

하는 인간으로서 우리가 지켜야 할 책임이다. 또는 약 100년 뒤 철학자이자 심리학자인 윌리엄 제임스가 말한 것처럼 "효과가 있는 것이 진실이다."[8] 제임스는 프랭클린의 삶의 방식을 보여주는 철학인 실용주의를 정립하는 데 일조했다.

좋은 여행은 절대 끝나지 않는다. 우리가 짐을 푼 뒤에도, 중국인이 말하는 '속세'로 돌아온 뒤에도 좋은 여행은 우리와 함께한다. 프랭클린도 마찬가지였다. 그의 런던 대모험은 속임수로 시작해서 계시로 끝났다.

프랭클린은 아직 바다에 있었으나 더 이상 표류하지 않았다. 그는 "행동 계획"을 짜고 "이제부터 나는 모든 측면에서 이성적인 존재로 살 것"이라고 맹세했다. 그의 계획은 네 가지 단순한 규칙으로 이루어졌다. 그는 앞으로 검소하게 살며 빚을 갚을 것이다. "모든 말과 행동에서" 진실성을 추구할 것이다. "벼락부자가 되려는 바보 같은 프로젝트"에 정신 팔지 않고 인내를 실천하며 눈앞의 일에 집중할 것이다. 누구도 욕하지 않고 그들의 잘못을 용서할 것이다.

믿을 수 없을 만큼 단순한 계획이다. 마음에 든다. 더 나은, 더 쓸모 있는 인간이 되는 데 필요한 기초를 담고 있다. 빌린 돈을 갚을 것. 진심을 말할 것. 중요한 사안에 집중할 것. 사람들을 친절하게 대할 것.

그러나 문제가 하나 남았다. 대서양에서 정처 없이 둥실거리는 동안에는 이 계획을 실행할 수 없었다. 버크셔호는 목적지에 도착할 수 있을까? 프랭클린과 다른 승객들은 의문을 품기 시작했다. 그는 반농담으로 미국이 바다 아래로 가라앉은 것은 아닌지, 대홍수로 전 세계가 떠내려가고 버크셔호의 승객과 선원들이 "유일하게 살아남은 인류"가 된 것은 아닌지 의심했다.

어느 날 벤은 육지가 가까워졌을 때 종종 그렇듯 바닷물의 색이 바뀐 것을 보고 기분이 좋아졌다가 이내 자신이 헛것을 봤음을 깨달았다. "우리는 사실이길 바라는 것을 믿는 경향이 있다." 그는 말한다. 이 별난 인간 본성, 합리적 정신이 자신을 속이는 경향을, 프랭클린은 일평생 경계했다. 그는 이성의 시대가 낳은 합리적 인간이었으나 이성의 한계 또한 잘 알았다.

바다에서 13주라는 길고 긴 시간을 보낸 끝에 마침내 프랭클린의 귀에 간절히 듣고 싶었던 말이 들려왔다. 망보는 사람이 외쳤다. "육지다! 육지가 보인다!" 승객들이 갑판 위로 몰려들었다. 곧 대다수 승객이 "나무숲처럼 보이는" 동부 연안의 윤곽을 분간할 수 있었다. 프랭클린은 시간이 좀 더 걸렸다. 그의 시력에는 아무 문제가 없었다. 그는 "두 방울의 작은 기쁨이 차올라 눈이 흐릿해졌다"라고 말했다.

마침내 집에 돌아온 벤 프랭클린의 말이 옳았다. 여행은 실제로 삶을 연장한다. 그가 알아차리지 못한 것이 있다면 이따금 바람이 변덕을 부리고 파도가 거칠게 몰아칠 때, 속도가 휴가를 떠나고 발생 가능한 모든 문제가 현실이 될 때 여행은 삶에 깊이까지 더한다는 것이다.

10

수정 가능한 삶에 대하여

런던 대모험을 끝내고 "사랑하는 필라델피아"로 막 돌아온 벤 프랭클린의 삶은 나아지기는커녕 더욱 나빠졌다. 사람 좋은 퀘이커교도 상인인 토머스 데넘 밑에서 일을 시작하고 얼마 지나지 않아 두 사람 다 큰 병에 걸린 것이다. 프랭클린의 병명은 위험한 폐 질환인 늑막염이었다. 데넘은 결국 병으로 목숨을 잃었다. 프랭클린도 아슬아슬했다. 그는 겨우 스물한 살이었다.

자서전에서 프랭클린은 이 어두운 시기를 거의 언급하지 않지만 대체로는 고집스러울 만큼 희망찬 이 책에 실제로 비관적인 문장이 남아 있다. "고통이 너무 심해서 회복의 의지를 상실했고, 몸이 낫고 있음을 깨달았을 때는 힘든 일을 다시 시작해야 한다는 사실이 애석해 오히려 실망스러웠다."

절망의 구렁텅이에 빠진 프랭클린의 모습을 어떻게 이해해야 할까? 나는 그리 깊이 생각할 필요는 없다고 본다. 프랭클린은 인간이었고 우리 대부분과 마찬가지로 이따금 우울이라는 검은 개가 그의 발치에 달라붙었다. 여기에 특별한 점은 전혀 없다. 주목할 만한 점은, 그의 수많은 글을 읽다 보면 어둠은 극히 적고 빛은 풍성하게 흘러넘친다는 사실을 알게 된다는 것이다. 나는 프랭클린이 여동생 제인과 나눈 편지에서 그의 인생관이 가장 잘 드러난다고 생각한다.

나이 들어 런던으로 돌아온 벤은 또 다른 고난의 시기를 견디고 있었다. 이번에는 건강이 아닌 정치적 숙적이 문제였다. 오만한 영국 의원들이 그에게 마구 인신공격을 퍼붓고 있었다. 제인은 이렇게 물었다. 이 상황이 짜증나지 않아?

딱히. 프랭클린은 대답했다. "이게 자연의 속성이야. 때로는 먹구름이 끼고 비가 오고 우박이 쏟아져. 그러다 다시 하늘이 화창하게 개고 햇살이 우리를 비추지. 모든 걸 고려하면 이 세상은 꽤 괜찮은 곳이야. 그 안에서 최선을 다하고 감사함을 느끼는 것이 우리의 의무고."

나는 이 문장을 읽으며 부끄러움을 느낀다. 프랭클린은 항생제와 비행기, 에어컨과 현대 치과학이 없던 시대를 살았다. 이틀 내무료 배송도 없었다. 삶은 불확실한 도박이었다. 수많은 질병과 사고로 목숨을 잃을 수 있었고 여기에 더해 영국군에게 붙잡힐위험까지 도사렸다. 그런데도 프랭클린은 전부 따져보면 "이 세상은 꽤 괜찮은 곳"이라고 말한다.

이 세상이 아니라 나의 인식, 나의 시력이 문제인 건 아닐지 의심되기 시작한다. 프랭클린의 가장 유명한 발명품 중 하나인 이중 초점 안경을 생각해보자. 이중 초점 안경을 쓰면 안경 하나로 근거리와 원거리를 전부 선명하게 볼 수 있다. 프랭클린은 이 능력을 타고났다. 그는 눈앞에서 이 세상의 참상을 있는 그대로 바라보면서도 더 멀고 밝은 관점을 잃지 않았다. 그렇다고 생각 없는 낙천주의자는 아니었다. 그는 사악한 인간(거의 언제나 남성이었다)이 악행을 어디까지 저지를 수 있는지도 잘 알았다. 그러나 그 진실에 눈이 멀어 더욱 유용한 다른 진실을 못 보는 일은 절대로 없었다.

병석에 누운 스물한 살의 프랭클린은 직접 자신의 비문을 썼다. 그는 본인이 가진 기술인 인쇄술의 언어와 특유의 넘쳐흐르는 유머를 활용했다. 늘 그렇듯 그 유머 뒤에는 진지한 의미가 숨어 있었다. 벤은 자기 몸을 낡은 책에 비유한다. 이 책은 페이지가 찢겨나가고 표지의 제목이 지워졌다. 그러나 프랭클린은 책처럼 "저자가 고치고 수정한 더 완벽한 신판의 형태로" 재등장할 것이었다.

초판에는 무조건 실수가 들어 있다. 진짜다. 한번은 로체스터 공공도서관에서 내 저서 중 한 권으로 강연을 하고 있는데 누군가가 "247쪽에 오자가 있는 건 알고 계시죠?"라고 물었다.

"아, 그거요. 물론 알고 있죠." 대충 얼버무리며 잽싸게 247쪽을 펼치자 정말로 오자가 있었다. 출판사들은 이런 실수를 수정해 프랭클린의 말처럼 더 완벽한 신판을 내놓지만 그 새로운 판본도 결점이 아예 없지는 않다. 실수를 찾아서 바로잡는 과정은 끝없이 이어진다.

프랭클린은 생각했다. 그렇다면 이 인쇄공의 방식을 삶에 적용하면 어떨까? 우리는 모두 실수를 저지른다. 우리는 모두 오자를 낸다. 프랭클린 시대의 청교도인들은 이러한 오자를 "죄"라고 칭했고, 이 죄는 자기 처벌적인 죄책감을 불러일으켰다. 프랭클린은 달랐다. 그에게 오자는 그저 실수일 뿐이었다. 실수는 발생하고 바로잡을 수 있다. 그리고 이 점이 중요한데, 실수는 내세뿐만 아니라 이번 생에도 바로잡을 수 있다. 우리의 삶은 펜이 아닌 연필로 쓰인다.

프랭클린의 친구였던 전도사 조지 화이트필드는 프랭클린의 비문을 듣고 곧장 벤을 찾아가 그를 개종시키려 했다. 이런 일이 처음은 아니었다. "자네 비문을 보았네. 예수님을 믿고 자네 마음속에서 주님을 느낀다면 자네의 재판에 실망할 일은 절대 없을 걸세. 그 책은 아름답게 교정되고 영원히 수정될 테니까."[1]

프랭클린은 분명 씩 웃었을 테지만 화이트필드의 말을 믿은 것은 아니었다. 그는 외부에서 편집의 도움을 받아야만 오자를 수정할 수 있다고 생각하지 않았다. 그렇다고 동시대 인물이었던 루소 같은 초기 낭만주의자들의 믿음에 동의하지도 않았다. 루소는 자서전 《고백록》에서 괴로웠던 어린 시절을 파헤치며 고질적인 우울감의 원인을 찾는다. 100여 년 뒤 프로이트도 더 과학적이긴 하지만 본질상 똑같은 개념을 상정한다. 우리는 어린 나이에 상처 입고 평생에 걸쳐 그 상처를 치유하려고 애쓴다. 그러나 벤은 그렇게 생각하지 않았다.

프랭클린의 오자 개념은 수정 가능한 유연한 세상을 내포한다. 그 무엇도 고칠 수 없을 만큼 망가지지는 않는다. 어린 시절이 남긴 상처는 평생 이어질 필요가 없다. 우리는 상처의 총합이 아니다. 모든 오자는 교정할 수 있다. 그저 실력 있는 인쇄공만 만나면 된다. 아니, 직접 수정해서 인쇄하면 된다. 저자는 실수를 바로잡아 신판을 낸다. 결국 우리는 자기 삶의 저자이며 우리 모두가 1인 출판사다.

프랭클린은 자서전에서 다섯 개의 오자를 언급한다. 재정적인 것(자기 것이 아닌 돈을 썼다)과 지적인 것(미덕에 관한 무분별한 논고를 썼다), 사적인 것(런던에서 친구의 애인을 유혹하려고 했다) 등이 그 내용이었다. 이 잘못들은 대부분 대인관계의 문제였고 사회라는 직물에 난 구멍을 의미했다. 그 누구보다 사회적인 동물이었던 프랭클린에게 이보다 더 후회스러운 일은 없었다. 그는 오자 하나하나를 전부 수정했다. 수십 년이 지난 후일지라도.

실수를 한다. 실수를 바로잡는다. 더욱 완벽한 판본이 출간된다. 이 말이 지나치게 산뜻하게 들린다면 실제로 그렇기 때문이다. 프랭클린의 모든 실수가 오자 일람표에 실린 것은 아니며 그 실수를 전부 수정할 수 있었던 것도 아니다.

생사의 고비를 넘기고 몇 년 뒤 프랭클린은 데버라 리드와 결혼해 아들을 낳았다. 프랭키라고도 불린 아들 프랜시스는 "착한 아이"였다. 부부는 6년간의 결혼생활 끝에 낳은 이 외동아들을 무척이나 사랑했다. 그러던 어느 날 네 살이 된 프랭키에게 열이 나면서 천연두의 증상인 농포성 발진이 생겼고 얼마 안 가 프랭키는 세상을 떠났다. 데버라와 벤은 큰 절망에 빠졌다. 두 사람은 최선을 다했던 걸까? 당시 조악하지만 효과적인 천연두 예방접

152

종이 있었으나 프랭클린은 아들에게 주사를 맞히지 않았다. 예방 접종을 열렬히 지지했던 프랭클린은 아들이 천연두와 관계없는 "이질"에서 회복하자마자 주사를 맞힐 생각이었다고 말했다.

프랭클린은 이 실수를 평생토록 후회했다. 40여 년 뒤 동생 제인에게 쓴 편지에서 그는 지금도 프랭키를 생각하면 "탄식이 새어 나온다"고 말했다. 어떤 오자는 신판에서도 바로잡을 수 없다. 그저 수용할 수 있을 뿐이다. 프랭클린은 이 고통스러운 진실을 힘겹게 받아들여야 했다. 나 또한 그렇듯이. 우리 모두가 그렇듯이.

토머스 데넘의 죽음은 프랭클린에게 큰 충격으로 다가왔다. 훗날 그는 데넘이 "아버지처럼 조언해주던" 사람이었다고 말했다. "나는 그분을 존경하고 사랑했다. 아마 우리는 매우 행복하게 지냈을 것이다."

하지만 프랭클린은 그 상태로 멈춰 있을 여유가 없었다. 비행의 방향을 돌려야 했다. 그래서 그렇게 했다. "괴짜" 새뮤얼 키머에게 돌아가 일자리를 얻은 것이다. 역시나 두 사람은 자주 다투었다. 프랭클린은 뛰어난 일꾼이었지만 키머는 프랭클린의 급료를 깎으려 했다. 결국 둘의 관계는 "사소한 사건"으로 끊어졌다. 늘 호기심 많았던 프랭클린은 밖에서 들려오는 시끌벅적한 소리에 창문 밖으로 머리를 내밀었다. 키머는 큰 소리로 상스럽게 그를 야단쳤는데, 더 큰 문제는 동네 사람들 앞에서 그랬다는 것이었다. 키머는 공개적으로 프랭클린을 모욕했고 벤에게 그보다 더 나쁜 것은 없었다. 벤 프랭클린은 키머의 인쇄소에서 걸어 나와 다시는 돌아가지 않았다.

또다시 프랭클린은 돈도 직업도 없는 상태가 되었다. 버크셔호에서 결연히 다짐했던 그의 "행동 계획"도 중단되었다. 그에겐 기적이 필요했다. 그는 기적이 하늘에서 내려오는 것도, 자기 안에서 나오는 것도 아님을 잘 알았다. 프랭클린에게 기적은 늘 다른 사람의 모습으로 나타났다.

| 3부 |

실용주의자 프랭클린을
만든 거의 모든 것

11

18세기판 실리콘밸리에서 벌어진 일

벤 프랭클린의 길고 쓸모 있는 삶은 거의 18세기 전체에 걸쳐 계몽주의 시대와 나란히 이어졌다. 이 과학적, 철학적 진보의 시기가 거둔 수확이 어찌나 풍성하고 다채로웠는지, 우리는 오늘날까지도 그 산물을 즐기고 있다. 병원에 가거나 국제 엠네스티에 돈을 기부하거나 불을 켜거나 커피를 마실 때마다 우리는 프랭클린 같은 계몽주의 사상가들에게 감사해야 한다.

물론 풍작은 거저 발생하지 않는다. 근면 성실한 농부와 질 좋은 씨앗, 풍성한 햇빛이 있어야 하고 무엇보다 비옥한 토양이 필요하다. 계몽주의의 토양은 말과 글의 형태를 띤 언어였다.

계몽주의 시대는 대화의 시대이기도 했다. 이 기나긴 대화는 런던의 커피하우스와 파리의 살롱에서, 학식 넘치는 왕립학회와 애덤 스미스가 여러 경제 이론을 개발한 글래스고의 시끌벅적한 조선소에서 이루어졌다.

대화에 능하다고 꼭 연설에도 능한 것은 아니다. 사람들 앞에서 흔들리는 목소리로 말을 더듬던 벤저민 프랭클린은 유능한 연설가가 아니었고 본인도 그 사실을 잘 알았다. 많은 인파나 모르는 사람 사이에서 그는 거의 한마디도 하지 않았다.

그러나 프랭클린은 대화에 탁월했다. 이 점에는 모두가 동의했다. 프랭클린의 손자뻘이었던 제임스 매디슨은 훗날 벤과의 대화가 "언제나 크나큰 기쁨이었다"고 술회했다. "그와 함께 있으면 늘 30분도 지나지 않아 기억할 만한 의견이나 일화를 만나곤 했다."[1] 게다가 시시한 일화가 아니었다. 프랭클린의 이야기와 농담에는 즐거움뿐만 아니라 깨달음을 주려는 의도가 있었다.

아직 20대일 때 프랭클린은 대화의 기술에 관한 짧은 에세이를 썼다. 나는 이 글을 읽을 때마다 매번 그 시의성과 현재성에 감탄한다. 프랭클린은 전보와 전화, 페이스타임과 줌, 슬랙과 스냅챗이 등장하기 전에 이 글을 썼다. 그러나 대화의 기술에 관한 그의 논평은 거의 300년이 지난 지금도 그때만큼이나 시의적절하다. 이 글은 수많은 기술 발전에도 대화란 여전히 연결되기를 희망하며 다른 사람에게 말을 건네는 행위임을 상기시킨다.

프랭클린에 따르면 대다수 사람은 자신이 대화에 뛰어나다고 믿지만 사실 그건 자기기만이다(오늘날 대다수가 자기 운전 실력이 평균 이상이라고 주장하지만 그건 통계상 불가능하듯이 말이다). 대화를 나눌 때 사람들은 대개 극단으로 나뉘어서 (짜증날 만큼) 오로지 자기 얘기만 하거나 기구한 대화 상대에게서 단점을 찾아내려고 인정사정없이 몰아붙인다. 어떤 사람은 끊임없이 다투며 논쟁을 벌여서 "모든 사소한 시비가 심각한 문제로 번진다." 어떤 사람은 한 주제에 너무 오래 천착하는 반면, 어떤 사람은 "다른 주제로 너무 빨리 건너뛰어서…… 그들의 발언은 아무 의미도 없는 혼란스러운 소음일 뿐이다."

프랭클린은 사람들이 저지르는 가장 큰 실수가 "과도한 수다로 다른 사람의 몫을 빼앗는 것"이라고 생각했다. 과도한 수다라는 표현이 마음에 든다. 다음에 과도한 수다쟁이 앞에서 말 한마디 꺼내기 힘들 때 한번 써봐야겠다. 대화를 잘하는 사람은 듣기를 잘한다. 프랭클린은 가난한 리처드의 가면 뒤에서 "중요한 수칙은 많이 말하는 것이 아니라 많이 듣는 것"이라고 언명했다. 그러나 이 가면은 연극이 아니었다. 프랭클린이 사람들에게 보인 진실한 관심은 아무리 늙은 마술사라도 꾸며낼 수 있는 것이 아니었다. 프랭클린이 프랑스에 머물 때 만난 의학도 피에르 카바니스는 프랭클린이 아무리 바빠도 대화할 시간만큼은 꼭 마련했다고 회상했다. "사람들이 그를 찾을 때마다 그는 시간을 냈다……. 그에게 상대에게 쏟을 한 시간은 늘 있기 마련이었다."[2]

프랭클린은 건강한 대화법을 서구인이 독점한 것은 아님을 잘 알았다. 그는 옆 사람이 이야기할 때 "깊은 침묵"을 지키는 원주민의 태도에 감탄을 표했다. 그리고 이에 비해 요란한 영국 하원이나 유럽의 이른바 상류사회에서는 "빠르게 말을 끝내지 않으면 중간에 말이 끊긴다"고 말했다.

대화에 능한 사람은 그저 영리한 기술 몇 가지에 능통한 것이 아니다. 그 사람에게는 테이블 반대편에 앉은 상대를 이기려는 것이 아니라 그를 드높이려는 진심 어린 의지와 관대함이 있다.

프랭클린은 그러려면 "상대의 약점을 기꺼이 간과하거나 용서해야" 한다고 말했다. 간과하는 것은 안 보는 것과 다르다. 상대의 결점을 보고 들으면서도 순조로운 대화를 고무하기 위해 우선은 그 결점을 지나치기로 선택하는 것이다.

좋은 대화 상대가 된다는 것은 자기 의견과 신념을 삼킨다는 뜻이 아니다. 프랭클린은 의견이 무척 많은 사람이었지만 그 의견을 곤봉처럼 휘두르는 일은 절대 없었다. 그의 의견은 뽁뽁이에 싸여서 도착했다. 누가 어떤 주제에 관해 의견을 물으면 프랭클린은 보통 상대에게 질문을 하거나 의문을 제시함으로써 대화 상대를 소외시키기보다는 끌어들이는 방식으로 답하곤 했다. 프랭클린의 입장을 추측할 수는 있었지만 그는 아무리 확고한 의견이 있어도 결코 그 의견 때문에 갈등을 빚지 않았다. 그에게는 우정을 지키는 것이 논쟁에서 이기는 것보다 더 중요했다. 사사건건 따지는 사람들은 이해하지 못하는 유용한 진실이다. "그들은 이따금 승리를 거두지만 본인에게 더욱 유용한 호의는 절대 얻지 못한다." 프랭클린은 말했다. 벤에게는 언제나 관계가 문제보다 더 중요했다.

그러나 괜찮은 신문도 책방도 없는 식민지 변두리 필라델피아에서 어딜 가야 좋은 대화를 나눌 수 있었을까? 필라델피아에는 실제로 사교 클럽이 몇 군데 있었지만 의미 있는 대화를 나누기 위한 곳은 아니었고 그마저도 프랭클린 같은 "가죽 앞치마"는 입장할 수 없었다. 그래서 벤은 직접 클럽을 만들었다.

무슨 실리콘밸리 얘기처럼 들린다는 것, 나도 안다. 나에게 필요한 것이 세상에 없으면 직접 만들면 된다. 그러나 그 필요성은 사실 상상일 뿐이고 그렇게 나온 발명품은 바보 같을 때가 너무 많다. 반면 프랭클린의 스타트업은 실제로 중요했다. 사람들의 삶에 실질적인 변화를 일으켰다. 그는 도서관과 소방서, 보험회사, 민병대, 과학 단체, 병원 등을 (공동으로) 설립했다. 그가 이 단체들을 '스타트업'으로, 자신을 '설립자'로 여겼을 것 같진 않다. 그보다는 반사 행위에 더 가까웠다. 놀라울 만큼 구식이 된 영국식 표현에서처럼 그는 "필요를 행하고" 있었다(인도에서는 지금도 이 표현을 사용한다). 피뢰침을 발명했을 때 그는 필요를 행하고 있었다. 잘 구부러지는 카테터나 더 깨끗하고 효율적으로 타오르는 스토브를 발명했을 때도 돈이나 추종자를 얻으려던 것이 아니었다. 그때 그는 일론 머스크처럼 군 것이 아니었다. 그는 필요를 행하고 있었다.

그래서 1727년의 어느 가을날, 겨우 스물한 살에 무직이고 심각했던 늑막염에서 여전히 회복 중이었던 프랭클린은 자리에 앉아 필요를 행했다. 배경은 스컬킬 강둑이었을 수도 있고 인디언 헤드 술집이었을 수도 있다. 그곳이 어디든 그가 공책과 깃펜을 들고 계획을 짜는 모습을 상상할 수 있다.

프랭클린에게는 먼저 이름이 필요했다. 그는 사람들이 표지를 보고 책을 판단할 수 있음을 알았다. 그래서 그는 인쇄공으로서 아름다운 표지를 디자인하려고 최선을 다했다. "가죽 앞치마 클럽"은 어떨까? 나쁘지 않았다. 본인 같은 꾀죄죄한 노동자계급과 상인들로 회원을 꾸릴 작정이었으니까. 그러나 그는 이 이름이 너무 제한적이라고 생각했을 것이다. 그는 다른 이름을 찾았다. "준토"는 어떨까? "결합"이라는 뜻의 라틴어 융타[juncta]에서 나온 이 이름은 집단의 힘을 향한 프랭클린의 확고한 믿음을 잘 보여주었다. 그렇다, 준토가 딱이었다.

그다음으로는 회원이 필요했다. 필라델피아에는 프랭클린 같은 청년 남성이 결코 부족하지 않았다(이 클럽은 여성 회원을 받지 않았다. 프랭클린이 보여준 포괄성의 한계였다). 그는 전에 일했던 인쇄소에서 동료 세 명을 모집했고 다른 곳에서 가게 점원과 측량사, 구두장이, 기계공을 데려왔다. 이들은 정치적 관점과 기독교 종파가 제각기 달랐지만 독서와 시, 새로운 아이디어를 좋아한다는 공통점이 있었다. 이들은 신탁 기금이나 개인 서재가 없는 사람들, 필라델피아의 상류사회에 접근할 수 없는 사람들이었다. 프랭클린은 클럽을 작고 친밀한 규모로 유지하고자 했기에 회원 수를 최대 12명으로 제한했다.

그다음으로는 장소가 필요했다. 인디언헤드 술집이 다른 곳 못지않게 좋아 보였다. 음식이 사람들을 끌어모으고 맥주가 대화의 윤활제가 될 테니까. 결정되었다. 준토 회원들은 매주 금요일 저녁 인디언헤드에서 모일 것이다.[3]

이제 가장 어려운 문제가 남아 있었다. 프랭클린은 마지막으로 클럽의 존재 이유를 고심했다. 그는 노동자계급 청년들이 가죽 앞치마를 벗어던지고 맥주를 들이켜며 스포츠나 마을의 소문에 관해 잡담을 나누는 곳이 되어선 안 된다고 생각했다. 그는 더 높은 목표를 추구했다. 준토는 로터리클럽이자 독서 모임, 헬스클럽, 집단 심리치료실, 사업 인큐베이터, 고해실이었다. 프랭클린은 준토가 자신의 하버드였고 "철학과 도덕, 정치를 배울 수 있는 이 지역 최고의 학교"였다고 말했다. 또한 준토는 프랭클린의 교회였고 회원들은 그의 신자들이었다. 클럽 개회식이 열렸다. 신입 회원 모두가 자리에서 일어나 진리를 향한 사랑, 종교 및 직업을 가리지 않는 만인을 향한 사랑을 맹세해야 했다.

준토는 회원들을 애지중지 다루지 않았다. 준토는 많은 것을 요구했다. 청년들은 매주 "도덕과 정치, 자연철학에 관한" 질문을 준비해서 함께 토론해야 했고 3개월에 한 번씩 직접 선택한 주제로 에세이를 써서 제출해야 했다.

잠시 멈춰서 이들이 얼마나 힘들었을지 생각해보자. 식민지 필라델피아에서의 삶은 녹록지 않았고, 일주일에 6일을 일하는 노동자계급 청년들의 삶은 더더욱 힘들었다. 이들은 여가 시간이 몹시 귀했다. 그런데도 자유 시간의 상당 부분을 들여 무거운 주제에 관해 대화를 나누고 질문과 에세이를 작성했다. 그러니까 숙제를 했다는 뜻이다. 이 사실은 그들에 관해, 또 우리에 관해 무엇을 말해줄까? 우리는 왜 여가 시간을 헛되이 낭비하는 걸까? 어쩌면 그건 역설적이게도 우리가 여가 시간을 심각하게 여기지 않아서일지도 모른다. 프랭클린은 "여가는 쓸모 있는 일을 하는 시간"이라고 말했다. 그는 재미없는 인간이 아니었다. 프랭클린에게는 쓸모가 곧 재미였다. 머리로는 이해가 간다. 그러나 머리로만 이해한 것은 전혀 이해하지 못한 것과 마찬가지다.

준토의 운영 방식은 세속적이었지만 이 집단을 움직이는 질문은 코튼 매더 목사의 것과 상당히 비슷했다. "나는 이 세상에 어떤 도움이 될 수 있을까?" 프랭클린은 여러 도시 개선 아이디어를 이 모임에서 처음 제시했다. 소방서, 보험회사, 펜실베이니아 민병대, 필라델피아 아카데미(훗날 펜실베이니아 대학교가 된다)는 전부 준토에서 처음 공개된 개념이었다. 준토는 프랭클린의 모래 놀이 터였다.

준토 모임의 핵심에는 프랭클린이 작성한 24개의 고정 질문이 있었다. 회원들은 매주 금요일 아침 주간 회의에 앞서 이 질문들을 고민해야 했다. 무겁고 중요한 질문들이었다. 그중 하나는 다음과 같다. "현재 준토가 인류에, 국가에, 친구들에게, 자기 자신에게 도움될 만한 일이 있는가?"

순서를 보자. 최우선 순위는 인류를 돕는 것이고 다음이 국가, 그다음이 친구, 마지막이 자기 자신이다. 이 논의를 뒷받침한 원동력이자 프랭클린과 공동 설립자들이 즐겨 사용한 표현은 바로 "공공의 행복"이었다. 18세기에 행복은 단순히 개인의 열망이 아니었다. 행복은 공동의 과제였고, 그러므로 집단의 노력이 필요했다. 모두가 행복하거나 아무도 행복하지 않거나, 둘 중 하나였다.

준토에서 논의한 질문들의 내용은 과학("차가운 물이 담긴 잔에는 왜 물방울이 맺히는가?")에서 철학("공공의 안전이나 평화를 위해 평범한 시민을 사형에 처하는 것은 정당한가?"), 정치("최근 정당한 자유가 침해당하는 광경을 목격한 적이 있는가?")에 이르기까지 다양했다.

준토가 따분한 클럽이었다고 생각한다면 잠시 기다리시길. 준토는 엄숙한 토론 모임이 아니었다. 준토에는 경쾌함이 흘러넘쳤다. 목록에 있는 고정 질문 중 하나는 사실상 '최근 들은 재미있는 농담이나 이야기가 있는가?'였다. 한 회원은 모임에서 플루트를 불었다. 이 모임은 머리만큼이나 가슴에서 우러나왔다. 오랜 시간이 흐른 뒤 프랭클린은 준토의 다른 회원에게 이렇게 편지를 썼다. "우리는 과거에도 지금도 서로를 사랑하고 다 함께 백발노인이 되었지만 아직 헤어지기는 이르다네."

대화는 자유롭게 흘렀지만 무질서한 난투극이 되지는 않았다. 프랭클린은 가드레일을 세웠다. 준토의 회원들은 서로의 말에 끼어들거나 다른 회원의 말투를 조롱해선 안 됐다. "논쟁을 기대하거나 승리를 원하는 대신" 서로를 존중하는 태도로 대화를 나눠야 했다. 회원들은 이 규칙을 준수했다. 규칙을 위반한 회원은 벌금을 물었다.

준토가 이타적이기만 한 것은 아니었다. 회원들은 서로를 보살폈다. 고정 질문 중에는 이런 것이 있었다. "최근 본인의 평판을 해친 사람이 있는가? 평판을 지키기 위해 준토가 무엇을 할 수 있는가?"[4] 회원들은 서로를, 그리고 서로의 지갑을 확실히 지켰다. 준토는 네트워킹 모임이기도 했다. 링크드인의 초기 버전이었던 셈이다. 회원들은 서로에게 일거리를 가져다주었다. 얼마 지나지 않아 직접 인쇄소를 차린 프랭클린은 동료 회원 덕분에 처음으로 중요한 거래를 따낼 수 있었다. 프랭클린 신화와 달리 그는 혼자 힘으로 자수성가한 것이 아니었다. 그는 여러 친구들과 후원자, 자선가, 그 밖의 다른 지지자들에게 도움을 요청했다. 이 사실 때문에 프랭클린이 이룬 성취가 빛을 잃을까? 나는 그렇게 생각하지 않는다. 우리가 인정하든 안 하든 성공은 언제나 집단의 노력으로 이루어진다.

한번은 프랭클린이 회원들에게 각자 소유한 책을 전부 모아서 돌려 읽자고 제안했다. 좋은 생각이었지만 대실패로 끝났다. 이 애서가들은 자신의 소중한 책과 헤어지려 하지 않았다. 프랭클린은 언제나처럼 방향을 틀었다. 그리고 더 많은 참여자를 끌어모아 미국 최초의 성공한 대출 도서관인 필라델피아 도서관 연합을 세웠다.

프랭클린이 즐겨 쓴 표현을 빌리자면 준토는 수십 년간 술술 이어졌다. 준토가 그렇게 오랫동안 이어질 수 있었던 이유는 무엇일까? 신뢰가 많은 것을 설명해준다. 18세기 사람들은 파도처럼 밀려드는 새로운 정보에 파묻혔고 그 정보 중 일부는 타당했지만, 대개는 그렇지 않았다(익숙하게 들리는가?). 범람하는 정보를 거르고 그 내용을 이해할 신뢰할 만한 수단이 필요했다. 준토는 그 수단을 제공했다. 쓸모 있는 단체였다.

늘 그랬듯 프랭클린은 결실을 독차지하지 않았다. 그는 결실을 나누었다. 그때는 아직 세상에 없는 단어였지만(1924년까지 쭉 존재하지 않았지만) '지속 가능성'이 그의 목표였다. 그는 준토 회원들이 자기만의 클럽, 미니 준토를 시작할 수 있도록 격려했다. 그는 씨앗을 뿌리고 있었다.[5]

12

될 때까지 그런 척하라

이성의 시대는 불확실성의 시대이기도 했다. 당시 사람들은 바츨라프 하벨이 "서사의 위기"라고 부른 불안하고 어수선한 시대를 살았다. 오래된 생각은 쓸려 내려가고 새로운 생각은 아직 밀려들지 않았다. 강한 물살이 각기 다른 방향으로 몰아쳤다. 벤은 이 흐름에 맞서 싸우지도 굴복하지도 않았다. 그는 파도를 탔다. 서퍼라면 다들 알겠지만 서핑은 보드 위에 서는 것이 아니라 보드 위에 단단히 자리 잡는 것이다. 습관은 벤이 그럴 수 있도록 돕는 접착제였다.

프랭클린에게 습관은 전기만큼이나 강력한 힘이었다. 습관은 선한 사람이 선한 행동을 하고 나쁜 사람이 나쁜 행동을 하는 원인이었다. 그는 이렇게 말했다. "사람들은 순식간에 선하거나 나쁜 사람이 되는 것이 아니다. 악한 습관과 선한 습관 모두 오랜 시간 같은 행동을 반복하면서 형성된다."

벤은 보스턴에서 습관처럼 책을 읽던 어린 시절부터 습관의 힘에 심취했다. 이 집착은 필라델피아에서도 점점 커지다가 1731년에 절정에 달했다. 프랭클린은 스물다섯 살이었고 주기적으로 찾아오던 '나 정신 차려야 돼' 시기에 접어든 무렵이었다.

나도 이런 시기에 익숙하다. 나의 경우 보통 새해가 시작될 때 찾아오지만 사실 언제든 불쑥 나타날 수 있다(실은 지금도 슬슬 다가오는 게 느껴진다). 이런 짧고 격렬한 자기 계발의 폭발은 날씨와 비슷하다. 언제나 예측 불가능하고 종종 엉망이 되며 결코 끝이 없다.

그리고 종이가 필요하다. 아주 많이. 그간 이런저런 앱과 디지털 장치를 써봤지만 계속 종이로 되돌아오게 된다. 1월부터 보통 봄이 끝날 때까지 우리 집 문간에는 각종 수첩과 플래너가 줄줄이 도착한다. 크기와 색깔, 형태는 각각 다르지만 전부 구원이라는 암묵적 약속을 품고 있다. 나는 생각한다. 완벽한 플래너만 찾을 수 있다면 여기저기 흩어진 내 삶의 조각들이 착착 제자리를 찾아갈 거야.

새 플래너가 도착할 때마다 희망이 부풀어 오른다. 속으로 생각한다. 바로 이거야. 정말로 그렇다. 한동안은. 그러나 몇 주(가끔은 며칠) 뒤 나는 내 완벽한 플래너에 문제가 있음을 발견한다. 여백이 너무 넓거나 좁고, 시간표가 너무 수직이거나 수평이고, 해야 할 일을 쓰는 곳이 너무 크거나 작고, 종이가 너무 두껍거나 얇고, 커버가 너무 빳빳하거나 유연하고, 펜을 꽂는 고리(아주 중요하다)가 너무 빡빡하거나 헐겁다. 삶을 살아가는 시간보다 삶을 정리하는 시간이 더 긴 것은 아닐지 걱정스럽다. 분명 벤은 자기 관리에 더 철저한 사람이었을 것이다.

놀랍고 기쁘게도 벤은 철저한 사람이 아니었다. 나처럼 그도 일평생 질서와 씨름했다. 나처럼 그도 산만하고 정신을 잘 팔았다. 나처럼 그도 좋은 플래너를 사랑했다. 나처럼 그도 더 나은 사람이 되고 싶다는 강력하고도 끈질긴 욕구가 있었다. 나와 달리 벤은 그 욕구를 실질적인 계획으로 바꾸어 (우리가 완전히 달라지는 지점이 바로 여기인데) 실천했다.

먼저 그는 매일의 일정을 완벽히 통제했다. 나를 비롯한 모든 프리랜서 및 자영업자와 마찬가지로 프랭클린에게 계획하지 않은 시간은 적이나 마찬가지였다. 필라델피아의 젊은 인쇄공으로서 프랭클린은 체계적으로 시간을 정복했다. 그의 하루 일정은 시간 단위로 나뉘었다. 오전 5시에 일어나 씻은 뒤 신이 아닌 위대한 선을 향해 기도를 올리고 그날의 할 일을 정리했다. 그러고 나서 두 시간 동안 공부하고 아침 식사를 한 뒤 오전 8시부터 정오까지 인쇄소에서 일했다. 그다음 점심을 먹고 다시 한두 시간 공부한 뒤 오후 6시까지 일했다. 오후 6시부터 10시까지는 저녁 식사와 음악 감상, "오락 활동"을 위한 시간이었다.

이메일을 확인하거나 콘텐츠를 몰아 보는 시간이 없다는 점을 빼면 놀라울 만큼 21세기의 하루와 비슷하다. 그러나 둘 사이에는 중요한 차이가 또 하나 있다. 그의 하루는 질문으로 시작하고 질문으로 끝났다. 아침에는 "나는 오늘 어떤 선을 행할 수 있을까?"를 물었고 저녁에는 "나는 오늘 어떤 선을 행했는가?"를 물었다. 단순하지만 오늘날 우리는 굳이 묻지 않는 질문이다. 적어도 나는 묻지 않는다. 내 수많은 플래너는 나의 생산성이나 감사할 일, 내가 거둔 "승리"를 기록하라고 재촉할 뿐, 선을 행하고 쓸모 있는 사람이 되었는지는 전혀 묻지 않는다. 확실히 나는 아직 완벽한 플래너를 찾지 못했다.

벤은 의도가 아닌 행동을 강조했다. 오늘 어떤 선한 생각을 하고 어떤 선한 감정을 느꼈는가가 아니라 어떤 선을 행했는가를 강조했다. 그에게 중요한 것은 의향이 아닌 결과였다. 사실 그는 내면의 어린아이를 비롯해 내면의 그 무엇도 만나고 싶어 하지 않았다. 우리의 자기 계발은 주로 안에서 바깥을 향하는 반면 프랭클린의 자기 계발은 바깥에서 안으로 향했다. 20세기의 심리학자 B. F. 스키너는 훗날 이 철학을 다음과 같은 말로 표현했다. "문제는 좋은 사람이 되는 것이 아니라 좋은 행동을 하도록 사람들을 유인하는 것이다."

벤이 좋은 행동을 하도록 유인해야 했던 첫 번째 사람은 바로…… 벤 자신이었다. 자서전에서 설명했듯 그는 "도덕적으로 완벽한 사람이 되겠다는 대담하고도 힘든 계획"에 착수하기로 마음먹었다. 그의 목표는 "어느 때건 잘못을 저지르지 않는" 삶을 사는 것이었다.

한숨이 나온다. 방금 나는 야심만만한 벤과 충돌했다. 야심만만한 벤은 나를 짜증나게 한다. 우리는 서로에게 할 말이 없다. 도덕적으로 완벽한 사람이 되겠다는 대담하고도 힘든 계획? 진심이에요, 벤? 나에겐 그런 목표가 없다. 물론 살을 7킬로그램 빼거나 작은 설치류 가족이 집으로 삼았을지도 모를 내 책상 서랍을 정리하겠다는 대담하고도 힘든 계획에 착수한 적은 있다. 한번은 전날 밤에 커피 내릴 준비를 해놓겠다고 맹세한 적도 있다. 나의 대담하고도 힘든 계획은 이런 것들이다. 도덕적으로 완벽한 사람이 되겠다는 계획? 내게 그런 계획은 없다.

'새싹' 가능성주의자로서 마음을 가다듬고 다시 벤의 자서전을 읽는다. 그는 자신의 계획에 "덕의 기술"이라는 이름을 붙였다. 그가 이 단어를 선택한 것은 우연이 아니었다(벤 프랭클린의 삶에 우연은 거의 없었다). 그는 선한 행동도 다른 기술이나 재주처럼 습득할 수 있다고 믿었다. "어떤 사람이 화가나 항해사, 건축가가 되고 싶다면 조언을 듣는 것만으로는 충분하지 않다……. 그 사람은 그 기술의 원리를 배우고 일하는 방식을 관찰하고 모든 장비를 제대로 사용하는 습관을 익히면서 규칙적인 실천을 통해 서서히 기술을 완벽하게 갈고닦아야 한다."

무슨 말인지는 알겠지만 왜 하필 덕에 집착하는 것일까? 21세기 인간인 나에게 이 단어는 우쭐한 자기만족의 냄새를 풍긴다. 덕 있는 사람들은 나보다 나은 사람이거나 최소한 자신이 나보다 낫다고 생각하는 사람이고 그들은 그 우월함을 자랑스레 뽐낸다. 도덕적으로 완벽한 사람이 되기 위한 노력은, 뭐, 숭고해 보이긴 하지만 그리 재미있을 것 같진 않다.

프랭클린이 살던 시대는 완전히 달랐다. 미덕은 한결같이 선한 결과를 낳는 인격 특성이었다. 인격은 벤에게 무척 중요했다. 그는 자서전에서 이 단어를 무척 자주 사용했다. 인격character이라는 단어는 "벼리다" 또는 "새기다"라는 뜻의 그리스어 charassein에서 나왔다. 원래 이 단어는 동전을 주조하고 찍어내는 과정을 가리켰으나 곧 인간의 형태를 빚는다는 뜻으로 확장되었다. 우리는 인격을 지니고 태어나지 않는다. 인격은 우리에게 새겨진다. 무엇을 통해? 청교도인은 신의 은총이라 말했다. 벤은 자기 수양이라 말했다.

프랭클린의 시대에 미덕은 피상적인 예의도, 무언가를 드러내는 신호도 아니었다. 미덕은 행복으로 가는 열쇠였다. 토머스 제퍼슨은 "행복이 삶의 목표라면 미덕은 행복의 토대"라고 말했다. 프랭클린은 언제나처럼 같은 말을 더 간결하게 표현했다. "미덕과 행복은 어머니와 딸이다."

덕 있는 삶은 소수만 누릴 수 있는 사치가 아니라고 프랭클린은 말했다. "이 세상에서 행복하고 싶은" 사람은 누구나 덕 있는 삶에 관심을 가져야 한다. 아무리 악한이라도 이루 말할 수 없는 행복이 자신을 기다리고 있음을 알면 선하게 행동할 것이다. 최근의 연구가 이 생각을 뒷받침한다. 이타적 활동에 정기적으로 참여하는 사람들은 행복과 만족감, 삶의 의미를 더 많이 느낀다. 그러나 미덕의 인기는 점점 줄고 있다. 최근의 한 연구에 따르면 "인내와 친절, 감사, 용기, 정직"처럼 미덕이나 품성과 관련된 단어는 20세기 들어 사용 빈도가 가파르게 줄었다.[1]

프랭클린의 터무니없는 발상 중 하나는 전 세계의 덕 있는 사람을 환영하는 미덕 연합당을 창립하는 것이었다. 오늘날에는 비웃음을 살지 몰라도 그는 농담을 한 것이 아니었다. 프랭클린은 미덕이 행복뿐만 아니라 진보로 향하는 열쇠라고 믿었다. "진정한

덕이 없는 진정으로 위대한 인물은 지금껏 존재한 적이 없다." 미덕, 더 나아가 행복은 진정으로 자유롭고 민주적인 사회에 꼭 필요했다. 프랭클린은 한 친구에게 "덕 있는 사람만이 자유를 누릴 수 있다" 고 말했다.

그러나 덕 있는 삶을 살려는 시도는 곧바로 과속 방지턱에 부딪힌다. 그러니까, 미덕이란 무엇이란 말인가? 이 질문은 수천 년 간 이어졌다. 아리스토텔레스에게도 기독교인에게도 나름의 목록이 있었다. 프랭클린은 이 두 목록과 그 밖의 여러 자료를 토대로 자기만의 열세 가지 미덕 목록을 작성했다.[2]

1. 절제. 배부를 때까지 먹지 말 것. 취할 때까지 마시지 말 것.
2. 침묵. 자신이나 타인에게 유익하지 않은 말은 삼갈 것. 하찮은 대화는 피할 것.
3. 질서. 모든 물건을 제자리에 둘 것. 모든 일에 시간을 정할 것.
4. 결단. 해야 할 일은 실행하기로 결심할 것. 결심한 일은 반드시 실행할 것.
5. 절약. 자신이나 타인에게 도움되지 않는 지출은 하지 말 것. 즉 절대 낭비하지 말 것.
6. 근면. 시간을 버리지 말 것. 늘 쓸모 있는 일을 할 것. 불필요한 행동은 전부 끊을 것.
7. 진실. 거짓말로 상처 주지 말 것. 순수하고 올바르게 생각할 것. 말한 것은 지킬 것.
8. 정의. 남을 다치게 하거나 마땅히 줘야 할 혜택을 빠뜨리지

말 것.

9. 중용. 극단을 피할 것. 아무리 그럴 만하다고 느끼더라도 분노하며 해를 가하지 말 것.

10. 청결. 몸과 의복, 거처의 불결함을 용납하지 말 것.

11. 평정. 사소한 일, 흔하거나 피할 수 없는 사건에 흔들리지 말 것.

12. 순결. 성교는 주로 건강이나 자식을 위해서만 할 것. 몸이 굼떠지거나 약해지거나 자신 또는 타인의 평화나 평판을 해칠 만큼 하지 말 것.

13. 겸손. 예수와 소크라테스를 따를 것.

벤의 목록에 없는 미덕은 관용이다. 나는 이것이 실수였다고 생각하지 않는다. 벤에게 자비는 덕 있는 삶에 자연스럽게 따라오는 당연한 결과였다.

왜 13개일까? 고대 그리스의 사추덕四樞德인 지혜, 정의, 용기, 절제는 왜 안 될까? 어쨌거나 벤은 단순함을 중요하게 생각했는데 말이다. 벤은 그 커다란 미덕을 작은 크기로 자르면 숙달하기 더 쉬울 거라고 생각했다. 미덕이 13개인 또 다른 이유는 철저히 수학적이다. 벤의 계획은 한 덕목당 4주씩 할당하는 것이었고, 그러면 13개 덕목을 완성하는 데 딱 1년이 걸린다.

미덕의 순서도 중요했다. 한 덕목이 그다음 덕목으로 이어졌다. 절제를 맨 처음에 놓은 이유는 "머리가 맑고 냉철해지지 않으면" 나머지 12개 미덕에 덤벼들 수 없을 거라고 생각했기 때문이다. 그다음은 침묵인데, 지식은 "혀보다는 귀를 통해" 얻을 수 있기 때문이다. 나머지도 이렇게 이어진다. 벤이 마지막 미덕인 겸손을 추가한 이유는 한 퀘이커교도 친구에게 그가 "고압적이고 다소 오만할" 때가 있다는 말을 들었기 때문이다.[3]

벤의 13개 미덕이 가진 공통점은 양심상 나에게 단 하나라도 있다고 주장할 수 없다는 것이다. 그건 내가 도덕적 실패작이라는 뜻일까? 더 나쁘게는 죄인? 벤은 그렇게 생각하지 않았을 것이다. 나는 그저 아직 기술을 숙달하지 못한 기능공일 뿐이다. 더 구체적으로 말하면 나는 아직 습관의 힘을 체득하지 못했을 뿐이다. 우리는 유연한 존재다. 우리의 습관과 믿음은 말랑말랑하다. 프랭클린은 이것이 장점이라고 생각했다. 형태를 바꿀 수 있는 것은 아름답고 쓸모 있는 형태로도 바꿀 수 있기 때문이다. 우리의 덕 있는 행동을 방해하는 것은 악한 마음이 아니라 나쁜 습관이다. 그러므로 어린 벤이 런던에 헛걸음하게 만든 부총독 키스는 나쁜 사람이 아니었다. 지키지 못할 약속을 남발하는 그의 성향은 악한 의도에서 나온 것이 아니라 오히려 모두를 기쁘게 하려는 의도에서 나왔기 때문이다. 프랭클린은 그것이 성격적 결함이 아니라 "그가 습득한 습관"이라고 결론 내린다.

핵심은 꾸준함이다. 벤은 너무 많은 사람이 "여기저기를 끊임없이 배회한다"고 말했다. 한 번 지킨 습관은 습관이 아니다. 진정한 미덕과 거짓 미덕을 가르는 요소는 순도가 아닌 꾸준함이다. 한 번 용기 있게 행동하는 것은 감탄할 만한 일이긴 하지만 그렇다고 용기라는 미덕을 지녔다고 말할 순 없다. 프랭클린은 꾸준하지 못한 사람은 여기저기에 있는 항구를 향해 나아가지만 그 어디에도 도착하지 않는 배의 선장과 같다고 말했다. 아리스토텔레스는 우리가 건물을 지으면서 건축을 배우고 음악을 연주하면서 음악가가 되듯이 "공정하게 행동함으로써 공정해지고, 차분하게 행동함으로써 차분해지고, 용기 있게 행동함으로써 용감해진다"고 말했다. 처음에 우리가 이런 미덕을 실천하는 이유는 부모님이 시켜서일 수도 있고 소속 집단에서의 입지가 강화되리라 기대해서일 수도 있지만 거듭 실천하다 보면 그 미덕은 결국 내면화된다. 자기 계발의 '될 때까지 그런 척해' 학파라고 할 수 있다.

도덕적으로 완벽한 사람이 되기 위한 벤의 계획은 이런 식으로 진행되었다. 먼저 적절한 공책을 찾아야 했다(펜 꽂는 고리나 플래너와 마찬가지로 공책도 아주 중요하다). 그리고 페이지마다 덕목을 하나씩 할당한 다음 가로를 일곱 칸으로 나눠 요일을 적고, 밑으로 빨간 줄을 열세 번 그어 세로 칸마다 덕목을 하나씩 적었다. 프랭클린은 이 작은 공책을 온종일 주머니에 넣고 다녔다. 그리고 미덕을 지키지 못할 때마다(예를 들면 맥주를 너무 많이 마시거나 상처 주는 거짓말을 했을 때) 해당 칸에 검은색 점을 찍었다. 그는 매주 한 가지 미덕에 집중했다.

내가 보기에 벤의 계획은 지나치게 체계적이다. 그러나 바로 그 점이 중요했다. 벤은 미덕이 무엇인지 모르는 사람은 없다고 생각했다. 그저 우리는 미덕을 제 것으로 만드는 방법을 모를 뿐이다. 자제력이 핵심이다. 자제력은 다른 모든 미덕으로 향하는 문을 여는 "마스터 미덕"이다. 안타깝게도 자제력은 미국 50개 주와 전 세계 54개국 국민이 자신에게 가장 부족하다고 말하는 강점이다.

프랭클린의 계획은 체계적이었지만 그렇다고 냉혹하지는 않았다. 그는 습관 형성이 결코 자기 부정이라고 생각하지 않았다. 그의 목표는 이 습관을 내면화해 제2의 천성으로 만드는 것이었다. 그는 이러한 자기 훈련이 그저 견딜 만한 것이 아니라 즐겁기를, 심지어 재미있기를 바랐다. 그 방법 중 하나가 바로 공책과 펜을 사용해 더 높은 점수를 노리는 것이었다. 도덕적으로 완벽한 사람이 되기 위한 그의 대담하고 힘든 계획은 일종의 게임이었다.

벤의 태도가 경솔하고 가벼웠다는 뜻은 아니다. 레드삭스나 맨체스터유나이티드의 모든 팬이 증명할 수 있듯이 우리는 게임에 진지하게 임할 수 있다. 차이가 있다면 게임은, 예를 들면 전쟁과 달리 위험 부담이 크지 않다는 것이다. 우리는 언제나 주사위를 또 한 번 던질 수 있고, 체스판에서 말을 또 한 번 옮길 수 있고, 도덕적 완벽함을 또 한 번 추구할 수 있다. 공책이 검은 점으로 빼곡해지면 한 권 더 사서 다시 시작하라. 우리는 언제나 다시 시작할 수 있다.

프랭클린은 그럴 일이 없으리라고 생각했다. 그는 도덕적으로 완벽한 사람이 되기 위한 자신의 계획이 비교적 수월하리라 예상했다. "나는 옳고 그름을 알았으므로, 아니 안다고 생각했으므로 언제나 옳은 것을 행하고 그른 것을 피하지 않을 이유가 없다고 생각했다." 그러나 얼마 지나지 않아 프랭클린은 자신이 생각만큼 그리 덕 있는 사람이 아님을 깨달았다. "내가 생각보다 훨씬

결점투성이 인간이라는 사실을 알고 깜짝 놀랐다." 정원의 잡초
를 뽑듯이 끊임없이 미덕에 주의를 기울여야 했다. 한 가지 잘못
을 없애면 다른 하나가 튀어나왔다. 잘못을 얼마나 많이 저질렀
는지, 그의 작은 공책은 이내 검은 점들 때문에 구멍이 숭숭 뚫렸
다(그는 이 공책이 다른 종류의 성경이라고 말장난을 했다[구멍이라는 뜻의
단어 hole과 신성하다는 뜻의 단어 holy를 이용한 말장난-옮긴이]). 프랭클
린은 공책을 더 두꺼운 고급 종이로 바꾸고 "젖은 스펀지로 쉽게
지울 수 있도록" 심이 더 부드러운 연필을 사용했다.

벤은 특히 두 가지 미덕에 고전했다. 하나는 질서였고 유난히
힘들었던 다른 하나는 겸손이었다. 그는 "내가 이 미덕을 실제로
습득했다고는 말할 수 없지만 습득한 것처럼 보이는 데는 꽤 성공
했다"라고 말했다.

도덕적 완벽함. 거의 웃음이 터질 만큼 이상한 말이다. 우리는 기
술과 SAT 점수, 볼링 같은 삶의 수많은 측면에서 완벽을 추구하
지만, 도덕성 같은 중요한 문제에 있어서는 좀처럼 그러지 않는
다. 친구들에게 도덕적 완벽함을 추구하는 중이라고 말하고 한번
그들의 반응을 보라. 프랭클린은 도덕적 완벽함에 도달하지 못했
지만 그건 중요치 않았다. 이 실험을 통해 "더 훌륭하고 행복한 사
람"이 되었으니까. 그는 대가의 솜씨를 흉내 내며 캘리그라피의
완벽함을 추구하는 필경사에 자신을 빗댄다. 이 필경사는 자신이
원하는 탁월함을 얻지 못할 수도 있지만 "그의 손은 노력을 통해
단련된다." 가까운 표적을 맞히는 것보다 먼 표적을 놓치는 편이
나은 법이다.

벤은 처음 몇 년간은 이 계획을 성실히 지키다 나중에 점점 느슨해졌지만 이 작은 공책만은 어딜 가든 꼭 지니고 다녔다. 나도 그렇다. 메릴랜드에 있는 우리 집에서 나는 "남자다움의 기술"이라는 이름의 웹사이트를 통해 온라인으로 프랭클린의 공책을 주문한다. 이렇게 시대에 역행하는 이름이라니! "주문 완료" 버튼을 누를 때 내 테스토스테론 수치가 치솟는 느낌이다.

며칠 뒤 멋진 펜 고리가 달린 갈색 가죽 수첩이 도착한다. 맨 앞에 "벤 프랭클린의 미덕. 매일의 기록과 일지"라고 쓰여 있다. 내 부는 프랭클린의 미덕 공책을 충실하게 복제해서 습관을 기록할 수 있도록 칸이 그려진 속지와 함께 "나는 오늘 어떤 선을 행할 수 있을까?"를 숙고할 공간이 마련되어 있다. 마음에 쏙 들어서 이 수첩을 내 플래너 가운데 1순위로 올린다.

내가 가장 고전하는 한 가지 미덕에만 맞붙기로 한다. 그 미덕은 바로 침묵이다. 나는 그렇게 드물다는 말 많은 내향인이다. 나는 침묵이 불편하다. 한 친구가 10일간 묵언수행에 돌입한다는 말을 들었을 때는 두려움에 몸서리를 쳤다. 10일이라니! 나도 언젠가 말없이 10시간을 보낸 적이 있다. 그리고 잠에서 깨어났다. 그러나 그건 과거의 나다. 새로운 나는 더 나은 사람이다. 앞으로 일주일간 어딜 가든 프랭클린의 일지를 들고 다니면서 침묵의 미덕을 어길 때마다 빠짐없이 기록하기로 맹세한다.

이 실험이 술술 진행되어 달라이 라마 급으로 길고 깊은 침묵에 빠지는 데 성공했다고 말하고 싶지만, 아아, 나는 그러지 못했다. 내 일지가 검은 점들로 너무 지저분해져서 며칠 뒤에 이 프로젝트를 중단할 수밖에 없었다. 나는. 입을. 다물지. 못한다. 내 딸은 자기 예측이 옳았다며 의기양양해했다. 아내는 더 직설적이었다. "당신은 체질적으로 닥칠 수가 없어."

아내의 말이 옳을지도 모르지만 나는 이 실험이 실패라고 생각하지 않는다. 내 수다의 규모를, 말을 얼마나 많이 하는지뿐만 아니라 언제 하는지까지 파악했기 때문이다. 내가 불안을 느낄 때마다 어김없이 입에서 말이 흘러나오기 시작했다. 불안이 클수록 말수도 많아졌다. 벤의 표현을 빌리면 내 과도한 수다는 일종의 대응 기제다. 불완전하긴 하지만 그래도 도움이 된다. 말은 내 불안을 가라앉힌다. 악덕도 때로는 쓸모가 있다.

야심만만한 필경사처럼 나 역시 완벽함에 도달하지는 못했지만 전보다는 발전했다. 나는 노력을 통해 단련되었다. 얼마나 부단히 노력해야 침묵의 미덕을 체득할 수 있을지 깨달았고, 바로 이 점이 중요하다. 다음번에 내가 무의미한 말을 장황하게 늘어놓으며 누군가를 미치고 팔짝 뛰게 만들 때 나는 그 이유를 알 것이다. 그리고 자신이 짜증나는 짓을 하는 이유를 아는 것이야말로 그 행동을 멈추기 위한 첫걸음이다.

13

거의 읽지 않는 사람들도 구입한 책

벤저민 프랭클린은 단어를 사랑했다. 인쇄기 활판에 배열한 활자의 느낌과 인쇄된 종이 위의 생김새, 전도사 조지 화이트필드 같은 뛰어난 연설가의 입술에서 흘러나오는 소리를 사랑했다. 그는 단어의 음악적 리듬을 사랑했다. 벤이 어린 조지아나 시플리에게 선물한 애완 다람쥐 뭉고가 때 이른 죽음을 맞이했을 때 그는 조지아나에게 이렇게 편지를 썼다. "스커그는 양탄자 속의 벌레처럼 편안하게 누워 있단다Here Skugg lies snug as a bug in a rug(스커그는 뭉고의 별명이었다-옮긴이)." 그는 단어를 직접 발명하기도 했다. 대개 전기 용어였지만 그중에는 마일리지mileage와 인간 동료fellow-man, 마법원magical circle, 위임장power of attorney 같은 일상 단어도 있었다.[1] 그는 단어가 낳는 돈도 사랑했다. 당시의 대다수 부자와 달리 프랭클린은 금이나 담배나 땅 투기가 아닌 단어로 상당한 돈을 벌어들였다.

어릴 때부터 벤은 인쇄공이라는 타이틀을 자랑스러워했고 그건 전 세계적 명성을 얻은 뒤에도 마찬가지여서 가끔은 문서에 "B. 프랭클린, 인쇄공"이라고 서명하기도 했다. 그는 열두 살 때 인쇄 일을 시작했고 70대가 되어 미국 대표로 프랑스를 찾았을 때도 파시 지구에 있던 숙소에 작은 인쇄소를 차렸다. 그곳에서 그는 기발한 소품에서부터 미국 최초의 여권, 그가 협상에 일조한 영국과의 평화조약 사본에 이르기까지 온갖 다양한 글을 인쇄했다.

프랭클린에게 인쇄는 직업이나 사업 그 이상이었다. 인쇄는 기술이자 소명이었고, 이 세상의 선한 힘이었다. 이 세상을 바라보는 방식이기도 했다. 다른 모든 인쇄공과 마찬가지로 프랭클린도 활자를 거꾸로 배치해야 했다. 그렇게 그는 다른 관점에 익숙해졌다.

1728년 프랭클린은 필라델피아 마켓 스트리트에 막 인쇄소를 차렸다.[2] 처음에 그는 기입 용지와 법률 문서, 원장 같은 잡물 인쇄로 사업을 유지했다. 따분하지만 수입이 쏠쏠한 일이었다. 그는 돈을 찍어내고 있었다. 말 그대로다. 펜실베이니아와 '세 하류 카운티'(현 델라웨어), 뉴저지의 통화 인쇄 계약을 따낸 것이었다. 그는 철자와 활자를 복잡하게 바꾸고 모방하기 극도로 어려운 나뭇잎 이미지를 삽입하는 "자연 인쇄" 방식을 이용해 위조를 막는 혁신적인 방법을 개발했다.

멋진 삶이었지만 만족스럽진 않았다. 아직 20대였던 프랭클린은 신문과 책 출판으로 사업을 확장하고 싶어서 몸이 근질근질했다. 철천지원수였던 새뮤얼 키머는 펜실베이니아의 두 번째 신문을 창간해 운영하고 있었는데, 이 저질 신문은 이름마저 따분했다. 〈모든 예술 과학 분야의 만능 강사와 펜실베이니아 가제트〉.

키머는 인쇄공으로서나 출판인으로서나 똑같이 게을렀다. 그는 평범한 백과사전의 내용을 알파벳 순서로 다시 실어서 지면을 채웠다. 그리 오래가지는 못했다. "Ab"에 도착했을 때 그는 지금만큼이나 민감한 주제였던 낙태abortion에 관한 짧은 기사를 실었다.

프랭클린은 틈을 발견하고 가면을 꺼내 들었다. 정확히 말하면 마사 케어풀과 세일리아 쇼트페이스라는 두 개의 가면이었다. 이 "숙녀"들은 온 가족이 보는 신문에 이런 사적인 주제의 기사가 실렸다는 데 몹시 분개했다. 그리고 키머에게 경고하는 글을 라이벌 신문사인 〈아메리칸 위클리 머큐리〉에 보냈다. "앞으로도 계속 그렇게 추악하게 군다면 우리는 조만간 당신의 오른쪽 귀를 잘라버릴 것입니다." 여장한 프랭클린은 다음과 같은 조언으로 편지를 끝맺었다. "사전을 그렇게밖에 쓸 수 없다면 그냥 파십시오……. 그리고 〈가제트〉에 별달리 실을 내용이 없다면 그만 집어치우십시오."

그런 일이 실제로 벌어졌다. 키머는 〈가제트〉를 프랭클린에게 헐값에 팔았다. 벤은 "펜실베이니아 가제트"로 신문 이름을 바꾸었다. 새로운 경영진하의 첫 번째 호는 1728년 크리스마스이브에 발행되었다. 이제는 지루한 백과사전 대신 크세노폰의 《소크라테스 회상록》과 《공자의 도덕The Morals of Confucius》을 비롯한 여러 흥미로운 자료를 발췌해 실었다. 프랭클린은 이 지역과 식민지의 소식을 추가하고 신문을 더 자주 발행했다. 새로워진 〈펜실베이니아 가제트〉는 키머 때보다 더 생생하고 더 시의적절하고 당연하게도 더 재미있었다. 〈가제트〉는 프랭클린 본인처럼 교양 넘치면서도 서민적이었다.[3]

프랭클린은 크라우드소싱을 이용해 〈가제트〉를 만들었다. 그는 지리와 역사, 국제 관습에 정통한 독자들에게 도움을 요청했다. "이 외딴곳에는 이만큼 조예가 깊은 사람이 드뭅니다. 필자가 친구들을 통해 본인의 부족한 부분을 채울 수 있다면 무척 좋을 것입니다." 정말이지 프랭클린답다. 그는 언제나 주저 없이 집단지혜를 활용했다. 곧이어 그는 보스턴에서 안티과까지 이어지는 인쇄공 네트워크를 구축했다. 거의 초기 인터넷이나 다름없었다.

벤은 안목 있는 편집자였다. 그는 "매끄럽고 명료하고 짧은" 글을 높이 평가했다. 어떤 사람은 간소한 표현을 얕은 생각과 혼동했다. 펜실베이니아의 평범한 농부가 이해할 수 있는 생각이라면 심오해봤자 얼마나 심오하겠는가? 그러나 프랭클린은 아인슈타인처럼 복잡한 생각을 단순하게 표현하는 능력이 진정한 천재의 징표라고 믿었다. 지나치게 복잡한 글은 "귀와 이해심, 인내심"을 상하게 할 수 있지만 단순한 글은 "지고의 행복"을 가져다준다.[4]

좋은 글은 무엇보다 쓸모 있어야 했다. 그는 좋은 글이란 "독자가 미덕이나 지식을 증진할 수 있도록 도움을 제공해야 한다"고 말했다. 오늘날 이만큼 쓸모 있는 책들은 서점의 자기 계발 코너로 밀려났고 잘 팔리는데도 '문학' 작품만큼 진지하게 대접받지 못한다. 프랭클린은 이런 불균형 앞에서 혼란스러워했을 것이다. 쓸모 있는 책보다 더 진지한 책이 어디 있단 말인가?

미국 수정헌법 제1조가 채택되기 50년 전에 이미 프랭클린은 출판의 자유를 옹호했다. 추잡한 글을 출판한다는 비난에 맞서 그는 전 세계의 인쇄업자를 맹렬히 변호했다. 그는 "사람의 의견은 그들의 얼굴만큼이나 다양하다"고 말했다. 만약 인쇄업자들이 누군가를 불쾌하게 할 만한 글은 절대 출판하지 않겠다고 맹세한다면 "이 세상에는 출판물이 거의 없을 것이다."

나는 미국 최초의 관외 대출 도서관인 필라델피아 도서관 연합에 와 있다. 프랭클린은 자신이 세운 단체 중 이곳을 가장 좋아했다. 그는 이곳을 "모든 [북]미 회원제 대출 도서관의 어머니"라고 칭했다. 그가 다양한 언어를 독학한 곳도 이곳이었다. 오래지 않아 그는 이탈리아어로 마키아벨리를, 스페인어로 세르반테스를 읽을 수 있었다.

오늘날 이 도서관 건물은 지루한 새것이지만 그 안의 책들은 낡고 매혹적이다. 그중에서도 특히 내 눈길을 끄는 책은《키케로의 노년에 대하여》1744년 판본이다. 설명란에 "프랭클린이 제작한 가장 아름다운 책"이라고 쓰여 있다. 정말로 그렇다. 정교하게 장정하고 커다란 크림색 제노바 종이에 인쇄한 이 책은 하나의 예술 작품이다. 만져보고 싶지만 그럴 수 없다. 유리장에 보관되어 있기 때문이다.

프랭클린이 출간한 이 책은 사업상의 시도이기도 했지만 무엇보다 친구이자 멘토였던 제임스 로건에게 바치는 선물이었다. 로건의 시력이 점점 나빠지고 있었기에 프랭클린은 로건이 번역한 이 책을 커다란 활자로 여백을 넉넉하게 찍었다. 제작비가 어마어마하게 들어서 로건조차 그만두라고 프랭클린을 설득할 정도였다. "프랭클린이 분명 손실을 볼 거라고 생각했기에 그러지 말라고 조언했다."

벤은 실제로 손해를 봤지만 출판업자로 성공하려면 위험을 감수해야 한다는 사실을 잘 알았다. 그는 최초의 영국 소설 중 하나였던 새뮤얼 리처드슨의 《파멜라》를 출간했다. 그밖에 군사 도서와 사전, 구애 및 결혼 가이드, 의학 논문도 출간했는데, 그중에는 "서인도의 배앓이"라는 귀에 쏙 들어오는 제목의 책도 있었다.

프랭클린의 출간 프로젝트 중 일부는 성공했고 일부는 보기 좋게 실패했다. 그의 독일어 신문 두 종은 그가 출간한 대중 잡지와 마찬가지로 몇 호 만에 폐간되었다. 그만큼도 못 간 프로젝트도 있었다. 그는 "미덕의 기술"이라는 제목의 책을 쓰고 싶어 했지만 결국 그러지 못했고, "태평한 사람들 연합"이라는 이름의 협력 단체를 만들고 싶어 했지만 역시 그러지 못했다. 안타깝다. 있으면 나도 가입했을 텐데.

실제로 프랭클린은 종종 실패했다. 그러나 절대 관두지는 않았다. 장애물에 부딪혀도 자기 아이디어를 버리지 않았다. 그는 아이디어를 재정비해서 다시 도전했다. 실패에 좌절하지 않고 늘 새로운 모험을 감행했고, 69세의 나이에 영국 왕당파에서 미국 독립파로 변신하는 엄청난 도박을 감수하기도 했다. 프랭클린에게 실패는 성공의 계약금이었다.

◆

〈가제트〉를 개편하고 3년 뒤 프랭클린은 본인의 가장 유명하고 가장 잘나간 출판물인《가난한 리처드의 연감》을 발행하기 시작했다. 프랭클린이 꾸며낸 이 새로운 연감 뒤의 인물은 겸손하고 가난하며 귀가 잘 들리지 않는 리처드 손더스라는 이름의 점성술사였다. 재미있는 패러디였지만 판매는 다른 문제였다. 벤과 리처드는 만만찮은 상대를 만났다. 펜실베이니아 주민 대다수를 구성한 퀘이커교도들은 유명한 것이 많았으나 그중에 유머는 없었다.

《가난한 리처드의 연감》1호는 경쟁자를 겨냥했다. 당시 필라델피아의 퀘이커교도인 타이탄 리즈가 재미없고 평범한《미국연감》을 발행하고 있었다. 가난한 리처드는(즉 프랭클린은) 뻔뻔하게도 리즈의 죽음이 임박했다고 예측하며 구체적인 사망 시각까지 내놓았다. 리즈는 정확히 1733년 10월 17일 오후 3시 29분, 즉 태양과 수성이 만나는 바로 그 순간에 사망할 예정이었다. 아무도 이를 부정할 수 없었다. 별들에 새겨져 있었으니까.

짐작했겠지만 타이탄 리즈는 이 소식을 달가워하지 않았다. 쌩쌩하게 살아서 1734년 연감을 만들고 있던 리즈는 가난한 리처드를(그러니까 프랭클린을) "멍청한 거짓말쟁이"라 부르며 비난했다. 벤은 공격을 받아칠 준비가 되어 있었다. 리즈가 이렇게 화를 낸다는 것은 그가 정말로 사망했고 사기꾼이 그를 사칭해 연감을 발행하고 있다는 증거였다. 진짜 타이탄 리즈는 절대 누구를 "그렇게 무례하고 상스럽게" 대할 사람이 아니었다. 타이탄 리즈는 결국 이 타격에서 회복하지 못했다. 그의 연감은 곧 폐간되었다.

몇 년 후인 1738년 타이탄 리즈가 사망했다. 리즈가 죽는다는 프랭클린의 예측은 옳았다. 그저 몇 년 늦었을 뿐이다.

리즈의 죽음으로 가난한 리처드에게 기회가 활짝 열렸다. 그는 값비싼 취향을 가진 강압적인 아내 브리짓과 "수익의 대부분을 들고 튄" 인쇄공 B. 프랭클린에게 홀대받던 평범하지만 지혜로운 점성술사였다. 이 일은 무척이나 즐거웠고 크나큰 성공을 거두었다. 《가난한 리처드의 연감》은 식민지 미국에서 가장 잘 팔리는 연감이 되었다. 초판 1000부가 이틀 만에 다 팔렸다. 펜실베이니아 가정 대부분에는 책이 딱 두 권 있었는데, 바로 성경과《가난한 리처드의 연감》이었다.[5]

다른 연감과 마찬가지로 프랭클린의 연감에는 작황 전망, 만조와 간조, 일몰과 일출 시간, 재판일, 도시 사이의 거리, 요리법, 별자리 운세, 약초 치료법 같은 각종 쓸모 있는 정보가 담겼다. 프랭클린은 연감 여기저기에 "다양한 시대와 국가의 지혜"와 짧은 속담을 넣었는데, 직접 쓰기도 했지만 대개는 다른 데서 빌려오거나 원래 있던 것을 수정했다.[6] 다른 사람들이 한 말은 프랭클린의 입을 거치면 더 적절하고 재미있어졌다. 그는 이탈리아 속담인 "희망으로 사는 사람은 굶주림으로 죽을 것이다"를 "희망으로 먹고사는 자는 방귀나 뀌며 죽는다"로 바꾸었다. "생선과 손님은

3일이 지나면 상한다"라는 16세기 속담은 "생선과 손님은 3일이 지나면 악취를 풍긴다"로 변신했다. 오늘날 사람들이 기억하는 것은 프랭클린의 버전이다.

가난한 리처드는 항상 독자들에게 자신을 그만 좀 닦달하라고 간청한다. 물론 리처드는 가끔 실수를 저지르지만 언제나 날짜를 정확히 전달한다. 가끔 틀리는 기상 예보에 관해 그는 "날씨를 예보한 날의 하루 이틀 앞과 하루 이틀 후 정도의 오차는 너그럽게 허용해주길" 요청했다. 어느 해에 그는 연감에 월식을 넣지 않은 것에 대해 용서를 구했지만 "사실 나는 월식이 여러분에게 별 도움이 안 된다고 생각한다"고 했다.

프랭클린의 연감은 즐거움을 제공했지만 그게 다는 아니었다. 그는 이 연감이 쓸모 있었으며 "다른 책을 거의 사지 않는 평범한 사람들에게 교훈을 전달하는 좋은 수단"이었다고 말했다. 그는 사람들이 좋은 조언조차 받아들이기 싫어하며 "내 설교에 그저 훈계와 조언만 가득하다면 첫 줄도 다 읽지 않을 것"임을 잘 알았다. 그래서 속담(그는 속담을 "지혜의 식탁에 남은 부스러기"라고 불렀다) 위에 재치를 뿌렸다. 프랭클린의 기발한 장난은 독자를 서커스 천막 안으로 끌어들였고 그 안에서 독자들은 "어쩌면 진지하게 자신을 성찰하고…… 더 나은 사람이 될지도" 몰랐다. 또다시 늙은 마술사가 나타나 더 나은 자신이 되도록 사람들을 꾀어내고 있었다.

역설적이게도 벤 프랭클린의 삶을 풍요롭고 다채롭게 한 것은 가난한 리처드라는 이름의 인물이었다. 신문과 인쇄소와 더불어

《가난한 리처드의 연감》이 큰 성공을 거두면서 프랭클린은 마흔 두 살의 나이에 사업에서 은퇴하고 "철학적 유희"에 관심을 돌릴 수 있었다.

그러나 벤 프랭클린의 삶에서는 그 무엇도 그렇게 간단하지 않았다. 그의 은퇴 생활은 그리 오래가지 못했고 그의 유희는 유희의 수준을 훨씬 넘어섰다.

14

프로메테우스로 불린 사나이

나는 의식하지 못하고 바로 옆을 지나친다. 이 붉은 벽돌 건물은 필라델피아 5번가에 늘어선 다른 붉은 벽돌 건물과 똑같이 얼핏 식민지 시대풍이지만 그 점을 빼면 평범하다. 이곳이 미국에서 가장 오래된 학술 단체의 발상지임을 보여주는 뚜렷한 증거는 어디에도 없다.

'학술'이라는 말로는 자초지종을 다 설명할 수 없다. 프랭클린은 1743년에 "쓸모 있는 지식을 육성"하겠다는 목표로 미국 철학회를 설립했다. 그렇고말고. 지식을 위한 지식이 아니라 반드시 쓸모 있는 지식이어야 한다.

프랭클린이 또다시 나를 내려다보고 있다. 이번에는 평범한 붉은 벽돌 건물의 꼭대기에서 작은 반신상이 자기 가면을 벗기려는 사람들을 비웃고 있다. 한번 해보시지. 그가 말한다. 그리고 가난한 리처드의 가면 뒤에서 덧붙인다. "사람과 멜론은 속을 알 수 없다."

물론 그렇겠죠, 벤. 농산물 코너에서 멜론과 교감하려고 시도하다가 다른 사람들의 눈총을 받는 손님이 된 기분이다.

의연하게 길을 건너 미국 철학회가 운영하는 작은 박물관으로 향한다. 나는 늘 대형 박물관보다 작은 박물관을 더 선호한다. 작은 박물관은 아늑하고 소화하기 쉽다. 압박감을 주지도, 인생을 바꿀 전시를 안 보고 지나갔다는 극심한 죄책감을 유발하지도 않는다. 뭐라고? 메트로폴리탄에 갔는데 컬러링북 같은 고대 이집트 전시를 안 봤다고? 이런 천치 같으니! 작은 책이나 작은 1인분을 만났을 때처럼 작은 박물관에서는 자신을 더 싫어하는 게 아니라 더 좋아하게 된다.

현재 열리고 있는 전시의 제목은 "닥터 프랭클린: 시민 과학자"다. "닥터"라는 직함이 가짜임을 알기에 빙긋 웃음이 나오지만 그냥 넘어가기로 한다. 그 대신 "시민 과학자" 부분에 집중한다. 매우 흥미로운 조합이다. 우리는 보통 이 둘을 나란히 놓지 않는다. 시민군? 가능하다. 시민 케인? 있고말고. 하지만 시민 과학자? 겨우 1998년에 생겨난 이 용어는 크라우드소싱 연구를 의미한다. 시민 과학자의 다른 말은 '무임금 노동'이다.

시민 과학자로 일주일을 보낸 적이 있다. 환경단체 어스워치 Earthwatch와 함께 브라질 열대우림으로 원정을 떠났을 때였다. 여섯 명의 시민 과학자와 나는 기후변화를 막는 데 일조하고 싶은 바람으로 브라질의 진짜 과학자들을 도와 열대우림에 나무를 심고 설치류의 건강 상태를 추적했다. 힘들고 궂은 일이었다. 설치류의 미끼를 탁구공 크기로 빚었는데, 바나나와 땅콩버터, 산패한 고기를 질퍽하게 섞어 만든 이 미끼는 촉감과 냄새가 정확히 여러분이 상상하는 그것과 똑같았다. 씨앗을 채집하고, 심고, 옮겨 심고, 물을 주고, 그밖에도 지금은 기억나지 않지만 그때는 뜻 있다고 생각했던 여러 가지 일들을 씨앗과 함께했다. 평생 한 것보다 샤워를 더 많이 했는데도 평생 흘린 땀보다 더 많은 땀을 흘렸다. 비정상적인 크기의 설치류를 비롯해 수많은 포유류의 무게를 달고 크기를 재고 사진을 찍었다. 포획 틀을 설치하고 그 안에서 겉은 딱딱하고 속은 끈적한 도마뱀 똥을 치웠다.

그때 나는 내 몸으로 일했다. 그냥 일이 아니라 손톱 밑에 때가 끼고, 열대의 햇볕이 머리 위로 쏟아지고, 모기가 코를 무는 그런 고달픈 일이었다. 나는 이 일을 하고 돈을 받은 것이 아니라 (미친 소리로 들리겠지만) 돈을 내고 이 일을 할 수 있는 특권을 얻었다. 그리고 나는 (여기가 정말로 정신 나간 부분인데) 이 일이 즐거웠다. 지극히 보잘것없지만 부인할 수 없는 방식을 통해 내가 이 세상을 더 나은 곳으로, 살짝 더 푸릇푸릇하고 시원하고 건강한 곳으로 만들었음을 알았기 때문이다.

벤이라면 분명 나의 짧고 굵은 시민 과학자 생활을 칭찬했을 것이다. 그러나 엄밀히 말하면 벤은 그 무엇도 아니었다. 그는 길고 쓸모 있는 삶의 상당 부분을 시민이 아닌 대영제국의 자랑스러운 신민으로 살았다. '과학자'는 18세기에는 존재하지 않던 단어였다. 프랭클린은 자연철학자였고 당시에는 자연철학이 오늘날 우리가 말하는 과학을 아울러 의미했다. 자연과 철학은 비록 골치 아픈 결혼생활이었지만 아직 이혼하기 전이었다.

과학자와 자연철학자는 이름만 다른 것이 아니다. 자연철학자는 어느 한 가지 학문 분과 안에 갇히지 않았다. 그는(거의 언제나 남자였다) 화학에서 식물학으로, 식물학에서 윤리학으로 수월하게 방향을 틀었다. 모든 인간 지식은 연결되어 있었다.

작은 박물관 안으로 들어가니 프랭클린의 방대한 장서에서 가져온 책들이 보인다. 가죽으로 견고하게 장정한, 영원히 남을 것 같은 책들이다. 이 책들은 정말로 영원할지도 모른다. 18세기에 제작한 책은 좋은 종이를 사용하고 전반적으로 품질에 신경을 많이 썼기 때문에 그 이후에 제작한 책보다 훨씬 내구성이 좋다. 이것이야말로 변화가 꼭 한 방향으로만 이루어지지 않는다는 증거다.

특히 눈에 띄는 책이 한 권 있다. 윌리엄 스터클리의 《지진철학》이다. 처음에는 제목이 이상하게 느껴진다. 지진에 철학이 있나? 어떤 면에서는 그렇다. 지진은 당시 사람들에게 많은 생각을 불러일으켰다. 1755년 초대형 지진이 리스본을 강타해 도시가 무너지고 5만 명 이상이 사망했다. 자연재해는 명랑할 만큼 낙관적인 계몽주의의 큰 난제였다. 지진은 사람들이 저지른 죄에 대한 신의 처벌이었을까? 아니면 자연법칙의 결과였을까? 만약 그렇다면 도대체 어떤 신이 그런 잔혹한 법칙을 세웠단 말인가? 프랑스의 철학자 볼테르는 지진에 관한 시에서 이렇게 경고했다. "악이 이 땅을 휩쓴다. 우리는 악의 비밀스러운 원칙을 모른다."[1]

'아직까지는'이라고, 볼테르는 은연중에 암시한다. 프랭클린 같은 자연철학자의 노력 덕분에 자연은 그 비밀을 드러내고 있었으나 그럴수록 그 시대의 중심에 있던 의문은 점점 절박해질 뿐이었다. 자연은 인류의 친구인가 적인가? 프랭클린은 이처럼 긴장감이 흐르던 시기에 마치 벼락처럼 전기를 발견한 것이었다.

박물관에는 프랭클린의 글씨가 여럿 전시되어 있다. 필치가 자신감 있고 독특하다. 또 다른 건국의 아버지 존 핸콕만큼은 아니지만 못지않다. 만져보고 싶지만 그럴 수 없다. 누렇게 바랬지만 상한 데 없이 온전한 이 종이들은 유리 뒤에 있다. 언제나처럼 과거를 바라볼 수는 있지만 만질 수는 없다는 사실이 개탄스럽다.

나는 이저벨 밀러와 거의 부딪칠 뻔한다.[2] 이저벨은 도슨트docent다. 도슨트는 내가 가장 좋아하는 단어 중 하나다. 이 단어를 들으면 늘 웃음이 나온다. 하는 사람doer이라는 단어와 고상한decent이라는 단어를 붙여 만든 합성어 같다. 이저벨은 이곳에서 일한 지 20년이 넘었다. 물론 긴 시간이지만 84세라는 그의 나이에 비하면 짧은 기간이다.

"우와." 이저벨이 자기 나이를 말하자 나는 무심코 이렇게 내뱉는다. "프랭클린이 죽었을 때와 같은 나이네요."

"네." 이저벨이 이렇게 말하고는 대화가 이어지는 동안 내가 수차례 보게 될 표정을 짓는다. 말은 없고 오로지 그 표정뿐이다. 지독한 경멸과 철저한 무관심의 기이한 조합. 프랭클린처럼 이저벨도 침묵이 아프다는 걸 안다.

나는 이저벨이 좋다. 그에게는 어딘가 프랭클린 같은 면모가 있는데, 단지 나이가 비슷해서는 아니다. 아마 자신감 있어 보이는 태도, 농담이나 이야기로 민감한 질문을 피하는 방식 때문인 것 같다. 그는 벤처럼 날카롭고 주장이 강하며 때때로 짓궂고 부아를 돋운다. 이곳을 찾는 방문객들이 프랭클린에 대해 주로 무엇을 아느냐고 묻자 그는 주저 없이 대답한다.

"두 가지죠. 연날리기 실험과 여자 문제."

여자 문제부터 시작하기로 한다. 그때나 지금이나 프랭클린은 그렇고 그런 바람둥이 아버지로 유명하다. 그게 사실일까?

이저벨이 그렇다고 대답한다. 그러나 내가 생각한 바람둥이와는 조금 다르다. "프랭클린은 여자의 마음을 얻으려면 여자의 머리를 파고들어야 한다는 걸 잘 알았어요. 여자에게 몸만 있는 게 아니라 머리도 있단 걸 알았죠." 프랭클린은 여자들의 머릿속을, 오로지 머릿속만을 기꺼이 알고자 했다면서 이저벨은 그가 상습적 바람둥이였다는 풍문을 일축한다. "프랭클린은 수많은 여자와 시시덕거렸지만 동침한 적은 없어요." 역사가들은 꼭 그렇게 생각하지는 않는다. 프랭클린이 아내 데버라와 떨어져 살던 긴 시간 동안 외도를 했다는 증거는 없다. 하지만 아마 훌륭한 닥터였던 프랭클린 본인도 동의하겠지만, 증거의 부재가 외도를 하지 않았다는 증거는 아니다.[3] 그래서인지 프랭클린의 외도에 대한 풍문은 오늘날까지도 이어지고 있다.

놀라운 일은 아니다. 벤은 이따금 외설스러운 글을 쓰면서 이러한 소문에 불을 붙였다. 그중 가장 유명한, 아니 악명 높은 글은 "애인을 고르는 친구에게 건네는 조언"이다("나이 많은 애인의 우화"라는 제목으로도 알려져 있다). 여기서 프랭클린은 나이 많은 여자의 수많은 장점을 열거한다(여덟 번째 장점, "그들은 너무나도 고마워한다!"). 그러나 나는 음탕한 벤의 이미지가 계속 이어지는 데는 우리의 책임도 있다고 본다. 우리는 난잡한 건국의 아버지를 좋아한다. 프랭클린은 이 이미지 속에서 더 생생하게 살아 숨 쉰다. 우리 같은 평범한 사람이 된다.

이저벨이 능란하고도 겸손하게 프랭클린에 관한 지식을 전달하며 크고 작은 단체 관광객을 맞이하는 동안 나는 이저벨의 뒤를 따라다닌다. 똑같은 말을 분명 천 번도 더 했을 텐데 마치 오늘 처음 하는 것처럼 들린다.

"저는 식민지 시대의 풍문에 빠삭하답니다." 이저벨이 플로리다에서 온 커플에게 이렇게 말하며 웃음을 자아낸다.

"18세기에 교육받은 사람들은 집에 평균 열한 권의 책이 있었어요." 이저벨이 인도에서 온 가족에게 말한다. "당시에는 책이 귀했지요." 가족이 알겠다는 듯 고개를 끄덕인다.

이제 이저벨은 프랭클린이 "체스 중독자"였고(사실이다) "살면서 만난 여성들에게 그리 친절하지는 않았다"고 이야기한다(이 또한 어느 정도는 사실이다). 그리고 데버라의 초상화를 가리키면서 프랭클린이 한 번에 몇 년씩 집을 떠나 있는 동안 데버라가 직접 사업과 우체국을 운영했는데도 그 공을 전혀 인정받지 못했다는 점을 지적한다. "어쨌거나, 저 사람이 데버라예요." 이저벨이 설명을 끝내며 다시 분위기를 띄운다. "우린 좋은 친구랍니다."

관광객 중에서 야구모자를 쓴 몸 좋은 젊은 남자가 이렇게 묻는다. "프랭클린은 바람둥이였죠?"

"아뇨, 프랭클린은 여성 착취자였죠." 이저벨이 받아친다. 젊은 남자는 입을 다문다.

"글씨가 멋지네요." 누군가가 말한다.

"네, 정말 그래요." 이저벨이 말한다.

다시 우리 둘만 남게 되자 내가 이저벨에게 묻는다. "만약 식민지 시대 미국으로 갈 수 있다면 누구와 점심을 먹고 싶으세요?"

프랭클린은 아니라고, 이저벨이 대답한다. "내가 보기에 프랭클린은 너무 자기중심적이에요." 나는 이저벨이 프랭클린을 비롯한 모든 역사적 인물을 현재형으로 말하고 있음을 깨닫는다. "난 프랭클린의 여동생 제인과 먹을 것 같아요. 제인은 여성이라는 이유로 집에 갇혀 있었어요. 만약 제인이 남자였다면 또 한 명의 벤 프랭클린이 됐을 거예요." 제인 본인이 길었던 삶의 막바지에 인정했듯이 충분히 그랬을 수 있다. "수많은 보일과 클라크, 뉴턴이 그저 유리한 상황을 만나 적절한 혜택을 누리지 못했다는 이유만으로 세상사에 무지한 채 보잘것없는 삶을 살다 죽었을 것이다." 벤 프랭클린의 초상화는 수십 개가 걸려 있지만 제인의 초상화는 단 한 개도 없다. 프랭클린이 살던 시대에 보이지 않는 곳에서 그를 도왔던 여성과 노예는 지금도 여전히 눈에 띄지 않는다.

이저벨은 제인이 아니라면 필라델피아의 다른 벤저민이자 노예제 폐지론자였던 벤저민 러시나 벤저민 레이와 점심을 먹을 수도 있겠다고 말한다. 뉴잉글랜드 사람인 존 애덤스도 나쁘지 않다. 이저벨의 관대한 표현처럼 그는 "고지식한 면"이 있었을지 몰라도 프랭클린처럼 사람을 노예로 삼지는 않았다. 일리 있는 말이다. 프랭클린은 훗날 노예제에 대한 입장을 바꾸었지만 그러기까지 매우 긴 시간이 걸렸다.

왜인지는 몰라도 내가 벤을 변호해야 할 것만 같다. "전부 옳은 말씀입니다." 내가 힘없이 말한다. "하지만 프랭클린은 꽤 재치 있고 매력적일 텐데요."

"재치와 매력은 때때로 인격에 난 커다란 구멍을 가리죠." 이저 벨이 이렇게 받아치며 최후의 일격을 날린다. "난 싫어요. 프랭클린은 늙고 뚱뚱한 방귀쟁이예요."

어이쿠. 벤이라면 어떻게 반응했을까? 그는 웃음을 터뜨리며 동의했으리라. 그는 인생 대부분의 시기에 실제로 뚱뚱했다(그는 자신을 "닥터 똥배"로 칭했다). 그리고 그는 거의 모든 동시대인보다 오래 살았다. 방귀의 경우 그는 방귀의 미덕을 찬양하는 글을 쓰기까지 했다. 그렇다. 그는 늙고 뚱뚱한 방귀쟁이지만 자기 객관화가 잘된 늙고 뚱뚱한 방귀쟁이였다.

우리는 모두 경이감과 호기심을 타고난다. 그리고 출생일과 청소년기 사이의 어디쯤에서 이 자질을 빼앗긴다. 이 과정은 알아차리지도 못할 만큼 서서히 진행된다. 어린 시절 우리는 빗물이 길 위를 세차게 흐르며 근처 신호등의 초록빛과 붉은빛으로 반짝반짝 빛나는 광경을 몇 시간이고 바라보다가 어느새 그 아름다움을 새까맣게 잊고 똑같은 광경 앞을 몽유병 환자처럼 무기력하게 지나간다.

프랭클린은 결코 경이감을 잃어버리지 않았다. 그는 만사에 호기심이 가득했다. 비가 내리는 이유, 태양의 흑점이 가진 특징, 멕시코 만류, 강한 북동풍, 회오리바람, 치즈 만드는 법(특히 파르메산 치즈), 폴란드의 풍차 건설법, 전기가오리가 일으키는 감전, 방귀의 생리학, 감기의 원인을 궁금해했다. 처음으로 현미경을 들여다보고는 대구 한 마리의 비장에 "유럽과 아시아, 아프리카, 아메리카 주민보다" 10배는 많은 생명체가 살고 있다며 현미경이 "선대는 전혀 몰랐던 세상을 우리에게 열어주었다"는 사실에 감탄을 표했다. 나는 현미경으로 대구의 비장을 들여다본 적은 없지만 설사 본다 해도 프랭클린처럼 반응할 수 있을지는 모르겠다. 이 점이 걱정스럽다. 내 경이감에 의문이 들기 시작한다. 나는 경이감을 빼앗긴 걸까? 아니, 빼앗긴 게 아니라 스스로 내버린 건가?

벤의 다채로운 호기심이 이곳 미국 철학회의 작은 박물관에 전시되어 있다. 그가 직접 그린 멕시코 만류의 상세 지도, 휴대 가능한 체스 세트, 용오름의 삽화. 내가 인상적일 만큼 다양하다고 느낀 것을, 이저벨은 집중력 결핍으로 진단한다. 과거의 주의력결핍과다행동장애ADHD다. 이저벨은 말한다. "프랭클린은 이것저것 손만 대는 사람이었어요."

그 말이 사실이긴 하지만 그게 그렇게 나쁜가? '손대다'의 다른 말은 실험이다. 아이스크림을 여러 번 시식해보지 않는다면 자신이 가장 좋아하는 맛을 어떻게 알아낼 수 있을까? 게다가 그때는 모두가 여기저기에 손을 댔다. 계몽주의 시대는 아마추어의 시대이기도 했다. 그 시대의 가장 위대한 과학적 발견은 종종 전문 교육을 전혀 받지 않은 순수 아마추어의 손에서 나왔다.[4] 조지프 프리스틀리라는 영국인 목사는 산소를 발견했다. 윌리엄 허셜이라는 독일인 작곡가는 천왕성을 발견했다. 그리고 정규 교육을 겨우 2년밖에 못 받은 필라델피아의 인쇄공은 새로운 과학의 지평을 열었다.

연을 통해 번개를 끌어들인 실험으로 유명한 프랭클린은 마치 그 외에 다른 길은 없었던 것처럼 보일 만큼 전기와 밀접하게 연결되어 있다. 그러나 당시 전기는 뻔한 선택이 아니었다. 예를 들면 화학이나 식물학 같은 다른 분야에 탐구할 거리가 훨씬 풍성했다. 전기는 과학의 막다른 골목이자 "아무 짝에도 쓸모없는 것"이었다.[5] 그렇다면 쓸모의 왕인 프랭클린은 왜 결코 사소하지 않은 자신의 지적 능력을 그렇게 "쓸모없는" 분야에 쏟기로 했을까? 이 선택은 그의 말처럼 한낱 "철학적 유희"였을까? 그렇지 않았다. 그는 전기를 통해 유익한 결실을 거두리라 직감했다. 이 직감은 어느 정도는 그의 모험심에서 비롯된 것이었고 어느 정도는 순전한 우연이었다. 섭리를 의심하지 말지어다.

프랭클린은 1743년에 우연히 고향 보스턴을 방문했을 때 아치볼드 스펜서의 전기 시연을 관람했다. 그는 눈앞의 광경에 "놀라고 기뻐했다." 그리고 그 충격을 즐기며 더욱 몰두했다. 놀라움은 곧 게임에 초대되는 것이었고 프랭클린에게 좋은 게임만큼 좋은 것은 없었다.

스펜서는 그 시대의 순회 "전기 기술자"(당시 전기를 연구하던 사람들의 명칭) 중 한 명이었다. 이들이 여는 공개 강연은 어느 정도 교육적이었지만 대개는 오락이 주목적이었다. 프랭클린이 보스턴에서 관람한 것과 같은 대중 시연은 "매달린 소년"이라는 이름으로 불렸다. 먼저 허공에 여덟 살 난 소년을 매달았다. 그런 다음 전기 기술자가 전기를 띠는 유리관을 소년의 맨발에 가져다 댔다. 그러면 소년의 몸에 전기가 통해 마치 마술처럼 금속 가루가 달라붙었고 소년의 얼굴과 손에서 스파크가 튀었다.

어떤 전기 시연들은 성적인 느낌을 풍겼다. 18세기에 전기는 섹스와 결부되었다.

몇몇 사람들은 성행위가 말 그대로 전기에 감전된 것이라고 믿었다. 관객을 즐겁게 했던 시연 중 하나가 "비너스 일렉트리피카타Venus electrificata" 또는 전기 키스였던 것도 놀라운 일이 아니었다. 이 시연에서 전기 기술자는 자원한 여성 관객에게 절연 처리된 의자에 앉아달라고 부탁했다. 그런 다음 전도체를 통해 여성의 몸에 정전기를 채웠다. 한 남성 관객이 여성에게 키스하려 하면 여성의 입술에서 스파크가 튀며 남성에게 전기 충격이 가해졌다.

한편 프랑스에서는 전기 기술자 장-앙투안 놀레가 다음과 같은 유구한 의문을 품었다. 이 무의미한 짓을 더 규모 있게 할 수 있을까? 그는 수도승 200명을 모아 둥근 원을 만들고 그들에게 도선을 연결했다. 그런 다음 한 수도승에게 전류를 방전시키자 나머지 199명까지 전기 충격으로 움찔 경련을 일으켰고 이로써 전하가 엄청나게 빠르게 이동한다는 것과 프랑스 수도승들이 엄청나게 순진하다는 사실이 증명되었다. 이처럼 프랭클린이 전기를 발견했을 때 전기는 과학이라기보다는 사람들의 눈길을 끄는 묘기에 더 가까웠다.

더없이 행복할 만큼 자그마한 이 박물관에는 프랭클린의 명성을 다진 책인《전기의 실험과 관찰》원본이 전시되어 있다. 이 책은 부제가 중요하다. 미국 필라델피아에서 실시됨. 이 필라델피아 실험은 유럽인에게 깊은 인상과 함께 당혹감을 안겼다. 인상적이었던 이유는 이 실험으로 그때까지 불가사의했던 힘을 이해하는 데 크나큰 약진을 이루었기 때문이고, 당혹스러웠던 이유는 이 실험이 런던이나 파리도 아니고 심지어 에든버러도 아닌, 어디 붙어 있는지도 모를 "필시-더티"에서 실시되었기 때문이다. 어떻게 그럴 수 있었을까?

프랭클린 같은 미국 연구자들은 불리한 환경에 처해 있었다. 미국에는 과학 장비가 부족했다. 망원경은 진귀한 보물이었다. 식민지 미국에는 실험실이 단 하나도 없었다. 필라델피아 실험에서 프랭클린은 코르크 마개, 금속 바늘과 핀, 명주실, 골무, 밀랍 한 덩이, 펌프 손잡이, 책 표지의 금박처럼 집에서 구할 수 있는 단순한 재료를 사용했다.

그러나 거리는 저주인 동시에 축복이었다. 프랭클린이 있는 곳에서는 이중 초점 시력으로 근거리와 원거리를 동시에 바라볼 수 있었다. 그에겐 다르게 생각할 공간, 자신을 지켜보는 과학계의 시선에 얽매이지 않고 자유롭게 직감을 좇을 공간이 있었다. 그는 유럽 과학자들이 본 것에서 무언가 다른 것을 발견했다. 훗날 윌리엄 제임스가 말했듯이 "천재란 비관습적인 인식 능력을 의미할 뿐이다."[6]

프랭클린은 멀리 떨어져 있었을지 몰라도 친구들의 도움 덕분에 모선과 계속 연결되어 있었다. 런던에 사는 영국인 식물학자 피터 콜린슨이 프랭클린을 지금의 프랭클린으로 만든 연결 통로 역할을 했다. 누구나 아는 이름은 아닐지 몰라도 콜린슨이 없었다면 오늘날의 닥터 프랭클린도 없었을 것이다. 콜린슨은 프랭클린에게 실험 도구와 최신 전기 관련 문헌을 보내주었다. 프랭클린은 전기 실험을 하는 동안 그와 서신을 주고받았고 나중에 그 편지를 모아 지금 내가 바라보고 있는 탁월한 책을 편찬했다.

프랭클린은 필라델피아 내에서도 믿기 힘든 조합의 다양한 친구들에게서 도움을 받았다. 그중에는 은 세공인이었던 필립 싱과 변호사였던 토머스 홉킨슨, 부임지 없는 침례교 목사였던 에베니저 키너슬리가 있었다. 싱과 홉킨슨이 준토의 회원이었다는 사실에서 프랭클린의 사회적 관계가 얼마나 중첩적이고 보완적이었는지가 잘 드러난다. 한 관계가 전류처럼 또 다른 관계로 이어졌다.

이저벨이 전시된 유리병들을 가리킨다. 우유병 크기의 유리병들이 커다란 나무 보관함 안에 줄 맞춰 늘어서 있다. 철사로 연결된 조악한 전기 축전기다. 이 어설픈 장치 덕분에 처음으로 전하를 저장할 수 있게 되었다. 지금 나는 세계 최초의 배터리를 바라보고 있다. 프랭클린이 전기 실험에 착수했을 무렵인 1754년에 발명된 이 장치는 네덜란드 과학자인 피터르 판 뮈스헨브루크의 작품이었다. 이 축전기는 뮈스헨브루크가 살던 도시의 이름을 따서 라이덴병이라는 이름을 얻었다(아마 이 이름이 "뮈스헨브루크"보다는 발음하기 쉬웠을 것이다).

라이덴병은 대단한 도약이었다. 유일한 문제는 그 도약이 어느 방향으로 이뤄진 건지, 다음엔 어디로 나아가야 하는지를 아무도 모른다는 것이었다. 전기 기술자들은 라이덴병에 전기가 모이는 이유도 원리도 전혀 몰랐다. 라이덴병은 18세기의 커다란 과학적 난제 중 하나였다. 심지어 뮈스헨브루크조차도 자기 발명품을 당혹스러워했다. 그는 이렇게 말했다. "내가 전기에 대해 너무 많은 것을 알아냈는지, 그 무엇도 이해할 수 없고 설명할 수 없는 지경에 다다랐다."[7]

라이덴병은 불가사의하기만 한 것이 아니었다. 위험하기도 했다. 뮈스헨브루크는 언젠가 라이덴병을 다루다가 "오른손이 너무 강하게 감전되어 마치 번개 맞은 사람처럼 온몸이 덜덜 떨렸다……. 이렇게 죽는구나 생각했다"고 말했다. 그러면서 그런 충격은 프랑스 왕국을 준다고 해도 다시 경험하고 싶지 않다고 했다.

뮈스헨브루크가 구사일생으로 살아난 일화는 전기의 육체적 특성을 잘 보여준다. 전기는 가장 참된 의미에서의 물리과학이었다. 유리관을 비롯한 각종 실험 장비를 제작하는 데는 손재주가 필요했고 그건 실험도 마찬가지였다. 실험에는 늘 촉감이 수반되었다. 실험자와 그가 연구하는 현상은 동떨어지지 않았다. 과학자의 몸은 라이덴병이나 도선처럼 지식을 얻어내는 또 하나의 도구일 뿐이었다.

이런 물리적 특성의 단점은 심각한 상해를 입거나 심하면 목숨을 잃을 수도 있다는 것이었다. 긍정적인 측면은 연구가 그만큼 내밀하다는 것이었다. 이런 점은 살이 있고 유연한 프랭클린의 몸뿐만 아니라 그의 기질과도 잘 맞았다. 다른 과학 분야는 지성과 직감이 이만큼 밀접하게 결부되지 않았다. 한 역사가의 말처럼 "안다는 것은 곧 느낀다는 것이었고 느낀다는 것은 곧 안다는 것이었다."[8]

어느 날 칠면조를 감전시키려던 프랭클린에게(이렇게 조리하면 더 맛있었던 모양이다) 문제가 발생했다. 커다란 라이덴병 두 개를 만지다가 전기가 통하는 선을 무심코 건드린 것이다. 빛이 번쩍이면서 "총성과도 같은 날카로운 굉음"이 들렸다. 프랭클린은 그 자리에 있던 친구들에게 듣고서야 이 사실을 알았다. 순간 정신을 잃었기 때문이다. 의식을 되찾았을 때 "전선에 닿은 손과 손가락은 피가 빠져나간 듯 새하얬고 살이 죽은 것처럼 8~10분간 핏기가 돌아오지 않았으며 팔과 뒷목은 다음 날 아침까지 감각이 없었다." 프랭클린은 운이 좋은 편이었다. 거의 비슷한 시기에 러시아의 전기 기술자였던 게오르그 리치만은 실험 도중 목숨을 잃었다.

프랭클린은 독서로 얻은 지식보다 경험을 통해 얻은 지식을 더 신뢰했다. 경험으로 얻은 지식은 직접적이고 반박 불가능하다. 그는 "전기가 과연 몸을 통과하는지 의심하는 사람은…… 전기가 흐르는 커다란 유리병에 몸이 감전되면 그 사실을 확신할 수 있을 것이다"라고 말했다. 물론 그는 이성을 활용했지만 그 옆에는 늘 경험이 있었다. 그의 머리와 손은 언제나 함께 일했다.

프랭클린은 무심한 관찰자가 아니었다. 그는 이 게임에 발뿐만 아니라 뼈와 연조직까지 담갔고, 눈에 보이지는 않지만 무척 강력한 이 힘에 경외심을 느꼈다. "날카로운 점 법칙"(뾰족한 물체가 둥근 물체보다 전기를 잘 끌어들인다는 내용)에 관한 글에서 그는 "점 법칙은 상당히 흥미로우며 그 효과는 정말이지 대단하다"라고 말했다. 또한 그는 라이덴병의 특성을 이렇게 묘사한다. "전기의 두 상태인 플러스와 마이너스가 이 기적과도 같은 병 안에서 얼마나 멋지게 결합해 균형을 이루는지! 나는 절대 이해할 수 없는 방식으로 얼마나 멋지게 자리 잡고 서로 연결되는지!"

나는 과학 논문에서 이렇게 많은 느낌표를 본 적이 없다. 내 과학자 친구 중 몇 명은 지금도 거의 어린아이처럼 경이감을 느끼지만 대부분은 오늘날 과학자들이 의심스럽게 바라보는 순진한 열정을 꽁꽁 숨기는 것 같다. 안타까운 일이다. 자연과학자들은 자연의 경이를 그저 연구하기만 한 것이 아니었다. 그들은 자연을 경외했다.

나도 한때는 그랬다. 처음 비행기를 탔던 열 살 때가 기억난다. 그때 나는 연한 청색 폴리에스터로 만든 끔찍한 인생 첫 양복을 입고 옷과 어울리는 클립식 넥타이를 매고 있었다. 이륙할 때부터 착륙할 때까지 한시도 쉬지 않고 창밖을 내다보며 눈에 보이는 광경을 전부 빨아들였다. 이제 나는 화장실에 편하게 가려고 늘 복도 좌석을 선택한다. 이래서는 안 된다. 심장이 방광보다 더 중요한 신체 기관이니까.

벤의 과학 저서는 그의 호기심만큼이나 비범하다. 그의 글은 간단명료하고 영감으로 가득하다. 프랭클린은 당대의 칼 세이건이었다. 그가 고안한 전기 용어들은 오늘날까지도 계속 사용되고 있다. 전기 배터리electrical battery, 양positive과 음negative, 플러스와 마이너스, 전도체conductor, 축전기condense, 충전charging, 방전discharge은 전부 프랭클린이 만든 단어다.

사안을 어떻게 논하는가는 중요하다. 어느 분야든 간에 과학자들에게는 미묘한 차이를 드러내는 공통의 어휘가 필요하다. 사안을 어떤 틀로 표현하는가는 보는 방식뿐만 아니라 보는 내용까지 결정한다. 단어는 중요하다. 단어 하나하나에는 문자 그대로의 의미뿐만 아니라 종종 제안과 기대가 들어 있다. 아내가 "그냥 하는 말"이라면서(아내가 가장 좋아하는 말이다) 혹시 너무 번거롭지 않다면 비가 쏟아지기 전에 쓰레기를 내놓는 것이 어떻겠느냐고 말할 때마다 나는 아내의 말뜻과 내가 해야 하는 일을 정확히 이해한다.

프랭클린은 영리하게 설계한 일련의 실험을 통해 전하가 새로운 물질의 생성이 아닌 "전류"(역시 프랭클린이 만든 단어다)의 재분배에서 비롯된다는 사실을 증명했다. 그는 전기가 마찰로 생성되는 것이 아님을 보여주었다. 전기는 만물에 늘 존재한다. 당시의 연구자들은 전기 유체에 수지성vitreous과 유리질resinous이라는 두 가지 종류가 있다고 믿었다. 다른 종류의 전기는 서로를 끌어당기고 같은 종류의 전기는 서로를 밀어낸다. 프랭클린은 이것이 사실이 아님을 입증했다. 서로 다른 두 종류로 보였던 것이 사실은 하나였다.

프랭클린은 곧 자신의 가장 위대한 이론적 발견에 이르렀다. 바로 전하량 보존의 법칙이었다. 전기는 사실 파괴되지 않는다.

흩어질 뿐이다. 전하의 양이 달라 보이는 것은 환영이었다. "라이덴병을 충전한 뒤에도 전하가 전보다 늘어나지는 않으며, 병을 방전한 뒤에도 전하가 전보다 줄어들지는 않는다……. 전하는 절대 평형상태가 깨지지 않으며 계속 순환할 뿐이다."

프랭클린은 어떻게 다른 사람이 보지 못한 것을 볼 수 있었을까? 유추적 사고를 했기 때문이다. 그는 다른 분야에서 빌려온 개념으로 현상을 이해하고 설명했다. 개인적 경험과 과학적 탐구가 교차하며 서로를 보완했다. 그의 전기 실험은 겨우 몇 년간 진행되었을지 몰라도 평생의 고찰을 담고 있었다. 그가 전기적 현상을 묘사하는 데 사용한 개념들(반대 방향의 동일한 힘, 자연의 용량, 자유로운 순환, 궁극적 회복)은 20여 년 전에 쓴 글에 이미 등장했다.

벤은 평형을 중요하게 여겼다. 그는 관계에서나 정치 활동에서나 균형을 추구했다. 그래서 라이덴병과 밀랍 덩어리, 명주실, 예민한 칠면조가 어수선하게 널려 있는 필라델피아의 임시 실험실에서도 그러한 사고방식을 적용했다. 그는 자연 역시 평형을 중요하게 여긴다는 사실을 즉시 알아차렸다. 다른 모든 유체와 마찬가지로 전기도 평형상태를 추구한다. 모든 불균형은 일시적이다. "기술이나 자연의 작용으로 인해 우연히 유체가 어느 몸체에 더 많이 쌓인다면 유체를 가장 많이 가진 몸체는 유체를 가장 적게 가진 몸체에 이를 전달할 것이고 결국 비율은 같아질 것이다." 여기서 프랭클린은 전류를 설명하고 있지만 한편으로는 미국 자본주의의 측면에서 "능력에 따른 개인에서 필요에 따른 개인으로"라는 카를 마르크스의 말을 예견하는 듯하다. 18세기의 자연

철학자들은 오늘날 우리와는 달리 자연법칙과 도덕법칙 사이의 관련성을 탐구했다.

프랭클린은 또한 흐름과 순환에 집착했다. 그는 회오리바람과 용오름, 토네이도에 매혹되었다. 한번은 말을 타고 모래바람을 몇 킬로미터나 쫓아가기도 했다. 그는 멕시코 만류의 지도를 그리고 신체의 순환계를 연구하고 역사의 성쇠를 관찰했다. 그래서 자연스럽게 전기도 유체역학을 통해 가장 잘 이해할 수 있다고 믿게 되었다. 전기, 즉 "전기 유체"는 물처럼 흐른다. 전기는 움직임을 통해 우리 앞에 모습을 드러낸다. 그는 이렇게 말했다. "전하는 눈에 보이지 않지만 움직인다. 전하가 서로 다른 곳을 넘나들 때 그 이어짐을 통해 그 온전한 힘을 목격할 수 있다." 움직임은 예외적 상태가 아니다. 움직임은 규칙, 그것도 좋은 규칙이다. 삶은 흐른다. 죽음만이 제자리에 멈춰 있다.

프랭클린은 전기의 원리가 아닌 작동 방식을 탐구했다. 자연법칙 자체를 아는 것만으로도 충분하다. 뉴턴의 복잡한 만유인력의 법칙을 이해해야만 질 좋은 도자기를 떨어뜨리면 깨진다는 사실을 알 수 있는 것은 아니다. 그는 "만유인력의 법칙을 이해하는 것은 큰 기쁨이지만 그 법칙을 몰라도 우리의 도자기를 지킬 수 있다"고 말했다.

프랭클린은 도자기는 꽉 움켜쥐었지만 자신의 결론은 가볍게 붙들었다. 그는 늘 기꺼이 결론을 수정했고 심지어 폐기하기도 했다. 그는 자신감이 부족해서 괴로워하지는 않았지만 한 동시대 인의 말처럼 "매력적인 겸손함"으로 자기 실험에 접근했다. 그는 자신이 모르는 것을 잘 알면서도 무지에 재갈을 물리지 않았다. 무지야말로 지식으로 향하는 길이었기 때문이다. 그는 전기 실험 초반에 여러 번 실패를 경험하고는 1747년 피터 콜린슨에게 이렇게 말했다. "전기에서 다른 용도를 발견하지 못한다 해도 여기에는 큰 의미가 있다네. 오만한 사람을 겸손하게 만드는 데 유용할 수 있기 때문이지."

프랭클린은 날씨를 논하기만 하지 않은 드문 사람이었다. 그는 날씨로 정말 무언가를 했다. 수 세기 동안 인류는 천둥과 번개("전능하신 하느님의 위대한 무기")를 극도로 두려워했다.[9] 수많은 교회의 종에 "비보스 보코, 모르투오스 플랑고, 데움 라우도 풀구라 프랑고^{Vivos} voco, mortuos plango, Deum laudo fulgura frango"라는 라틴어 문장이 새겨져 있었다. "나는 산 자를 불러 모으고, 죽은 자를 애도하고, 신을 찬양하고, 번개를 파괴한다"라는 뜻이다. 이 문장에는 교회의 첨탑에, 특히 종이 울릴 때 번개가 잘 내리친다는 사실이 숨어 있다. 프랭클린의 〈펜실베이니아 가제트〉를 비롯한 여러 신문에는 사람이 벼락을 맞아 죽었다는 기사가 주기적으로 실렸다.

프랭클린이 유추적 사고를 통해 실험실에서 관찰한 내용을 "현실 세계"의 현상과 연결하지 않았더라면 그는 피뢰침을 발명할 수 없었을 것이다. 프랭클린의 위대한 발견은 그 두 가지가 같다는 것이었다. 실험실의 전기는 번개의 전기와 같았다. 프랭클린이 이 관련성을 추측한 첫 번째 인물은 아니었지만 그는 이 관련성을 입증하는 실험을 고안한 첫 번째 인물이었다. 문제는 딱 하나였다. 실험을 하려면 높은 건물이 필요했는데 당시 필라델피아에는 그런 건물이 하나도 없었다. 그래서 프랭클린은 방향을 틀었다.

1752년 6월이었다. 프랭클린은 스물네 살인 아들 윌리엄을 대동했다. 그리고 실험에 실패해 조롱당할 수도 있으니 아들에게 비밀을 지키겠다고 맹세하게 했다. 그는 네 꼭짓점에 얇은 비단 손수건을 묶은 특수한 연을 제작했다. 그리고 연 꼭대기에 30센티미터 길이의 철사를 매달고 연 중앙까지 이어진 이 철사에 삼끈과 열쇠를 연결했다. 아버지와 아들은 뇌우를 기다렸다. 프랭클린의 전기 작가인 레오 르메이는 그다음 벌어진 일을 이렇게 묘사한다.

헛간 안에서 프랭클린이 명주 리본으로 삼끈을 붙들고 있는 가운데 윌리엄이 연을 하늘로 날렸다. 명주 리본은 젖지 않은 상태에서는 전기가 통하지 않는다……. 연을 하늘에 띄운 동안 먹구름 하나가 지나갔고 아무 일도 벌어지지 않았다. 프랭클린은 윌리엄 외에는 지켜보는 사람이 없다는 사실에 안도했을 것이다. 그의 가설이 틀렸을지도 몰랐다. 그때 두 번째 구름이 가까이 다가오자 삼끈 가닥들이 곧추서며 서로를 밀어냈다. 끈에 전류가 흐른 것이었다! 프랭클린이 손등을 열쇠 근처에 갖다 대자 스파크가 튀었다. 또 한 번. 또 한 번.[10]

오늘날 프랭클린의 연날리기 실험은 식민지 역사에 기록된 먼 과거의 귀여운 일화처럼 보인다.[11] 그러나 사실 이 실험은 무척 위험했다. 번개가 연에 내리꽂혔다면 프랭클린은 죽었을지도 모른다. 과학에는 배짱이 필요했다. 독일의 철학자 이마누엘 칸트는 이렇게 말했다. 사페레 아우데sapere aude! "과감히 알고자 하라!"

프랭클린에게 전기 실험을 실용화할 의도가 있었던 것은 아니지만 언제나 가능성주의자였던 그는 기회가 찾아오면 기꺼이 받아들였다. 훗날 그는 파리의 마르스 광장에서 유인 열기구를 띄우는 모습을 지켜보다가 한 구경꾼이 중얼거리는 소리를 들었다. "저걸 어디에 써먹어?" 프랭클린은 고개를 돌리고 대답했다. "갓 태어난 아기는 어디에 써먹소?"[12]

그가 이론에서 실용으로 넘어간 것은 실험실의 전기와 하늘의 전기를 연결 지은 뒤였다. 그가 제작한 팸플릿《이론과 추측 Opinions and Conjectures》의 한 꼭지에 들어 있던 작은 생각이 시발점이었다. "우리의 집과 교회와 배에 뾰족한 침을 세운다면 어떨까? 구름이 너무 가까워져서 번개가 치기 전에 이 뾰족한 침이 구름 속에서 전기를 끌어내 급작스럽고도 끔찍한 피해에서 우리를 보호해주지 않을까?"

피뢰침은 벤의 기질에 잘 맞았다. 피뢰침은 전기와 싸우지 않는다. 전기를 격파하지도 않는다. 피뢰침은 늙은 마술사처럼 속임수와 손재주를 이용해 전기의 방향을 돌려 멀리 밀어낸다.

프랭클린은 공기, 물, 피, 돈, 그리고 정보까지도 전부 자유롭게 순환해야 한다고 믿었다. 정보를 쌓아두는 것은 곧 정보를 없애

는 것이었다. 그래서 그는 《가난한 리처드의 연감》 1753년 호에
피뢰침 제작법을 소개했다. 다소 이른 결정이었을까? 그럴 수도
있었겠지만 어쨌거나 이 선택은 사람들의 목숨을 구했다. 자신의
사저 몬티첼로에 프랭클린의 피뢰침을 설치한 토머스 제퍼슨도
그중 한 명이었을지 모른다. 제퍼슨은 "프랭클린이 아니었다면
집 전체가 잿더미가 되었을 것이네"라고 말했다.[13] 펜실베이니아
주의회(현재는 독립기념관으로 불린다)의 탑에 달린 피뢰침은 아마
도 건물에 설치된 최초의 피뢰침일 것이다. 피뢰침은 이 역사적
건물을 200년 이상 보호했고, 번개로 인한 피해 사례는 단 한 건
만 기록되어 있다.

　프랭클린은 피뢰침 발명과 전기 실험으로 전 세계적 명성을 얻
었다. 특히 유럽인이 그에게 열광했다. 이마누엘 칸트는 신에게
서 불을 훔친 배짱 좋은 그리스인의 이름을 따서 그를 "새로운 프
로메테우스"라고 불렀다. 프랑스의 정치인 튀르고는 한 걸음 더
나아가 프랭클린이 "하늘에서 번개를, 폭군에게서 지휘봉을 빼앗
았다"고 선언했다.[14] 존 애덤스는 이런 발언에 격분했고 "프랑스
와 영국을 비롯한 유럽 전역에서는 [프랭클린의] 전기 지팡이 덕
분에 혁명이 성공했다고들 믿는다"며 불평했다.[15]

　존에게는 미안하지만 어떤 면에서는 사실이었다. 영국과 식민
지 미국 사이의 갈등이 격해지면서 프랭클린의 전기 이론이 미국
의 대의를 가리키는 은유이자 구호가 되었다. 아군과 적군 가릴
것 없이 모두가 이 은유를 사용했다. 영국 법무차관은 프랭클린
을 공개적으로 비난하며 그를 영국과 식민지 사이에서 불화를 일

으키는 "핵심 전도체"라 칭했다. 법무차관은 프랭클린을 폄하하려던 것이었지만 이 발언은 오히려 역효과를 일으켰다. 그 말을 들은 사람들에게 필라델피아의 프랭클린이 얼마나 많은 업적을 쌓았는지를 상기시켰던 것이다.

전기 기술자로서 프랭클린의 경력은 비교적 짧게 끝났다. 6년 뒤 그는 다음 단계로 넘어갔고 다시는 전처럼 온종일 전기 실험에 몰두하지 않았다. 역사가들은 이 사실에 당혹스러워한다. 지루해졌나? 이저벨의 말처럼 정말 ADHD였나? 나는 그렇게 생각하지 않는다. 전기라는 신과학에서 제기된 주제들(단일성과 유동성, 보존)은 이후로도 오랫동안 그의 비옥한 정신을 차지하고 있었다. 그저 그 쓸모가 과학에서 공공사업으로 분야를 옮겼을 뿐이다.

프랭클린은 연구실과 실험을 사랑했지만 그만큼 자신의 고귀한 소명도 자각했다. 친구 캐드월래더 콜덴이 자신도 은퇴하고 자연철학을 건드려볼까 고민 중이라고 말하자 프랭클린은 다시 생각하라고 조언하며 다른 의무를 저버리지 말라고 했다. 아이작 뉴턴이 위험한 순간에 배의 키를 버리고 떠났다면 그 실수 때문에 그가 과학적 발견을 통해 쌓은 선까지 다 사라졌을 것이다. 과학과 공공을 위한 봉사 사이에서 선택해야 한다면 벤저민 프랭클린의 답은 정해져 있었다.

사람들은 오랫동안 전기를 두려워했지만 한편으로 전기가 치료에 도움이 된다고 생각했다. 고대 로마인은 전기가오리를 이용해 마비나 간질 등의 질병을 치료했다. 중세 페르시아의 의사였던 이븐 시나는 전기가 흐르는 어류를 이용해 두통과 어지럼증, 더 나아가 우울까지도 치료했다. 그러니 프랭클린의 전기 실험에 대한 소문이 퍼졌을 때 사람들이 그 발견으로 자기 병을 치료할 수 있으리라 기대한 것도 놀라운 일은 아니었다. 부분 마비 등의 문제를 겪는 사람들이 프랭클린을 찾아와 전기 충격을 가해달라고 부탁했다. 프랭클린은 부탁에 응했지만 치료 효과를 믿지는 않았다. 실제로 증상이 호전된 환자들도 있었지만 그 효과는 며칠 만에 사라졌다. 프랭클린은 치료 효과가 암시의 힘일 뿐이라고 생각했다.

예외적 사례가 하나 있었다. C.B.라고 알려진 스물네 살의 여성은 당시 "히스테리 마비"라고 알려진 질환 때문에 10년간 심각한 경련을 일으키곤 했다. C.B.는 프랭클린에게 자기를 도와달라고 부탁했다. 이에 프랭클린은 아침과 저녁에 각각 네 번씩 C.B.에게 전기 충격을 가했고 C.B.가 집에서 스스로 치료할 수 있도록 라이덴병을 하나 주었다. C.B.는 자기 증상이 서서히 줄어들다가 "드디어 완전히 사라졌다"고 말했다.[16] 그리고 길고 쓸모 있는 삶을 영위하다 79세에 세상을 떠났다. 프랭클린이 전기 충격을 이용해 심각한 우울증 환자를 치료하자고 제안한 것은 C.B.를 만나고 오랜 시간이 지난 1780년대였다.

240년 후로 빨리 감기. 여기는 프랭클린 코트에서 모퉁이를 돌면 나오는 내 호텔 방이다. 아침이다. 다른 일을 처리하기 전에 먼저 커피를 내린다. 카페인을 충분히 섭취한 뒤 나는 배낭에서 카드 한 벌 크기의 작은 기기를 꺼낸다. 자그마한 면 패드 네 개를 전극에 붙이고 옅은 초록색 액체로 패드를 적신다. 클립으로 전극을 양쪽 귀에 연결하고 기기의 버튼을 누른다. 전기가 내 뇌로 천천히 밀려든다(이 정도 전류로는 사람은커녕 칠면조 한 마리도 죽이지 못한다). 가벼운 어지럼증이 느껴진다. 이 감각이 전혀 불쾌하지 않다. 놀랍게도 평소에는 내게서 도망치던 평정심과 마음의 평화가 찾아온다.

이 기기의 이름은 알파스팀Alpha-Stim이다. 내 고질적 우울증을 치료하려고 이 기기를 사용한다. 알파스팀이 다른 무엇이 아니라서 좋다. 알파스팀은 약이 아니다. 약은 먹을 만큼 먹었다. 알파스팀은 심리치료사가 아니다. 심리치료사도 만날 만큼 만났다. 그리고 알파스팀은 효과가 있다. 이 기기는 내가 또 하루를 살아낼 수 있는 딱 그만큼만 우울증이라는 검은 개를 막아준다. 솔직히 말하면 이 기기가 왜 효과가 있는지는 나도 내 담당의도 모른다. 괜찮다. 진실은 알파스팀이 효과가 있다는 것이다. 이 쓸모 있는 기기는 유추적 사고를 하는 42세의 호기심 많은 인쇄업자가 아주 오래전 필라델피아에서 과감한 일련의 실험에 착수하지 않았다면 오늘날 존재하지 않았을 것이다. 20분간의 치료가 끝나고 귀에서 전극을 떼어내며 나는 조용히 말한다. "고마워요, 벤."

◆

한 줄기 빛이 박물관 바닥 위에서 춤을 춘다. 이저벨이 손전등을 휘둘러 여기저기를 비추며 잃어버린 보청기를 찾고 있다. 보청기는 참으로 프랭클린이 만들었을 법한 발명품이다. 이저벨은 속상해하지만 무너지지 않고 벤다운 태도로 유머 감각을 되찾는다. 이저벨이 말한다. "내가 프랭클린한테 고약한 말을 해서 벌을 받나 보네."

이저벨을 도와 쓸모 있는 사람이 되고 싶은 마음이 솟구친다. 속으로 생각한다. 벤은 어떻게 했을까? 수색대를 조직하거나 이런 위기 상황 해결에 전념하는 자원봉사 단체, 일종의 분실물 소방대를 꾸렸으리라. 어쩌면 보청기 탐지기를 발명했을지도 모른다. 나는 그중 어떤 것도 하지 않지만 이저벨을 도와 보청기를 찾는다. 네발로 기어 다니며 내 휴대전화 플래시로 프랭클린의 휴대용 체스 세트 밑과 라이덴병 사이사이 그리고《지진철학》뒤를 비춰본다.

다른 사람들도 돕는다. 누군가가 어린아이가 그게 뭔지 모르고 가져갔을지도 모른다고 말한다. 프랭클린이라면 하지 않았을 비난처럼 느껴진다. 프랭클린은 손가락질보다는 손을 거드는 편을 선호했다.

이저벨은 속상해하면서도 현실을 받아들인다. 그리고 보청기를 잃어버린 것은 상실의 단계에서 순위가 한참 낮다고 말한다. 건강하고 쓸모 있는 사고방식이다.

이 박물관을 어슬렁거린 지도 몇 시간이 지났다. 떠나야 할 때다. 아직 보청기를 찾고 있는 이저벨에게 작별을 고하고 짧은 계단을 걸어 내려가 기온 27도의 화창한 5번가로 나선다. 10월 말이다. 이상하다고 생각하다가 관둔다. 프랭클린은 그러지 않았으리라. 그는 머릿속에서 그 생각을 이리저리 굴려봤을 것이다. 유추적 사고를 했을 것이다. 답을 찾아낼 때까지 탐구를 멈추지 않았을 것이다.

15

풍자에는 늘 그럴듯한 핑계가 있다

기이할 만큼 따뜻한 10월의 날씨에 구애받지 않고 나는 필라델피아가 벤에게 부치는 또 하나의 송가인 근처 프랭클린 박물관을 향해 느릿느릿 걸어간다. 작은 박물관은 아니지만 그렇다고 거대하지도 않다. 마음에 든다. "만져도 좋아요"라고 쓰인 안내판이 마음에 든다. 프랭클린다운 기발함이 마음에 든다. 스커그라는 이름의 친절한 다람쥐가 관람객을 여러 전시실로 안내하고, 몬티 파이튼(영국의 코미디팀-옮긴이)의 촌극 같은 알록달록하고 과장된 애니메이션 영상이 흘러나온다.

모퉁이를 돌자 특이한 신음이 들린다. 벤이다. 점점 커지는 이 신음이 그가 즐겼을 수도 있는 농탕질의 절정을 의미하는 건 아닐지 걱정스럽다. 그러다 이 소리가 벤이 쓴 미성년자 관람가의 재미있는 바가텔(가벼운 스타일의 문학 소품-옮긴이) 중 하나임을 깨닫고 안도한다. "통풍과 프랭클린의 대화"라는 제목의 이 바가텔은 프랭클린이 수년간 자신을 괴롭힌 고통스러운 관절염인 통풍

과 만나면서 시작된다.[1]

> 프랭클린: 윽! 으윽! 악! 내가 뭘 했기에 이런 지독한 고통을 겪는
> 거지?
> 통풍: 가지가지 했죠. 너무 많이 먹고 마신 데다가 나태한 두
> 다리를 오냐오냐 받아줬어요.
> 프랭클린: 당신은 누구인데 나를 비난하는 거요?
> 통풍: 나는 바로 당신의 통풍이랍니다.

통풍은 프랭클린의 과식과 앉아 있는 생활방식을 꾸짖고 결국 프랭클린은 식사량을 줄이고 운동을 늘리겠다고 약속한다.

나는 아직 통풍은 없지만 이 대화가 남 얘기 같지 않다. 나도 내 IBS(과민성대장증후군)와 대화를 나눠볼까 생각 중이다. IBS는 스트레스와 더불어 말년의 프랭클린처럼 운동이 부족해서 발생하는 증상이다. 우리의 대화는 IBS만 계속 떠들고 나는 잠자코 고개만 끄덕이는 일방향 대화가 되겠지.

프랭클린의 유머는 종종 외설스럽고 지저분한 방향으로 흘렀다. "가장 자랑스러운 왕좌에 오른 위대한 군주도 반드시 자기 엉덩이 위에 앉아야 한다." 다음은 특히 인상적이다. "자기 바지에서 나는 악취를 의식하는 사람은 다른 사람의 찡그린 주름 하나하나까지 염려한다."[2]

방귀는 프랭클린의 글에 놀라울 만큼 자주 등장했는데, 보통은 곁가지였지만 최소 한 번은 글의 중심 주제였다. 한번은 브뤼셀

왕립 아카데미에서 어떤 난해한 주제로 과학 논문을 모집하는 공고문을 냈다. 이에 프랭클린은 분노했다. 예를 들어 방귀의 "지독한 구린내" 같은 진짜 문제에 대한 실질적인 해결책을 모집해야 하는 것 아닌가?[3] 닥터 프랭클린은 방귀라는 자연스러운 충동을 억지로 참는 것은 가능하지도 않고 몸에도 나쁘다고 말했다. 이 세상에 필요한 것은 음식과 섞어서 먹었을 때 "우리 몸의 자연스러운 가스 배출을 그저 무해한 것을 넘어 향수처럼 기분 좋게 만드는" 약이었다.[4]

그렇게 터무니없는 주장은 아니다. 프랭클린은 아스파라거스 같은 식품이 실제로 우리 몸에서 배출되는 분비물의 냄새를 바꾼다고 설명했다. 그렇다면 방귀도 방법을 찾을 수 있지 않겠는가? 성공한다면 인간의 행복에 크게 기여하고 자연철학을 실용이라는 원래의 위치로 돌려놓을 수 있을 것이다. 방귀를 향수로 만들수만 있다면 과학적 성취의 중요한 이정표가 될 것이고 아리스토텔레스나 뉴턴 같은 인물들의 발견은 "방귀만큼의 가치"도 없어질 것이다. 프랭클린의 이 주장은 기발한 걸까, 아니면 유치한 걸까? 나도 그의 주장에 동의한다. 만약 그런 기적의 방귀 제조법이 발명된다면 내가 제일 먼저 구매할 것이다.

제2차 대륙회의의 대표들이 미국 독립선언문 초안을 누가 작성할지 고민하던 자리에서 벤저민 프랭클린의 이름이 나왔다. 당시 프랭클린은 성공한 작가였고 크게 존경받는 정치인이자 철학자였다. 펜실베이니아 의회의 선거운동에서 수차례 승리를 따냈고 여론을 장악하는 법을 잘 알았다. 그러나 대륙회의 대표들은 생각을 접었다. 프랭클린이 독립선언문에 농담을 끼워 넣을까 봐 걱정스러웠기 때문이다.

사실이 아닐 확률이 높은 이 일화가 계속 사람들의 입에 오르 내린 것은 너무 그럴듯하기 때문이었다. 미국의 건국 문서에 농 담을 끼워 넣는 것은 딱 프랭클린이 할 법한 행동이다. 아마도 그 건 독립선언문을 존중하지 않아서가 아니라 아슬아슬한 역사적 순간의 분위기를 가볍게 띄우고 평범한 미국 국민도 이 문서를 읽게끔 장려하기 위함이었을 것이다. 유머는 주의를 집중시킨다.

우리는 유머를 마땅히 진지하게 대접하지 않는다. 유머는 학교 에서 가르치거나 학계에서 찬양하는 대상이 아니다. 노벨 유머상 같은 것은 없고, (아트 부흐발트와 데이브 배리 같은) 몇몇 예외를 제 외하면 유머 작가는 퓰리처상을 받지 못한다. 퓰리처상 수상자가 받는 메달에 프랭클린의 얼굴이 새겨져 있다는 사실을 생각하면 참으로 아이러니한 일이다.

늘 그렇듯 책임은 고대 그리스인에게 있다. 그들은 웃음과 유 머를 의심했다. 플라톤은 유머가 이성을 강탈하고 쉽게 악의로 빠진다고 말했다. 그가 생각하는 이상 국가에서 유머는 엄격히 통제되고 "노예와 고용된 외국인에게만 허용"되었다.[5] 아리스토 텔레스는 이보다는 덜 깐깐했지만 큰 차이는 없었다. 그는 재치 가 좋은 대화의 중요한 요소라는 점은 인정했지만 웃음은 피해야 한다고 보았다. "대다수 사람이 오락과 농담을 지나치게 좋아한 다……. 농담은 일종의 조롱이다."[6]

벤 프랭클린은 그렇게 생각하지 않았다. 그는 유머를 소중히 여겼다. 유머를 게시판과 앙트레(전체요리), 방패, 기분 전환 수단, 상처에 바르는 연고, 무기로 사용했다. 유머를 사용한 덕분에 자기 생각을 내세우면서도 상대를 불쾌하게 하지 않았고 중요한 차이를 드러내면서도 친구를 잃지 않았다. 유머를 통해 가혹한 진실을 드러냈고 무엇보다 유머를 통해 견디기 힘든 긴장감을 가라앉혔다. 숨을 내쉬지 않고 웃는 것은 불가능하다. 프랭클린에게 유머는 목적이 아닌 목적을 위한 수단이었다. 즉 유머는 쓸모가 있었다.

벤의 유머는 많은 성과를 냈던 필라델피아에서 무르익었지만 그 씨앗은 훨씬 전인 보스턴에서 뿌려졌다. 아직 10대일 때 그는 형이 운영하는 신문사인 〈뉴잉글랜드 커런트〉 독자들에게 보내는 공개서한에서 자신의 웃음 철학을 제시했다. 이 글에서 그는 동요하는 정신을 진정시키고 불안한 마음을 위로하는 거의 신적인 힘이 유머에 있다고 말한다. "작은 유쾌함과 즐거움에는 우리 영혼의 열과 종기를 가라앉히고 끝없는 원한을 잊게 하는 비밀스러운 매력이 있다. 그 이상한 힘은 어수선한 마음을 조율해 우리를 다시 평온하고 차분한 상태로 만든다."

열여섯 살치고는 매우 예리한 관찰이다. 프랭클린이 삶의 어두운 면을 대놓고 인정하는 드문 사례이기도 하다. "영혼의 종기"나 "어수선한 마음"을 말할 때 그는 누구를 떠올렸을까? 자기 자신을, 청소년기의 고뇌라는 지나가는 폭풍을 말하고 있었던 것일까? 어쩌면 이 완벽한 분별의 본보기는 내가 믿게 된 것보다 다소 결함 있고 다소 무분별할지도 모르겠다. 그랬으면 좋겠다. 완벽한 분별은 완벽한 치아만큼이나 사람을 짜증나게 한다. 둘 다 눈부신 미소로 진짜 사람을 가린다. 나는 나처럼 완벽한 치아도 완벽한 분별도 갖추지 못한 사람들에게 끌린다.

프랭클린은 유머를 억지로 짜내지 않았다. 한 동시대인은 그의 유머가 반사 작용에 가까웠으며 "호흡만큼이나 자연스럽고 무의식적"이었다고 말했다. 그는 자기 신문의 활자를 짤 때 종종 재담이나 농담을 끼워 넣었다. 한 유명한 사자가("해로와 육로로 북미 전역을 여행한 짐승의 왕") 사망했다는 보스턴에서 온 급보의 활자를 짤 때는 "다른 왕들과 마찬가지로 이 사자의 죽음은 종종 실제로 발생하기도 전에 보도되곤 했다"라고 덧붙였다.

프랭클린에게는 당시 뉴욕 출신의 한 변호사가 말한 것처럼 "불쾌하지 않은 대단한 재치"가 있었다.[7] 불쾌하지 않음이 핵심이다. 프랭클린은 늘 약자가 아닌 강자를 공격했다. 그가 잽을 날린 상대로는 거만한 영국 목사와 열정이 과다한 전도사가 있었고 말년에는 여기에 노예제 옹호자들이 포함되었다.

풍자는 전투력이 약한 쪽의 전술이다. 풍자에 능한 사람은 난데없이 옆에서 일격을 날린다. 얼이 빠지고 어안이 벙벙해진 피해자는 몸이 굳어서 보복하지 못한다. 무엇보다 이 공격은 이빨자국을 남기지 않는다. 풍자에는 늘 그럴듯한 핑계가 있다. 농담이었어요. 당신이 생각한 뜻이 아니에요.

"흉악범에는 방울뱀을"은 프랭클린식 풍자를 보여주는 좋은 사례다. 당시 영국은 유죄 선고를 받은 범죄자들을 미국 식민지로 보내고 있었다. 당연하게도 필라델피아 같은 지역에서 범죄율이 치솟았다. 프랭클린은 "아메리카누스"라는 필명으로 식민지 주민들이 영국에 방울뱀("태초의 흉악범") 수백 마리를 보내 감사를 표해야 한다고 주장했다. "방울뱀은 우리의 어머니 국가가 우리에게 보낸 인간 뱀에 보답하는 가장 적절한 답례인 것으로 보인다." 그는 전혀 힘든 일이 아니라며 미국인들은 기꺼이 방울뱀 수천 마리를 보내 런던 귀족들의 정원과 의회 의원들의 집에 퍼뜨릴 거라고, 최소한 이 정도는 해야 하지 않겠느냐고 말한다.

"흉악범에는 방울뱀을"은 당시 가장 공격적인 영국 풍자였으며 수많은 식민지 신문에 재차 보도되었다. 이후 신문사들은 범죄를 보도하는 방식을 바꿔서 범죄 용의자가 영국에서 온 전과자일 경우 관련 정보를 언급했다.

프랭클린의 풍자는 늘 신랄했지만 잔인하거나 변덕스럽지는 않았다. 피뢰침처럼 언제나 뾰족한 점이 있었고 방향 전환을 통해 강력한 힘을 분산시켰다. 가장 훌륭한 유머는 분열을 일으킬 뿐 파괴하지는 않는다. 프랭클린이 가장 좋아했던 목표물 중 하나는…… 프랭클린 자신이었다. 그는 자신을 조롱했다. 자기 몸무게를("닥터 뚱배"), 자신의 패션을, 자신의 프랑스어 문법을 조롱했다. 또한 자신이 저지른 편집상의 실수도 조롱했다.

〈펜실베이니아 가제트〉의 1729년 판에서 그는 난처한 실수 하나를 자백했다. 전에 그는 왕립총독인 조너선 벨처가 런던의 인기 있는 술집에서 "우아하게 사망했다"고 보도했다. 그러나 사실은 "사망했다died가 아니라 만찬을 즐겼다dined가 옳았다"고 그는 씁

쏠하게 말했다. 그런 다음 그는 이 잘못을 악명 높은 인쇄 실수를 소개하는 기회로 삼았다. 예를 들면 성경을 인쇄하다가 제7계명의 not을 빼먹는 바람에 독실한 신자들이 왜 전능하신 하느님이 "간음하라"고 명령하는지 궁금해했다든가 하는. 프랭클린의 독자들은 분명 키득키득 웃으며 프랭클린의 실수를 용서했을 것이다. 유머는 노여운 마음을 풀어준다.

프랭클린과 동시대를 살았던 이들은 상황에 딱 맞는 농담이나 일화를 완벽한 타이밍에 활용하는 그의 능력에 감탄했다. 존 애덤스도 프랭클린이 "자유자재로 재치를 뽐낸다"는 사실을 인정했다.[8] 프랭클린은 가난한 리처드의 가면 뒤에서 뒷말("세 사람은 비밀을 지킬 수 있다. 그중 두 사람이 죽는다면")과 의사("늙은 의사보다 늙은 술주정뱅이가 더 많다"), 변호사("두 변호사 사이에 낀 촌뜨기는 두 고양이 사이에 낀 생선과 같다")를 저격했다.

프랭클린의 가장 큰 목표물은 영국이었다. 그는 아일랜드 군인한 명이 자신을 포위한 영국군 다섯 명을 혼자서 생포했다는 소식을 전했다. 그가 1775년에 지은 풍자시 "왕의 병사들" 역시 영국군의 소심함과 무능함을 조롱했다. "그들은 15마일(약 24킬로미터-옮긴이)에 걸쳐 우리를 쫓아오며 공격했고, 우리는 방아쇠를 당길 시간조차 없었다네. 그러나 알고 있었는가? 우리의 후퇴가 더욱 활기찼다는 것을." 이 시는 영국의 사기를 꺾었을 뿐만 아니라 많은 사람이 불가능하다고 믿었던 위업을 달성했다. 조지 워싱턴을 웃게 만든 것이다.

전기와 마찬가지로 유머도 강력한 힘이라서 신중하게 사용해야 한다. 약간은 괜찮지만 지나치면 해롭다. 음식이 너무 짜면 좋지 않듯이 말이다. 벤은 자기 유머의 정도가 과연 적절한지 염려했다. 그가 청년 시절에 자기 계발 계획을 세웠던 이유 중 하나는 "쓸데없이 떠들고 말장난과 농담을 하는 습관을 없애고 싶었기" 때문이다. 유머는 마음을 치유할 수 있다. 그러나 마음을 해칠 수도 있다. 잘못 사용하면 "마음에 사무치는 상처를 남기고 그 잘못을 절대 용서받지 못한다."

무슨 말인지 알아요, 벤. 나도 유머의 힘을 알고 때로는 유머를 잘못 사용한다. 나도 다른 사람의 마음에 상처를 입힌 순간들이 후회스럽다. 불편한 모임(그러니까 모든 모임)에 갈 때마다 나는 유머에 의지한다. 그게 내 디폴트 상태다. 때때로 유머는 유용하다. 때로는 역효과를 낸다. 상처 입힐 의도는 없었음에도. 프랭클린은 변명을 들어주지 않을 것이다. 그는 의도가 아닌 결과를 중시했으니까.

10대인 내 딸은 나의 이런 태도를 종종 지적한다. 내가 어떤 사안을 가볍게 웃어넘기려 할 때마다 "아빠, 그 말 안 웃겨"라고 말한다. 나는 아이의 말에 주의를 기울이기는커녕 더더욱 분위기를 가볍게 만들고 우리 둘만 있는 방에서 독백을, 원맨쇼를 펼친다. 속사포처럼 횡설수설하며 언제나처럼 궁색한 말들을 쏟아낸다. 똑같은 농담을 다시 한번 반복하고 기대하는 얼굴로 반응을 기다린다. 코미디언들이 하는 말처럼 나는 무대 위에서 죽어가고 있지만 죽음조차 나를 막을 수 없다.

왜 나는 빨간 정지 신호가 번쩍거리고 비상벨이 울리는데도 그토록 재미없는 구덩이를 죽어라 파는 것일까? 잘은 모르겠지만 내가 침묵을 두려워한다는 사실과 관련 있는 것 같다. 나는 어떻게든 당장 그 빈 공간을 채우려 하고 농담은 그러기에 가장 좋은 재료인 것처럼 보인다. 유머는 내가 견디기 힘든 긴장감을 가라앉히는 방식이다. 내가 사람들과 유대감을 형성하는 방식이다. 내가 사랑을 표현하는 방식이다. 적어도 나는 그렇다고 생각했다. 요즘 나는 사실 그 반대가 아닐지 의심하기 시작했다. 언어는 내가 친밀감을 피하는 방식일지도 모른다.

벤이라면 어떻게 했을까? 그는 나에게 선택지가 있음을 알려줬을 것이다. 유머는 내게 호흡이나 다름없을 수도 있다. 비자발적인 동시에 자발적인 드문 신체 기능 중 하나인 호흡 말이다. 숨을 쉴지 안 쉴지를 통제할 수는 없지만 어떻게 쉴지는 통제할 수 있다. 우리는 길고 깊게 숨 쉬는가, 아니면 안절부절못하며 스타카토처럼 짧고 빠르게 숨 쉬는가? 의식을 집중해서 숨 쉬는가, 아니면 정신없이 숨 쉬는가? 또한 벤은 쓸모가 상대적인 것임을 알려줬을 것이다. 어떤 상황에서 유용한 것이 꼭 다른 상황에서도 유용한 것은 아니다. 나는 보고 들어야 한다. 다른 사람의 시선으로 세상을 바라봐야 한다. 필요하다면 가면을 써야 한다.

벤은 기운 내라고도 말해줬을 것이다. 내 농담이 지나치다 한들 영구적 피해를 입히지는 않는다. 나의 실수는 또 다른 오자일 뿐이다. 나는 그 오자를 바로잡아 더욱 개선된 '나'라는 신판을 발행할 수 있다. 아마도 프랭클린 같은 멋진 표지를 가진 문고판으로.

16

쓸모 있는 거짓말

가위를 향해 손을 뻗는다. 상자를 풀려고 한다. 전에도 여러 번 풀었다. 안에서 시계를 꺼냈고 가죽 플래너를 꺼냈다. 신발과 지갑, 휴대용 마사지기, 커피메이커, 내가 인정하고 싶은 것보다 더 많은 양의 가방을 꺼냈다. 그러나 이번에는 다르다.

가윗날이 손쉽게 테이프를 가른다. 종이 상자를 열고 안에 손을 집어넣는다. 천천히, 아주 천천히 안에 든 것을 꺼내 책상 위에 올려놓는다. 종이 포장재를 뜯고는 내가 구매한 것을 가만히 바라본다.

그것의 키는, 아니 앉은키는 겨우 15센티미터다. 가부좌를 틀고 앉은 남자의 금빛 조각상이다. 남자는 책상다리를 하고, 눈을 감고, 양손을 무릎에 올려두었다. 깊은 명상에 잠긴 것 같다. 정수리는 벗겨졌지만 양옆으로 흘러내린 긴 머리칼이 어깨에 닿는다.

유사성이 뚜렷하게 드러나지는 않지만(나는 몇 초가 지나서야 알아차린다) 부정할 순 없다. 이 남자는 벤저민 프랭클린이다. 부처 벤이다. 포장 안에 든 카드를 집어 든다. 카드는 먼저 벤의 말을 인용한다. "인내심이 있는 사람은 원하는 것을 얻을 수 있다." 그리고 이렇게 말한다. "이 부처가 인내심을 찾는 데 도움이 되기를 바랍니다. 자유를 기원하며, 스테피와 오스틴."

나는 이 부처 벤을 모든 위대한 발견과 마찬가지로 이베이에서 발견했다. 프랭클린과 불교의 연관성에 점점 집착하던 때였다. 파고들면 파고들수록 벤저민 프랭클린의 불성을 더욱 확신하게 되었다. 도서관 서가와 서점, 인터넷 깊숙한 곳을 뒤지다가 갑자기 짠! 하고 부처 벤이 튀어나왔다. 게다가 겨우 14.95달러였다. 프랭클린도 분명 이 가격이 마음에 들었을 것이다.

부처 벤을 향한 나의 집착은 아주 무해하게 시작되었다. 처음에는 신체의 유사성이 보였다. 벤(나이 들어 통통해진 벤)은 고급 스파에서 추레한 대학교 기숙사에 이르기까지 온갖 곳에 붙어 있는 웃는 부처의 모습과 엄청나게 닮아 보였다. 넉넉한 뱃살도, 천사같이 해맑지만 오묘하게 짓궂은 미소도.

그러다 철학적 유사성이 보이기 시작했다. 부처처럼 벤도 형이상학적 난제를 견디지 못했다. 그는 이렇게 말했다. "신학자 사이에서 벌어진 여러 기나긴 논쟁은 다음과 같이 요약할 수 있다. 그렇다, 그렇지 않다. 그렇다, 그렇지 않다." 부처처럼 벤도 지금 이곳에 있는 실용적인 문제에 자기 에너지를 집중했다. 부처처럼 벤도 침묵을 귀중하게 여겼다. 두 사람 다 경험주의자여서 교리가 아닌 경험이 그들의 행동을 이끌었다. 벤과 부처 둘 다 우리의 인격을, 더 나아가 운명을 만드는 습관의 힘을 믿었다. 둘 다 극단을 피하고 평생 중도를 택했다. 둘 다 분노를 덜 해롭고 더 생산적인 것으로 탈바꿈하려고 부단히 노력했다.

둘 다 고난을 극복하려고 상세한 계획을 개발했다. 부처에게는 팔정도가, 벤에게는 13개의 미덕이 있었다. 부처처럼 벤도 삶이라는 난기류보다 더 높은 고도로 날아올라 상승 및 하강 기류와 역설적인 거리를 유지했다. 벤은 사심이 없었지만 무관심하지는 않았다. 그리고 두 사람 다 가짜 닥터였다. 벤은 명예박사 학위를 받았다. 부처와 다른 선사들은 스스로를 좋은 약인 다르마를 나누면서 마음을 치료하는 의사로 여겼다. 8세기의 승려인 샨티데바는 이렇게 말했다. "제가 의사가 되고 약이 되고 간호사가 되게 하소서, 이 세상 모든 아픈 이들이 치유될 때까지."[1]

부처와 벤 둘 다 만물의 무상함을 인식했다. 부처는 여러 우화를 통해, 벤은 수명이 단 하루뿐인 하루살이에 관한 재미있는 바가텔을 통해 이러한 본질적 사실을 드러냈다. 자신의 길고 쓸모 있는 삶의 끝에 프랭클린은 하루살이의 운명과 자신의 운명을 나란히 놓는다. "더 이상 존재하지 않는 하루살이에게 명성이 무슨 의미가 있지?" 여러 가면을 통해 벤은 자아가 늘 변화하는 무상한 것이라는 불교 개념을 직감한 듯하다. 그래서 하루는 남편을 여읜 중년 여성이었다가 또 다음 날에는 알제리 왕이 될 수 있었던 것이다.

이제는 눈 닿는 곳마다 부처 벤의 흔적이 보인다. 내가 뭔가 대단한 사실을 발견한 것일까, 아니면 대단한 망상에 빠진 것일까? 망치 든 사람 눈에는 못만 보이는 것처럼 나도 확증 편향에 빠진 것일까? 프랭클린은 이런 인식의 덫을 날카롭게 인식했다. 그는 이렇게 말했다. "세상에서 가장 쉬운 것이 바로 자기기만이다."

우연인지 의도인지는 모르겠지만 벤이 살던 집인 프랭클린 코트의 길 건너편에 필라델피아 환각 미술관이 있다. 나도 가봤다. 벤이 문 앞에서 나를 반겨주었다. 다양한 기하학적 모양(사다리꼴, 마름모, 팔각형)으로 구성된 현대적 초상화가 걸려 있다. 먼 곳을 바라보는 연한 청색 눈동자(프랭클린의 눈동자는 갈색이었다)에서 광기가 느껴진다. 무시무시한 벤이다.

안으로 들어가니 눈앞의 광경을 믿을 수가 없다. 아닌가? 수많은 착시 작품이 전시되어 있다. 그곳에서 나는 천장 위에 서 있거나 박쥐처럼 벽에 매달려 있거나 키가 3미터까지 커지거나 몇 센티미터까지 작아진다. 어느 순간 내 머리가 몸과 분리되어 접시 위에 놓인다. 전부 마야, 즉 환상이다. 우리의 감각은 불확실하고 믿을 수 없다. 이성의 힘도 마찬가지다. 우리는 무엇이든 합리화할 수 있다. 프랭클린은 어린 나이에 인간의 이 기이한 특성을 깨달았다. 그는 배를 타고 보스턴에서 뉴욕으로 향하고 있었는데 그때도 여전히 채식주의자였다. 배 위에서도 오랫동안 이 식단을 고수했지만 그때 바람이 종적을 감추면서 배가 멈추고 말았다. 식량이 다 떨어져서 사람들은 낚시를 시작했고 이내 엄청난 양의 대구를 배 위로 끌어올려 프라이팬에 굽기 시작했다. 프랭클린은 그 냄새가 "감탄스러울 만큼 좋았다"고 회상했다.

그는 "모든 낚시가 정당한 이유 없는 살생"이라 믿으며 채식을 고수하기로 맹세한 상태였다. 그런데 그때 커다란 물고기의 배 안에 작은 물고기가 들어 있는 것을 발견하고는 이렇게 생각했다. 물고기가 서로를 잡아먹는다면 나도 먹어도 되지 않을까? "합리적인 존재가 된다는 것은 참으로 편리한 일이다. 하고 싶은 모든 일에 이유를 찾아서 갖다 붙일 수 있기 때문이다."

나도 그랬던 걸까? 부처 벤에 대한 나의 믿음을 합리화한 걸까? 잘 모르겠다. 그렇다, 그렇지 않다. 나는 벤이 늘 피했던 일종의 형이상학적 계략에 빠져 제자리를 빙빙 돈다.

외모와 행동과 목소리가 벤과 엄청나게 똑같은 프랭클린 해석가(그를 절대 "프랭클린 재연 배우"라고 불러서는 안 된다는 걸 알았다) 미첼 크래머에게 이메일을 보낸다. 그는 드문 방식으로 벤을 속속들이 아는 사람이다. 미첼은 나의 부처 벤 이론을 어떻게 생각할까? 몇 시간 뒤 답장이 온다. 그 역시 두 사람의 관련성을 느꼈다(훗!). 그러나 (그러나는 언제나 있다) 그는 그 관련성이 그렇게 단순하지만은 않다고 말한다.

프랭클린은 개인과 사회의 개선에 열중했던 것 같습니다. 자신을 단련해 대단한 관찰력을 습득했죠. 특히 자연 세계에 관해서요. 이런 특성들이 불교에서 흔히 나타나는 태도와 유사할까요? 일부는 그렇습니다. 그러나 다른 구도자들과도 유사성이 드러납니다. 프랭클린이 학문과 윤리를 바라본 시각은 유대교와 관련됩니다. 그는 특정 기독교 사상을 받아들이긴 했지만 그만큼 기독교의 정통 교리를 거부했지요. 그는 이슬람교에 친숙했고 긍정적인 발언을 남기기도 했습니다. 전반적으로 프랭클린은 자신이 합리적이라고 생각한 것을 따랐던 것으로 보입니다.

한숨. 그러니까 부처 벤은 유대인 벤인 동시에 무슬림 벤이기도 했다고? 똑같은 망치, 다른 못이다. 그러나 나는 내 부처 벤 이론을 포기하지 않겠다고 마음먹는다. 도서관과 인터넷을 샅샅이 뒤지지만 아무것도 나오지 않자 노력을 배가한다. 그러다 찾아낸다. "건국자들의 다르마"라는 제목의, 잘 알려지지 않은 학술 논문.[2] 이 논문의 저자 라이언 아폰테는 여러 건국의 아버지에게서 분명하게 드러난 사상들이 불교, 특히 티베트를 비롯한 아시아 여러 지역에서 실천하는 대승불교와 매우 유사하다는 강렬한 주장을 제기한다. 역시. 나는 생각한다. 내가 미친 게 아냐. 아니면 나만 미친 게 아니거나.

벤은 불자였지만 달라이 라마나 캘리포니아인 불자와는 방식이 달랐다. 그는 부처님 말씀을 담은 고전인 《법구경》을 한 번도 읽지 않았다. 그때는 《법구경》이 서구권의 언어로 번역되기 전이었다. 벤은 명상을 하지 않았다. 불교 공동체인 승가의 일원도 아니었는데, 필라델피아나 런던에는 그런 공동체가 없었기 때문이다. 그는 "참으로 불자다우십니다" 같은 말을 하지 않았다. 벤은 순전히 우연한 불자였다. 불교를 공부한 적은 없지만 불교도처럼 생각하고 행동했다.

나는 반대다. 불교를 공부하지만 불자처럼 행동하거나 생각하지는 않는다. 내 책장은 수도승과 라마, 린포체, 그 밖의 여러 깨우친 존재들이 쓴 책으로 가득하다. 이 글을 쓰는 지금 내가 차고 있는 말라, 즉 염주가 키보드를 스치며 달그락거리는 소리가 들린다. 고개를 들면 최소 네 명의 작디작은 부처가 나를 내려다보고 있다.

나는 태국과 히말라야 국가 부탄 같은 불교의 땅을 찾아간다. 라파엘 나달의 포핸드보다도 더 강력하게 기도바퀴를 돌릴 수 있다. 진짜 불자들과 환상, 업보, 고통을 논할 수 있고 무려 15분이나, 어쩌면 더 오래 불자인 척할 수 있다. 불교 숫자에도 익숙해서 사성제와 팔정도를 안다. 비록 가끔이고 카페인을 잔뜩 섭취했을 때만 가능하지만 명상도 한다. 나는 불자에 가깝다. 그러나 불자에 가까운 것은 복권 당첨에 가까운 것과 비슷하다. 복권은 당첨되거나 아니거나, 둘 중 하나다.

나도 내가 왜 이론에서 실천으로 넘어가지 못하는지 모르겠다. 짧은 거리라는 걸 알지만 내게는 그랜드캐니언만큼 깊은 골로 느껴진다. 때로는 가장 작은 점프가 가장 어렵다. 진실은 내가 경험의 세계보다 단어와 개념의 세계를 더 편안해한다는 것이다. 이런 기질은 오랫동안 나를 보호하며 안정감을 주었다. 그러나 내게 도움이 되었을까? 전에는 그렇다고 생각했다. 이제는 잘 모르겠다.

벤은 아무 종류의 우연한 불자는 아니었다. 그는 보살이었다. 즉 깨달음을 얻었으나 다른 중생을 돕기 위해 열반에 들기를 미뤘다는 뜻이다. 보살은 사원에 앉아 명상하지 않는다. 적어도 명상만 하지는 않는다. 그들은 세상에 나가 다른 사람들이 깨달음의 여정을 이어갈 수 있게 돕는다. 작은 것 하나하나가 도움이 된다. 샨티데바는 자신의 고전《입보리행론》에서 누군가의 두통을 덜어주는 것조차 "헤아릴 수 없는 이로움이 깃든 유익한 마음"이라고 말했다.[3]

이 모든 정보가 내 부처 벤 이론을 뒷받침하지만 성가신 문제가 하나 남아 있다. 바로 돈이다. 부처는 과도한 욕망에서 자유로운 간소한 삶을 옹호했다. 벤의 얼굴은 100달러 지폐에 찍혀 있고 언론 매체들은 인플레이션이나 은행 위기 같은 금융 기사를 보도할 때 이 이미지를 마구 내보낸다. 100달러 지폐 위의 벤은 우리 문화에 스며 있고 우리의 온라인 생활에 잠입해 있다. 내가 프랭클린을 조사하기 시작한 후로 내 소셜미디어 피드에는 개인에게 금융정보를 제공하는 페니호더 같은 회사의 타깃 광고가 뜬다.

우리는 프랭클린을 완전히 오해하고 있다. 물론 그는 자본주의와 자유무역이 이로우며 어느 정도의 재산 축적은 좋다고 생각했다. 그는 "빈 자루는 똑바로 세우기 어렵다"고 말했다. 그러나 어디서도 그 자루가 가득해야 한다거나 넘쳐흘러야 한다고는 말하지 않았다. 벤은 고삐 풀린 자본주의를 옹호한 적이 없다. 오히려 그 반대다. 그는 돈을 그 자체로 중요한 것이 아닌 목적을 위한 수단으로 여겼다. "돈을 소유하는 것의 유일한 장점은 돈을 사용하는 데 있다." 나는《가난한 리처드의 연감》을 읽다가 여기 실린 수많은 속담이 불교의 주제와 너무 비슷해서 깜짝 놀란다. 다음은 그 세 가지 사례다.

감각적 만족의 과잉에서는 즐거움을 찾을 수 없다.

지나친 쾌락만큼 고통을 불러오는 것은 없다.

탐욕과 행복은 서로를 만난 적이 없다. 그렇다면 어떻게 아는 사이가 될 수 있단 말인가?

프랭클린은 자기 발명품에 전혀 특허를 내지 않음으로써 상당한 양의 재산을 포기했다. 그의 인생철학은 선행을 나누어야 한다는 것이었다. "우리가 다른 사람의 발명품을 통해 큰 혜택을 누리고 있듯이 자신의 발명품으로 타인을 도울 기회가 있음에 감사해야 하며 이러한 봉사를 거리낌 없고 아낌없이 행해야 한다." 프랭클린은 처음에는 전기 실험에, 그다음에는 공익사업에 전념하기 위해 경력이 절정에 달했던 마흔두 살의 나이에 사업에서 은퇴했다. 그는 자신이 믿는 대의에 기부했다. 프렌치 인디언 전쟁에서 불운을 맞이한 영국의 에드워드 브래독 장군의 원정군에 마차를 보급했고, 독립전쟁에서 부상당한 병사들의 치료를 돕기 위해 미국 체신장관으로서 받는 연봉 1000달러를 내놓기도 했다. 필라델피아에 천연두가 돌았을 때는 예방접종을 설명하는 팸플릿 1500부를 자비로 인쇄해 배포했다.

그는 억제되지 않는 사유재산의 축적에 반대했다. 미국 자본주의의 대변인이라기보다는 사회주의자처럼 보이는 태도다. 그는 이렇게 말했다. "쓸 수 있는 것보다 더 많은 재산은 실제로 소유하고 있다고 해도 정당한 자신의 것이 아니라고 생각한다." 또한 그는 친구들에게 다음 일화를 즐겨 소개했다.

어느 날 한 퀘이커교도가 얼마 전 완공한 자신의 집을 소개하겠다며 프랭클린을 초대했다.[4] 프랭클린은 집의 웅장함에 깜짝 놀랐다. 무엇보다 그 퀘이커교도는 혼자 살고 손님도 좀처럼 초대하지 않았기 때문이다.

"이런 커다란 방들이 왜 필요하오?" 프랭클린이 그 남자에게 물었다. "여기 혼자 사는데 말이오."

"별 이유는 없습니다." 남자가 대답했다. "마련할 여유가 있으니까 마련한 거지요."

프랭클린은 25명이 앉을 수 있는 아름다운 마호가니 식탁이 있는 식당을 보고 물었다. "이런 커다란 식탁이 왜 필요하오?"

남자는 똑같이 대답했다. "별 이유는 없습니다. 마련할 여유가 있으니까 마련한 거지요."

이번에 프랭클린은 남자의 말을 되받아쳤다. "저만한 크기의 모자도 하나 쓰는 게 어떻겠소? 마련할 여유가 있을 텐데."

분명 고삐 풀린 자본주의의 지지자처럼 보이지는 않는다. 우리는 어떻게 프랭클린을 이렇게 오해하게 된 걸까?

원인은 가난한 리처드에게 있다. 이 불운한 점성술사를 통해 프랭클린은 최고의 가면, 완벽하게 믿을 수밖에 없는 인물을 창조했다. 어쩌면 지나치게 완벽했을까. 시간이 흐르면서 사람들은 가면과 그 뒤의 인물을 혼동하기 시작했다. 잘 만든 등장인물이 늘 그렇듯 가난한 리처드도 고유의 생명력을 얻었다.

1758년 프랭클린이 마지막 연감을 발행했다. 아브라함 신부라는 새로운 가면을 쓴 그는 "돈을 빌리러 가는 사람은 슬픔을 느끼러 가는 것이다"와 "꿀보다 달콤한 것은 돈밖에 없다", 그리고 고전이 된 "일찍 잠자리에 들고 일찍 일어나면 건강하고 부유하고 현명해진다"처럼 돈과 관련된 격언들을 줄줄이 내놓았다. 돈 냄새를 맡은 출판업자들은 프랭클린의 글을 《부자가 되는 길》이라는 팸플릿으로 재출간했다. 이 제목은 프랭클린이 지은 것이 아니지만 그건 중요치 않았다. 《부자가 되는 길》은 옆집 아저씨처럼 친근한 자본주의의 지지자라는 그의 명성을 더욱 공고히 다졌다. 이제 그의 얼굴이 100달러 지폐에 찍히는 것은 시간문제일 뿐이었다.

나의 부처 벤 이론이 마음에 들지만 반박 불가능한 증거가 부족하다. 그러던 어느 날 나는 필라델피아의 스프루스 스트리트와 9번가의 교차로라는 등잔 밑에서 그 증거를 발견한다.

◆

나는 병원이 싫다. 누가 병원을 좋아하겠냐마는 나는 대다수 사람보다 훨씬 더 병원을 싫어한다. 내 병원 공포증의 기원은 내 아버지가 종양 전문의였다는 사실에 있다. 아버지가 생각하는 부자간의 다정한 시간은 본인이 회진을 돌 때 나를 끌고 가는 것이었다. 아버지는 나를 병원 구내식당에 앉혀두고 몇 시간씩 사라졌다. 지치고 멍한 의사들과 지치고 걱정에 잠긴 환자 가족들이 지금도 눈에 선하다. 눈을 감으면 쓰디쓴 커피와 공포의 냄새가 코끝을 스친다.

펜실베이니아 병원 부지에 들어서서 벽돌로 쌓은 아치형 통로 (안내판에 "벤의 동굴"이라고 쓰여 있다)를 요리조리 지나자 쾌적한 야외 카페와 함께 꽃이 만발하고 부드러운 봄바람이 부는 정원이 나타난다. 나는 생각한다. 좋았어, 드디어 내가 좋아하는 병원이 생겼군. 병원 부지는 병원이라기보다는 대학 캠퍼스 같다. 이렇게 적힌 명판이 보인다. "미국 최초의 병원. 1751년 설립."

근처에 안내판이 더 있다. 아치형 통로가 과거에 마차 출입구였다는 사실을 알게 된다. 경비원이 자정에 이 문을 닫았다. 더 늦은 시간에 도움이 필요한 사람은 문에 매달린 커다란 종을 울렸고 그 소리를 들은 경비원이 문을 열어주었다. 오늘날 이 병원은 필라델피아 한복판에 있지만 당시에는 필라델피아 외곽의 광활한 들판 사이에 홀로 우뚝 서 있었고 거친 비포장도로를 통해서만 도착할 수 있었다.

작은 계단을 걸어 내려가니 병원의 주춧돌이 보인다. 250년도 더 전에 프랭클린이 쓴 글이 새겨져 있다. "이 건물은 병들고 비참한 자들을 돕기 위해 정부와 수많은 개인의 후원을 받아 경건하게 설립되었다." 엄밀히 말하면 사실이지만 여기에는 더 많은 뒷이야기가 있다.

나는 쓰지 않은 커피를 주문하고 휴식 중인 의사와 간호사 사이에 자리를 잡는다. 숨을 내쉰다. 벤저민 프랭클린과 관련된 장소에는 평화로운 느낌이 감돈다는 것을 깨닫는다. 오디나무가 그늘을 드리운 프랭클린 코트와 보스턴 부두, 벤의 부모님이 묻힌 눈 쌓인 공동묘지. 내가 받은 인상은 진실일 수도 있고, 보고 싶은 것을 보는 내 마음의 또 다른 환영일 수도 있다. 어쩌면 그건 중요치 않을지도 모른다. 평화는 평화다.

펜실베이니아 병원을 건립하자는 발상은 프랭클린의 것이 아니었다. 그 영광은 필라델피아에서 환자를 보며 부두에서 전염병을 검사하던 의사 토머스 본드에게 돌아간다. 본드는 훌륭한 의사였지만 모금에는 젬병이어서 프랭클린에게 도움을 요청했다. 두 사람은 친구였고 둘 다 벤이 세운 도서관의 회원이었다.

프랭클린은 그 발상이 마음에 들었다. 식민지 미국에는 공공병원도 의과 대학도 없었다. 의술을 수련하는 미국인(키워드: 수련하다) 중 의대는 고사하고 일반 대학 졸업장이라도 있는 사람은 겨우 10퍼센트뿐이었다. 보스턴을 찾은 스코틀랜드인 의사 윌리엄 더글러스는 북미의 의료계 상황을 다음과 같이 묘사했다. "질병보다 의사가 더 위험할 때가 많다." 그리고 덧붙였다. "그러나 때로는 자연이 의사를 능가해서 환자가 병에서 회복하기도 한다."[5]

닥터 프랭클린이 진짜 의사는 아니었을지 몰라도 그는 의학에 관심이 많았다. 납 중독 이론을 세웠고(그의 주장이 옳았다) 일반 감기에 대한 새로운 이론을 전개했다(이번에도 그의 주장이 옳았다). 천연두 예방접종을 홍보하고 전기 치료와 음악 치료를 시도했다. 그는 환기와 규칙적 운동이 대중화되기 훨씬 전부터 그 효과를 신봉했다.

처음에는 프랭클린도 토머스 본드만큼이나 병원 설립 기금을 모으는 데 고군분투했다. 늘 기부를 해온 사람조차 기부를 그만두는 기부자 피로증donor fatigue은 21세기만의 현상이 아니다. 프랭클린은 펜실베이니아 의회에 도움을 청하기로 마음먹었다. 회의는 순탄하게 흘러가지 않았다. 일부 의원이 반대했다. 의사 봉급만으로도 "기금 전체를 잡아먹을 것"이라며 염려했기 때문이다. 시골에서 온 의원들은 주로 필라델피아 주민이 혜택을 누릴 병원 설립에 왜 본인들이 돈을 대야 하느냐고 불만을 표했다.

프랭클린은 방향을 틀었다. 그는 의장이었던 아이작 노리스에게 물었다. 내가 개인 기부자들에게 2000파운드를 모아 온다면 의회에서 똑같이 2000파운드를 마련해주겠습니까?

물론이죠. 노리스는 불신을 감추지도 않고 말했다. 그는 프랭클린이 그 큰돈을 모을 수는 없다고 생각했다. "그럴 리는 없다." 노리스와 다른 의원들이 프랭클린이 모은 금액만큼 기금을 대겠다고 약속한 것은 자신들이 돈을 낼 일은 없다고 믿었기 때문이다. 프랭클린의 말처럼 그들은 "지출 없이도 자선을 베풀었다는 평판"을 누릴 수 있었다. 또는 그럴 수 있으리라 생각했다.

벤은 작업에 착수했다. 그는 병원 설립을 주장하는 익명의 글을 작성했다. 가면을 담아둔 가방에 손을 뻗어 목사의 가면을, 그게 아니라면 교회의 언어를 꺼냈다. 그는 전혀 종교적인 사람이 아니었지만 그렇다고 무신론자도 아니었다. 한 친구는 그가 "마음의 종교"를 가졌다고 말했다.[6] 프랭클린에게 종교란 진실일 수도 아닐 수도 있지만 유용한 것이었다. 가장 훌륭한 형태의 종교는 목적을 위한 수단이었고 그 목적은 선행이었다.

그는 라틴어 격언으로 호소를 시작했다. 포스 오비툼 베네팍타 마넨트Pos obitum benefacta manent. "선행은 그 사람이 사망한 뒤에도 남는다." 예로부터 내려온 명언처럼 들리지만 사실 프랭클린이 만든 말이었다. 그는 기성 종교만큼 라틴어도 비판했으나 둘 다 쓸모가 있을 때는 기쁜 마음으로 활용했다. 그다음 그는 〈마태복음〉을 인용했다. "내가 (…) 병들었을 때에 돌보아주었고(…)." 그리고 자신의 말로 독자들에게 인간의 상호 의존성을 일깨웠다. "이 세상에서 우리는 서로를 돌보는 공동의 접대자다." 그러면서 "우리가 동료 피조물의 고통에 냉담해져서는" 안 된다고 강조했다.

계속해서 그는 병원 설립이 그저 자선 행위만은 아니라고 주장했다. 병원 설립은 실용적이기도 하다. 그곳에서 교육받은 청년들은 자기 지식을 타인과 나눌 것이다. 병원 설립은 경제적으로도 타당하다. 가정집보다는 병원에서 환자를 치료하는 것이 더 저렴하다. 이 글에서 가장 중요한 부분은 "사람과 가정이 처한 환경과 운명은 계속해서 변한다"는 그의 지적이다. 부자가 빈자가 되고 건강한 자가 병자가 된다. 운명의 변덕에서 자유로운 사람은 아무도 없다. 독자들이여, 누가 알겠는가. 어느 날 당신에게도 병원이 필요해질지.

브라보. 나는 생각한다. 방금 대의를 위해 돈을 내놓으라고 사람들을 설득하는 방법을 알려주는 마스터 클래스를 들은 것 같다. 프랭클린은 마음과 머리, 타인과 자신을 동시에 공략했다. 병원 설립은 올바른 일이며 경제적으로도 현명한 선택이다. 다른 사람에게 도움이 될 것이고 당신 자신도 도움받을 수 있다. 글을 다 읽을 때쯤에는 나도 기꺼이 지갑을 열 태세다.

사람들이 돈을 후하게 내놓은 이유는 프랭클린이 무척 설득력 있는 주장을 내세웠기 때문이기도 하지만 의회의 약속 덕분에 기부금이 껑충 뛰기 때문이기도 했다. 실제로 프랭클린은 "모두의 기부금이 두 배가 될 것입니다"라고 말했다. 오늘날 모든 재단과 비영리단체의 필수 수단인 매칭 그랜트를 발명한 순간이었다.

프랭클린과 본드는 2700파운드 이상을 모으며 애초의 목표를 뛰어넘었다. 프랭클린이 이 소식을 전했을 때 의장 아이작 노리스의 표정이 어땠을지 궁금하다. 노리스는 아연실색했지만 곧 체념하고 새 병원 설립을 위해 수표를 써주었다. 비용 외에도 장애물이 많았지만(펜실베이니아 땅의 소유주인 토머스 펜이 "관대하게" 기증한 병원 부지는 악취가 진동하는 늪지대여서 병원보다는 "매장지에 더 적합"했다) 결국 극복했고 펜실베이니아 병원은 1752년 2월 11일에 첫 번째 환자를 받았다.[7]

프랭클린은 크게 기뻐했다. 훗날 그는 "성공해서 이만큼 기뻤던 정치 활동은 떠오르지 않는다"고 술회했다. 그는 자기 계획에 "어느 정도의 간계"가 들어 있었음을 인정했다. 또 한 번 사람들 (이번에는 자기 잇속만 챙기는 의원들)을 속여 더 관대한 사람으로 다시 태어나게 한 것이다. 그는 사람들이 이타적으로 행동할 수 있지만 그러려면 살짝 방향을 유도할 필요가 있다고, 심지어는 약간의 기만이 필요할 수도 있다고 믿었다.

진실에 대한 이런 유연한 관점을 프랭클린의 유명한 격언 "정직이 최선의 방책이다" 또는 그의 아버지의 교훈 "정직하지 않은 것은 아무 쓸모가 없다"와 어떻게 조화시킬 수 있을까? 나는 그 답을 모르지만 부처는 안다. 그 답은 우파야 카우살리야, 즉 '선교방편'에 있다. 선사는 선교방편을 사용해 자신이 전달하고자 하는 교훈을 제자에게 맞춘다. 학문적인 언어가 아닌 일상어를 사용하는 것도 이러한 선교방편 중 하나다. 농담을 하거나 가면을 쓰는 것처럼 비전통적인 방식을 사용할 수도 있다. 선불교의 한 선사는 문간에 제자들의 다리를 놓고 문을 쾅 닫으면서 가르침을 마무리했는데, 아마도 그러한 경험이 복합 골절과 함께 심오한 통찰로 이어졌을 것이다. 한편으로 선교방편은 기만을 포함할 수도 있다. 대표적인 불교 우화 "불타는 집"을 떠올려보자.[8]

한 부자가 말도 안 되게 넓지만 문이 하나뿐인 집에서 아이들과 살고 있었다. 어느 날 남자는 연기 냄새를 맡고 집에 불이 난 것을 발견한다. 그는 아이들에게 빨리 도망치라고 말하지만 아이들은 노는 데 푹 빠져서 한 발짝도 움직이려 하지 않는다. 남자는 담요로 아이들을 싸서 안전한 곳으로 옮길까도 생각하지만 대문은 너무 좁고 불길이 빠르게 번지고 있다.

남자는 아이들이 탐내는 장난감을 이용해 아이들을 구슬려 밖으로 끌어내기로 한다. "너희가 좋아할 만한 이 장난감은 진귀한 것이라 또 찾기가 힘들단다." 남자가 아이들에게 말한다. "지금 이 장난감을 차지하지 않으면 나중에 후회하게 될걸." 이 전략은 효과가 있다. 아이들은 다친 데 없이 집에서 서둘러 빠져나온다.

남자는 아이들을 속인 것이었다. 남자에겐 그런 장난감이 없었다(그러나 그는 나중에 아이들에게 "새하얀 소가 끌고 각종 보석으로 장식한 커다란 수레"를 하나씩 사주었다). 부처의 제자 중 한 명이 이 이야기를 듣고 남자가 거짓말이라는 죄를 저지른 것이 아니냐고 물었다.

아니다. 부처가 대답했다. 남자에겐 죄가 없다. 그는 선교방편을 사용해 현명하게 처신했다.

이 우화의 제목을 "펜실베이니아 병원"으로 바꿀 수도 있으리라. "불타는 집"은 식민지 펜실베이니아의 안타까운 의료 상황이다. 아이들은 인색한 의원들이다. 장난감은 다른 사람들 앞에서 자선을 베푸는 것처럼 보일 수 있다는 유혹이다. 지혜로운 아버지는 프랭클린이다. 두 이야기 다 해피엔딩으로 끝난다.

프랭클린은 중요하지만 불편한 개념을 우연히 발견한 것이었다. 우리는 민주주의의 기초가 자유롭고 솔직한 발언에, 즉 정직함에 있다고 배운다. 프랭클린은 다른 이상을 제시한다. 앨런 휴스턴은 이 이상이 "유연함과 타협, 협상, 알맞은 양의 위선"이라고 말한다.[9]

이 이상을 어떻게 이해해야 할지 잘 모르겠다. 선교방편은 프랭클린 같은 자애로운 인물이 사용하면 괜찮겠지만 사악한 지도자가 사용하면 어떻게 될까?

벤의 글에 몇 가지 단서가 나타난다. 프랭클린이 모든 기만을 금지하는 것은 아니다. 그가 금지하는 기만은 "유해한 기만"이다. 여기에는 차이가 있다. 유용한 기만은 배우자에게 당신은 조금도 살찌지 않았다고 말하는 것이다. 유해한 기만은 배우자의 저탄수화물 키토 식단에 설탕을 몰래 들이붓는 것이다. 펜실베이니아 의원들을 관대한 행동으로 유인했을 때 프랭클린은 아무에게도 피해를 주지 않았다. 모두가 혜택을 받았다. 펜실베이니아 주민들에게는 무척이나 필요했던 병원이 생겼다. 의원들은 자신에게 있는 줄도 몰랐던 관대한 마음을 발견했다. 물론 유해한 기만과 유용한 기만을 구분하기란 매우 까다롭다. 어떤 사람에게는 "알맞은 양의 위선"이 다른 사람에게는 잔인한 가스라이팅일 수 있다. 나는 이것이 포르노와 비슷하다고 생각한다. 그것이 포르노인지 아닌지는 보면 알게 된다.

◆

나의 금빛 부처 벤을 가만히 바라본다. 그는 부처다움, 벤다움 속에서 너무나도 평화로워 보인다. "당신 정말 불자였어요?" 나는 소리 내어 묻고는 방금 이상한 짓을 했음을 깨닫는다.

돌아오는 것은 침묵뿐이다. 부처의 '고귀한 침묵'과 벤의 수줍은 척하는 침묵. 그렇다, 그렇지 않다.

한숨이 흘러나온다. 그때 생각 하나가 떠오른다. 그런다고 무슨 차이가 있지? 어쩌면 내 부처 벤 이론이 진실인지 아닌지는 중요치 않을지도 모른다. 어쩌면 이건 틀린 질문일지도 모른다. 내 이론이 진실인지 묻는 것은 안경이 진실인지 묻는 것과 같다. 안경을 써서 시력이 좋아졌는가? 그렇다면 안경은 진실이다. 그렇지 않다면 안경은 거짓이고 새 안경을 구해야 한다. 내 부처 벤 이론 덕분에 나는 프랭클린과 그가 옹호한 발상, 그가 살았던 삶을 더 명료하게 볼 수 있게 되었다. 내 이론은 유용하다, 그러므로 진실이다.

17

나체가 된다는 것의 의미

혼자 300년 된 런던 타운하우스 안에 서서 눈을 감고 벌거벗은 벤의 모습을 상상하려 애쓴다. 아무 데서나 벌거벗은 벤이 아니라 바로 이곳에서 벌거벗은 벤의 모습을 상상한다. 건물 1층에 있는 그의 이 오래된 서재는 아무것도 깔지 않은 나무 바닥과 민트 그린색 벽이 있고, 위아래로 여닫는 내리닫이 창들이 채링크로스와 템스강 사이에 자리 잡은 좁은 크레이븐 스트리트를 면한다. 내가 벤과 교감할 수 있는 장소가 있다면 바로 이 조지 왕조풍 연립주택이다. 이곳은 지금까지 남아 있는 프랭클린의 여러 자택 중 하나다. 이 집이 아직 존재하는 것은 기적이다. 행운이 따른 여러 우여곡절과 철거 위험에서 이 집을 구해낸 열렬한 프랭클린 지지자들의 노력에 힘입은 기적.

그러나 지금 나는 이런 생각은 전혀 안 하고 있다. 나는 과학자이자 정치인, 발명가이자 설립자였던 벤저민 프랭클린이 신생아처럼 홀딱 벗은 모습을 상상하고 있다. 아니 상상하려 애쓰고 있다. 여기에는 여러 이유가 있다. 나체는 이 시기 벤의 인생에서 아주 중요한 지원군 역할을 했다.

알몸 벤의 이미지는 쉽게 떠오르지 않지만 끈질기게 노력하자 우리 집 암실에서 내가 현상하는 오래된 사진들처럼 서서히 눈앞에 나타나기 시작한다. 바로 저기에 있다. 살집이 있고 유연한 벌거벗은 벤. 통통하게 살찐 닥터 똥배.

◆

벌거벗은 벤은 런던에서 6개월로 예정된 임무를 수행하고 있었다. 그러나 결국 그는 자신의 길고 쓸모 있는 삶에서 상당히 긴 시간인 15년 이상을 런던에서 보냈다(1757년에서 1785년 사이에 벤이 미국 땅에서 보낸 시간은 겨우 3년이었다). 그가 마지막으로 런던에 온 이후로 30여 년이 흘렀다. 런던은 그때와 다른 도시였고 이제 쉰한 살이 된 프랭클린도 그때와는 다른 사람이었다. 런던과 프랭클린 둘 다 성숙해지며 전에 없던 명성을 얻었다. 둘 다 자신감이 늘고 엄격해졌다. 벤은 술을 줄였다. 런던 당국은 당시 횡행하던 싸구려 술집을 엄중히 단속했다. 벤의 허리둘레가 늘어나 있었고, 마찬가지로 런던 인구도 아일랜드 등에서 이민자가 유입된 덕분에 75만 명까지 급증해 있었다. 런던 주민들은 의복에 더 민감해졌다. 1미터 50센티미터 폭으로 치마를 부풀리는 속치마가 대유행했지만 벌거벗은 벤은 전혀 관심이 없었다. 새 도로가 닦이고 다리가 세워졌다. 새로운 박물관도 생겼는데, 이곳이 바로 30년도 더 전에 프랭클린이 한스 슬론에게 팔았던 석면 지갑을 비롯한 슬론의 방대한 수집품을 토대로 설립된 대영박물관이었다.

프랭클린의 런던 제2부는 뒤집은 러브스토리이자 서서히 진행된 이혼이었다. 모든 이혼이 그렇듯 최종 결별은 피할 수 있을 듯했으나 결국 필연이 되었다. 1757년에 배를 타고 필라델피아에서 런던으로 향한 벤은 친구들에게 "고향 영국으로 간다"고 말했다. 그 시대 많은 미국인과 마찬가지로 프랭클린은 자랑스럽고 충직한 영국의 신민이었다. 심지어 그는 계속 이곳에 머물며 "남은 인생은 런던 주민으로" 살까도 고민했다. 그는 런던이 우수한 국가의 우수한 도시라고 말했다. 모든 영국 마을에는 "폭 480킬로미터에 달하는 우리의 방대한 숲에서도 찾지 못하는 현명하고 덕 있고 우아한 지식인들"이 살고 있었다. 그는 식민지 주민이 힘을 합쳐 모국에 맞서는 것은 "단순히 가능성이 낮은 것이 아니라 아예 불가능하다"고 말했다.

17년 뒤, 프랭클린은 환멸과 굴욕을 느끼며 런던을 떠났다. 사실 수배자가 되어 도망친 것이었다. 이혼이 확정되었고, 놀랍고 믿기지 않게도 69세의 나이에 반역자가 탄생했다.

가정 분만이었다. 정확히 말하면 탄생지는 크레이븐 스트리트 7번지였다. 1757년 7월의 어느 날 이 집을 처음 본 프랭클린은 이곳이 자신이 살 집임을 알았다. 완벽한 집이었다. 커다랗지만 아늑했고, 조용하지만 새뮤얼 존슨의 말처럼 "만조에 이른 인간 존재"를 목격할 수 있는 채링크로스 근처 중심가에 있었다. 조금만 걸으면 영국 정부의 중심지인 화이트홀과 국회의사당이 나왔다. 언덕을 몇 미터만 오르면 인기 상점가인 스트랜드에 도착했고, 근처에 신선한 농산물과 육류가 가득한 헝거포드 시장이 있었다. 반대편에는 수영을 즐길 수 있는 템스강이 흘렀다. 근방에 술집과 클럽이 즐비했고, 유명 배우 데이비드 개릭의 공연을 볼 수 있는 드루리레인 극장도 있었다.

프랭클린은 곧 크레이븐 스트리트 7번지로 이사했다. 아내 데버라는 필라델피아에 남아 가족 소유의 가게와 여러 사업체를 운영했다. 데버라는 배를 타고 바다를 건너기를 두려워했는데, 당시로서는 불합리한 공포가 아니었다. 데버라는 대서양은커녕 델라웨어도 횡단하려 하지 않았다. 적어도 알려진 이야기는 그렇다. 이런 장거리 부부 생활이 벤에게 편리했던 것은 아닌가 하는 생각을 떨칠 수 없다. 그는 늘 데버라에게 집에 곧 돌아가겠다고 약속했지만 '곧'은 갈수록 뒤로 밀려났다. 결국 프랭클린은 약속조차 그만뒀다.

스물일곱 살이었던 아들 윌리엄과 노예였던 피터와 킹이 벤과 동행했다. 벤은 이 두 노예를 지나가는 말로 간혹 언급할 뿐이다. "피터는 대체로 내 앞에서 무척 예의 바르게 군다오." 그는 1758년에 데버라에게 보낸 편지에서 이렇게 말한다. "당신이 지시한 대로 내 셔츠는 늘 깔끔하게 다려지고 있소."

프랭클린은 적어도 런던으로 이주한 초기에는 데버라에게 자주 편지를 썼다. 그때 보낸 편지에서 그는 가구 딸린 방 네 개가 있는 크레이븐 스트리트 건물 1층의 새 거처를 묘사하며 "우리를 둘러싼 모든 것이 고풍스럽다"고 말했다. 벤에게는 고풍스러움이 최대한 많이 필요했다. 그가 런던에서 맡은 임무는 단순히 어려운 게 아니라 지금 돌아보면 아예 불가능했다.

프랭클린의 임무는 펜실베이니아의 설립자인 윌리엄 펜의 거만한 두 상속자를 설득하는 것이었다. 리처드 펜과 토머스 펜 형제는 런던 스프링가든스에 있는 으리으리한 저택에 살며 펜실베이니아의 방대한 소작지에서 비과세 수입을 거둬들이고 있었다. 그들은 소작지에 거주하지 않는 부재 지주였고 그만큼 윤리 의식도 빈약했다. 펜실베이니아는 그들의 돼지저금통일 뿐이었다. 두 사람은 자신들이 소유한 광활한 땅과 그곳에서 나오는 소득에 세금을 떼어선 안 된다고 주장했다. 펜실베이니아 의회는 이에 반대했고, 두 형제의 마음을 돌리기 위해 당시 가장 유명한 미국인이었던 프랭클린을 런던으로 보냈다.

내부에서 벌어진 사소한 논쟁처럼 보일 수 있다. 사실 그랬기 때문이다. 그러나 세금 관련 분쟁은 결코 세금만의 문제가 아니며, 이 경우도 마찬가지였다. 오래된 세법과 법률 용어 안을 파보면 혁명에 불을 지필 수 있는 마른 불쏘시개가 나온다. 펜실베이니아 의회가 펜 형제의 고집을 묘사하며 사용한 단어들에 귀를 기울이면 반란의 속삭임이 들려온다. 그들에 따르면 펜 형제의 행동은 "왕권에 해로운 영향을 미치며, 사람들을 억압하는 횡포"였다.[1] 횡포라는 단어가 나왔다.

벤은 이 사실을 받아들이는 데 오래 걸렸다. 런던에서 보낸 긴 시간 동안 그는 대영제국을 의미하는 "우아하고 숭고한 도기 화병"이 보존되기를 바라며 영국과 미국 식민지의 사이가 틀어지지 않도록 노력했다. 그는 "한번 깨지면 그 조각들은 온전했을 때의 힘과 가치에서 제 몫조차 지킬 수 없다"는 사실을 알았다. 그러므로 프랭클린이 런던에서 맡은 두 번째 임무는 밉살스러운 펜 형제에게서 펜실베이니아의 통제권을 빼앗아 더 우호적이리라 기대되는 조지 3세의 품으로 들어가는 것이었다. 프랭클린의 목표는 미국의 독립이 아니라 영국 군주와 더 밀접한 관계를 맺는 것이었다.

내가 고등학교에서 배운 내용은 달랐다. 역사 선생님은 건국의 아버지들이 하나의 사명에 매진했으며 예속에서 자유를 향해 직선으로 나아갔다고 설명했다. 그러나 프랭클린의 경험에서 드러나듯 현실은 훨씬 지저분했다. 독립으로 향하는 길은 길고 구불구불했으며, 지그재그 모양의 급커브와 우회로, 심지어 유턴으로 가득했다.

그런 길은 통과하기가 쉽지 않다. 그러려면 기량과 인내심, 무엇보다 확실하고 든든한 루틴이 필요하다. 벤에게는 그런 루틴이 있었다. 그는 아침 일찍 일어나 잠옷으로 입은 무명천 가운과 발이 막힌 플란넬 바지를 벗어던졌다. 그리고 창문을 몇 개 더 열고는 (최소 한 개는 늘 열고 잤다) 책을 읽고 글을 쓰며 느긋하게 한두 시간을 보냈다. 그는 이 활동을 "공기욕"이라 칭했다. 한 시간 정도 공기욕을 하고 나면 옷을 입고 하루를 시작했다. 때로는 다시 침대로 돌아가 "상상할 수 있는 가장 만족스러운 수면을 한두 시간" 취하기도 했다.

벤 프랭클린은 자신의 나체를 편안해했다. 그는 우리와 똑같이 나체로 태어났으나 우리와 달리 평생 나체로 남았다. 때로는 비유적이었고 보통은 말 그대로였다. 그는 오트쿠튀르에 전혀 관심이 없었다. 의복은 가격이 비쌀수록 사람의 몸을 구속하고 제한한다. 옷이 화려할수록 사람들의 시기 질투도 커진다. 프랭클린은 "다른 사람의 눈은 우리를 망친다"고 말했다. 만약 나를 뺀 모두가 앞을 보지 못한다면 좋은 옷은커녕 그냥 옷조차 걸칠 필요가 없을 것이다.

벤은 나체주의자였을까? 어떤 면에서는 그랬다. 나체가 되는 것은 곧 새로운 경험에 마음을 여는 것이고, 프랭클린은 나이 들어서도, 아니 나이 들어 더더욱 마음을 활짝 열었다. 시간이 흐르면서 그는 민주주의나 노예제 같은 중요한 사안에서 계속 판단을 바꾸었다. 그가 가진 또 하나의 특별한 점이었다. 우리 대부분은 나이 들수록 새로운 경험에 마음을 열지 않고 닫는다.

나체가 된다는 것은 취약해진다는 뜻이기도 하다. 언뜻 보면 프랭클린에게 어울리지 않는 것 같다. 그는 신중했다(런던을 찾은 한 펜실베이니아 사람은 그를 두고 "내가 지금껏 만난 사람 중 가장 신중하다"라고 말했다).[2] 그의 친구 조지프 프리스틀리가 인정했듯 대규모 모임이나 낯선 사람들 사이에서 그는 "차갑고 내성적이기도 했지만 편안한 장소에서는 그 누구보다 농담과 유머를 즐겼다."[3] 프랭클린은 자신을 노출했다. 그저 아무 앞에서나 그러지 않았을 뿐이다.

아마도 나체로, 그는 의사 친구에게 편지를 쓰며 공기욕의 즐거움을 마구 쏟아냈다. "공기욕은 전혀 괴롭지 않고 오히려 아주 유쾌하다네." 벤의 이웃들은 공기욕을 이만큼 유쾌해하지 않았을 것 같다. 공기욕은 이내 그가 일평생 고수한 습관이 되었다. 나이 들면서 피부가 처지고 주름지고 그가 "비듬"이라 부른 질병(아마도 건선이었을 것이다)으로 얇게 벗겨질 때도 그는 태연하게 공기욕을 이어갔다. 프랑스에서는 70대가 훌쩍 넘은 나이에도 나체로 센강에서 수영을 즐겼다.

청교도 보스턴의 아들인 프랭클린은 벌거벗은 자신의 불완전한 몸에 일말의 수치심도 느끼지 않았던 것 같다. 유대교 볼티모어의 아들인 나는 그런 수치심을 일말 이상으로 느낀다. 나체에 관해 나는 코미디 프로그램 〈M*A*S*H〉의 레이더 오라일리와 의견이 같다. "나체가 되면 나는 괴상하게 숨을 쉬어."

나는 절대 나체로 잠들지 않는다. 누드 비치에도 가본 적 없다. 샤워할 때 다 벗긴 하지만 마치 기록을 재듯 재빨리 씻은 다음 곧바로 옷을 걸친다. 상체 위주로 진료하는 병원이 아니면 병원에 가는 게 무섭다. 상체는 괜찮다. 내가 제일 좋아하는 병원은 안과병원이다.

감정적인 벌거벗음은 어떨까? 어떤 면에서 나는 벤처럼 새로운 경험에 열려 있다. 전 세계를 여행하며 아이슬란드에서는 삭힌 상어를, 태국에서는 튀긴 벌레를 먹었다. 나를 만난 사람들은 내가 활발하고 사교적이라고 생각한다. 나를 외향인으로 오해하는 것이다. 물론 한동안은 외향인을 흉내 낼 수 있지만 그건 어디까지나 연기이고 결국 나는 지쳐서 나가떨어진다.

감정의 측면에서 나는 벌거벗음의 정반대에 있다. 내 몸은 크기와 스타일이 다양한 보호복으로 겹겹이 싸여 있다. 유머는 내가 가장 좋아하는 보호복 중 하나다. 어찌나 몸에 꼭 맞는지 내 10대 딸처럼 매우 섬세한 사람만 그 안을 꿰뚫어 보고 꼬집어 언급할 수 있다. 이 옷가지들은 전부 나를 구속하고 몸의 가동 범위를 제한한다. 사람들은 겹겹의 보호복 너머로 나를 만지기는커녕 제대로 바라보지도 못한다.

어쩌면 그래서 내가 여행을 좋아하는 건지도 모른다. 길 위에서 낯선 사람들에 둘러싸이면 옷을 벗기가 더 쉽다. 외국인은 벤만큼 푸짐한 내 뱃살이나 수술 자국 같은 내 몸의 수많은 흠결을 비판적으로 바라볼 확률이 덜하다. 내 감정의 흠결도 마찬가지다. 게다가 그들이 비판적인 시선을 던진다 한들 뭐 어쩌겠는가? 그냥 지나가면 될 일이다.

프랭클린이 처음부터 신선한 공기의 치료 효과를 선전하고 다닌 것은 아니었다. 그 당시의 많은 사람과 마찬가지로 그도 원래는 자신이 "공기공포증"이라 부른 것에 시달리며 모든 방의 틈을 일일이 막았다. 늘 그렇듯 직접적 경험이 그의 마음을 바꾸었다. 그는 주기적으로 신선한 공기를 쐬었을 때 자신이 더 건강하다는 사실을 발견했다. 그리고 "이제 신선한 공기는 내게 친구와 같다"고 말했다. 그는 자신의 새 친구를 벌거벗은 몸으로 두 팔 벌려 환영했다. 그리고 창문을 열고 잠들기 시작했는데, 아무리 런던의 매캐한 공기라도 바깥 공기는 꽉 막힌 방의 악취 나는 공기만큼 건강에 나쁠 수 없기 때문이었다.

공기욕까지는 아니더라도 신선한 공기가 건강에 좋다는 프랭클린의 이론은 널리 인기를 얻었다. 독립전쟁 중에 여러 의사가 환자에게 반드시 신선한 공기를 쐬게 했다. 에베니저 키너슬리는 "악취 나는 곳"에 묵는 군대는 바람이 잘 통하는 곳에 묵는 군대보다 이질에 걸릴 가능성이 훨씬 높다는 것을 발견했다.[4] 프랭클린의 친구였던 의사 벤저민 러시는 과밀한 도시의 병원보다는 시골에서 환자를 치료하라고 권했다.

프랭클린의 조언을 받아들이지 않은 한 사람이 있었으니, 바로 고집 센 존 애덤스였다. 다음은 미국 식민지 역사에서 가장 재미있는 에피소드 중 하나인데, 1776년에 애덤스와 프랭클린은 뉴저지 브런즈윅에서 여관이 초과 예약을 받는 바람에 한 방을 쓰게 되었다.[5] 방의 창문은 열려 있었다. 공기공포증이 있던 애덤스가 얼른 창문을 닫았다.

"안 돼요." 프랭클린이 말했다. "창문 닫지 말아요. 숨이 막힐 거라고요."

애덤스는 바깥 공기가 차갑다면서 창문을 닫아야 한다고 대답했다.

프랭클린이 아니라고 되받아쳤다. "이 방 공기는 곧 문밖 공기보다 더 나빠질 겁니다. 지금도 벌써 그렇다고요. 어서요! 창문 열고 잠자리에 듭시다."

프랭클린은 벌떡 일어나 창문을 열고 코감기와 신선한 공기의 이점에 대한 자신의 이론을 장황하게 설명했다. 완전히 지친 데다 프랭클린만큼 과학 지식이 없었던 애덤스는 그의 말을 거의 이해하지 못했지만 훗날 "나는 어찌나 즐거웠던지 프랭클린과 그의 철학을 남겨두고 이내 잠들어버리고 말았다"고 회상했다.

이 일화가 마음에 든다. 미국 독립혁명의 두 위인, 건국의 아버지 중에서도 가장 아버지다운 두 사람이 억지로 한 방을 쓰는 형제처럼 다투고 있다. 창문 열어요! 아니에요, 닫을 거예요. 애덤스의 말에서는 프랭클린이 애덤스를 공기욕 추종자로 전향시키려 했는지 알 수 없지만 나는 벤이 굳이 그러려고 했을 것 같지 않다. 가능성주의자에게도 어떤 산은 정상에 오르기 벅찰 수 있다.

벤이 런던에서 살았던 집은 찾기 쉽지 않았다. 걸어서 템스강을 건넌 뒤 크레이븐 스트리트를 찾아 채링크로스를 빙빙 돌았다. 크레이븐 스트리트는 도로보다는 시골길에 가깝고 고작 한 블록 길이지만 미국의 여러 도시보다 역사가 더 풍성하다. 프랭클린뿐만 아니라 애런 버도 이곳에 살았고 나중에는 허먼 멜빌과 독일 시인 하인리히 하이네도 여기에 살았다. 존 퀸시 애덤스의 사무실도 크레이븐 스트리트에 있었다.

벤은 빨간 벽돌로 튼튼하게 지은 이 조지 왕조풍 건물을 지금도 알아볼 것이다. 그가 좋아했던 템스강도 그때보다 더 좁고 더러워졌지만 그 외에는 변한 것이 없다. 그는 테이크아웃 초밥 전문점과 CCTV 카메라를 보고 어리둥절하겠지만 집 근처에 주차된 테슬라 모델 S를 보면 미소 지을 것이다. 배터리 7000개가 내장된 이 자동차는 그가 만든 단어, 그가 발견한 과학이 가장 유용하게 쓰인 사례다. 벤은 가지런히 줄지어 서 있는 보리스 자전거도 좋아했으리라. 보리스 존슨이 런던 시장으로 재임할 때 도입한 이 자전거 대여 시스템은 프랭클린이 높이 평가한 공공 도덕과 기업가 정신의 결합이다. 벤은 자신이 발명한 이중 초점 안경의 모형이 창문 앞에 진열된 옛집 옆의 대학교 검안학과도 반가워했을 것이다.

크레이븐 스트리트의 옛 7번지(지금은 36번지로 바뀌었다)가 마음에 든다. 토머스 제퍼슨의 사저인 몬티첼로나 조지 워싱턴의 저택인 마운트버넌만큼 위협적이지 않은 소박하고 평범한 느낌이 좋다. 벤이 살던 시절처럼 촛불로 불을 밝힌 복도가 좋다. 마룻널이 각기 다른 방향으로 기울어져서 위를 걸을 때마다 삐걱거리는 것이 좋다. 이런 특징들이 있는데도 건물 관리인인 마이클 홀의 말에 따르면 이 집에는 "귀신 들린 흔적이 전혀 없다"는 점도 마음에 든다(그는 자신이 관리하는 다른 유서 깊은 집들은 그렇지 않다고 말한다). 직원들이 벤을 평범한 사람처럼 대하는 점도 좋다. 크리스마스 시즌에 직원들은 벤의 대리석 흉상에 빨간 산타 모자를 올려놓는다. 모자는 그의 머리에 잘 맞는다.

오늘날 벤의 집은 작은 박물관이 되었다. 이곳을 운영하는 프랭클린 추종자들이 내가 원하는 시간에 이곳을 드나들 수 있게 해주었다. 관광객 무리가 빠져나간 어느 날 오후 나는 혼자다. 이곳에는 나와 벤뿐이다. 계단을 오른다. 벤이 때로는 운동을 위해 일부러 오르기도 했던 바로 그 계단이다. 그의 오래된 서재로 들어선다. 벤이 대부분의 시간을 보낸 곳이다. 너무 작지도 크지도 않고 특별할 것도 없는 평범한 방이지만 바로 그 평범함이 이 방을 특별하게 만든다. 바로 이곳에 살았던 인물처럼.

벽은 벤이 살았던 때와 똑같이 옅은 녹색으로 칠해져 있다. 그 당시의 내부 그림을 찾지 못한 큐레이터들은 어떤 가구가 있었는지 추측하는 대신 방을 텅 비워두었다. 벌거벗은 방. 그들의 결정을 존중한다. 방이 비었다는 것은 곧 내 상상 속에서 벤의 서재를 채울 수 있다는 뜻이다. 벤이 책상 앞에 앉아 깃펜을 들고 친구 피터 콜린슨이나 필라델피아에 있는 데버라에게 얼마 전에 했던 쇼핑 이야기를 전하며 우편선이 떠나기 전에 편지를 마무리하려고 급히 서두르는 모습을 상상한다. 이곳에서 그가 직접 발명한 악기인 아르모니카를 연주하는 모습을 상상한다. 그가 바깥에 밀려드는 정치적 먹구름을, 자신의 강력한 피뢰침으로도 해소할 수 없는 그 격렬한 폭풍을 우려하며 방 안을 서성이는 모습을 상상한다.

크레이븐 스트리트에 있는 이 집은 그 역사를 고려하면 놀라울 만큼 튼튼하게 느껴진다. 물론 약간 손을 대긴 했지만, 아마 사람이라도 거의 300년간 홍수와 화재, 제2차 세계대전의 폭격을 견뎌냈다면 그러고 싶을 것이다. 이 집은 뼈대가 튼튼하다. 그중 일부는 이곳에 전시되어 있다. 유리 진열장 안에 대퇴골과 경골, 쇄골이 들어 있다. 프랭클린이 주는 또 하나의 깜짝 선물이다.

1998년에 이 집을 박물관으로 개조하며 땅을 파던 근로자들은 인간의 대퇴골을 발견했다.[6] 그러더니 뼈가 또 하나, 다시 또 하나 나왔다. 결국 이들은 15구가 넘는 시신에서 나온 1200개의 뼈를 발견했다. 어떤 뼈는 톱질한 흔적이 있었고 어떤 뼈는 깔끔하게 절단되어 있었다. 두개골에는 구멍이 뚫려 있었다. 사람들은 의문을 품기 시작했다. 벤 프랭클린은 연쇄 살인범이었을까?

그렇지 않았다. 알고 보니 윌리엄 휴슨이라는 이름의 의사가 프랭클린과 같은 시기에 크레이븐 스트리트 7번지에 살고 있었다. 휴슨은 이 건물에서 해부 학교를 운영했다. 수업에 시신이 필요했지만 당시에는 도덕상의 이유로 해부가 금지되었기 때문에 시신을 구하기가 무척 힘들었다. 그래서 휴슨은 한밤에 시신을 능숙하게 파내는 '도굴꾼'을 고용했다. 해부가 끝나면 집 뒤에 있는 정원에 대퇴골을 묻었다. 프랭클린은 아마 이 해부 수업에 대해 알았을 것이고 어쩌면 몇 번 참여했을지도 모른다.

재미있는 이야기지만 제퍼슨의 몬티첼로나 워싱턴의 마운트버넌에서 일하던 근로자들이 사람 뼈를 발견했어도 똑같은 소문이 퍼졌을지 궁금해하지 않을 수 없다. 나는 그랬으리라 생각하지 않는다. 벤에게는 이런 음흉한 느낌이 있다. 나는 천재가 될 수도 있고 연쇄 살인범이 될 수도 있답니다. 결정은 당신 몫이에요. 윙크 윙크.

모든 면에서 이 집은 단순히 이중 초점 안경을 보관하는 곳이 아니었다. 이곳은 안식처였다. 프랭클린은 성적으로 문란했을 수도, 아닐 수도 있지만 그가 감정적으로 문란했던 것은 분명한 사실이다. 그는 평생 새로운 가족과 새로운 안식처를 만들었다. 크레이븐 스트리트에 있는 이 집도 그중 하나였다. 집주인인 마거릿 스티븐슨과 그의 10대 딸 메리(그러나 모두가 폴리라고 불렀다)는 곧 프랭클린의 제2의 가족이 되었다. 폴리는 프랭클린을 무척 좋아했고 프랭클린도 폴리를 무척 좋아했다. 그는 폴리를 나의 "소중한 귀염둥이"나 "나의 소중한 철학자"라고 불렀다. 벤은 인간관계에서 나름의 폭풍을 겪었지만 폴리와의 관계는 "언제나 맑은 햇살"과도 같았다고 말했다.

벤은 제 집처럼 편하게 지내며 구할 수 있는 재료를 이용해 방하나를 실험실로 개조하고 방문객에게 좋은 인상을 줄 수 있도록 자기 소유의 마차를 마련했다. 프랭클린은 겉모습이 중요하다는 것을 알았다. 새 친구들을 사귀었고 그 친구들에게는 벤이 마음대로 들를 수 있는 넓은 시골 땅이 있었다. 그를 찾는 사람이 어찌나 많았던지 "겨울에는 거의 집에서 식사한 적이 없고 여름에는 마음만 먹으면 나를 초대하는 친구들의 시골 별장에서 내내 시간을 보낼 수 있었다." 그와 윌리엄은 조지 3세("국가가 누릴 수 있는 최고의 왕")의 대관식에 참석했고 또 다른 군주인 덴마크 왕과 식사했다. 프랭클린은 좌석 배치도를 스케치해 보스턴에 있는 여동생 제인에게 보내기도 했다.

사회적 동물이었던 프랭클린은 물 만난 고기가 되었다. 낮에는 종종 왜그혼 커피하우스나 자메이카 커피하우스를 찾았고 버친 레인에 있는 펜실베이니아 커피하우스에 들러 고향 소식을 듣기도 했다. 저녁에는 술집이나 클럽 모임에 갔다. 매주 월요일에는 조지앤드벌처에서 동료 과학자 및 탐험가들과 함께 식사했는데, 가끔은 제임스 쿡 선장도 모임에 참여했다. 매주 목요일 정직한 휘그 모임에서는 의사와 비국교파 목사, 자유사상가들과 만나 치즈토스트와 사과파이를 먹었다. 친구들의 집을 방문해 카드 게

임과 체스를 하기도 했다. 매년 여름이면 아일랜드와 프랑스, 네덜란드로 여행을 떠났는데, 그가 가장 좋아한 여행지는 인생에서 "가장 밀도 높은 행복"을 경험한 스코틀랜드였다.

좋은 삶이었다. 그러나 그는 데버라에게 보내는 편지에서 자신이 런던에 묶여 있는 것은 국가 또는 식민지에 대한 의무 때문이라고 주장했다. 데버라는 이 말을 믿었을까? 벤 자신은? 믿었을지도 모른다. 그의 말처럼 이성적 사고는 속이기 쉽다. 우리는 언제나 스스로를 설득할 수 있다.

좋은 삶이지만 완벽한 삶은 아니었다(삶은 완벽해지는 법이 없다). 크게 존경받는 미국인이었지만 어쨌든 미국인이었던 벤은 결국 외부인이었고, 그것도 좋은 혈통이나 대학 졸업장이 없는 외부인이었다. 그는 런던 상류층의 유리창에 코를 딱 붙이고 안을 들여다봤지만 입장을 허락받지 못했다. 이 클럽의 회원에 가까웠지만 결국 회원은 아니었다. 그가 스코틀랜드인 인쇄업자 윌리엄 스트레이핸(프랭클린은 그를 "스트레이니"라고 불렀다)이나 퀘이커교도 식물학자이자 전기 전문가 피터 콜린슨 같은 외부인과 어울린 것도 당연했다. 그의 친구들 중에는 왕실 의사였던 존 프링글을 비롯한 진짜 의사도 많았다.

런던은 활기와 지적 자극이 가득했지만 안식처는 아니었다. 영혼의 장소가 아니었다. 벤은 이따금 한바탕 향수병을 앓았고 벤저민 웨스트 같은 예술가와 동료 식민지 대표 등 런던에서 점점 존재감을 키워가는 다른 미국인들과 만나며 향수병을 달랬다. 그밖에도 영국 땅을 잠식한 미국의 식물들이 있었다. 피터 콜린슨

같은 호기심 많고 성실한 식물학자들의 노력 덕분에 벤은 런던 전역에 자라난 사탕단풍나무와 솔송나무 등 미국 토착 식물을 알아봤을 것이다. 벤은 박제되어 런던의 여러 커피하우스에 전시된 미국의 동물들(방울뱀과 악어)도 만났을지 모른다.

그래도 충분하지 않다면 데버라가 주기적으로 보내준 소포가 있었다. 소포에는 크랜베리와 메밀 케이크, 메밀빵, 사과(벤이 가장 좋아한 것은 뉴턴피핀이었다), 말린 사슴고기, 베이컨 등 벤이 가장 좋아하는 미국 간식이 꽉꽉 채워져 있었다. 벤도 보답으로 아내에게 선물을 보냈다. 눈이 피로하지 않도록 큰 글자로 인쇄된 성공회 기도서, 은과 거북 등껍질로 만든 돋보기, 신발, 핀, 바늘, 페르시아산 직물, 다마스크천으로 만든 식탁보, 실크 담요, 유리그릇과 은식기, 사과 심을 파내는 기구, 셰필드에서 만든 소스 팬. 벤은 본인을 위해서도 아낌없이 돈을 쓰며 질 좋은 도자기와 가죽 반바지, 새 안경, 마데이라 와인을 사들였고, 당연히 책도 빠질 수 없었다. 이런 흥청망청한 생활은《부자가 되는 길》의 저자가 최고의 구두쇠로 세계적 명성을 얻고 있을 때 최고조에 이르렀다. 가난한 리처드라는 꼭두각시의 주인은 여전히 근면했을지 몰라도 더 이상 검소하지는 않았다.

워싱턴 D.C.에 있는 집으로 돌아온 나는 크레이븐 스트리트에서 보낸 시간이 무척 그립다는 사실에 깜짝 놀란다. 늙은 마술사처럼 그 오래된 집들도 어느새 내 마음속에 들어와 있었다. 내가 찍은 사진을 보며 그곳에서 보낸 시간을 떠올릴 수 있지만 사진이 필요치 않을 만큼 내 머릿속에 깊이 각인된 이미지가 하나 있다. 바로 벌거벗은 벤이다. 그가 예의범절이나 이웃의 시선에 아랑곳 없이 공기욕을 즐기는 모습을 떠올릴 때마다 웃음이 배어난다.

그러다 퍼뜩 이런 생각이 든다. 프랭클린의 공기욕을 상상하고 관련 글을 읽는 것도 좋지만 그건 전부 직접 경험만 못한 간접 지식이다. 내가 직접 공기욕을 한다면? 안 될 게 뭐람? 우리 집도 작은 길에 있다. 비록 가장 가까운 강이 템스강이 아니라 슬리고크릭이라는 이름의 탁한 강어귀이긴 하지만. 내 이웃은 애런 버나 존 퀸시 애덤스가 아니라 에이미와 바버라이긴 하지만.

아침 일찍 일어나 옷을 벗는다. 내 서재에 가서 창문을 연다. 일정을 확인한다. 화상회의는 없다. 좋다. 내겐 동지가 있다. 공기욕 부문에서 나보다 한참을 앞선 우리 집 개 파커다. 파커는 나의 작은 실험에 당황하지 않는다. 이렇게 생각하는 것 같다. 이젠 너도 때가 됐지.

처음에 나는 움츠러들며 내 벌거벗은 몸을 지나치게 의식한다. 괴상하게 숨쉬기 시작한다. 집에 아무도 없는데도 서재 문을 잠근다. "왜 이래." 혼잣말을 한다. "그리 어려운 일도 아니잖아." 세상에 처음 태어난 날처럼 홀딱 벗고 자기 책상 앞에 서 있는 성인 남자만큼 자연스러운 게 뭐가 있다고? 명상 선생님의 조언대로 날숨을 길게 늘이며 몇 번 심호흡을 한다. 과연 맨살이 드러난 내 어깨에서 긴장이 가라앉고, 맨살이 드러난 배가 더 자연스럽게 확장하고 수축한다. 스트리밍 서비스를 클릭해 벤이 좋아한 스코틀랜드 전통 민요를 재생한 뒤 공기욕에 깊이 빠져든다.

노트북으로 글을 쓴다. 내 상상일지 모르지만 키보드가 더 탄성 있게 느껴지고 텅 빈 화면 앞에서 전처럼 주눅 들지 않는다. 단어가 더 수월하게 흘러나온다. 사실 여러분이 지금 읽고 있는 문장들은 벌거벗은 상태로 쓴 것이다. 느껴지는지?

프랭클린은 이름이 가진 힘을 잘 알았다. 그가 사람들에게 매일 아침 실오라기 하나 걸치지 않고 집 안을 돌아다닌다고 말했다면 떨떠름한 눈길을 받았을 것이다. 벌거벗은 중년 남성의 몸을 떠올리는 것은 전혀 유쾌한 경험이 아니다. 그러나 공기욕을 하는 중년 남성이라면? 뭐, 여전히 그리 유쾌하진 않지만 그래도 좀 낫다. 공기욕은 몸과 마음을 치유하고 깨끗하게 정화할 것 같다.

벤처럼 한 시간 동안 읽고 쓰며 시원한 봄바람이 내…… 팔을 애무하는 것을 느낀다. 그리고 벤처럼 다시 침대로 들어간다. 벤이 말한 달콤한 잠에 빠져들지는 않지만 평소보다 훨씬 편안하게 매트리스에 파묻힌다. 심장박동이 느려지고 호흡이 깊어진다. 내 앞에 놓인 업무들이 프랭클린이 개발한 스토브에서 빠져나오는 연기처럼 증발해버린다. 내가 경험하고 있는 이 상태를 의미하는 단어가 있다. 바로 '이완'이다.

좋아, 공기욕에 익숙해질 수 있겠어. 나는 두 눈을 감으며 생각한다. 습관으로 삼을 수도 있을 것 같다. 이웃들에게 경고해야겠는걸.

| 4부 |

불가능을
가능하게 만들다

18

분노를 다루는 방법

공기욕 같은 습관은 벤이 런던 생활에 발붙이도록 도와주었고 벤에게는 도움이 많이 필요했다. 그는 두 세계 사이에 끼어서 위험한 임무를 수행하고 있었다. 그는 영국인에게는 너무 미국적이었고 미국인에게는 너무 영국적이었다. 나도 공감할 수 있다. 10여 년을 해외에서 보내고 미국으로 돌아왔을 때 나도 나라 없는 사람처럼 뿌리가 없다는 느낌이 들었다.

이런 중간 세계에서의 삶은 불안하긴 해도 나름의 장점이 있다. 카불의 그 카펫 상점에서만큼 내가 미국인임을 자각했던 적은 없다. 그때 나는 내가 미국을 대표하고 있다는 걸 알았다. 내겐 선택지가 없었다. 내 마음에 들든 말든 미국인이라는 특성이 나를 정의했다. 집으로 돌아왔을 땐 내가 외부인처럼 느껴졌다. 최신 대중가요를 하나도 몰랐고(그건 요즘도 마찬가지다) 넘쳐나는 선택지 앞에서 온몸이 마비되었다. 한번은 홀푸즈의 빵 코너에서 통밀 빵과 통곡물 빵과 고대곡물 빵 중 무엇을 고를지 45분간 고민했다. 그러다 결국 포기하고 고픈 배를 안고 빈손으로 나왔다.

아주 오랫동안 프랭클린은 자신이 대서양을 사이에 두고 계속 균형을 잡을 수 있으리라 생각했다. 그는 뼛속까지 미국인이었지만 (대부분의) 런던 지식인에게 환영받았으니까. 이러한 위치는 나쁘지 않았다. 그 일이 생기기 전까지는.

◆

건국의 아버지 중 가장 친근한 인물인 벤저민 프랭클린에게 적이 있었다고 상상하기는 쉽지 않다. 그러나 그런 그에게도 적이 있었고 그중에서도 가장 상극이었던 사람이 바로 펜 형제였다. 프랭클린은 몇 달이 걸려서야 두 사람을 만날 수 있었다. 그때까지 펜 형제는 중상모략을 펼쳐 프랭클린의 평판을 떨어뜨리려 했고 토머스 펜은 프랭클린이 한낱 "전기 기술자"라며 깎아내렸다. 펜 형제는 프랭클린이 공금을 횡령해 런던에서 사치스러운 생활을 한다는 악의적인 소문을 퍼뜨렸다. 그들은 "위험한 남자"인 프랭클린이 그냥 가버리기를 바랐다. 프랭클린은 그러지 않았고 결국 펜 형제는 1758년 초에 알현을 허락했다. 세 사람의 만남은 순조롭지 않았다.

프랭클린은 펜 형제가 제 몫의 세금을 내야 하는 이유를 차분하게 설명하면서 그들의 공정심과 이성에 호소했다. 이 방법이 효과가 없자 프랭클린은 그들의 아버지에 대한 추억을 소환했다. 이 방법도 실패하자 프랭클린은 두 형제와 펜실베이니아 주민 사이의 공통된 이해관계를 언급했다. 토머스 펜은 파리를 때려잡듯 프랭클린의 간청을 일축하며 자신들은 펜실베이니아의 소유주로서 하고 싶은 대로 할 자유가 있다고 딱 잘라 말했다. 헌장에도 그렇게 쓰여 있었다. 식민지 주민들이 속았다고 느낀다면 "그건 그들의 잘못"이었다. 애초에 헌장을 꼼꼼히 살피지 않은 잘못.

평소 같았으면 벤은 이런 거만함을 봄날 아침 시원한 공기욕을 하듯 스쳐 보냈을 것이다. 그러나 이번에는 아니었다. 펜 형제, 특히 오만한 토머스 펜을 향해 그의 분노가 뜨겁게 타올랐다. 그는 이 분노를 대놓고 표현하는 대신 자신이 가장 선호하는 전략 중 하나를 사용했다. 바로 서늘한 침묵과 이글거리는 눈빛이었다.

프랭클린은 "살아 있는 인간에게 지금껏 느껴본 적 없는 [토머스 펜을 향한] 격렬하고 순수한 경멸"을 다스렸다. 그는 사람을 속여 좋은 말을 가로챈 다음 킬킬거리며 웃는 "천박한 기수"에 펜을 빗댔다. 이 말이 펜 형제의 귀에 들어가자 프랭클린은 두 형제가 "후대의 콧구멍에 썩은 내 나는 악취를 풍겨야" 마땅하다며 더 강하게 밀어붙였다. 그 이후로 펜 형제는 프랭클린과 직접 대면하기를 거부했다.

프랭클린의 분노는 평소답지 않은 것이었다. 그는 누가 자신을 도발해도 평정심을 잃지 않는 데 자부심을 느꼈다. 말 안 듣는 자녀를 통제하는 부모처럼 인자하고 무심한 태도로 적을 바라보았다. 친구들은 그의 부처 같은 "온화한 평온함"에 감탄했다. 이런 점에서 프랭클린은 선동가였던 새뮤얼 애덤스 같은 다른 건국의 아버지들과 구별되었다. 언제나 실용주의자였던 벤은 자기 적에게서조차 쓸모를 찾을 수 있었다. 재능 있는 사람은 자기 친구에게 배운다. 천재는 자기 적에게 배운다. 또는 벤의 말처럼 "적을 사랑하라. 그들이 네 단점을 알려줄 터이니."

그러나 프랭클린은 토머스 펜을 사랑할 수 없었다. 문제는 펜의 오만함만이 아니라(벤은 그런 류의 사람을 어떻게 다뤄야 하는지 알았다) 펜이 아리스토텔레스의 말처럼 프랭클린의 "지위를 격하"하며 그를 업신여겼다는 것이었다. 펜은 자수성가한 프랭클린을 자기보다 하찮게 여겼다. 벼락부자가 된 이 전기 기술자에게는 "진정한 신사"의 자격인 땅도 유산도 없었다. 프랭클린은 평민이었고 심지어 야만적인 식민지 주민이었다. 펜 형제가 프랭클린에게 내보인 멸시는 가장 지독한 사례였을 뿐, 그 뒤로도 프랭클린은 영국 관료들에게서 몇 번이고 똑같은 대접을 받았다. 그들의 냉랭함은 네가 뭐라도 된다고 생각해?라는 무언의 질문으로 전달되었다. 나는 능력보다 혈통을 중시하는 이런 거들먹거림이 그 무엇보다 미국 혁명을 부채질했다고 생각한다.

벤 프랭클린은 분노 문제가 있었다. 이런 문제가 있는 대다수 사람과 달리 그는 자신의 이러한 성향을 인식하고 열심히 단속했다. 벤의 반항적 분노는 사일런스 두굿의 글에서도 은근히 드러난다. 사일런스는 "(누가 먼저 도발하지만 않는다면) 쾌활한 사람"이라고 자신을 소개했다. 그 이후 펜 형제 같은 사람들이나 존 애덤스 같은 동료 미국인들이 벤을 여러 차례 도발했다. 분노를 다스리고 그 에너지를 유용한 수단으로 전환하는 것은 평생에 걸친 자신과의 싸움이었다. 도덕적으로 완벽한 사람이 되기 위해 계획을 세운 것과 달리 그는 자신의 분노 전략을 드러내 표현한 적이 없었다. 그의 방대한 글 중에 "분노 관리의 기술" 같은 것은 없다. 그러나 내가 지금껏 배운 게 있다면 삶의 교훈은 이따금 보이지 않는 잉크로 쓰인다는 것이다. 그 교훈은 빛에 노출되어야만 읽을 수 있다.

빛이 환하게 드는 좋은 출발점은 왕립예술학회다. 크레이븐 스트리트에 있는 벤의 옛집에서 조금만 걸으면 나오는데, 조약돌이 깔린 이 쾌적한 길을 벤도 여러 번 걸었을 것이다. 그는 열정적인 초기 회원으로서 회의에 참석하고 위원회 의장직을 맡고 여러 아이디어를 교환했다(그가 살던 시대에 이 단체의 이름은 '예술 및 제조, 무역 진흥 학회'였다. 왕립이 된 것은 1908년이다).

학회 건물은 영국은행과 그리스 신전을 섞어놓은 것처럼 보인다. 크레이븐 스트리트에 있는 벤의 집처럼 뼈대가 좋지만 적어도 내가 아는 한 진짜 뼈는 없다. 안으로 들어서자 철렁하며 익숙한 시간 여행의 전율이 느껴진다. 벤저민 프랭클린이 여기를 걸었어! 바로 이 바닥 위를! 나는 생각한다. 어쩌면 소리 내어 말했을지도. 내 옆에는 역사를 사랑하는 동료 시간 여행자들이 있다.

그중 한 명은 이브다. 상냥한 백발 여성인 이브는 프랭클린 랜드의 이쪽 한구석을 안내하는 내 가이드다. 이브가 나를 데리고 대리석 계단을 내려가고 우리는 전부 백인 남성에 전부 세상을 떠난 전 학회장들의 초상화 옆을 지난다. 가볍게 대화를 나누려고 프랭클린이 학회 일에 얼마나 관여했는지 묻는다. 프랭클린은 활발한 회원이었을까?

"오, 그럼요." 이브가 말한다. "프랭클린은 학회에 깊이 관여했어요. 적어도 미국으로 돌아가서 자기 종이에 서명하기 전까지는요."

잠깐. 방금 독립선언문을, 미국의 건국 문서이자 모든 억압받는 이들의 희망의 불빛을 "종이"라고 표현한 건가? 나는 그냥 넘어가기로 한다. 미국과 영국의 특별한 관계가 이 문제보다 더 중요하니까.

이브가 선반에서 거대한 서류철을 꺼낸다. 10킬로그램은 거뜬히 넘을 것 같다. 그 안에는 누렇게 바랬지만 훼손되지 않은 프랭클린의 원본 편지들이 들어 있다. 이브가 그중 하나를 내게 건네준다. 나는 마치 보석 박힌 왕관이나 밥 딜런의 사인을 만지듯 조심스럽게 편지를 받아 든다. 벤 프랭클린이 만졌던 바로 그 종이를 만지고 있어. 틀림없는 벤의 글씨체다. 특대형 대문자와 고른 글자 간격을 알아볼 수 있다. 그의 서명 속 곡선미 있는 B와 날씬한 F, 구불구불 고리 모양으로 흐르다 피루엣을 돈 뒤 착지하는 종잡을 수 없는 마지막 N을 알아볼 수 있다. 질서 정연하면서도 장난스러운 점이 딱 벤답다.

프랭클린은 종이에 많은 흔적을 남겼다. 평생 1만 5000통이 넘는 편지를 쓰거나 받았다.[1] 나도 많이 읽어보았다. 편지의 내용은 우스꽝스러운 것에서 숭고한 것까지 매우 다양하다. 그러나 전체적으로 오늘날의 웬만한 이메일보다 더 고상하고 품위 있고 사려 깊다. 수많은 편지의 초안과 수정 사항이 증명하듯 프랭클린은 편지 하나하나에 많은 정성을 기울였다.

프랭클린이 편지를 가장 많이 보낸 사람은 대가족이었던 프랭클린가의 막내딸이자 벤이 "특별히 더 사랑한" 여동생 제인이었다. 63년간 그는 그 누구보다 제인에게 자기 마음을 가장 많이 털어놓았다. 다른 가족들이 세상을 떠나기 시작하자 벤과 제인은 더욱 가까워졌다. 그는 제인에게 "가족이 줄어들수록 서로를 향한 우리의 애정은 커지기를 바란다"고 말했다.

벤은 17세기와 18세기에 대서양을 사이에 둔 과학자와 철학자 등 여러 지식인의 비공식 네트워크인 편지 공화국의 성실한 시민이었다. 이 가상의 공화국은 그 당시의 인터넷이었다. 편지 공화국은 태어난 곳이라는 우연 때문에 서로 떨어져 있던 뜻 맞는 사람들을 연결했다. 이곳은 인터넷처럼 대단히 멋진 동시에 끔찍했다. 고양이 영상은 없지만 사람들이 서로를 물어뜯으며 악성 루머를 퍼뜨렸다. 프랭클린은 종종 친구들에게 평생 남길 바라는 생각이 아니면 종이 위에 남기지 말라고 조언했다. 인터넷처럼 편지 공화국에서도 모두가 똑같은 교양 시민이 아니었다. 그 누구도, 심지어 프랭클린이나 볼테르도 꾸준히 고상한 글만 남길 순 없었다.

이곳에 보관된 프랭클린의 편지들도 마찬가지다. 이 편지들은 탄산칼슘과 철갑상어의 비축량, 성능이 개선된 토지 측량용 나침반, 수입 관세, 배송된 물품의 영수증, 미변제 잔고 같은 따분한 사안을 다룬다. 이런 평범함 때문에 프랭클린이 더 먼 게 아니라 더 가깝게 느껴진다. 그의 삶에는 과학적 발전이나 중요한 이권이 걸린 외교만 있는 것이 아니었다. 그에게는 지급할 어음도 있었다.

벤의 서신은 좀처럼 분노의 기미를 드러내지 않는다. 그러나 몇 가지 예외가 있었다. 편집증적인 횡설수설과 분노의 폭발로 유명했던 버지니아 출신의 동료 외교관 아서 리가 프랭클린에게 편지를 보내 그가 자신을 무시한다며 불만을 표했다. "다른 많은 편지에 그러했듯 이 편지에도 답장하지 않는 무례한 행동은 하지 않으실 것으로 믿습니다."[2]

벤은 다음 날 답장을 썼다. "나는 논쟁을 싫어합니다. 나는 늙었고, 살날이 많이 안 남았고, 할 일은 많고, 실랑이할 시간은 없습니다……. 그 성질머리를 치료하지 않으면 결국 정신 이상이 올 것입니다." 벤은 영국인 친구이자 미국 저항 세력과의 전쟁을 지지한 영국 의회 의원 윌리엄 스트레이핸에게는 더더욱 성난 편지를 썼다. "자네 손을 보게! 자네가 맺은 관계에서 흘러나온 피로 물들어 있을 걸세! 자네와 나는 오랜 친구였네. 이제 자네는 나의 적이고 나 또한 자네의 적이네."

이 두 편지에는 공통점이 있다. 프랭클린은 이 편지들을 부치지 않았다. 이런 가짜 편지들은 벤이 선호한 분노 분산 전략 중 하나였다. 대체로 벤은 분노한 편지를 부치기 전에 24시간을 기다렸다. 그리고 벼락같은 분노가 지나가고 나면 보통 그 편지를 부치지 않거나 더 부드럽게 수정한 편지를 보냈다. 벤이 분노를 방출한 방식은 피뢰침이 방향을 전환해 전기를 방출하는 방식과 똑같았다. 비결은 인내심이었다. 벤은 더 명료한 시야를 얻고자 분노의 폭풍이 지나가기를 기다렸다.

물론 프랭클린은 분노를 느꼈다. 어쨌거나 그도 인간이었다. 그러나 몇 가지 예외(예를 들면 토머스 펜)를 제외하면 프랭클린의 적은 그의 노여움을 느끼지 못했다. 벤의 이런 태도가 놀랍다. 다른 많은 사람처럼 나 또한 마음을 치유하고 앞으로 나아가려면 자신을 괴롭히는 사람에게 정면으로 맞서야 한다고 오랫동안 믿었다. 그러나 시간이 흐를수록 프랭클린의 방식에 동의하게 된다.

분노를 통제한다는 것은 불의 앞에서 침묵을 지킨다는 뜻이 아니다. 벤은 "항의가 죄악인 곳에서 희망은 절망이 된다"고 말했다. 잘못된 행동은 반드시 비판하고 맞서 싸워야 한다. 문제는 방식이다. 프랭클린은 분노가 아닌 정의로 불의에 반응했다. 늘 그런 것은 아니었지만 완벽함은 그의 목표가 아니었다. 그의 목표는 보복의 악순환을 멈추는 것이었다.

필라델피아에 있을 때 벤은 라이벌 출판업자이자 필라델피아의 체신국장이기도 했던 앤드루 브래드퍼드가 벤의 신문 〈필라델피아 가제트〉를 우편물로 받지 않으려 하자 몹시 분노했다. 몇 년 뒤 체신국장이 된 프랭클린은 브래드퍼드의 쩨쩨함을 "절대 닮지 않으려고 신중하게 노력하며" 라이벌의 신문을 취급했다. 그는 불의의 악순환을 막았다. 로마 황제이자 스토아주의자였던 마르쿠스 아우렐리우스의 말처럼 "최고의 복수는 자신의 적과 닮지 않는 것이다."[3]

벤은 늘 그렇듯 열린 마음과 쓸모를 향한 관심으로 분노에 접근했다. 분노를 통해 자신과 사회를 개선할 수 있는가? 벤은 자신의 분노를 부인하거나 무시하지 않았다. 분노가 자신을 장악하는 게 아니라 자신이 분노를 장악할 수 있도록 힘들게 노력했다. 분노에 좌우되는 것은 벤이 부릴 수 없는 사치였다. 조지 워싱턴과 달리 프랭클린에게는 지휘할 군대가 없었다. 새뮤얼 애덤스와 달리 그에게는 함께 들고일어날 자유의 아들들이 없었다. 프랭클린의 힘은 사람들을 설득하는 능력에 있었고 날것의 분노로는 그 누구도 설득할 수 없었다.

분노를 통제하는 그의 능력은 유용했다. 덕분에 인맥이 넓어졌고 가동 범위가 늘어났다. 그는 분노에 휘둘리지 않았기에 불길이 번질까 봐 두려워하지 않고 열띤 토론에 참여할 수 있었다. 정치적 숙적과 원만히 식사하며 공통점을 찾을 수도 있었다. 프랭클린은 많은 사람이 잊어버린 사실, 즉 분노를 견디는 능력(분노를 느끼면서도 행동으로 표현하지 않는 능력)이 우리 세계를 확장하고 우리 모두를 가능성주의자로 만든다는 사실을 알았다.

벤이 처음 런던에 머물며 인쇄소 도제로 일하던 시절에 이런 일이 있었다. 동료 인쇄공이 그에게 맥줏값으로 5실링을 달라고 했는데, 벤은 맥주를 마시지 않았기에 돈을 내지 않겠다고 했다. 얼마 지나지 않아 이상한 일들이 벌어지기 시작했다. 활자가 평소와 다른 상자에 들어가 있고 원고의 페이지가 뒤죽박죽 뒤섞이는 등 여러 "못된 장난의 피해자"가 된 것이다. 왜 그러느냐고 따지자 다른 인쇄공들은 모르쇠로 잡아떼며 인쇄소의 유령에게 혐의를 덮어씌웠다.

벤에게는 선택권이 있었다. 관리자에게 시정을 요구해서 갈등을 키우거나 괴롭힘이 서서히 줄어들기를 바라며 묵묵히 견디거나. 그리고 세 번째 선택지도 있었는데, 바로 돈을 내는 것이었다. 벤은 "계속 함께 지내야 할 사람들과 나쁜 관계를 유지하는 것은 어리석은 짓임을 확신했다." 때때로 이 말은 런던 인쇄소에서 그랬듯 비교적 사소한 원칙을 양보한다는 뜻이었다. 때로는 자신에게 잘못한 사람을 용서한다는 뜻이기도 했다. 분노의 반대말은 절망이 아닌 용서다. 용서는 분노를 녹여 없앤다. 잘 사는 것이 아니라 용서하는 것이 최고의 복수다.

벤은 용서하는 능력이 대단했다. 그는 겨우 열여덟 살이던 자신을 런던으로 보내 고초를 겪게 한 윌리엄 키스를 용서했다. 사람들 앞에서 자신을 모욕한 이전 상사 새뮤얼 키머를 용서했다. 자신에게 폭력을 쏟아낸 형 제임스를 용서했다. 그는 전쟁이 끝난 뒤 영국마저 용서했다.

프랭클린은 관계에서 마찰을 줄이려고 열심히 노력했다. 능숙한 협상가이자 조정자였던 그는 늘 합의를 끌어냈다. 친구든 적이든 "부드러운 말과 정중함, 예의"를 지키며 충고했다. 직설적으로 단언하는 대신 "현재 내게는 그렇게 보이네" 같은 더 부드러운 표현을 사용하며 자기 의견을 누그러뜨렸다. 내 눈엔 이런 말랑말랑한 언어가 고루해 보인다. 우리는 그런 식으로 말하지 않는다. 우리는 부드러운 말을 쓰지 않는다. 우리는 거친 말을 쓰고, 거칠면 거칠수록 더 좋다. 우리는 공격적이고 우락부락한 언어만이 소음을 뚫고 나갈 수 있다고 배웠다. 하지만 벤의 생각이 옳다면? 정말 부드러울수록 더 좋다면?

◆

벤의 세계에 더 깊이 빠져들수록 어디에서나 그와 그의 아이디어가 보이기 시작한다. 어느 날 저녁 나는 실력이 부족한 축구팀이 강력한 라이벌과 맞붙는 내용의 텔레비전 드라마를 본다. 당연히 실력이 부족한 팀은 전반전에 3점을 내줬다. 선수들은 완전히 지쳤고 체념했다. 그때 그들은 상대 팀 감독이 자신들에게 결례를 범하는 영상을 보게 되고 분노가 폭발한다. 그리고 격분한 상태로 경기장에 걸어 들어간다. 화면은 상대 팀을 노려보는 선수들의 표정과 팽팽해진 근육을 느린 속도로 강조해서 보여준다. 나는 이야기의 흐름을 확신했다. 실력이 부족한 팀은 분노에 힘입어 결국 승리를 쟁취할 것이다.

그러나 그렇지 않았다. 그들은 발끈해서 불필요한 파울을 저지르고 레드카드를 받아 퇴장당했다. 공격적이지만 미숙한 플레이로 기회를 날렸고 더 큰 점수를 내주며 패배했다. 의분은 어리석으며 스위치를 내릴 수도 없다.

분노에 사로잡힌 이들을 군이 꺾을 필요는 없다. 그들은 알아서 꺾인다. 프랭클린은 인신공격을 받고 있다는 사위 리처드 바체의 경고를 듣고도 동요하지 않았다. "모두가 그 불행한 양반들을 가엾게 여겨야 하네. 그 작자들은 자기 성질머리 때문에, 질투와 분노, 의심, 시기, 적의라는 어둡고 불편한 정념 때문에 불행하거든……. 그런 적들에게 따로 복수할 생각은 없네. 악한 본성 때문에 스스로 빠져든 그 비참한 상황을 그대로 내버려두는 것 말고는." 분노는 결국 숙주의 목숨을 앗아가는 기생충이다.

벤은 분노에 사로잡힐 때마다 수영을 하거나 덤벨을 들거나 크레이븐 스트리트 7번지의 계단을 올랐다. 서재에 앉아 아르모니카라는 이상한 악기를 연주하기도 했다. 물 담긴 유리잔으로 음악을 연주해본 사람은 아르모니카의 원리를 이해할 것이다. 유리잔에 물이 얼마나 담겼느냐에 따라 음의 높이가 달라진다. 오래된 개념이다. 고대 그리스인은 손가락이나 막대로 항아리를 두드려서 각기 다른 소리를 냈다. 몇백 년 뒤 중동과 아시아의 음악가들은 유리그릇으로 음악을 연주했다. 1638년 갈릴레오는 물 묻은 손가락으로 유리잔 가장자리를 문지르면 다양한 음을 낼 수 있음을 발견했다.

프랭클린이 유리 악기에 관심을 보이기 시작한 것은 1758년이었다. 그는 동료 전기 기술자인 에드먼드 드라발을 만나러 런던에서 케임브리지로 갔다. 알고 보니 드라발도 유리 악기에 관심이 있었고, 자신이 만든 악기로 연주를 해보였다. 프랭클린은 드라발의 연주에 마음을 빼앗겼지만 늘 그렇듯 이내 유리 악기를 개선할 방법을 고민하기 시작했다.

런던으로 돌아온 벤은 회전축과 유리그릇 등 이런저런 재료를 구매해 작업에 들어갔다. 그 결과 어디에도 없는 악기가 탄생했다. 이 악기는 특별 제작한 23개의 유리그릇이 철로 된 중심축에 꽂혀 있는 형태였다. 음악가는 발로 페달을 조작해 유리를 돌리며 물 젖은 손가락으로 유리 가장자리를 문지른다. 벤의 이 발명품은 "글래시코드"라고 불렸으나 벤은 화음을 뜻하는 이탈리아어를 따서 "유리 아르모니카"라는 이름을 더 선호했다.

벤은 악기 연주법을 상세히 설명했다. 먼저 빗물로 유리와 연주자의 손을 깨끗이 닦는다("샘물은 보통 경수라서 거친 소리가 난다"). 그런 다음 창문을 전부 닫거나 커튼을 친다. 햇빛이나 바람 때문에 유리가 건조해질 수 있기 때문이다. 벤은 이 지시 사항을 잘 따르면 "손가락의 아주 미세한 압력만으로도 아름다운 소리가 나온다"고 말했다. 그랬으면 얼마나 좋았겠어요, 벤.

크레이븐 스트리트 7번지에도 유리 아르모니카가 있다. 긴 중심축에 그릇처럼 생긴 10여 개의 유리가 달린 괴상하게 생긴 장치다. 꼭 음주 문제가 있는 재봉틀 같다. 나의 연주 시도는 비참한 실패로 끝난다. 악기에서는 그 어떤 소리도 나지 않는다. 이론을 숙지했지만 이론에서 실천으로 도약하지 못했다.

벤에게는 그런 어려움이 없었다. 그는 자신의 발명품과 그 "비길 데 없는 맑고 아름다운" 소리에 크게 기뻐했다. '맑고 아름답다'는 말이 이해가 안 된다. 내가 듣기에 이 악기의 소리는 슬퍼하는 고래처럼 으스스하고 구슬프다. 어떤 사람은 이 악기의 소리가 마치 프랭클린 본인처럼 "보이지 않는 데서 흘러나와 모든 곳에 퍼진다"고 묘사했다. 유리 아르모니카에는 놀랍도록 신비하고 마법 같은 면이 있다. 그 소리를 듣는 사람은 마음속 무언가가 흔들릴 수밖에 없다.

나는 벤 프랭클린이 악기를 발명했다는 사실이 놀랍지 않다. 그는 음악을, 특히 소박한 민요를 좋아했고 바이올린과 기타, 하프시코드, 스피넷을 연주했다. 그러나 벤이 이 악기를 발명했다는 사실은 놀랍다. 유리 아르모니카는 정말이지 실용적이지 않다. 악기에 들어가는 10여 개의 유리그릇은 값비싼 데다 잘 깨진다. 그래서 이동이 쉽지 않다. 유리 아르모니카는 피아노 같은 선형적인 악기가 아니다. 논리적인 면이 전혀 없다. 오로지 감정과 정념뿐인 심장의 악기다. 처음 그 소리를 들은 사람들은 종종 감동의 눈물을 흘린다. 이건 단순한 요행일까, 아니면 벤이 우리가 모르는 무언가를 알았던 걸까? 아르모니카는 마음속에서 점점 끓어오르는 분노를 내보내는 그의 압력 조절 밸브이자 폭발하지 않고 분노를 방출하는 방식이었을까?

벤은 아르모니카를 혼자 간직할 수도 있었다. 그러나 그는 아르모니카가 얼마나 멀리 날아갈 수 있을지 궁금해하며 악기를 세상에 내보냈다. 유리공과 금속공 등 장인들과 악기의 도안을 공유했다. 사람들은 직접 아르모니카를 만들기 시작했고 곧 벤의 이 발명품은 큰 인기를 끌었다. 유럽 전역과 미국 식민지에서 음악회가 열렸다. 조지 워싱턴도 버지니아 윌리엄스버그에서 열린 한 연주회에 참석했다. 훗날 프랑스의 왕비가 되는 마리 앙투아네트도 빈에 머물 때 아르모니카 강습을 받았다. 모차르트와 베토벤은 아르모니카를 위한 곡을 작곡했다. 독일의 의사이자 가짜 최면술사였던 프란츠 메스머는 진료에 아르모니카를 사용했다.

1762년 잠시 필라델피아로 돌아왔을 때 벤은 아르모니카를 가지고 있었다. 어느 날 밤 데버라가 잠든 사이 그는 아르모니카를 연주하기 시작했다. 데버라는 그 소리가 "천사들의 음악"이라고 생각하며 잠에서 깨어났다.[4] 벤은 딸 세라(모두가 샐리라고 불렀다)

에게 아르모니카 연주법을 가르쳤다. 세라가 아르모니카를, 벤이 하프시코드를 맡아 이중주를 연주하기도 했다. 벤은 1776년 프랑스에도 아르모니카를 가져가서 친구들을 즐겁게 해주었다. 그는 자신이 만든 모든 발명품 중 아르모니카가 가장 마음에 든다고 말했다.

프랭클린은 다양한 발명품을 손으로 제작했지만 그 동기는 그의 거대한 마음에서 나왔다. 발명품 하나하나가 필요를 충족했다. 모든 발명품에 쓸모가 있었다. 벤은 형 제임스가 신장결석으로 괴로워하자 유연한 카테터를 발명했다. 사람들이 성공회 기도서의 옛날식 언어를 어려워하자 더 간소한 기도서를 만들었다. 여동생 제인이 철자를 어려워하자 발음과 철자가 동일한 알파벳을 발명했다. 때때로 그 필요는 자신의 것이기도 했다. 나이 들어더는 높은 선반에 있는 책을 꺼낼 수 없게 되자 그는 대신 책을 꺼내주는 "긴 팔" 장치를 발명했다. 필요는 발명의 어머니일 수 있지만 그 필요는 어떤 종류이며 누구의 것일까? 잔인하게 들릴지 몰라도 모든 어머니가 똑같이 가치 있는 것은 아니다.

유리 아르모니카의 어머니는 누구였을까? 실용주의는 아니다. 이 악기는 몸의 통증을 완화하지도, 송달 속도를 높이지도, 번개 같은 위험을 분산하지도 않았다. 그저 음악을, 그것도 이상한 음악을 만들 뿐이었다. 아르모니카는 감성적인 벤이 본인을 위해 발명한 것이었다. 시를 읽을 때, 오랜 출타 끝에 미국 해안을 발견했을 때, 신이 내린 게 분명한 천상의 소리를 들었을 때 눈물을 흘리던 벤을 위해서.

그러나 신은 변덕스럽고 그건 아름다움도 마찬가지다. 18세기가 끝나갈 무렵 아르모니카는 광채를 잃었다. 이 악기는 잘 깨지고 너무 비쌌으며 당시 유행하던 대규모 공연장에 적합하지 않았다. 아르모니카 연주자는 손가락 신경이 과도하게 자극되어 미쳐버리거나 요절한다는 소문이 돌았다.

아르모니카는 멸종 위험에 처했다. 그러다 20세기 초에 되살아나 오늘날까지 생존하고 있다. 영화 〈해리 포터〉 시리즈나 오스카 수상작인 〈그래비티〉를 보면 프랭클린이 발명한 유리 아르모니카의 소리를 들을 수 있다. 오늘날 이 악기를 능숙하게 연주하는 연주자는 한 줌 정도다. 그중 할리우드에서 찾는 아르모니카 연주자인 앨러스데어 멀로이와 만날 약속을 잡는다. 그는 다부진 스코틀랜드인이다.

워털루에 있는 내 호텔에서 몇 블록 걸어가 템스강 옆에 있는 로열페스티벌홀에 도착하니 앨러스데어가 테이블에 앉아 나를 기다리고 있다. 안색이 좋고 숱 많은 흰머리가 부스스하다. 그를 보니 프랭클린이 생각난다. 최근 이런 일이 무척 잦다. 내가 점점 미쳐가고 있는 건 아닌지, 만사가 벤으로 보이는 망치 든 남자가 된 건 아닌지 걱정된다.

앨러스데어가 좋다. 그가 내 부족한 음악 지식을 너그럽게 이해해줘서 좋다. 아르모니카를 가까운 사람처럼 말하는 방식이 좋다(그는 "나는 아르모니카를 어루만집니다"라고 말한다). 그는 자기 일이 음악 연주가 아닌 "유리그릇이 말하게 하는 것"이라고 설명한다. 그가 아르모니카를 연주한다기보다는 아르모니카와 교감한다는 사실이 좋다.

"손가락으로 악기의 진동을 고스란히 느낍니다." 앨러스데어가 말한다. "내가 연주해본 다른 악기와는 완전히 달라요. 훨씬 사적인 경험이죠." 그래서 프랭클린이 아르모니카에 끌렸을 거라고, 앨러스데어는 생각한다. 프랭클린은 아르모니카를 통해 정신없고 부담스러운 런던의 삶에서 벗어나 오로지 자신에게 집중할 수 있었다. 가장 쓸모 있는 사람에게도 혼자만의 시간이 필요하다.

나는 아르모니카 연주에 실패했다고 말한다. 그 유리그릇들은 내게 말하려 하지 않았어요. 비결이 있나요?

"그릇을 한번 깨끗하게 닦아봐요." 앨러스데어가 말한다. 그런 다음 손가락을(손끝이 아닌 첫 번째 마디를) 그릇 저쪽 끝에 올리고 자신과 가까운 쪽으로 당겨야 한다. 처음에는 빠르게 움직이다가 점점 속도를 늦추면 그릇과 내가 연결되는 느낌이 들면서 소리가 날 것이다. 섬세한 터치가 핵심이다. "아주 사적인 악기예요." 앨러스데어가 말한다. 그러자 벤이 알몸으로 유리 아르모니카를 연주하는 모습이 머릿속에 떠오른다. 분명 그랬을 것이다.

앨러스데어에게 감사를 전하고 크레이븐 스트리트 7번지로 향한다. 삐걱거리는 계단을 올라간 다음 마치 멀미하는 선원처럼 한쪽으로 기울어진 바닥을 가로지른다. 마침내 유리 아르모니카 앞에 도착한다. 앨러스데어의 조언대로 스펀지를 이용해 유리그릇들을 닦고 악기의 전원을 켠다. 이 아르모니카는 전자 악기이고 분명 벤도 이런 개선은 좋아했을 것이다. 손가락에 물을 적신 다음 빙빙 도는 유리그릇의 저쪽 끝에 조심스레 갖다 댄다. 천천히 손가락을 내 쪽으로 당긴다. 아무 소리도 안 난다. 다시 해본다. 이번에는 손가락 움직이는 속도를 바꿔본다. 빠르게, 느리게, 그러다 다시 빠르게. 역시 아무 소리도 안 난다. 나와 안 맞나 보다. 나는 모차르트가 아니다. 내가 유일하게 연주해본 악기는 트롬본인데, 이웃과 그들의 반려견에게는 다행스럽게도 그 시도는 금세 끝났다.

나는 낙천적이지는 않지만 희망찬 사람이다. 우리는 두 단어를 혼용하지만 사실 둘은 다르다. 낙천주의자는 자기 행동이나 운이나 어쩌면 신의 개입을 통해 어떻게든 밝은 미래가 펼쳐지리라 믿는다. 희망찬 사람은 무조건 밝은 미래가 오리라 믿지는 않지만 모든 선함은 결국 자기 행동에서 나온다고 믿는다. 낙천주의자는 자신에게 승산이 있다고 믿는다. 희망찬 사람은 자신에게 승산이 없음을 알면서도 꿋꿋하게 자기 길을 간다. 희망은 역기를 들며 열심히 몸을 단련하는 낙천주의다. 벤 프랭클린은 낙천주의자가 아니었다. 그는 희망찬 사람이었다.

다시 한번 아르모니카 연주를 시도한다. 이번에는 손가락의 압력을 바꿔본다. 약하게, 세게, 그러다 다시 약하게. 그러자 마침내 들려온다. 소리다! 진심으로 누가 듣고 싶어 할 소리는 아니지만 소리는 소리다. 그리고 소리는 음악과 겨우 반걸음 떨어져 있다. 나는 유리 아르모니카와 교감했다. 들었어요, 벤? 당신과 나, 우리는 그리 다르지 않을지도 몰라요.

벤은 아마 자신의 길고 쓸모 있는 삶에서 가장 힘든 해였던

1774년 유리 아르모니카에 많이 의지했을 것이다. 1월 벤의 분노 관리 능력은 그때까지 경험한 적 없는 가장 힘겨운 시험대에 올랐다. 그 난리통은 선정적인 내용의 편지가 유출되면서 시작되었다. 매사추세츠의 왕립총독이었던 토머스 허친슨은 개인적인 편지에서 식민지 주민들을 훈육이 필요한 말 안 듣는 아이로 묘사하며 이들을 통제하지 않으면 "영원한 무정부 상태와 불복종"으로 이어질 것이라고 말했다.[5] 그러면서 이곳에서는 "영국인의 자유라 불리는 권리를 빼앗아야 한다"고 말했다.[6]

대서양 양쪽에서 분노가 폭발했지만 이유는 달랐다. 미국인 입장에서는 이 편지로 영국의 의도에 관한 최악의 공포가 사실로 입증된 것이었다. 한편 영국 관료들은 편지를 빼돌린 범인 색출에 나섰다. 결국 프랭클린이 자백했다. 바로 그가 편지를 누설한 사람이었다.

1월 29일 영국 관료들이 왕의 자문기관인 추밀원으로 프랭클린을 끌고 왔다. 타이밍이 좋지 않았다. 보스턴 차 사건의 소식이 런던에 전해진 것이 겨우 며칠 전이었다. 프랭클린은 한때 닭싸움이 열린 적이 있기 때문에 투계장이라는 이름이 붙은 작지만 고풍스러운 방으로 걸어 들어갔다. 그러고는 즉시 무언가가 잘못되었음을 느꼈다.

이날 방 안은 런던의 엘리트들로 가득했고, 이들의 고고한 시선은 맨체스터 벨벳으로 만든 간소한 적갈색 정장 차림의 이 미국인에게 집중되었다. 마치 모두가 "소를 잔인하게 괴롭히는 놀이에 초대받은" 것처럼 방 안에 긴장감이 가득했다.[7] 그 소는 바로 프랭클린이었다. 프랭클린은 덫 안으로 걸어 들어간 것이었다.

곧 구변 좋은 법무차관 알렉산더 웨더번이 프랭클린에게 준비한 모욕을 쏟아냈다. 그는 프랭클린을 "사회와 인간의 존경을 전부 잃은" 저속한 도둑에 빗댔다.[8]

그런 다음 웨더번은 테이블을 탕탕 두드리며 전기 과학자로서 프랭클린의 명성을 이용해 그를 영국과 식민지 사이에서 온갖 문제를 일으키는 "발명가이자 최초의 계획자"라고 칭했다. 그러면서 프랭클린이 미국에 있는 "영국 신민에게 분노와 흥분을 주입하려" 한다고 말했다. 마지막으로 웨더번은 프랭클린의 가장 소중한 자산인 그의 평판을 공격하며 닥터 프랭클린이 "열등한 세력과 어울린다"고 말했다.

그렇게 거의 한 시간이 흘렀다. 그 자리에 모인 영국 귀족과 고위 관료들이 웃고 박수 치며 한껏 즐거워하는 동안 프랭클린은 아무 말 없이 "손끝 하나 움직이지 않고 꼿꼿하게" 서 있었다.[9] 아무도 그의 분노를 알아차리지 못했다. 그의 표정에서는 아무것도 드러나지 않았다. 한 이야기에 따르면 심문이 끝나자 프랭클린은 방을 가로질러 웨더번에게 다가가 이렇게 말했다고 한다. "언젠가 내가 당신 주인을 보잘것없는 왕으로 만들고 말겠소."[10]

프랭클린이 정말 그런 말을 했을까? 나는 아닐 거라고 생각한다. 하지만 이건 좋은 이야기이고 벤은 좋은 이야기를 사랑했다. 좋은 이야기는 부정확할지언정 종종 중요한 진리를 담고 있다. 이 이야기는 프랭클린이 분노에 접근하는 방식을 잘 보여준다. 추웠던 1월의 그날 프랭클린은 자기 분노에 마개를 씌우며 이 분노를 더 강력하고 쓸모 있는 것으로 탈바꿈하겠다고 다짐했다.

벤 프랭클린이 미국인이 된 과정은 어니스트 헤밍웨이의《태양은 다시 떠오른다》의 주인공이 파산하게 된 과정과 비슷했다. 즉 서서히, 그러다 불현듯 진행되었다는 뜻이다. 프랭클린은 비록 환멸을 느끼고 있었지만 여전히 충실한 영국 신민으로 투계장에 걸어 들어갔다. 그리고 미국 저항군이 되어 걸어 나왔다.

19

어디로 가는지 모르겠다면
지나온 길을 돌아보라

벤 프랭클린은 평생 도시에서 살았다. 보스턴, 필라델피아, 이제는 런던. 그는 채링크로스의 정신없는 쇼핑객들 틈에서, 조지 앤드벌처 같은 술집에서 자유롭게 흐르는 맥주와 대화 사이에서 집 같은 편안함을 느꼈다.

그러나 도시를 누구보다 사랑하는 도시인도 가끔은 그 소음에서 벗어날 필요가 있다. 벤은 주기적으로 전원생활을 꿈꿨다. 미국 시골의 아름다움과 농사라는 "거듭되는 기적"을 극찬했다. 그러나 사실 그는 나만큼이나 소의 젖을 짜지도, 괭이로 밭을 갈지도 못했다.

1771년 여름 시골의 매력이 어느 때보다 강력하게 그를 끌어당겼다. 런던의 공기는 매연과 악취로 가득했다. 프랭클린은 데 버라에게 보내는 편지에서 "길마다 굴뚝이 있소……. 시골로 몇 킬로미터를 나가지 않고서는 절대 신선한 공기를 마실 수 없소"라고 말했다. 봄이 오는 둥 마는 둥 오지 않는 "혹독하고 지루한 겨울"이었다.

벤의 기분은 날씨를 반영했다. 그가 투계장에서 모욕당한 사건은 이로부터 3년 뒤의 일이지만 이미 스트레스가 극심해지고 있었다. 영국은 식민지를 남김없이 빨아먹을 작정인 듯했다. 1765년에 제정된 인지조례로 법률문서든 놀이용 카드든 상관없이 모든 종이에 세금이 부과되었다(인지를 붙일 것을 요구했다). 식민지 주민들은 영국이 미국으로 보낸 범죄자만큼이나 이 세금을 증오했다.

벤은 원래 여론에 동조하는 편이었지만 이번만은 분위기를 잘못 파악했다. 그는 의회에서 인지조례가 통과되자 한숨을 내쉬며 인지세는 불가피한 조치라고 말했다. "차라리 일몰을 막으려고 하는 편이 나을지도 모른다." 심지어 그는 친구인 존 휴스가 필라델피아의 인지 배급업자가 되도록 도와주었는데, 훗날 두 사람 다 이 일을 후회했다. 인지세의 배후에 프랭클린이 있다는 소문이 돌았다(그건 사실이 아니었다). 1765년의 어느 날 분노한 군중이 필라델피아에 있는 프랭클린의 집 앞에 모여들었다. 친구들은 도망치라고 데버라를 설득했다. 그러나 데버라는 무장하고 친척들과 가죽 앞치마 무리의 도움을 받아 가족의 집을 지켜냈다.

자신의 실수를 깨달은 프랭클린은 방향을 돌려 인지세에 반대하고 나섰다. 그는 자기 말에 귀 기울여줄 영국 관료라면 누구든 찾아갔다. 기사를 쓰고 정치 풍자만화를 그렸다. 1766년 2월 그는 영국 하원에서 약 200개의 질문에 대답했다. 자칭 "필라델피아의 프랭클린"은 눈부시게 활약했다. 그는 단호하지만 신중하게 대답하며 이 인기 없는 세금을 맹렬히 비난했다. 얼마 지나지 않아 의회는 인지조례를 폐기했다. 벤은 미국에서 평판을 지켜냈다.

그러나 영국 관료들은 여전히 그를 업신여겼다. 식민지 관할 장관이던 힐즈버러 경은 프랭클린이 제출한 신임장을 받지 않았다. 벤은 격분했으나(물론 통제된 분노였다) 이상하게도 영국 군주를 향한 충성심을 거두지 않았다. 그가 생각하기에 문제는 조지 왕이 아닌 의회에 있었다. 그는 "우리를 싫어하며 우리를 억압하고 착취하려 하는 부패한 의회의 독단적 권력에서 우리를 지킬 수 있는 가장 현실적인 방법은 [왕에게] 충성하는 것이다"라고 말했다.

1771년 여름 벤을 밀고 당기던 힘이 그에게 타격을 주기 시작했다. 벤의 친구 윌리엄 스트레이핸이 그의 아들에게 보내는 편지에서 말한 것처럼 벤에게 좀처럼 없던 우울의 징후가 나타났다. "그의 기분이 점점 안으로 침잠해서 선천적 무기력이 한층 심해진 바람에 그 어떤 일에도 참여하게 할 수가 없다네."[1]

전에는 몰랐던 벤의 모습이다. 내 안에도 있다. 체념과 학습된 무기력. 아무것도 소용이 없고 언제나 새로운 함정이 나를 기다리는 것 같을 때 자연스럽게 나타나는 반응은 셔터를 내리고 꼼짝하지 않는 것이다. 벤과 달리 내게는 심리치료와 다량의 약물이라는 마음껏 사용할 수 있는 도구가 있다. 여기서 위로를 찾아야 한다는 걸 알지만 나는 그러지 못한다. 이 치료법들의 무용함은 내가 이 질병 앞에서 무력하다는 사실을 더욱 강조할 뿐이다.

한 가지 유용한 치료법이 있다. 바로 이동이다. 한 블록을 힘차

게 걷거나 천천히 뛰기. 또는 시속 960킬로미터로 날아가는 보잉
사 비행기에 올라타기. 장소가 바뀌면 자신도 달라질 수 있다. 쉽
지 않고 영구적인 변화도 아니지만 나에겐 감지덕지다. 벤도 그
랬다. 런던의 퀴퀴한 공기와 시끄러운 논쟁 때문이기도 했지만
새로 시작할 글쓰기 프로젝트가 있어서이기도 했다. 이 글은 가
명으로 쓰는 기사나 과학 논문이 아니라 개인적인 글이었다. 친
구 조너선 시플리가 사우샘프턴 근처에 있는 광활한 시골 별장인
트위퍼드 하우스로 초대하자 벤은 조금도 망설이지 않고 초대에
응했다.

당시 시플리는 세인트아사프의 주교로 임명되었다. 벤은 성직
자 전반을 경멸했을지 몰라도 그들 한 명 한 명은 좋아했다. 신앙
부흥운동이라는 이름으로 알려진 종교 운동에 적극 앞장섰던 복
음주의 전도사 조지 화이트필드와의 뜻밖의 우정을 생각해보라.
화이트필드는 재미있고 감동적인 연설로 대규모 관중을 열광시
켰다. 그의 연설을 들으려고 수 킬로미터를 이동했던 코네티컷의
농부 네이선 콜은 "그의 설교가 내 심장에 깊은 흔적을 남겼다"라
고 말했다.[2]

화이트필드는 대의를 위해 사람들의 지갑을 여는 능력이 프랭
클린과 맞먹었다. 그는 어느 날 설교가 끝난 뒤 교인들에게 기부
를 요청했다. 그 자리에 있었던 프랭클린은 주저했으나 화이트필
드의 설득에 넘어가서 곧 "마음이 누그러지기 시작했다……. 그
는 감탄스러울 만큼 훌륭하게 연설을 끝냈고 나는 금붙이를 포함
해 주머니에 있던 것을 탈탈 털어 모금함에 넣었다." 더 관대한 사

람이 되도록 사람들을 구슬리는 능력이 탁월했던 프랭클린이 자신을 능가하는 강적을 만난 것이다.

두 사람의 관계는 서로에게 이득이었다. 프랭클린은 화이트필드의 설교를 인쇄해 돈을 벌었고 화이트필드는 프랭클린의 신문을 통해 사람들에게 주목받았다. 그러나 그게 다는 아니었다. 두 사람은 서로를 진심으로 아꼈다. 화이트필드가 병에서 회복하고 있을 때 프랭클린은 친척에게 보내는 편지에 그저 이렇게 썼다. "그는 좋은 사람이고 나는 그를 좋아한다네."

프랭클린은 조너선 시플리도 좋아했고 그를 가장 가까운 친구 중 하나로 여겼다. 시플리와 그의 아내 애나, 막내가 열한 살이고 첫째가 스물세 살이었던 두 사람의 다섯 딸은 프랭클린의 가족과도 같았다. 그는 "방해받지 않는 한가한 시간"을 고대하고 있다고 말했다.

트위퍼드 하우스를 직접 보고 싶었다. 벤이 런던에서 살던 집과 달리 트위퍼드 하우스는 일반인에게 공개된 박물관이 아니라 누군가의 집이다. 찾아보니 이 집의 소유주는 레일런드라는 성을 가진 영국 가족이다. 그들은 프랭클린의 팬일까? 그러길 바랐다.

애나 레일런드에게 메일을 보내 벤을 향한 나의 집착을 설명한다. 미친 사람처럼 보이지 않기 위해 벤이 공기욕을 하는 망상을 즐긴다거나 벤의 방귀 이론에 푹 빠졌다는 등의 자세한 내용은 생략한다. 물론 가망 없는 시도다. 애나와 그 가족에게는 각자의 삶이 있고, 오래전에 죽은 벤 프랭클린에게 집착하는 신경증적인 미국인 작가에게 내줄 시간은 없을 것이다. 나는 영국인의 정중한 거절을 예상하며 마음의 준비를 한다.

안녕하세요, 에릭.

기쁜 마음으로 트위퍼드 하우스에 당신을 초대합니다.
편한 시간과 날짜를 알려주세요.

감사합니다, 애나 드림.

늘 최악의 인간을 가정할 필요는 없다는 사실을 다시 한번 되새긴다. 벤은 그런 가정을 하지 않았다. 나보다 악을 훨씬 많이 목격했음에도. 애나가 트위퍼드 하우스로 오는 길을 자세히 알려준다. 그러면서 빠른 길로 오고 싶은지, 경치 좋은 길로 오고 싶은지 묻는다. 어려운 결정이다. 벤에게 조언을 청한다. 한편으로 그는 빠른 길에 찬성한다. "잃어버린 시간은 절대 되찾을 수 없으며, 시간은 충분하다고 생각해도 언제나 부족하기 마련이다." 그러나 한편으로 벤은 여행이 삶을 연장한다고 믿었으므로 논리상 경치 좋은 길이 옳은 선택이다. 그래, 나는 경치 좋은 길로 갈 것이다.

지그재그로 스키를 타듯 워털루역의 붐비는 인파 사이를 뚫고 사우스이스턴 기차에 오른다. 오전 9시 53분에 출발해 푸르른 전원 지대를 83분간 쏜살같이 달린 끝에 목적지에 도착한다. 벤은 똑같은 이 80킬로미터의 거리를 온종일 마차로 이동했다. 막 65세가 된 그는 비교적 건강이 좋았기에 아마 이 여정을 잘 버텨

냈겠지만 노화로 신장결석 등 여러 질환을 앓았기에 덜컹거리는 마차 여행이 고달프기도 했을 것이다.

쇼퍼드에서 내린다. 술집 하나 외에는 별다른 게 없는 앙증맞은 영국 마을이다. 애나가 가르쳐준 길을 따라간다. 구글 지도가 알려줄 수 있는 그 어떤 길보다 훨씬 친밀하다. 송어가 유명한 이 첸강을 따라가다 보니 왜 벤이 "트위퍼드의 맑은 공기"를 음미했는지 알겠다. 나는 사치스러울 만큼 깊게 숨을 들이쉰 뒤 결론짓는다. 실제로 이곳은 공기가 맑고 호젓하다. 강물에 쫄딱 젖은 개들이 내 옆을 지나가고, 주인들이 그 뒤를 바짝 따라가며 사과를 잔뜩 쏟아낸다. 그 사과가 진심이 아니라는 걸 안다. 이런 가식은 벤이 말한 진실함의 미덕을 위반한 것일까? 모르겠다. 이런 작은 예의는 기만적일 수 있지만 사람을 다치게 하지는 않는다. 유용한 기만이야말로 공손함의 정의다.

조금 더 걸으니 "트위퍼드 하우스 입구"라고 쓰인 간판이 나온다. 입구를 지나 자갈 깔린 진입로로 들어선다. 저기 집이 있다(사실 저택에 더 가깝다). 21세기의 도로에서 멀찍이 떨어진 이 집은 규모를 줄인 다운튼애비처럼 생겼다. 근처에 다른 집이 있는지는 모르겠지만 내게는 보이거나 들리지 않는다.

애나 레일런드와 남편 벤(당연히 그의 이름은 벤이다), 두 사람의 자녀 앨피와 에이라가 나를 반갑게 맞아준다. 다들 몸이 날씬 탄탄하고 치아가 가지런하며 옷을 깔끔하게 다려 입었다. 완벽이라는 단어가 머릿속에 떠오르지만 나는 완벽이 환상임을, 거리라는 마법에 의존하는 속임수임을 안다. 사람들의 삶은 보통 멀리서는 반짝반짝 빛나는 도시의 스카이라인처럼 완벽해 보인다. 그러나 가까이 다가가면 얼룩덜룩한 자국과 결점이 보이기 시작한다. 벤 프랭클린의 삶은 완벽하지 않았다. 나의 삶은 말할 것도 없다. 그리고 분명 레일런드 가족의 삶도 마찬가지일 것이다.

집 안으로 들어서자 (벤이 묵었던 바로 그 집이다) 즉시 이곳이 좋아진다. 크고 오래된 이 집은 박물관이 아닌 가정집 느낌이다. 무슨 말을 해야 할지 몰라서 호들갑을 떤다. "정말 아름다운 고택이네요."

벤 레일런드가 사실 프랭클린에게 이 집은 최신 설계로 지은 신식 주택이었다고 설명한다. "오늘날로 치면 유리와 강철로 지은 건물에 묵는 것과 다름없었어요." 오래됨. 새로움. 둘 다 맥락 없이는 아무 의미도 없는 상대적인 단어다.

레일런드 가족은 이 집을 구매할 때 프랭클린과의 관련성을 알았다. 당연하게도 부동산 중개업자가 알려주었다. 역사적 가치를 증명하는 이보다 더 좋은 증거가 어디 있겠는가? 유서 깊은 과거(프랭클린이 이곳에서 묵었대!)는 집값을 올리고 뒤숭숭한 과거(여기서 사람이 살해당했대!)는 집값을 떨어뜨린다. 부동산과 역사는 공통점이 많다. 둘 다 지역이라는 견고한 기반과 인식이라는 불안정한 기반 위에 서 있다.

애나가 나를 데리고 바깥으로 나선다. 눈앞의 경치에 말문이 막힌다. 금속 같은 회색 하늘을 배경으로 백악질 언덕이 펼쳐져 있고 저 멀리 내가 따라온 강이 보인다. 프랭클린이 본 바로 그 경치다. 우리는 자리에 앉아 차를 마시고 스콘을 먹는다. 내가 뻔한 질문을 던진다. "여러분은 벤 프랭클린이 방문했던 집에 살고 있고,

당시 이 집에 살았던 여자 주인의 이름은 애나였어요. 그런데 두 분의 이름도 벤과 애나잖아요. 무슨 신비한 힘이 작용하고 있는 건가요?"

벤 레일런드는 순전한 우연, 딱 그뿐이라고 말한다. 애나는 확신하지 못한다. 아들 앨피가 종종 대화를 나눴다지만 앨피 외에는 아무도 본 적이 없는 "친절하고 멋진 남자"가 누군지도 확신하지 못한다. 어린 소년의 풍부한 상상력의 산물일 수도 있지만 진실은 아무도 모른다. 가능성주의자였던 프랭클린이라면 가능성을 열어두었으리라. 그 뒤에 아무것도 없다고 확신하기 전까지는 절대 문을 닫아선 안 된다.

나는 반쯤은 무의식적으로 프랭클린이 트위퍼드 하우스에서 맡았던 역할, 바로 지혜롭지만 살짝 맛이 간 삼촌 역할에 빠져든다. 프랭클린에 대한 나의 마르지 않는 잡학 상식으로 레일런드가의 아이들을 즐겁게 해준다. 프랭클린이 유리 아르모니카라는 악기를 발명했고 그 악기가 "해리 포터" 영화에도 나온 거 알았어? 프랭클린이 이탈리아어와 스페인어를 읽을 수 있었다는 거 알았어? 프랭클린이 대서양을 여덟 번 횡단했다는 거 알았어? 프랭클린이 유연한 카테터를 발명했다는 거 알았어? 잠깐. 마지막은 아이들 나이에 전혀 안 맞는 질문이다. 나는 벤처럼 방향을 틀어 앨피에게 이렇게 오래된 집에 살면 기분이 어떤지 묻는다.

"음." 앨피가 여덟 살답지 않게 현명한 답을 내놓는다. "과거에 여기 뭐가 있었고 누가 살았는지를 생각하면 큰 힘이 돼요." 프랭클린도 이보다 더 나은 답을 내놓지는 못했으리라.

우리는 차를 다 마시고 집 근처를 산책한다. 애나가 거대한 오디나무를 가리킨다. 벤이 필라델피아의 프랭클린 코트에서 그늘에 앉곤 했던 나무와 똑같이 생겼다. 나무는 우리의 보잘것없는 수명을 비웃는다. 나무는 시간이 흐른 뒤에야 자신의 진짜 본성을 드러낸다. 그건 집과 사람들도 마찬가지라고, 21세기의 벤이 지적한다. "인격은 패턴이에요." 그가 말한다. 18세기의 벤도 동의했을 것이다. 그러나 그건 무작위로 습득한 패턴이 아니다. 인격은 우연히 발생하지 않는다. 인격은 빚고 형성할 수 있다. 그래서 프랭클린이 덕 있는 좋은 습관을 들이려고 그토록 애쓴 것이다. 프랭클린은 인격이 주어지는 것이 아니라 늘 획득하는 것임을 잘 알았다. 여덟 살 난 아이(앨피만큼 총명하고 조숙한 아이)가 강렬한 인상을 남길지라도 그것을 아이 고유의 인격이라고 하지는 않을 것이다. 인격이 형성되는 데는 시간이 필요하다.

트위퍼드 하우스는 어디 못지않게 개성이 뚜렷하고 또 놀라움이 가득하다고, 벤 레일런드가 말한다. 천장이 무너졌을 때나 중앙난방이 없다는 것을 알게 되었을 때처럼 말이다. "그리고 바닥이 약간 흔들거려요." 애나가 덧붙인다. "위층으로 갈수록 더 심하게 흔들린답니다." 땅에서 18세기 코트 단추를 발견했을 때나 밀폐된 창턱 밑에서 직소 퍼즐 세 개를 찾았을 때처럼 유쾌한 깜짝 선물도 있었다. 현재 액자에 넣어서 거실 벽에 걸어둔 이 퍼즐들은 영국과 프랑스의 지도다. 날짜는 1767년으로 적혀 있다. 그건 프랭클린이 시플리 가족에게 준 선물이었을까? 시플리의 딸들이 한 숙제였을까? 답은 아무도 모른다.

레일런드 가족은 프랭클린이 살던 시대와 똑같이 트위퍼드 하우스의 비옥한 땅에서 사과와 장미, 애나벨수국을 키운다. 에이라가 나무에서 블랙커런트 하나를 따서 내게 건네준다. 나는 망설이며 나무가 아닌 슈퍼마켓에서 나는 음식에 관한 시시한 농담을 던지다가 결국 블랙커런트를 입에 넣는다. 달고 맛있다.

다 함께 자갈길을 걸어 흰색 창문과 아치형 입구가 있는 작고 빨간 벽돌집에 도착한다. 분홍색 꽃을 피운 장미 넝쿨이 앞 벽을 타고 올라가 있다. 여기가 그곳이다. 250년 전 8월의 어느 날 아침 벤 프랭클린이 자리에 앉아 손에 깃펜을 쥐고 미국 문학의 고전이 된 본인의 자서전을 쓰기 시작한 곳.

벤은 커다란 종이를 반으로 접어 그 위에 글을 썼다. 각 페이지는 대략 노트북 크기인 가로 38센티미터, 세로 25센티미터 정도였다. 벤은 종이 왼쪽에는 원고의 초안을 쓰고 오른쪽에는 주석을 남겼다. 저녁마다 그날 쓴 내용을 자서전의 첫 독자인 시플리 부부와 다섯 딸들에게 읽어주었다.

적어도 처음에는 글이 술술 나오지 않았다. 벤은 첫 쪽을 가장 많이 수정했다. 글쓰기에 뚜렷한 목표가 없었던 그는 미지의 영역을 헤매고 있었다. 책은 이렇게 시작한다. "사랑하는 아들에게." 그는 서간체를 이용해 윌리엄에게 손을 내밀었다. 두 사람은 점점 멀어지고 있었다. 당시 마흔 살이었던 윌리엄은 4800킬로미터 떨어진 뉴저지에서 적어도 어느 정도는 아버지의 연줄 덕에 왕립총독 자리를 맡고 있었다. 그러나 두 사람을 갈라놓은 것은 거리만이 아니었다. 런던에서 상류층과 함께 교육받은 윌리엄은 영국의 통치에 점점 반감을 느끼던 제 아버지와 달랐다. 윌리엄은 충성스러운 왕당파였고 이후로도 이 입장은 변하지 않았다.

프랭클린에게는 자기 삶을 살면서 동시에 관찰할 수 있는 드문 능력이 있었다. 그는 호기심을 느끼면서도 초연하게, 즉 기독교인이 신성한 무관심이라고 말하는 정신 상태로 자신과 거리를 둘 수 있었다. 프랭클린의 프랑스인 친구였던 라로슈푸코 공작은 "그는 마치 다른 사람 이야기를 하듯 자기 이야기를 한다"고 말했다.[3] 바로 이 능력 덕분에 프랭클린의 자서전이 그렇게 재미있는 것이다. 벤은 자신을 지나치게 심각하게 대하지 않는다. 그는 종종 자학적인 유머를 곁들여 자신의 결점과 의심을 기꺼이 드러낸다. 애덤스와 제퍼슨을 비롯한 다른 건국의 아버지들은 그렇지 않다. 그들의 딱딱한 회고록은 독자의 끄덕임은 자아내도 미소는 끌어내지 못한다.

그러나 벤의 정직함은 여기까지다. 그는 자기 내면에 아무 관심이 없었다. 성 아우구스티누스 같은 자기 탐구나 루소 같은 숨김없는 고백은 없다. 벤은 종이 위에서 벌거벗지 않는다. 그의 자서전은 경제적으로, 또 도덕적으로 출세하는 방법을 알려주는 유용한 DIY 가이드다. 나는 이 자서전이 미국 최초이자 여전히 최고인 자기 계발서라고 생각한다. 벤(또는 그가 종이 위에 창조한 인물)은 재미있고 영리하고 야심만만하다. 무엇보다 그는 뛰어난 수완으로 자수성가한 최초의 미국인이다.

당시에는 자아를 바라보는 태도가 변하고 있었다. 한때는 알 수 없는 신비한 것이었던 자아가 이제는 안을 들여다볼 수 있는 것, 풀 수 있는 암호로 여겨졌다. 시인 알렉산더 포프는 이렇게 말했다. "거대한 미로! 그러나 지도가 없지는 않다네."[4] 보통 그 지도는 말년이 되어서야 모습을 드러내지만 당시 프랭클린은 말년 근처에도 다다르지 않았다. 그는 한창인 65세였고 생산적인 앞날이 창창히 남아 있었다. 그는 꾸준히 운동했다. 절대 흡연하지 않았고 한 세기 뒤에는 담배의 유행이 끝나리라 예측했다(옳은 생각이었지만 타이밍이 틀렸다).[5] 게다가 그에게는 좋은 유전자가 있었다. 그의 어머니는 85세까지, 아버지는 89세까지 살았다.

처음에 나는 벤이 추억에 잠기려고 했다는 사실이 놀라웠다. 그는 가능성주의자였다. 가능성은 과거가 아닌 미래에 있지 않나? 꼭 그런 것만은 아니다. 미래는 과거가 필요하며 과거 없이는 존재할 수 없다. 새로운 시도 앞에서 우리는 가장 최근의 시도를 떠올린다. 그 시도는 성공이었나, 실패였나? 과거라는 감각이 없으면 그 무엇도 새로운 것으로 인식될 수 없다. 프랭클린은 이렇게 말했다. "현재를 즐기고 과거를 기억하라."

몇 년 전 프랭클린과 윌리엄은 런던에서 북쪽으로 120킬로미터 떨어진 마을인 엑톤을 방문했다. 엑톤은 수 세대에 걸쳐 프랭클린 가문의 터전이 된 곳이었다. 10형제의 막내(여자 형제를 포함하면 13남매 중 10번째였다-옮긴이)였던 벤은 자기 아버지 역시 막내였으며, 할아버지와 증조할아버지 등 5대에 걸쳐 모두가 막내였다는 사실을 알고 감탄했다. 그는 도플갱어를 발견하기도 했다. 기발한 문제해결사이자 "모든 공공사업의 주동자"였던 토머스 삼촌은 정확히 벤이 태어나기 4년 전에 세상을 떠났다. 윌리엄은

토머스 삼촌이 벤의 생일과 같은 날에 죽었다면 "누군가는 환생이라고 생각했을지도 모른다"라고 말했다.[6]

벤 프랭클린 같은 미래주의자도 과거라는 견고하고 든든한 기반 위에 설 필요가 있었다. 그는 역사를 매우 중요하게 여겼다. 펜실베이니아 대학교의 전신인 필라델피아 아카데미를 설립했을 때는 역사를 (수영과 함께) 핵심 과목으로 편성했다. 그러나 왜인지 우리는 프랭클린의 이런 측면을 망각하고 그를 과거가 아닌 미래만을 내다보는 선지자로 탈바꿈했다. 물론 프랭클린은 진취적인 사람이었지만 앞으로 내달리면서도 절대 자기 뿌리를 놓치지 않았고 한 현대 학자의 말처럼 "인간은 역사를 지닌 동물"임을 절대 잊지 않았다.[7]

얼마 전 황니엔셩이라는 이름의 프랭클린 팬과 전화로 대화를 나눴다. 그는 중국에서 자랐고 고된 삶을 살았다. 문화대혁명 때는 네이멍구에 10년간 유배되었다. 결국 그는 미국으로 이주해 코넬 대학교에 입학했고 그곳에서 미국 역사를 배우며 프랭클린을 전문으로 연구했다. 그가 역사학을 선택한 것은 우연이 아니다. 중국은 역사가 넘쳐흐르지만 우리 미국은 발목까지 오는 얕은 물을 건너고 있다.

"많은 중국인에게 미국은 갓난아기일 뿐입니다." 그가 말했다. "우리 미국인은 역사에 아무런 관심이 없어요. 10년이 넘으면 오래된 거예요. 우리는 끊임없이 새로운 것, 신선한 것, 전과 다른 것을 찾아요. 과거에 귀 기울일 시간이 없어요. 이게 바로 우리가 여러 분야에서 빠르게 발전할 수 있었던 이유죠. 하지만 이런 태도에는 대가가 따라요."

"어떤 대가요?" 내가 묻는다.

그는 지혜를 잃어버리는 것이 가장 큰 대가라고 말했다. "해답은 이미 여기에 있어요. 그저 우리가 더 이상 귀 기울이려 하지 않을 뿐이죠." 벤 프랭클린은 귀 기울였다. 과거는 앎으로 향하는 또 하나의 문이었고 프랭클린은 언제나 그 문을 살짝 열어놓았다.

과거의 향수병은 오늘날과 달랐다. 향수병은 오랫동안 정신 질환으로 여겨졌다. 노인의 향수병은 점점 다가오는 치매의 징후였고 청년의 향수병은 신경 손상의 징후였다. 증상으로는 억제할 수 없는 눈물과 식욕 감퇴, 자살 사고 등이 있었다. 회상은 비자발적인 행위였다. 그건 우리가 하는 일이 아닌 우리에게 일어나는 일, 매우 끔찍한 일이었다. 향수병이라는 용어를 만든 17세기 스위스 의사 요하네스 호퍼는 향수병이 "사실상 악령이 일으키는 뇌 질환"이라고 결론 내렸다.[8]

향수병을 바라보는 이런 어두운 시선은 21세기까지 이어졌다. 영국의 소설가 서머싯 몸은 당시 만연했던 이 정서를 이렇게 표현했다. "노년을 견디기 힘든 이유는 정신적, 신체적 능력이 감퇴해서가 아니라 기억이라는 짐이 너무도 무겁기 때문이다."[9] 그러나 기억은 꼭 짐일 수밖에 없을까? 노년은 꼭 견디기 힘든 것이어야 할까?

그렇지 않다고, 1963년의 획기적인 논문에서 정신과 의사인 로버트 버틀러가 말했다.[10] 그는 이 새로운 관점을 설명하기 위해 직접 "생애 검토$^{\text{life review}}$"라는 용어를 만들었다. 회상은 병이 아니라 "자연스럽게 발생하는" 치유 행위다. 해결하지 못한 해묵은 갈등이 다시 떠오르면 우리는 그 갈등을 "점검하고 재구성할 수 있다." 삶에 새로운 의미가 생기고 죽음의 가능성은 전만큼 두렵지 않다. 버틀러는 회상을 장려해야 한다고 결론짓는다. 그는 익명의 76세 남성이 한 말을 인용한다. "거의 언제나 머릿속 한편에서 내 인생을 생각합니다. 그러지 않을 수가 없어요. 옛 생각이 나를 가지고 놉니다. 가끔 나는 그 생각과 같이 놀기도 하고, 그 생각을 부추기거나 음미하기도 해요. 가끔은 그냥 떨쳐내 버리고요."[11]

최근 많은 연구가 이 관점을 뒷받침하고 있다. 삶을 검토하는 (자기 이야기를 하는) 단순한 행위가 우울과 불안을 줄이고 삶의 만족도를 높이는 것으로 드러났다. 회상은 낙관을 키우고 쓰라린 외로움을 누그러뜨린다. 우리를 더 행복하게 해준다. 과거는 낯선 나라일 수 있지만 주기적으로 방문하면 좋을 나라이기도 하다.

생애 검토라는 개념이 마음에 들긴 하지만 용어는 별로다. 꼭 신이 우리 실적을 평가하는 느낌이다. 나는 '생애 이야기'를 선호한다. 검토는 보통 해피엔딩으로 이어지지 않는다. 이야기는 종종 해피엔딩으로 이어진다.

우리는 자기 과거를 바꿀 순 없지만 과거를 인식하는 방식은 바꿀 수 있다. 생애 검토 또는 생애 이야기는 수동적이 아니라 적극적인 활동이다. 우리는 과거를 회상하지만 그 내용은 현재에서 펼쳐진다. 기억은 주관적이고, 사진 촬영보다는 그림 그리기에 가까운 창의적 행위다. 자기 생애를 이야기하면 과거를 지배하고 통제하는 느낌을 되찾을 수 있고, 운이 좋다면 수용에 다다를 수도 있다.

자기 삶을 돌아보면 더 행복해지는 이유는 무엇일까? 중국 광저우에서 이 문제를 조사한 연구원들은 비밀 재료(사회과학 용어로는 "매개 요인"이라고 한다)를 발견했다.[12] 바로 감사함이었다. 우리는 자기 삶을 돌아보며 종종 후회가 아닌 감사함으로 충만해진다. 연구 결과를 읽으니 도리 없이 벤의 호소가 떠오른다. "입 다물고 감사하라." 나는 벤을 트위퍼드 하우스와 자서전의 첫 장으로 이끈 것이 바로 이 감사함이었다고 생각한다. 벤은 감사하는 마음으로 넘쳐흘렀고 이 감상을 타인과 나누고 싶었다. 무엇보다 그는 다른 이들도 이 행복한 장소에 다다를 수 있도록 로드맵을 만들고 싶었다.

처음에는 레일런드 가족이 부러웠다. 나는 벤의 세계에 잠시 발을 담갔다 뺀다. 레일런드 가족은 그 안에 온몸을 푹 담그고 있다. 그들은 벤이 잤던 방에서 잔다. 벤이 걸었던 땅을 걷는다. 개를 산책시킬 때나 쓰레기를 내놓을 때 우연히 또 프랭클린의 유산을 발견할지도 모를 일이다. 나는 생각한다. 저게 나일 수도 있는데. 내가 이곳에 산다면, 또는 더 정확히 말하면 내게 이곳에 살 능력이 있다면. 프랭클린과 이름이 같은 벤저민 레일런드는 금융계에 종사한다. 그의 화폐는 화폐다. 나의 화폐는 아이디어다. 여기에 불만은 없지만 벤이 글을 썼던 곳에서 글을 쓸 수 있다면 어떨지 생각하니 군침이 나온다.

그 침은 줄줄 흐르기보다는 몇 방울 떨어지는 수준이다. 몇 분 뒤 나는 깨닫는다. 아니, 나는 프랭클린이 머문 곳에서 글을 쓰고 싶지 않다. 내가 가장 글을 쓰고 싶지 않은 곳이 있다면 바로 여기다. 피렌체의 예술가들과 아테네의 철학자들을 만났던 때를 떠올린다. 그들은 엉망진창이었다. 그 도시에 깃든 과거의 영광이 그들을 짓누르고 있었다. 화려한 과거는 영감을 불러일으킬 수 있다. 그러나 사람을 마비시킬 수도 있다. 나는 언제든 워싱턴 D.C.의 교외에 있는 내 작은 서재를 택할 것이다.

내 하이브리드 시계를 확인한다. 손님에 관한 프랭클린의 유명한 불문율을 아직 어기지 않았다. 나는 3일 지난 생선처럼 악취를 풍기진 않지만 굳이 그때까지 기다릴 필요는 없다. 이제 레일런드 가족을 거대한 오디나무와 애나벨수국과 개성과 벤의 흔적이 가득한 집에 남겨두고 떠나야 할 때다.

21세기의 벤이 미니쿠퍼 전기차로 기차역까지 태워주겠다고 한다. 나는 뒤돌아서 내가 집 떠나는 가족인 것처럼 미소 지으며 손을 흔들고 있는 애나와 앨피와 에이라를 바라본다. 나도 손을 흔들다가 문득 가슴속에 차오르는 따뜻한 느낌에 허를 찔린다. 나는 이 사람들을 잘 모른다. 우리는 방금 만났다. 그러나 나는 레일런드 가족을, 특히 아주 밝고 호기심 많은 앨피를 그리워할 것 같다. 앨피는 아직 어리지만 앞으로 점점 인격이 형성될 것이다.

프랭클린이 런던으로 향하는 길고 덜컹거리는 길을 떠나려고 마차에 오를 때 이런 기분이지 않았을까. 그는 낙원을, 트위퍼드의 맑은 공기를 떠나 먼지와 매연과 정중한 영국인의 기만이 가득한 세계로 돌아가야 했다. 내가 느끼는 가라앉는 듯한 기분, 선원들이 퍼내는 것보다 더 빠른 속도로 물이 차오르고 있는 배 같은 기분을 프랭클린도 느꼈을지 궁금하다. 그는 그렇지 않았을 것이다. 벤의 감정적 구명조끼는 휴대용이었다. 그는 어디든 그 조끼를 들고 다녔다.

런던으로 돌아오는 기차에서 점점 도시로 바뀌는 창밖 풍경을 바라보며 생각한다. 나도 벤처럼 내 생애를 검토하면 어떨까? 지금 내 나이는 당시의 벤보다 그렇게 어리지도 않다. 게다가 나에게는 벤은 꿈도 못 꿨던 도구들이 있다. 노트북과 카메라, ADHD 약. 그러나 거부감이 느껴진다. 벤과 달리 나는 건국의 아버지가 아니다. 건국의 삼촌도, 심지어 건국의 9촌도 아니다. 그러나 자리에 앉아 회고록을 쓰기 시작한 1771년의 벤도 마찬가지였다. 물론 그때도 그는 유명했고 (대다수에게) 존경받았지만 독립선언문을 작성하고 제헌회의에 참석한 그 대단한 프랭클린은 아직 아니었다.

그럼에도 거부감은 사라지지 않는다. 생애 검토는 나이 든 사람이나 하는 일 같고 나는 나이 들지 않았다. 내 생애는 아직 끝나지 않았는데 왜 검토하고 싶겠는가?

클래펌커먼역쯤에 도착했을 때 내 합리화가 얼마나 터무니없는지 문득 깨닫는다. 진행 중인 삶을 검토한다는 것은 곧 경로를 크거나 작게 수정할 시간이 있다는 뜻이다. 생애 검토는 생애 개선을 위한 첫걸음이다. 그동안 어디를 거쳐 왔는지 알지 못한다면 어디로 향할지도 알 수 없다.

지금까지는 내 혈통에 별 관심이 없었다. 내가 그나마 시도했던 가족 내력 탐구는 따분함과 드라마라는 희귀하고도 불편한 조합을 드러냈다. DNA 검사를 받은 적이 있다. 내가 하고 싶어서가 아니라 NPR에서 방송할 기사를 쓰기 위해서였다. 작은 튜브에 침을 뱉고 며칠 지나자 받은메일함에 결과지가 도착했다. 제목을 클릭하고 분명 지금껏 나온 것 중 가장 따분했을 혈통 보고서를 읽기 시작했다. 주로 동유럽과 러시아 출신인 아시케나지 유대인 95퍼센트. 내가 2퍼센트 남아시아인이라는 내용을 보자 희망이 부풀어 올랐다. 그러나 2퍼센트는 통계적으로 무의미하다. Ancestry.com에서 일하는 선한 사람들이 내 기분을 달래주려고 끼워 넣은 것 같다.

그러나 이 지극히 단순한 유전자 풀에 어둠이 도사리고 있다. 삼촌 한 분은 자살로 돌아가셨다. 수십 년 뒤 내 아버지도 자살을 시도할 기미를 보였고 우울증으로 잠시 병원에 입원했다. 내 안에도 이 악마들이 있음을 안다. 솔직히 나는 이 악마들을 저지하느라 매일 고군분투한다. 내 악마들은 절대 잠들지 않는다. 기껏해야 짧고 굵게 낮잠을 잘 뿐이다. 과거를 파헤치다가 겨우 재운 이 악마들을 흔들어 깨울까 봐 두렵다.

게다가 곧 있을 나의 생일, 숫자 6이 들어 있는 그 생일은 곤란한 나이의 시작을 의미한다. 노령의 청소년기랄까. 내 10대 딸이 다 큰 독립적인 여성이었다가 금세 아빠가 만두를 만들어주면 정말 정말 좋겠다고 졸라대는 힘없는 아이가 되듯이, 나 역시 젊은

이다운 패기(난 무엇이든 할 수 있어!)를 보이다가도 내가 결코 늙은 나이는 아니지만 그렇다고 더 이상 젊지도 않다는 사실을 냉정하게 깨닫곤 한다.

벤은 불안함 없이 나이 들었다. 그가 쓴 편지들을 검토하면서 나는 노년의 시작에 대한 그 어떤 하소연과 불평도 발견하지 못한다. 그의 몸에 신장결석과 통풍 같은 쇠퇴의 징후가 나타나고 있었다. 그러나 나와 달리 벤은 자신의 다양한 질병이 평정심을 깨뜨리게 놔두지 않았다. 그는 절대 괴팍한 노인네가 되지 않았다. 오히려 나이 들수록 더 차분해졌다. 부처 벤이 점차 강해졌다. 트위퍼드 하우스로 피신하기 직전이었던 1771년 여름 프랭클린은 여동생 제인에게 편지를 썼다. 그는 자신이 수많은 악의를 목격했고 "인류가 서로에게 악마가 될 수 있음"을 알게 되었다고 말했다. 그리고 이렇게 덧붙였다. "전체적으로 나는 내가 알게 된 이 세상을 꽤 좋아하는 듯하구나."

내가 탄 열차가 워털루역에 진입할 때쯤 이런 질문이 생긴다. 이런 희망은, 그 고집스러운 낙관은 어디서 나왔을까? 타고난 걸까, 아니면 학습된 걸까? 물론 나는 후자이길 바란다.

20

남을 것인가, 떠날 것인가

우리가 사건을 어떻게 기억하는가(그 기억이 유쾌한가 고통스러운가)를 결정하는 것은 그 사건이 어떻게 시작되었는가가 아니라 어떻게 끝났는가다. 여러 연구에 따르면 끝이 시작보다 훨씬 중요하다.[1] 런던에서 15년간 이어진 벤 프랭클린의 임무는 끝이 좋지 않았다.[2] 영국과 식민지의 관계는 갈수록 악화되었다. 영국 의회가 통과시킨 일련의 법들을 영국인은 강제법Coercive Acts이라고 불렀고, 식민지 주민들은 자기 입장에 그 어떤 오해도 없도록 참을 수 없는 법Intolerable Acts이라고 불렀다. 영국은 문관 출신인 매사추세츠 총독을 꽉 막히고 무능한 장군 토머스 게이지로 교체했다. 게이지는 보스턴항을 폐쇄하고 새 숙영법을 제정했는데, 군대식으로 말하면 "냄새 나는 우리 애들이 너희 집에서 잘 거야, 알아들었지?"라는 뜻이다.

한편 런던에서는 프랭클린의 분노 관리 기술이 시험대에 올랐다. 1774년 3월 영국의 한 장교가 벤 앞에서 영국군 1000명만 있으면 "미국의 한쪽 끝에서 다른 끝으로 이동하면서 무력을 쓰거나 살살 구슬려서 미국 남성을 전부 거세할 수 있다"고 큰소리를 쳤다.[3] 벤은 늘 그렇듯 침묵하며 분노의 방향을 돌렸고 풍자를 담아 "저항하는 미국 노예들을 겸손하게 만드는 방법"이라는 신랄한 글을 발표했다.

벤이 런던에서 보낸 그 마지막 해를 상상해본다. 그는 예순여덟 살이다. 영국의 가장 힘 있는 관료들이 모두 모인 투계장에서 모욕당했고 영국 왕실이 임명한 식민지 체신장관 대리 자리에서 쫓겨났다. 정치계 엘리트 대다수에게 그는 달갑지 않은 인물이다. 아내 데버라는 건강이 나쁘다. 크레이븐 스트리트 7번지에 있는 안식처조차 충격에 휩싸였다. 앞에서 등장했던 의사 윌리엄 휴슨(이제 그는 폴리 스티븐슨의 남편이 되었다)이 시체를 해부하다 칼이 미끄러졌고 이 사고로 패혈증에 걸려 며칠 만에 세상을 떠났다. 데버라에게 보내는 편지에서 벤은 보기 드물게 비통함을 드러냈다. "두 사람은 행복한 부부였다오! 그들의 인생 계획이 완전히 틀어졌소!" 그는 이번만은 섭리를 불신했다.

벤의 아들 윌리엄이 필라델피아로 돌아오라고 간청했지만 벤은 투계장에서 질책당한 뒤로도 1년 넘게 런던에 머물렀다. 왜일까? 어쩌면 런던에서 사귄 친한 친구들과 헤어질 수 없었는지도 모른다. 어쩌면 그에게 연인이 있었다는 루머가 사실이었을지도 모른다. 그러나 내 생각엔 더 단순한 이유가 있는 것 같다. 벤은 꼼짝할 수 없는 상태였다. 나쁜 소식을 소화하는 데는 시간이 걸린다. 정보와 반응 사이에는 시차가 있고 나쁜 소식일수록 시차도 더 커진다. 이 기간은 시간 낭비처럼 보일 수도 있지만 사실은 그렇지 않다. 바로 이때 우리의 소극적인 결정이 확고한 다짐으로 변한다.

일부 전기 작가는 프랭클린을 원칙 없는 사람, 지배적 분위기에 따라 색을 바꾸는 카멜레온으로 묘사한다. 그러나 프랭클린에게는 몇 가지 핵심 신념이 있었고 그중 가장 확고했던 것이 바로 통합을 향한 믿음이었다. 이 주제는 그의 삶 거의 모든 측면에 스며들어 있었다. 통합은 그의 과학 실험에도 나타났다. 그는 전류에 두 가지 별도의 유형이 있는 것이 아니라 통합된 한 가지 유형이 있음을 발견했다. 자연은 통합을 선호했다. 통합은 그의 정치관에서도 뚜렷하게 드러난다. 렉싱턴 전투가 터지기 20여 년 전인 1754년 그는 올버니 플랜이라는 이름의 식민지 통합 계획의 초안을 작성했다. 그는 이 글에서 "영국과 식민지는 이해관계가 다른 별도의 국가가 아니라 하나의 전체로 간주되어야 한다"라고 주장했다. 또한 그는 그 유명한 "뭉치면 살고 흩어지면 죽는다"라는 제목의 토막 난 뱀 그림을 그리기도 했는데, 토막 난 몸통들은 각기 다른 식민지를 의미했다. 올버니 플랜은 영국에서도 식민지에서도 거부되었다. 늘 그랬듯이 벤은 시대를 너무 앞서 나갔다.

벤의 인생에서 가장 큰 원동력이 된 통합체는 바로 "우아하고 숭고한 도자기 화병"인 대영제국이었다. 벤은 화병의 가장 크고 중요한 조각인 미국 식민지가 없는 영국을 상상할 수 없었다. 그는 화병이 깨졌다는 사실을 받아들이지 못했다. 사랑이 끝났음을 믿지 못하는 버려진 연인처럼 그에게도 고통스러운 진실에 적응할 시간이 필요했다.

런던에서 벤은 계속 친구들을 만나고 술집을 찾았다. 웬즈데이 클럽이라는 새 모임을 만들어 크레이븐 스트리트에서 모이기도 했다. 동료 과학자들과 편지를 주고받았고 기도서를 간소화해 일종의 보편적인 기도문을 만드는 작업에도 착수했다.

식민지 해설사 역할도 자임했다. 미국에 관심 있는 사람, 특히 이주 가능성이 있는 사람이라면 누구든 만났다. 1774년 9월 그는 야심이 대단하지만 사업에 실패한 코르셋 제작자를 만났다. 그 사람에게서 가능성을 발견한 프랭클린은 미국에서 출세를 도모하라고 제안했다. 그리고 사위인 리처드 바체에게 편지를 보내 현재 펜실베이니아로 향하고 있는 이 "재주 많고 훌륭한 청년"을 추천했다. 이 청년은 교육은 거의 못 받았지만 뛰어난 사무원이나 측량사가 될 인물이었다. 게다가 글도 쓸 수 있었다. 청년의 이름은 바로 토머스 페인이었다. 훗날 페인이 익명으로 선동적인 팸플릿 《상식》을 발표했을 때 많은 사람이 프랭클린이 그 글의 저자일 거라고 생각했다.

언제나 가능성주의자였던 벤은 막판 외교를 벌이기도 했다. 그는 타협을 위한 17가지 "지침" 목록을 만들어 퀘이커교도 친구들을 통해 영국 관료들에게 전달했다. 아마 그는 이 사랑이 아직 끝나지 않았다고 생각한 것 같다.

어느 날 친구였던 캐럴라인 하우가 같이 체스를 두자고 벤을 초대했다. 하우의 집에 도착하자 캐럴라인의 오빠인 리처드 하우

제독이 영국과 식민지 간의 타협 가능성을 논의하려고 그를 기다리고 있었다. 그러나 안타깝게도 전쟁을 저지하려던 다른 마지막 시도처럼 체스판 외교도 흐지부지 끝나고 말았다. 늙은 마술사의 묘책이 바닥난 것이다.

남느냐, 떠나느냐. 이 질문은 인생의 가장 큰 난제이며 수많은 노래와 시, 심리치료의 주제이기도 하다. 선택은 쉽지 않다. 체계적인 방법이 필요하다. 벤은 자기만의 방법을 고안해 "심리대수학"이라고 이름 붙였다. 그는 사람들이 가장 타당한 근거가 아닌 가장 최근에 머릿속에 떠오른 근거를 토대로 결정을 내리는 일이 너무 많다고 말했다. 벤은 종이 가운데 세로선을 긋고 왼쪽 칸에는 장점을, 오른쪽 칸에는 단점을 나열했다. 각각의 장단점에 상대적 중요도를 매기기도 했다. 만약 장점과 단점이 서로를 상쇄하면 선을 그어 지웠다. 그런 다음 종이를 따로 치워두었다. 2, 3일이 지난 후에도 생각이 변하지 않으면 그대로 결정을 내렸다. "나는 중요하고 불확실한 사안에 이 심리대수학을 자주 사용했다. 수학처럼 정확하지는 않지만 나에게는 매우 유용했다."

지금까지 남아 있는 벤의 심리대수학 사례는 단 하나뿐이다.[4] 1773년에 작성된 이 사례는 런던에 남을지 필라델피아로 돌아갈지 고심하는 벤의 모습을 보여준다. 처음 보면(사실 두 번 봐도) 이 표는 횡설수설하는 미치광이의 낙서처럼 보인다.

남는다	떠난다
S.J.P.—Eur.	F의 회복
5판 완성	Ph.O를 위해 Do. 일 처리
——새 스토브에 관한 글	Agys 해결
——대화	휴식
——S 부인 일 처리	h에서의 낭비 방지
오하이오 사업	H의 유언 집행자들과 일 처리
지폐	
보스턴 Agy	
베카리아	

사실 이 횡설수설한 낙서는 해독 가능하다. "S.J.P.—Eur"는 친구 존 프링글 경$^{Sir John Pringle}$과의 취소된 유럽 여행을 의미한다. 벤은 여전히 그 여행이 가고 싶었으므로 런던에 남아야 할 이유가 되었다. "Agys 해결"은 벤이 대리하는 식민지 네 곳인 펜실베이니아와 매사추세츠, 뉴저지, 조지아를 의미한다. 고향으로 돌아가면 이 지긋지긋한 임무를 내려놓을 수 있었다. 1773년이었던 당시에는 런던에 머물러야 한다는 결과가 나왔다. 그래서 벤은 그렇게 했다. 2년 뒤 결과가 바뀌었다.

심리대수학이라는 벤의 묘책이 우리에게도 도움이 될까? 그렇다. 한편으로는 아니다. 어떤 결정이든 장단점을 나열하는 것은 쉽다. 어려운 부분은 중요도를 매기는 것이다. 나는 스릴과 통제감, 통근 시간 단축 등 내가 포르셰 718 박스터를 사야만 하는 여러 이유를 떠올릴 수 있다. 그러나 이 이유들은 내가 포르셰를 사면 안 되는 단 하나의 이유, 바로 이혼하기 싫다는 사실을 이기지 못한다. 심리대수학은 부정확한 과학이지만 그럼에도 쓸모는 있다.

벤의 아내 데버라는 이 계산에 어떤 영향을 미쳤을까? 별 영향을 미치지 않았던 것 같다. 벤은 데버라를 좋아했지만 1769년 데버라가 병에 걸렸을 때 고향으로 돌아갈 만큼은 아니었다. 데버라는 뇌졸중을 일으켰다. 프랭클린의 친구이자 펜실베이니아 병원의 공동 설립자인 의사 토머스 본드는 그해 봄 벤에게 편지를 보내 데버라가 일시적으로 기억을 상실했고 다른 신경 손상도 발생했다고 전했다. 그러면서 "노령 환자에게는 매우 안 좋은 징후이며 신경계가 추가적으로 손상될 위험이 있다"고 경고했다.[5] 프랭클린은 런던에 있는 의사 친구에게 조언을 구했지만 고향으로 돌아가지는 않았다. 데버라를 돌보는 책임은 두 사람의 딸인 샐리가 맡았다. 데버라의 편지는 점점 뜸해지다가 1773년 말에 아예 끊겼다. 벤은 이듬해 봄에 이렇게 편지를 보냈다. "당신에게서 기별을 받는 기쁨을 누린 지 실로 오래되었구려. 그러나 신의 은총으로 당신도 나만큼 건강하길 바라오."

데버라는 건강하지 못했다. 12월에 두 번째 뇌졸중을 일으켰고 이번에는 회복하지 못했다. 윌리엄은 "나의 가여운 늙은 어머니"의 장례식에 참석했다[6](사실 데버라는 윌리엄의 새어머니였다. 윌리엄은 벤과 데버라가 결혼하기 전에 태어난 혼외 자식이었다. 그의 생물학적 어머니가 누구인지는 지금도 수수께끼로 남아 있다). 그리고 크리스마스이브에 아버지에게 평소답지 않은 거친 내용의 편지를 보냈다. "진심으로 아버지가 가을에 오셨으면 좋았을 거라고 생각합니다. 아버지가 안 오셔서 어머니가 실망하시는 바람에 기력이 많이 쇠하셨다고 생각하거든요."[7]

윌리엄은 아버지 벤저민 프랭클린이 아내를 간접적으로 살해했다고 비난한 것일까? 과장일 수는 있어도 이 비난에는 어느 정도 진실이 들어 있다. 벤이 데버라에게 보내는 편지는 점점 뜸해지고 있었다. 그가 생각하는 가족의 의무는 일방향인 경향이 있었다. 그는 아들이 아버지에게 지켜야 할 "당연한 의무"는 힘주어 강조하면서도 아버지가 아들에게, 또는 남편이 아내에게 지켜야 할 의무는 전혀 언급하지 않았다. 왜 벤은 필라델피아행 배에 몸을 싣고 병든 아내 곁으로 가지 않았을까?

"세상에는 우리가 절대 알 수 없는 것도 있다는 사실을 받아들여야 해요." 프랭클린 해석가인 미첼 크래머가 내게 말했다. 그는 벤의 인생에 나타난 또 다른 수수께끼(그 유명한 연 실험을 한 정확한 장소)에 대해 말하고 있었지만 이 말은 다른 수많은 일화에도 똑같이 적용된다. 종이 위에 그렇게 많은 흔적을 남겼는데도 벤은 여전히 베일에 가려져 있다. 그건 우연이 아니었다. 불가사의한 분위기를 풍기는 벤의 능력은 거의 기예에 가까웠다. 그러나 때로는 너무 중요한 사건이 벌어지고 그 전하가 너무 강력해서 벤의 사생활이 대중에게 유출되기도 했다.

1775년 3월의 어느 날 벤은 이제 행동에 나서야 할 때라고 생각했다. 그는 런던에서 안락하게 살았지만 원래 안락은 충분한 법이 없다. 벤은 고향으로 돌아갈 것이다. 병든 아내를 방치했다는 죄책감 때문이었을까? 아니면 런던에서 자기 쓸모가 사라졌고 화병은 이미 산산조각 났다는 자각 때문이었을까? 어쩌면 그의 동기는 더 직접적이고 개인적이었을지도 모른다. 영국 당국이 벤의 체포 영장을 발부하려 한다는 소문이 돌고 있었다.

1775년 3월 19일은 프랭클린이 런던에서 온전한 하루를 보내는 마지막 날이었다. 그의 곁에는 좋은 친구인 조지프 프리스틀리가 있었다. 두 사람은 최신 신문을 읽고 있었는데, 벤은 프리스틀리에게 미국 신문과 영국 신문을 나눠달라고 부탁했다. 그는 고향의 끔찍한 소식을 알게 되었다. 영국군이 제멋대로 미국 가정을 숙소로 사용했고, 식민지의 숨통을 짓누르려는 의도로 통상 금지령이 내려졌으며, 추가 보복이 있을지도 모른다는 공포가 팽배했다. 프리스틀리는 "프랭클린의 볼에 말 그대로 눈물이 흘러내려서" 벤이 기사 읽기를 중간중간 멈출 수밖에 없었다고 회상했다.[8] 프랭클린은 괴짜였지만 냉혈한은 아니었다.

다음 날 프랭클린은 필라델피아로 향하는 펜실베이니아패킷호에 올랐다. 영국 당국이 엄중한 조치를 취할 수 있다는 정보를 입수하고 출발일을 2주 앞당긴 것이었다. 벤이 바다에 있을 때 그의 체포 영장이 발부되었다.

런던에서의 마지막 날을 크레이븐 스트리트 7번지에서 보내기로 한다. 시기가 좋다. 오늘은 7월 4일이다.

지하철을 타고 임뱅크먼트역에서 내린 다음 포장한 초밥을 먹으며 생각을 정리하려고 작은 공원에 들른다. 영국의 태양이 카메오 출연 중이다. 자리를 잡고(아주 멋진 해변용 의자다) 귀한 자외선을 흡수한다. 근처 벤치에 앉은 여자가 보인다. 머리칼이 펠리컨처럼 하얗고 피부가 불그스레하며, 유행이 수십 년은 지난 에나멜가죽 구두와 페이즐리 무늬 원피스 차림이다. 여성은 타블로이드판 신문을 읽고 있다. 종이 신문이라서 한 장 한 장 넘길 때마다 특유의 부스럭거리는 소리가 난다. 신문을 읽는 사람은 이 여성뿐이다. 나머지는 (나를 포함해) 모두 묵념하듯 고개를 숙이고 스마트폰을 들여다보고 있다. 여성이 가방에서 우산을 꺼내(비구름이 들이닥쳤을 때 노점상에서 터무니없는 가격에 파는 그런 단순한 검은색 우산이다) 예상치 못한 한낮의 햇볕을 가린다. 누구도 이 여성을 신경 쓰지 않는다. 거의 투명 인간이다.

이 광경이 슬프게 느껴진다. 도대체 왜? 여성의 나이 때문에? 아니면 여성의 나이에 대한 내 인식 때문에? 일부 철학자들은 그 둘에 차이가 없다고 주장한다. 나이는 인식일 뿐이다. 시계로 측정한 나이는 그 사람에 대해 아무것도 말해주지 않는다. 벤 프랭클린의 나이는 그에 대해 아무것도 말해주지 않는다. 그는 거의 일흔에 가까운 나이에 새롭게 시작하고 있었다.

크레이븐 스트리트까지 짧은 거리를 걸으며 "반으로 쪼개진 런던의 유일한 술집" 십앤드쇼블과 "체육관"이라는 이름의 체육관, 가지런히 늘어선 보리스 자전거를 지나 7번지에 도착한다. 직원이 붉은색과 흰색, 파란색이 섞인 리본으로 입구를 장식해놓았다. 2층에서 만난 벤의 흉상이 생일 모자를 걸치고 끈을 턱 밑에 묶었다. 다른 건국의 아버지였다면 우스꽝스러워 보였겠지만 벤은 모자를 완벽하게 소화해낸다. 아래층에 있는 정원에서 미국 관광객 몇 명이 나초를 먹으며 잉링 맥주를 마시는 소리가 들린다. 이 방은 이번에도 오롯이 내 차지다.

프랭클린이 떠나고 몇 년 후 집주인이었던 마거릿 스티븐슨도 사망했다. 이후 이 집은 수차례 다시 태어났다. 오랫동안 호텔로 운영되다가 1950년대와 1960년대에는 영국 국제 이해 협회라는 비밀스러운 비영리단체의 사무실로 이용되었다. 이 단체가 위장한 CIA라는 소문이 돌았다. 그러고 나서 이 집은 한동안 방치되어 약물 중독자와 노숙인이 머무는 값싼 숙박시설로 사용되었다. 이때 벽난로에 붙어 있던 값비싼 대리석이 뜯겨나갔다.

결국 미국인 마르시아 발리시아노가 이끄는 프랭클린의 열성 팬들이 구조에 나섰다. 이 집은 잉글리시 헤리티지English Heritage와 영국 철도, 심지어 마거릿 대처와 수많은 우여곡절을 겪은 끝에 작은 박물관으로 보존될 수 있었다. "이 집에 살아남으려는 의지가 있는 것 같아요." 벤저민 프랭클린 하우스의 현 책임자인 마르시아가 내게 말했다. 물론 비유적 표현이다. 아닌가? 보스턴과 필라델피아, 파리에 있던 프랭클린의 집은 사라진 지 오래지만 이 집만은 여전히 남아 있다. 왜일까? 마르시아 발리시아노 같은 사람들이 헌신적으로 노력한 덕분이기도 하지만 행운도 한몫했다. 섭리를 의심하지 말지어다. 우리는 생각보다 아는 게 적고 우리가 통제할 수 있는 것은 더더욱 적다.

펜실베이니아패킷호는 이례적으로 좋은 날씨를 누렸다. 쾌적한 횡단이었다. 프랭클린은 늘 그랬듯 시간을 알차게 활용하며 런던에서 실패한 임무에 대한 소회를 기록했다. 이번에는 외교적 언어의 포장을 전부 내던졌다. 영국 의원들은 전 국민은 고사하고 "돼지 떼"를 다스릴 자격도 없었다. 영국의 세습 의원들을 두고 한 말이었는데, 벤은 이 세습 의원제가 터무니없다고 생각했다. 차라리 세습 수학 교수를 두는 것이 더 낫고 해악도 덜할 것이었다. 그러나 벤은 선출된 하원의원들도 뇌물을 받고 자기 표를 던지는 똑같이 타락한 자들이라고 말했다.

6주간 이어진 여정의 어느 시점에 벤은 깃펜을 내려놓고 믿음직스러운 취미 중 하나인 과학으로 눈을 돌렸다. 그는 계속 진행 중인 멕시코 만류 연구의 일환으로 하루에도 몇 번씩 바닷물의 온도를 측정했다. 더 빠르고 효율적인 배의 디자인을 스케치하기도 했다. 날씨는 줄곧 협조적이었고 "한결같이 온화해서 런던의 나룻배도 내내 따라올 수 있었을지 모른다"라고 벤은 말했다.

5월 5일 펜실베이니아패킷호가 필라델피아 마켓 스트리트 끝에 정박했다. 그제야 프랭클린은 자신이 바다에 있을 때 렉싱턴과 콩코드에서 총이 발사되었음을 알게 되었다. 그가 가장 우려했던 일이 현실이 되었다. 미국에 전쟁이 닥친 것이다.

21

70세 혁명의 할아버지

벤은 언제나 바빴지만 1775년과 1776년만큼 바쁜 적은 없었다. 펜실베이니아패킷호가 필라델피아 항구에 도착한 순간 할 일이 폭발적으로 늘어나기 시작했다. 벤이 배에서 내리자 군중이 환호하며 그를 환영했다. 벤이 런던에서 임무 달성에 실패했을지는 몰라도 미래 미합중국의 시민이 될 식민지 주민 대다수는 (전부는 아니었다) 69세의 나이에 열렬한 저항군이 된 벤을 사랑했다.

벤은 다시 고향에 돌아왔지만 원래 고향은 움직이는 목표물이다. 필라델피아는 변했다. 인구가 폭증했고 이제 런던에 이어 대영제국에서 두 번째로 큰 도시가 되어 있었다. 벤의 가족도 변했다. 데버라는 세상에 없었다(흥미롭게도 벤은 데버라의 죽음을 그다지 언급하지 않는다). 윌리엄은 여전히 뉴저지에서 왕립총독으로 일하며 저항군 합류를 거부하고 있었다. 벤은 마켓 스트리트에 있는 새집, 프랭클린 코트로 들어갔다. 처음 보는 집이었다. 벤이 런던에서 보낸 상세한 지시 사항에 따라 건축과 가구 설비를 감독한 사람은 바로 데버라였다. 벤은 한 편지에서 이렇게 말했다. "종이 반죽으로 만든 음악가 인형들을 천장 한가운데에 매답시다. 그렇게 하면 아주 보기 좋을 것 같구려."

내가 어느 봄날에 그랬듯이 오늘날에도 프랭클린의 이 집을 방문할 수 있다. 뭐, 일종의 방문이긴 하다. 남아 있는 것은 "귀신의 집"뿐이다. 이 유적지의 관리 주체인 국립공원관리청의 말에 의하면 그렇다. 이곳은 프랭클린의 실제 집이 있던 공간에 강철 보와 기둥을 몇 개 겹쳐놓은 곳에 불과하다. 관리인 중 한 명인 수염이 덥수룩하고 프랭클린처럼 배가 불룩한 한 수다스러운 남성에게 왜 프랭클린의 집을 다른 역사적 인물들의 집처럼 재건하지 않은 거냐고 묻는다. 그의 설명에 따르면 1970년대에 거의 그럴 뻔했다가 엎어졌다고 한다. 작업에 참고할 그 당시의 집 그림이 없었고 "전에도 이런 일로 데인 적이 있다"고, 그는 수수께끼 같은 말을 덧붙였다. 아마 워싱턴의 집 중 하나의 위치가 잘못 추정되었던 일을 말하는 것 같다.

마운트버넌이나 몬티첼로와 달리 프랭클린 코트는 프랭클린 사망 이후 그리 오래가지 못했다. 이 집은 수차례 변화를 겪었다. 하숙집과 여학교, 커피하우스, 호텔을 거쳐 1812년에 더 작은 단위로 나뉘었고 결국 완전히 파괴되었다. 미국 건국의 아버지이자 최초의 과학자가 살았던 프랭클린 코트는 도난 차량이나 실패한 닷컴 회사처럼 전체보다 부분의 가치가 더 컸다.

공원관리청은 그나마 있는 것으로 실제 집은 아니더라도 프랭클린 코트의 느낌을 재현하려고 했다. 콘크리트 벙커를 설치하고

안을 파서 건물의 실제 기초를 들여다볼 수 있게 했다. 관리청 측에서는 이 시설에 "프랭클린 코트의 파편"이라는 이름을 붙였지만 사실은 그냥 돌덩어리일 뿐이다. 프랭클린 코트는 전체적으로 강철과 콘크리트로 이루어져 있어서 이상하게도 소비에트 느낌이 난다. 이곳에 살던 사람이 미국 자본주의의 얼굴이라는 점을 고려하면 상당히 기이해 보일 수 있지만 프랭클린이 명백히 사회주의적인 관념의 소유자였음을 고려하면 그리 이상하지도 않다.

벤은 이 새집을 좋아했지만 이곳을 즐길 시간은 거의 없었다. 그는 바빴다. 배가 도착한 다음 날 펜실베이니아 의회가 만장일치로 그를 제2차 대륙회의의 대표 중 한 명으로 선발했다. 벤은 그 직책을 수락하며 공직에 관한 옛 격언 "절대 요구하지 말고 절대 거절하지 말라"에 "절대 사임하지 말라"를 직접 덧붙였다(훗날 휴식을 갈망하게 된 벤은 이 신념으로 괴로워하게 된다).

나는 늘 식민지 미국에서의 생활이 (적어도 백인 남성 지주에게는) 유쾌하게 나른했으리라 생각했다. 그러나 1775년의 필라델피아나 벤 프랭클린의 일상에는 유쾌함도 나른함도 없었다. 늦은 밤 친구들과 어울리던 런던 시절은 끝났다. 벤은 일찍 잠들고 일찍 일어났는데, 여기에는 그럴 수밖에 없는 이유가 있었다. 그는 대륙회의 위원회 10여 개에 더해 펜실베이니아 위원회 위원이었고, 각종 회의는 오전 6시에 시작했으며, 휴일은 일요일뿐이었다. 이런 고된 일정 때문에 프랭클린보다 훨씬 젊은 사람들조차 나가떨어졌고 실제로 한 명은 목숨을 잃었다. 대륙회의 의장이었던 페이턴 랜돌프는 같은 버지니아 주민인 토머스 제퍼슨과 식사하던 중에 뇌졸중이 와서 그 자리에 쓰러졌다. 당시 그의 나이는 54세였다.

벤은 체신장관으로 임명되었다. 새 미국 화폐의 디자인을 도왔고 화약 제조에 필요한 질석 생산을 가속화했다. 벤은 새로운 역할 속에서 자신의 뛰어난 사업 감각과 매력을 적절히 사용했다. 펜도 뽑아 들었다. 에세이와 노래를 써서 영국 군인들을 조롱하고 경험이 부족한 독립군을 격려했다. 훗날 제퍼슨이 채택한 그 유명한 표어, "폭군에 저항하는 것은 신에게 복종하는 것"을 쓰기도 했다. 프랭클린은 관습적인 의미의 신자는 아니었지만 유용하다고 판단될 때는 주저하지 않고 신의 이름을 불렀다.

어느 모로 보나 벤은 바쁜 일정에도 신이 나 있었다. 아니, 아마 바쁜 일정 때문에 신이 났을 것이다. 우리는 바쁨이 현대 사회의 병폐라고 생각한다. 그러나 18세기에도 사람들은 무척 바빴고, 여러 연구에 따르면 바쁜 사람이 게으른 사람보다 더 행복하다.[1] 이 명제는 그 바쁨이 강요된 것일 때조차 유효하다. 거대한 바위를 산 정상까지 밀어 올렸다가 바위가 굴러떨어지면 또다시 밀어 올리기를 반복해야 했던 시시포스의 운명이 가혹하긴 해도 영원히 아무것도 하면 안 되는 형벌보다는 낫다.

오늘날과 더 가까운 사례를 떠올려보자.[2] 휴스턴 공항이 곤경에 처했다. 새벽에 내리는 승객들이 수하물을 너무 오래 기다려야 한다고 항의한 것이다. 공항은 수하물 담당자를 더 고용해 기다리는 시간을 8분까지 줄였다. 그런데도 승객들의 불만은 사라지지 않았다. 문제를 더 자세히 조사한 직원들은 시간이 지연되는 구간이 둘로 나뉜다는 사실을 발견했다. 승객들은 먼저 1분간 컨베이어 벨트까지 걸어간 뒤 7분간 수하물을 기다렸다.

그다음 일어난 일이 무척 황당하다. 공항 직원들은 이 시스템에 의도적인 시간 지연을 끼워 넣었다. 도착 비행기를 더 먼 게이트에 지정하고 컨베이어 벨트를 최대한 멀리 배치한 것이다. 이로써 승객이 걸어가는 시간(바쁨)이 6분으로 늘어나고 기다리는 시간(할 게 없음)이 2분으로 줄었다. 승객들의 불만은 거의 0으로 줄었다. 바로 이러한 역학 때문에 내가 고속도로에 갇히면 운전 시간이 늘어나더라도 계속 바쁘게 정신을 집중할 수 있도록 더 먼 길로 돌아가는 것이다. 로버트 루이스 스티븐슨의 말처럼 "중요한 것은 움직이는 것이다."[3]

아무렇게나 바쁘고 싶진 않다. 내가 원하는 것은 좋은 바쁨, 의미 있는 바쁨이다. 행복하게 살고 싶다는 말은 보통 의미 있는 삶을 살고 싶다는 뜻이다. 행복은 순전히 주관적인 상태다. 의미는 그렇지 않다. 다른 사람들에게도 발언권이 있다. 자기 안으로 향하는 쓸모는 자기중심적인 헛짓거리다. 우리가 다른 중생에게 쓸모 있으려면 어느 정도의 에너지와 바쁨이 필요하다. 물론 쉬면서 재충전할 시간도 필요하지만 완충된 배터리는 어떻게 활용해야 할까? 벤의 말처럼 "여유로운 삶과 게으른 삶은 다르다." 여유는 유용하다. 게으름은 그렇지 않다.

1776년 1월 벤저민 프랭클린은 일흔 살이 되었다. 오늘날에도 사소한 사건은 아니다. 평균 수명이 35세였던 프랭클린의 시대에 이 사건은 기적이나 다름없었다. 그러나 우리가 아는 한 벤은 일흔 번째 생일을 축하하지 않았다. 그러기에 그는 너무 바빴다.

모두가 벤의 귀환을 환영한 것은 아니었다. 일부는 그의 충성
심을 의심했다. 벤은 지난 17년을 거의 영국 땅에서 보냈고 영국
인 친구도 많았다. 새뮤얼 애덤스는 프랭클린을 "대의를 배신할
수상쩍은 인물"로 여겼다.[4] 프랭클린이 동지로서가 아니라 스파
이로서 미국에 돌아온 것이라는 소문이 퍼졌다.

벤은 스파이가 아니었다. 벤은 영국과 잘 지내보려고, 그 화병
을 온전하게 유지하려고 20년을 애쓰다 결국 홱 돌아섰고, 이제
는 회심자와 같은 굳은 신념을 드러내고 있었다. 그는 영국인을
그 누구보다 잘 알았고 본인이 아는 사실이 마음에 들지 않았다.
한 친구에게 보내는 편지에서 그는 이렇게 말했다. "온순한 양이
되면 늑대에게 잡아먹힌다는 옛말은 사실일세. 여기에 나는 이렇게
덧붙이고 싶네. 신은 스스로 돕는 자를 돕는다." 벤은 뼛속까지 독립
군으로 변해 있었다.

벤은 의심하는 사람들의 마음을 되돌렸다. 매사추세츠에서 벤
을 만난 애비게일 애덤스는 남편 존에게 편지를 보내 프랭클린이
"완전히 미국인 성향"이라며 "그는 우리가 내놓은 가장 과감한
조치에도 거리낌이 없고 오히려 우리가 너무 우유부단하고 소심
하다고 생각하는 것 같다"고 덧붙였다.[5]

우리는 저항 세력이 젊고 무모할 거라고 생각한다. 벤은 그 무
엇도 아니었다. 그는 꼼꼼한 70대이자 혁명의 할아버지였다. 겉
으로 보이는 것만큼 뜻밖의 일은 아니다. 벤의 급진주의는 오래

전부터 잉태되고 있었다. 열여섯 살의 벤이 사일런스 두굿의 가면을 쓰고 했던 말을 떠올려보자. "나는 당연히 내 조국의 권리와 자유를 지키는 데 열심입니다. 그 귀중한 특권이 침해받는 기미라도 보이면 피가 부글부글 끓습니다." 벤의 저항 정신은 활성화될 준비를 마친 휴면 유전자처럼 잠복하고 있었다.

게다가 독립군에 합류하지 않으면 공직에서 완전히 물러나 "차갑고 침울한 침묵" 속에 빠져 있어야 했다. 그건 벤의 방식이 아니었다. 그는 무언가를 하며 자기 쓸모를 다해야 했다. 벤은 잃을 것이 많았을까? 어떤 면에서는 그랬다. 그는 오랜 세월을 들여 평판을 쌓고 큰돈을 모았다. 둘 다 순식간에 사라져버릴 수 있었다. 그러나 이제 70대가 된 벤은 자신에게 살날이 얼마 안 남았으며, 조지 워싱턴에게 한 말처럼 "즉시 이 땅을 하직할 수도" 있음을 알았다. 그리고 그 가능성을 두려워하면서도 해방감을 느꼈다. 노인이었던 그는 자유롭게 마음의 소리를 들을 수 있었다. 일단 전쟁이 끝나면 새로운 세대가 "어린 인디언 옥수수밭처럼" 번성하는 미국을 만나게 될 것이었다. 이 옥수수들은 비바람에 시달렸으나 폭풍우가 지나고 나면 "두 배의 활력으로 쑥쑥 자라날 것이고, 밭의 주인뿐만 아니라 지나가며 구경하는 사람들에게도 큰 기쁨이 될 것"이었다.

벤의 이런 면이 좋다. 자신이 존재하지 않는 미래라는 빈 허공을 응시하며 허무가 아닌 의미를 찾아낼 줄 아는 그의 모습이 좋다. 그의 불꽃은 꺼졌을지 몰라도 그 빛은 계속해서 남아 새로운 세대의 마음과 정신을 환하게 비추고 있다.

나는 독립군 벤보다 열 살은 더 어리지만 그만큼 대담하지는 못하다. 나는 포악한 왕을 노려보지도, 오합지졸인 군대를 꾸리지도, 혁명에 활기를 불어넣을 글을 작성하지도 않지만 우리는 자신이 태어날 시대를 선택할 수 없다. 지금 이 모습이 나이고 지금 이때가 나의 시대다. 유일한 문제는 이것이다. 나에게 주어진 이 시대의 카드를 어떻게 사용해야 할까? 어떻게 쓸모 있는 사람이 될 수 있을까?

그동안 내 자아가 내 쓸모를 방해했음을 깨닫는다. 나는 아내를 돕지만 아내에게 필요한 방식이 아닌 내가 원하는 방식, 내가 원하는 조건으로 돕는다. 아내의 친절한 지적처럼 그런 도움은 쓸모가 없다. 쓸모는 이기적으로 내 재주를 내세우는 것이 아니라 타인의 실질적 필요에 응답하는 것임을 잊고 살았다.

벤은 좀처럼 이러한 함정에 빠지지 않았다. 그는 타인의 말에 귀 기울였고 그들의 필요와 자신의 능력이 교차하는 지점을 찾았다. 필라델피아에 병원이 필요하면 병원을 세우려고 노력했다. 저널리즘이 의학보다 자기 전문 분야에 더 가깝다는 이유로 신문사를 또 하나 세우지는 않았다. 벤은 자기 자아를 단속하고 필요를 행했다.

벤 프랭클린은 좋은 삶을 살았지만 눈에 띄는 예외가 하나 있었다. 바로 아들 윌리엄과의 관계였다. 두 사람은 오랫동안 소원한 상태였다. 그러다 여러 사건이 몰아치면서 둘의 사이는 더더욱 멀어졌다.

프랭클린은 투계장에서 모욕당한 뒤 윌리엄에게 왕립총독 자리를 내려놓고 농사를 시작하라고 적극 권했다. 농사는 더 독립적인 직업이고 그만큼 더 명예롭다는 것이었다. 아버지들이 그렇듯 프랭클린은 윌리엄에게 충고했다. 네게 유리하지 않은 방향으로 사건들이 빠르게 전개되고 있다고. 네가 왕당파로 남는다면 "결코 편치 않은 상황에 처해 더 일찍 물러나지 않은 것을 후회하게 될 것"이라고. 아들들이 그렇듯 윌리엄은 아버지의 조언을 무시했다. 그는 영국 의회와 조지 왕에게 충성하는 뉴저지의 총독으로 남았다.

1775년 여름 렉싱턴과 콩코드에서 총알이 발사되었다. 영국군과 미국군은 전면전으로 내달리고 있었다. 아버지 프랭클린은 확고한 독립군 편이고 아들 프랭클린은 확고한 조지 왕 편이다. 무언가 바뀌어야 했고 실제로 그렇게 되었다. 그해 여름 아버지와 아들은 펜실베이니아에 있는 공통의 친구 별장에서 두 번 만났다. 그곳에서 무슨 일이 벌어졌는지는 아무도 모르지만 두 사람의 대화는 "이웃들을 불안하게 만들 만큼 요란한 말싸움으로 끝났다."[6] 이후 둘은 수년간 대화하지 않았다.

역사는 필연을 가장한 우연의 연속이다. 오늘날 피할 수 없는 결과처럼 보이는 것은 사실 수많은 가능성 중 하나일 뿐이었다. 우리가 선택한 하나의 길 뒤에는 언제나 수십 개, 수백 개의 대안 경로, 매혹적인 만약의 수가 있다.

나는 매년 여름 그 만약의 수 중 하나를 생각한다. 지난 8년간 아내와 나는 마틴과 캐런이라는 두 캐나다인 친구와 함께 북부 버몬트에 있는 오두막을 빌렸다. 그 집은 퀘벡과의 국경에 거의 붙어 있어서 그곳에서 친구들은 캐나다 휴대전화 서비스를 사용하고 아내와 나는 미국 휴대전화 서비스를 사용한다. 오랫동안 우리는 국경을 별것 아닌 것으로 치부했다. 자전거를 타고 국경을 넘을 때는 작은 판잣집 같은 출입국 관리소에 잠깐 들르면 됐다. 국경을 따라 우리 집 개 파커를 산책시킬 때면 나는 미국 땅에, 파커는 캐나다 땅에 서 있곤 했다. 그곳은 국경 없는 국경, 사소한 농담이었다. 아니면 우리가 그렇게 생각했거나.

그때 팬데믹이 발생했고 농담은 더 이상 농담이 아니게 되었다. 국경은 한국의 DMZ만큼 굳게 닫혔고 거의 2년간 열리지 않았다. 아내와 나는 캐나다인 친구들 없이 슬픈 휴가를 보냈다. 그해 여름 내겐 시간이 아주 많았기에 머릿속에서 사고실험을 하나 해봤다. 만약 국경이 없다면? 캐나다도 미국도 없고, 미국 최남단인 키웨스트부터 캐나다 최북단인 누나부트까지 막힘없이 펼쳐진 거대한 하나의 정치체만이 존재한다면? 바로 이것이 벤 프랭클린의 비전이었고 그는 거의 이 비전을 실현할 뻔했다. 사실 실현할 뻔한 건 아니고 그 근처에도 못 갔지만, 그래도 노력했다. 그가 70세의 나이에(70이라니!) 눈과 얼음을 뚫고 필라델피아에서 몬트리올까지 고된 여정을 떠났다는 사실은 내 눈에 그를 더 미친 사람으로, 그러므로 더 대단하고 호감 가는 사람으로 만들 뿐이다.

프랭클린의 전기 작가들은 대개 이 캐나다 사태를 언급하지 않거나 언급한다 해도 짧게만 다룰 뿐이다. 이해할 만하다. 이 캐나다 원정은 (스포일러 경고!) 실패로 끝났다. 역사의 흐름은 이 원정으로 아주 조금도 달라지지 않았다. 그러나 나는 이 캐나다 사태가 상당히 흥미롭다. 이 여정은 프랭클린에 대해, 그의 마르지 않는 에너지와 투지에 대해 많은 것을 말해준다. 이 여정은 그의 원동력이 무엇이었는지 보여주는 숨은 창문이다.

고백하자면 내가 이 캐나다 사태에 지나치게 관심이 많은 또 다른 이유가 있다. 내게는 일종의 캐나다 집착증 같은 것이 있다. 나는 캐나다에 있는 모든 주(그리고 모든 준주!)와 그 주도의 이름을 댈 수 있다. 캐나다 총리들의 이름도 거의 다 나열할 수 있다. "에이^{eh}" 같은 캐나다에서만 쓰는 표현과 "우트^{out}"와 "어부트^{about}" 같은 캐나다식 영어 발음도 마스터했다. 루니^{loonie}가 새가 아니라는 것도 안다(루니는 룬이라는 이름의 새가 새겨진 캐나다 1달러 동전의 이름이다-옮긴이). 캐나다 커피숍인 팀홀튼 커피를 열심히 찾아다니고 실제로 그 공간을 즐긴다. 나는 친절한 사람이지만 짜증날 만큼 수동공격적인 방식으로 친절하다.

시간이 흐르면서 나의 캐나다 집착증은 기벽에서 깊은 감탄으로 진화했다. 나는 진심으로 캐나다 사람들을 좋아한다. 내게 그들은 미국 최고의 장점은 전부 갖추고 미국 최악의 단점은 하나도 없는 사람들이다. 나는 캐나다 이민이 유행하기 훨씬 전부터 캐나다로 이민 가는 환상을 품었다.

프랭클린도 캐나다에 집착했지만 우리 사이에는 중요한 차이가 하나 있다. 나는 캐나다에 자리 잡고 싶었다. 벤은 캐나다를 갖고 싶었다.

프랭클린이 대다수 미국인보다 캐나다 생각을 더 많이 했다는 것은 그때나 지금이나 마찬가지다. 그가 보낸 편지에는 "캐나다"라는 단어가 수백 번 등장한다. 그는 캐나다가 처음에는 대영제국에, 그다음에는 갓 태어난 미국에 전략적으로 중요하다고 생각했다. 그래서 몬트리올 원정에 참여해달라는 의회의 부탁을 받고 흔쾌히 그 기회를 잡았다. 다른 대표단으로는 새뮤얼 체이스와 찰스 캐럴, 프랑스 인쇄공인 플뢰리 메스플레가 있었다. 그들의 임무는 캐나다인의 환심을 사서 미국 혁명에 동참해달라고 설득하는 것이었다. 그 목표를 위해 프랭클린과 그의 동료들은 종교와 언론의 자유, 의석, 상호방위협정 같은 유인책을 제공할 권한을 부여받았다. 안타깝게도 그들이 가진 유인책에는 현금이 없었다.

승산이 낮은 임무였다. 캐나다인은 대부분 로마가톨릭이었고 미국인은 대부분 개신교였으며, 이 둘은 대체로 의견이 달랐다. 한편 미 대륙군은 북부에서 허둥대고 있었는데, 프랭클린은 몬트리올에 도착하고 나서야 그 정도가 얼마나 심각한지 알게 되었다.

이 원정은 젊은 청년에게도 길고 힘든 것이었고 프랭클린은 청년이 아니었다. 70세였던 그는 통풍을 비롯해 여러 질병을 앓았고 심각한 과체중이었다. 친구들은 "삶의 황혼기"에 있는 프랭클린에게 그런 위험한 원정에 나서지 말라고 간청했다.[7] 프랭클린과 소원했던 윌리엄조차 아버지의 무사 귀환을 빌었다.

프랭클린과 동료들은 3월 말에 겨울이 끝났다는 판단하에 필라델피아를 출발했다. 오산이었다. 그들은 눈과 얼음을 헤치며 천장 없는 작은 배로 강을 건너고 말과 마차로 울퉁불퉁한 길을 달리고 숲속에서 잠들었다. 그러는 내내 벤은 다리가 퉁퉁 부었고 종기의 통증에 시달렸다. 그는 이 원정에서 살아남지 못할지도 모른다는 두려움에 빠졌다. 매사추세츠에 있는 조사이아 퀸시에게 보내는 편지에서 그는 "내가 하는 고생이 이 나이에는 무리일지도 모른다는 사실을 깨닫기 시작하고 있네. 그래서 지금 자리에 앉아 몇몇 친구들에게 작별 인사를 보내고 있다네"라고 말했다.

프랭클린이 곧 죽을지도 모른다는 소식은 과장이었다. 대표단은 필라델피아를 떠난 뒤 6주 만에 뉴욕의 얼어붙은 조지호를 건너 마침내 몬트리올에 도착했다. 그들은 베네딕트 아널드 장군에게 "매우 정중한 대접"을 받았다. 훗날 반역자가 되는 베네딕트 아널드 장군은 캐나다 땅에 있는 미국의 가장 고위급 장교였다.

벤은 그 대단한 설득력을 발휘할 기회조차 얻지 못했다. 캐나다인은 그럴 기분이 아니었다. 대륙군은 지는 패처럼 보였다. 미국 군인들은 화기도 병력도 부족했다. 몇 주째 급여도 못 받고 있었다. 미국의 신용은 무가치했다. 식량이 바닥나고 있었다. 게다가 천연두가 창궐해 군인 수백 명이 떨어져 나갔다. 미국군이 영국군에 밀려 완전히 후퇴한 것도 당연했다. 이 후퇴는 군사적 차질이었을 뿐만 아니라 홍보상의 대참사이기도 했다. 프랭클린과 동료들은 "적들이 우리의 이 힘든 상황을 이용해 캐나다인이 우리를 멸시하게 만든다"고 말했다.

그러나 아마도 미국인은 스스로를 탓할 수밖에 없었을 것이다. 역사학자 조너선 덜은 캐나다 사태의 배경에 더 큰 원인이 있다고 지적한다. "미국인은 자신들의 고결한 대의를 굳게 믿었기에 캐나다인이 자신들을 불신할 이유가 있다는 사실을 미처 깨닫지 못했다." 이 말은 예나 지금이나 사실이다.

삶의 끝에 점점 가까워지면서 사업가 벤은 캐나다 사태를 되돌아보고 캐나다를 정복하는 것보다 구매하는 편이 더 나았을지 모른다고 결론 내렸다. 전쟁에 지친 프랭클린은 이러한 생각을 모든 갈등에 적용했다. "내 생각에는 정치인들이 산수를 조금만 더 잘하거나 계산에 조금만 더 익숙해도 전쟁이 훨씬 줄어들 것이다."

프랭클린이 몬트리올에서 보낸 짧은 시간은 거의 기록되지 않았다. 캐나다 사태를 기념하는 기념비 같은 것은 없다. 캐나다 원정의 연대기를 담은 두꺼운 책도 없다. 부끄러운 일이다. 우리는 승리만큼이나 우리의 패배도 기념해야 한다. 승리와 패배는 우리 생각만큼 멀리 떨어져 있지 않기 때문이다. 승리는 한두 개의 더 나은 선택으로 살짝 다른 길을 가게 된 패배다.

프랭클린이 캐나다에 남긴 흔적을 더 깊이 파헤친다. 캐나다인 친구인 마틴과 캐런에게 말하니 친구들도 도와주겠다고 한다. 캐나다인인 두 사람은 친절할 뿐만 아니라 유능하기까지 하다. 나는 조사가 착착 진행되리란 것을 알았다.

다시 국경이 열렸고 우리는 버몬트에 있는 오두막에서 재회했다. 그곳에서 마틴과 캐런은 자신들의 고국을 방문한 벤 프랭클린에 관해 그간 모은 정보와 자신들이 받은 인상을 전해주었다.

두 사람이 찾은 곳은 람제이 성이었다. 1705년에 몬트리올의 총독이었던 클로드 드 람제이의 사택으로 지어진 람제이 성은 이 지역 상업 및 정치의 중심지 역할을 했다. 프랭클린은 캐나다 사태 때 10여 일간 이곳에 머물렀다. 황갈색 돌로 지어진 성 내부에서 식민지 시대 복장을 한 도슨트가 1775년의 "미국 침공"에 대해 설명한다. 정확한 표현이긴 하지만 나는 그래도 우호적인 침공이었다고 생각한다. 물론 캐나다인은 그렇게 생각하지 않았을 것이다.

프랭클린 전시는 거의 나중에 갖다 붙인 것처럼 박물관 한쪽 구석에 처박혀 있다. 가발 없이 숱 없는 흰머리를 어깨까지 늘어뜨린 벤의 초상화가 걸려 있다. 캐나다에서 이게 무슨 헛짓거리인지 모르겠다는 듯이 은은하게 낙심한 표정이다. 나의 캐나다인 친구들도 같은 생각이었다. 캐런이 "뜻밖의 역사적 전개"라고 말하고 마틴이 "미국의 급습"이라고 칭한 이 사태는 캐나다에서 그저 어렴풋하게 기억될 뿐이다. 캐런은 "우리는 프랭클린을 역사에서 거의 없앴어"라고 말했다. 나는 거의라는 표현에 주목한다. 캐나다인은 벤을 역사에서 완전히 없애지 않았다. 그건 친절한 행동도, 캐나다인다운 행동도 아니었을 것이다.

이 작은 박물관은 캐나다답게도 캐나다 사태에서 두 가지 밝은 면을 찾아냈다. 먼저 워커 부인이 안전하게 올버니까지 이동할 수 있도록 보장한다는 내용의 문서가 전시되어 있다. 워커 부인은 자애롭게도 몬트리올에 있는 자기 집을 미국 대표단의 거처로 제공했고 그 결과 영국의 표적이 되었다. 워커 부인이 안전하게 국경을 넘었다는 소식을 전할 수 있어서 무척 기쁘다.

이 어두운 사건의 두 번째 밝은 면은 프랑스인 인쇄공 플뢰리 메스플레가 몬트리올에 남아 인쇄업을 시작했다는 것이다. 그는 2년간 영국 당국과 마찰을 겪은 뒤 훗날 "몬트리올 가제트"라는 이름으로 알려진 캐나다 최초의 프랑스어 신문을 창간한다.

벤의 인생에 끼어 있는 이 이상하고 짧은 시기를 정리하면서 이상하고 짧은 생각이 하나 떠오른다. 나는 프랭클린이 이 임무에 실패해서 기쁘다. 성공했다면 캐나다는 열네 번째 식민지가 되었다가 미국 최초의 14개 주에 포함되었을 것이다. 그러면 아마 지배적인 미국 문화에 포섭되었을 테고 캐나다는 더 이상 캐나다가 아니게 되었을 것이다. 나는 그것이 훨씬 심각한 사태라고 생각한다.

◆

프랭클린은 지치고 병든 모습으로 캐나다에서 돌아왔다. 전부터 그를 괴롭혔던 통풍이 재발했다. 두 다리와 발이 퉁퉁 붓고 쑤셨다. 거대해진 발가락은 불타는 듯 새빨갛고 쓰라렸다. 걷는 것조차 어렵고 고통스러웠다. 벤저민은 대륙회의를 여러 번 빠질 수밖에 없었다.

통풍은 프랭클린이 살던 시대에 특히 만연했다. 한 의료사학자는 짓궂게도 이성의 시대가 "통풍의 황금기"이기도 했다고 말했다.[8] 벤에게는 여러 위험 요인이 있었다. 육류를 많이 섭취했고 와인, 그중에서도 마데이라를 사랑해서 하루에 한 병씩 들이켰다. 아마도 건선이었을 그의 피부병 또한 통풍에 더욱 취약해진 원인이었다.

오늘날 우리는 통풍이 혈액 내에 요산이 쌓여서 발생하는 질병임을 안다. 요산이 쌓이면 바늘처럼 날카로운 요산염 결정이 관절에 침착되어 통증과 염증을 일으킨다. 요산 생성의 원인인 푸린은 여러 식품 중에서도 붉은색 육류와 과당으로 단맛을 낸 술에서 특히 많이 발견된다.

벤은 피를 뽑거나 설사약으로 장을 비워내는 등 여러 치료법을 시도했다. 그는 한 여성에게 성행위로 통풍을 치료할 수 있을지도 모른다고 말했다. "요즘보다 섹스를 더 왕성하게 즐겼던 젊은 시절에는 통풍이 없었다"는 것이 그 이유였다.[9] 합리적인 존재가 된다는 것은 참으로 편리한 일이다.

통풍이 찾아오자 벤은 실제로 악습을 자제했다. 와인과 육류 섭취를 줄이고 운동을 늘렸다. 그는 가난한 리처드(즉 자기 자신)의 조언을 마음에 새겼다. "와인과 식사, 여자, 태만을 삼가라. 그러지 않으면 통풍이 들이닥쳐 당신을 괴롭힐 것이다." 아마도 그의 벽장에서 가장 효험 있는 약은 유머였을 것이다. 통풍이 재발한 뒤 그는 "통풍과 프랭클린의 대화"라는 유쾌한 바가텔을 지었다.

통풍:　오늘 밤 당신을 위해 통증을 넉넉히 준비했답니다. 내일은 더 많을 거라고 믿어도 좋아요.

프랭클린: 뭐라고? 이미 이렇게 열이 많이 나는데! 나는 미쳐버리고 말 거야. 윽! 아악! 나 대신 아파줄 사람 없나?

통풍: 말들에게 부탁해봐요. 당신을 충직하게 섬기는 놈들이니.

프랭클린: 어떻게 그렇게 잔인하게 내 고통을 조롱할 수 있지?

통풍: 조롱이라뇨! 나는 완전 진지해요. 그동안 자기 건강을 해친 당신의 죄목을 하나하나 꼼꼼히 기록했고, 이걸로 당신이 겪는 모든 고통의 이유를 댈 수 있다고요.

계속해서 통풍은 프랭클린의 과식과 늘 앉아 있는 생활방식을 꾸짖고, 결국 프랭클린은 앞으로 식사량을 줄이고 운동을 늘리겠다고 약속한다. 통풍은 그의 말을 믿지 않는다. "나는 당신을 너무 잘 알아요. 당신의 약속은 진심이지만 몇 달간 건강이 좋으면 과거의 습관으로 다시 돌아갈걸요." 이 대화의 핵심은 질병의 이빨을 뽑고 놀려대는 것이다. 우리의 몸은 어쩔 수 없더라도 우리 정신에서만은 질병의 위력을 약화할 수 있다.

71세의 벤은 환자를 진료하는 진짜 의사처럼 3인칭으로 자기 건강 상태를 요약한다. 그 목록에는 당연히 통풍이 있고 비듬과 종기, "손과 얼굴에 난 작은 반점들"도 있다. 벤은 낙관적인 분위기로 진료 기록을 끝맺는다. "이것들을 제외하면 [이 환자의] 건강은 무척 좋다. 비교적 근력 감소를 체감하지 않고 50세 때와 똑같이 몸을 움직일 수 있다고 느낀다. 특히 다리는 부종이 사라진 뒤로 더 튼튼해진 것으로 보이고, 지치지 않고 오래 걸을 수 있다.

소화력도 뛰어나다."

나이 든 벤의 건강 습관은 바로 이 태도였다. 그는 징징거리거나 불평하지 않았다. 다른 노인들과 서로 아픈 데를 이야기하며 내 친구가 "장기 발표회"라고 부르는 것을 열지도 않았다. 벤의 요산은 점점 딱딱해졌을지 몰라도 그의 심장은 그렇지 않았다. 벤은 친절한 태도로 감사하며 자기 몸을 대했다. 세상을 떠나기 약 3주 전인 1790년에 그는 이렇게 썼다. "인간의 몸이 얼마나 수많은 끔찍한 해악에 시달릴 수 있는지, 내가 그 모든 해악을 경험하지 않고 얼마나 오래 건강한 삶을 누렸는지를 생각하면…… 내가 가진 질병이 심각하더라도 그 사실을 한탄할 수 없다."[10]

벤은 현실을 받아들였지만 체념하지는 않았다. 그는 의사인 친구들에게 의견을 구했고 이중 초점 안경 같은 의료 기기를 발명했다. 스토아학파 같은 자세로 바꿀 수 있는 것은 바꾸고 바꿀 수 없는 것은 수용했다. 그는 여동생 제인에게 이렇게 말했다. "삶에는 진짜 악이 충분히 많으니 상상 속의 악으로 괴로워하는 것은 어리석은 짓이야."

나는 진짜 질병은 벤보다 훨씬 적지만 상상 속 질병은 벤보다 훨씬 많다. 나에게는 과민성대장증후군과 가벼운 수면 무호흡증, 가끔 나타나는 심방세동, 여기서 굳이 논하고 싶지 않은 방광 관련 문제가 있다. 전반적으로는 건강이 양호하다. 그러나 나는 놀라운 열정으로 끊임없이 불평을 쏟아낸다. 걱정도 많다. 가슴 통증은 전부 심근경색이고 두통은 전부 동맥류다. 숫자 6이 대문짝만하게 박힌 그 이정표를 지나면 상품 보증 기간이 지난 내 몸이 슬슬 말을 듣지 않으리란 것을 안다. 군데군데 수리하고, 어쩌면 아예 교체해야 할 것이다. 내 몸은 알 수 없는 이상한 소리를 지금보다도 더 많이 낼 테고 나는 지금보다 더 전전긍긍할 것이다.

그러나 내게도 희망은 있다. 몸이 허약하다고 꼭 사기가 저하될 필요는 없다. 최근의 한 연구에 따르면 어떤 사람들은 만성 질병 앞에서도 행복도를 높은 수준으로 유지한다.[11] 그 비결은 친구들, 그리고 모든 것을 고려했을 때 자신이 비교적 잘살고 있다는 자각이다. 이것이 바로 프랭클린의 건강 비결이었다. 그는 친한 친구가 많았고, 그런대로 괜찮은 자기 몸 상태에 깊이 감사했다. 진실함과 마찬가지로 감사하는 태도도 꾸며낼 수 있는 것이 아니다.

또 다른 연구는 나이 들며 고난을 겪으면서도 점점 행복해지는 많은 사람에게 한 가지 공통된 특성이 있음을 발견했다. 그건 바로 유연한 자아의식이었다.[12] 행복한 노인들은 유연함을 자기 정체성의 핵심 요소로 여긴다. 나는 우연히 이 연구를 발견하고 벤과 그의 수많은 가면을 떠올렸다. 벤은 70세의 나이에도 놀라울만큼 유연했다. 그는 해가 갈수록 융통성이 줄어드는 것이 아니라 오히려 커지는 드물고도 대단한 인물이었다.

미국인에게 역사는 물고기가 느끼는 물과 같다. 즉 어디에나 존재하며 우리의 삶을 지탱하지만 왜인지 주목하게 되지는 않는다는 뜻이다. 물고기는 물이 사라지기 전까지는 물의 중요성을 알아차리지 못한다. 미국인은 업보가 되돌아오기 전까지는 역사의 중요성을 알아차리지 못한다.

나는 다른 미국인만큼이나 물고기 같은 사람이다. 어쨌든 아주 오랫동안 그렇게 살았다. 누가 역사를 내 앞에 들이댄다면 거부하지는 않았겠지만 내가 직접 찾아 나서는 일은 좀처럼 없었다. 예를 들면 이렇다. 나는 15년 전부터 워싱턴 D.C.에 살고 있지만 한 번도 국립 문서보관소 박물관에 가본 적이 없다. 어떻게 그럴 수 있었을까? 게으름 때문만은 아니다. 불편한 진실은 관심이 없어서 안 갔다는 것이다. 자, 말해버렸다. 하지만 백미러를 보는 미래주의자 벤 덕분에 이제 나는 역사에 관심이 있다.

워싱턴 D.C.의 형편없는 지하철인 메트로를 타고 갤러리플레이스역에 내린 다음 몇 블록 걸으며 차이나타운을 통과해 박물관에 도착한다. 대성당이나 모스크에 들어가듯 웅장한 계단을 올라 천천히 경건하게 내부로 들어선다. 그럴 만하다. 이 안에는 귀중한 문서들이 보관되어 있다. 세속적인 의미의 미국 경전들이다. 내가 관심 있는 문서는 그중 딱 하나다.

독립선언문은 '자유의 헌장을 위한 원형 홀'이라는 곳에 있다. 높은 반구형 지붕에 사방이 대리석인, 근엄한 기둥들이 서 있는 근엄한 공간이다. 미국의 건국 문서는 금색 틀을 두르고 유리 진열장 안에 보관되어 있다. 내 생각보다 크기가 커서 작은 커피 테이블만 하다. 양피지는 전혀 훼손되지 않았지만 너무 빛바래서 알아볼 수 있는 문장이 많지 않다. "인류의 역사에서…… 이에 우리 아메리카합중국의 대표들은…….'' 독립선언문은 한 사람이 쓴 것으로 여겨지지만 사실은 집단 노력의 결과물이었다.

편집을 좋아하는 작가는 없으며 그건 토머스 제퍼슨도 마찬가지였다. 심지어 제퍼슨의 편집자는 제2차 대륙회의의 대표 56명이었다. 미국의 독립을 선언하는 문서가 무엇을 선언해야 하고 무엇을 선언해서는 안 되는지, 그 방식은 어떠해야 하고 어떠해서는 안 되는지 저마다 의견이 달랐다. 제퍼슨은 일부 대표가 "공교로운 표현 두세 가지"에 반대한다며 우는소리를 했다[13](믿을 수 없게도 그 "공교로운 표현" 중 하나는 노예무역을 폐지하라는 요구였다). 제퍼슨이 반대에 부딪힌 이 표현들을 삭제하고 난 뒤에도 사람들은 계속해서 꼬치꼬치 트집을 잡았다. 자신의 원래 글이 "훼손"되었다며 발끈하는 제퍼슨의 모습은 건국의 아버지보다는 까다로운 작가 같다.

다행히도 그에게는 새로 사귄 친구가 있었으니, 바로 벤 프랭클린이었다. 두 사람은 회의가 열릴 때마다 나란히 붙어 앉았다. 제퍼슨과 벤은 안 어울리는 한 쌍이었다. 벤은 세계적으로 유명했고 제퍼슨은 적어도 미국 식민지 밖에서는 보잘것없는 무명 인사였다. 벤은 비누와 양초를 만드는 상인의 아들로 정규 교육은 겨우 2년밖에 못 받았고, 제퍼슨은 지주이자 "귀족"의 아들로 윌리엄앤드메리 대학교에서 법학을 공부했다. 벤은 70세였고 제퍼슨은 33세였다. 그러나 두 사람에게는 글을 사랑하고 말을 불신한다는 공통점이 있었고 둘 다 자신이 아웃사이더라고 생각했다. 벤과 제퍼슨은 자연스레 가까운 사이가 되었다.

제퍼슨이 자기 글이 훼손된 것을 보고 분노했음을 알아차린(알아차리지 않기 힘들었다) 프랭클린은 본인의 최애 전략, 바로 유머를 사용해 버지니아에서 온 이 젊은 변호사를 위로하려 했다. 벤은 대륙회의의 대표들이 형편없는 편집자라고 말했다. 그리고 보스턴에서 살던 시절의 일화를 들려주었다.

보스턴에 자기 가게를 열려고 하는 존 톰슨이라는 모자쟁이가 있었다. 그는 다음과 같이 간판 문구를 작성했다. "존 톰슨, 현금을 받고 모자를 만들어 파는 모자쟁이."[14] 완벽했다. 톰슨은 자신이 쓴 이 문구가 마음에 쏙 들었지만 그래도 친구 몇 명에게 조언을 구하기로 했다.

"'모자쟁이'와 '모자를 만든다'는 의미가 중복돼." 한 친구가 말했다. 톰슨은 '모자를 만든다'는 말을 삭제했다.

"'현금을 받는다'는 없어도 돼." 또 다른 친구가 말했다. 당시는 현금 거래가 관습이었기 때문이다. 톰슨은 이 말도 뺐다.

"'모자를 판다'는 부분도 필요가 없어." 세 번째 친구도 거들었다. "네가 모자를 거저 줄 거라고 생각하는 사람은 없을 테니까."

그렇게 해서 만들어진 간판은 결국 "존 톰슨"이라는 이름 옆에 모자 그림만 덜렁 있는 형태가 되었다.

제퍼슨이 빙그레 웃고 그의 목과 어깨에서 긴장이 빠져나가는 모습을 상상할 수 있다. 그는 편집자의 제안에 발끈한 최초의 작가도 마지막 작가도 아니었다. 다행히도 그에게는 통풍에서 회복해 5인으로 구성된 독립선언문 초안 작성팀에 배정된 프랭클린이 있었다. 제퍼슨은 문서를 작성했고, 프랭클린을 비롯한 나머지는 그 글을 수정했다. 벤은 엄격함과 다정함이라는 보기 드문 조합을 갖춘 편집자였다.

클릭. 클릭. 디지털화된 248년 전 문서를 읽어보려고 안간힘을 쓰며 확대 버튼을 누르고 또 누른다. 내 노트북으로 독립선언문 초기 초안을 보고 있다. 삭제하거나 삽입한 부분, 마구 휘갈겨 쓴 문장 등 수정 사항이 상당히 많다. 미국의 경전이라기보다는 미국의 그래피티 같다. 그간 학자들은 이 흔적들을 식별하고 무엇이 누구의 것인지를 확인하려고 노력해왔다. 이 부분은 존 애덤스의 것일까, 아니면 다른 대표단의 것일까? 아니면 벤이 두툼한 인쇄공의 손으로 남긴 것일까?

다행히 프랭클린은 글씨체가 독특해서 어느 것이 프랭클린의 수정 사항인지를 쉽게 파악할 수 있다. 내가 보기에 그것들은 훼손이 아닌 개선이다. 제퍼슨의 원본에는 미국이 "독립을 예고할 수밖에 없는 원인들을 선언해야 한다"라고 쓰여 있다. 프랭클린은 "예고"를 "독립할 수밖에 없는"으로 바꿈으로써 문장을 간결하게 줄이는 동시에 독립을 돌이킬 수 없는 것으로 만들었다.

프랭클린이 남긴 가장 중요한 수정 사항은 앞부분에 등장한다. 제퍼슨의 원본에는 "우리는 다음과 같은 사실을 신성하고 부인할 수 없는 진리로 받아들인다. 모든 사람은 평등하게 창조되었다"라고 쓰여 있다.[15] 그러나 누군가가 확신에 찬 손놀림으로(프랭클린일 가능성이 높다) "신성하고 부인할 수 없는"을 지우고 "자명한"으로 수정했다.[16] "우리는 다음 사실을 자명한 진리로 받아들인다." 독립선언문에서 가장 유명한 문장이다. 같은 생각을 더욱 간결하게 표현한 별것 아닌 수정처럼 보일지 모르지만 여기에는 그 이상의 훨씬 큰 의미가 있다. 나는 이 부분이 역사상 가장 위대한 수정이라고 생각한다. 제퍼슨의 표현은 종교적 권위에 호소한다. 이 사실은 신성하다. 이 사실은 부인할 수 없는데, 그건 이 사실들이 신성하기 때문이다. 17세기에는 훌륭한 주장이었겠지만 신성한 권위의 힘이 점점 약해지던 계몽된 18세기에는 그리 훌륭한 주장이 아니었다.

이 표현을 "자명한"으로 수정함으로써 프랭클린은 본인이 더 고결한 권위라고 믿었던 인간의 이성을 소환했다. 이 개념은 영국의 철학자 존 로크 덕분에 이미 널리 퍼져 있었다. 미국의 건국 문서, 그중에서도 특히 독립선언문에는 로크의 흔적이 곳곳에 남아 있다. 로크는 관념이 우리 안에 내재해 있다는 오래된 믿음을 거부했다. 그는 지식은 타고나는 것이 아니며, 우리는 글씨가 쓰이기를 기다리는 하얀 종이와 같다고 믿었다. 모든 지식은 감각을 통한 경험에서 나온다. 자명한 진실은 본인의 직접 경험에서 추론한 진실이다. 철학자여야만, 아니면 배운 사람이어야만 자명한 진실을 이해할 수 있는 것은 아니다. 누구든, 심지어 어린아이도 자명한 진실을 이해할 수 있다.

로크는 자명한 진실을 여러 개 나열한다. "같은 것이 존재하는 동시에 존재하지 않는 것은 불가능하다", "흰색은 검은색이 아니다", "사각형은 원이 아니다", "쓴맛은 단맛이 아니다" 등등이 그 예다.[17] 지식보다는 관찰에 가깝긴 하지만 로크는 이것들을 "직관적 지식"이라고 부른다. 눈이 빛을 감지하듯 우리의 정신은 자명한 진실을 감지한다. 증거는 필요치 않다. 자명한 사실은 "머릿속에서 즉각적이면서도 영구적인 진리로 느껴지며" "거리낌이나 의심, 탐구의 여지를 남기지 않는다"라고, 로크는 말했다. 자명한 진실은 논쟁의 대상이 아니다. 아니, 그보다는 논쟁을 초월한다.

문제가 까다로워지는 지점이 바로 여기다. 우리가 이런 진실을 바르게 이해하는 것은 매우 중요하다. 한번 자명하다고 선언된 진실은 더 이상 의문의 대상이 되지 않기 때문이다. 한편으로 이 점은 크나큰 자유를 준다. 예를 들어 내가 딸을 사랑한다는 것은 자명한 사실이다. 나는 이 사실을 마음 깊은 곳에서 익히 잘 알기 때문에 의문을 품거나 '증명'하느라 시간을 낭비하지 않아도 된다. 그건 그냥 사실이다. 나의 또 다른 자명한 진실은 내가 과체중이라는 것이다. 나한테 그 말을 해주려고 내 몸무게를 잴 필요는 없다. 몸을 청바지에 욱여넣을 때마다 나 스스로도 잘 인식하고 있으니까.

독립선언문 초안 작성 위원회도 이와 비슷한 두려움에 휩싸였다. 제퍼슨은 이른바 자명한 진실을 여럿 나열했다. "모든 사람은 평등하게 창조되었고, 창조주는 몇 개의 양도할 수 없는 권리를 부여했으며, 그 권리 중에는 생명과 자유와 행복의 추구가 있다." 또한 사람들은 부정한 정부를 폐지할 권리가 있다. 그러나 18세기 독자들에게 이것들은 전혀 자명한 진실이 아니었으며, 특히나 존 로크가 염두에 둔 '뜨거운 것은 차가운 것이 아니다'라는 식의 단순한 기준으로는 더더욱 그렇지 않았다.

제퍼슨과 편집자들은 대담한 시도를 했다. 그들은 이것들을 자명한 사실로 선언함으로써 정말로 그렇게 되기를 바랐다. "우리는 다음과 같은 사실을 자명한 진리로 받아들인다"는 관찰이라기보다는 주장이자 소망에 가까웠다. 그들은 자명한 진리를 인식의 세계(위는 아래가 아니고 뜨거운 것은 차가운 것이 아니다)에서 윤리의 세계(폭력은 옳지 않고 평등이 불평등보다 낫다)로 확장하고자 했다. 미국의 인종 관계에서 드러나듯이 이러한 발전은 여전히 진행 중이지만 제퍼슨의 초고와 벤의 현명한 펜 놀림 덕분에 미국은 올바른 방향으로 들어설 수 있었다.

프랭클린이 독립선언문을 편집하기 시작한 바로 그달에 훨씬 개인적인 소식이 그를 찾아왔다. 뉴저지 독립군이 마지막 남은 왕립총독이었던 프랭클린의 아들 윌리엄을 "본인 스스로 이 나라 자유의 적임을 밝혔다"는 죄목으로 체포한 것이다.[18] 아버지가 독립선언문에 서명한 날인 7월 4일 윌리엄은 코네티컷으로 이송되어 2년간 감옥에 수감되었고 그중 8개월은 독방에서 보냈다. 생활환경은 가혹했다. 윌리엄은 바닥에 깔고 잘 지푸라기 외에는 아무것도 없는 캄캄한 감방에 갇혔다. 9월 그는 독립군의 편에 선 코네티컷 총독 조너선 트럼블에게 편지를 보냈다. "이렇게 생매장을 당해 낮이나 밤이나 대화할 사람 한 명 없고 공기도 활동도 부족한 상태로 고통스럽게 살고 있으니 차라리 즉시 밖으로 끌려나가 총살당하는 것을 그대들의 호의로 여길 것입니다."[19]

윌리엄의 아내 엘리자베스는 제정신이 아니었다. 남편이 염려되었고 본인의 건강도 좋지 않았다. 엘리자베스는 벤에게 영향력을 행사해 선처해달라고 애원하는 편지를 보냈다. "존경하는 아버님, 지금 제가 당신의 아들이자 제 사랑하는 남편을 위해 호소하고 있음을 알아주시길 바랍니다." 엘리자베스는 여기에 애처로운 추신을 덧붙였다. "만약 제 말과 행동에 잘못이 있었다면 부디 용서해주세요."[20] 벤은 답장하지 않았다.

벤과 윌리엄의 갈등은 다음과 같은 까다로운 질문으로 귀결된다. 아들을 향한 아버지의 조건 없는 사랑과 아버지를 향한 아들의 영원한 충성심 중 무엇이 더 중요한 의무인가? 이 질문에서 벤저민과 윌리엄은 합의에 이르지 못했다.

이제 막 태어난 나의 프랭클린식 희망 때문인지 나의 은밀한 캐나다인다움 때문인지는 모르겠지만 이 슬픈 사건에서 교훈을 끌어내고 싶은 마음이 간절하다. 역사적 기록을 파헤치며 벤과 윌리엄이 주고받은 서신을 샅샅이 뒤진다. 아무것도 없다. 힘들게 구해야 하는 진실은 결코 자명한 진리가 아니다.

전에도 본 적이 있다. 마하트마 간디, 윈스턴 처칠, 마틴 루서 킹 주니어 등에게서. 이들은 역사를 만든 위대한 인물이지만 형편없는 부모이자 남편이었다. 이런 인간성의 결핍은 왜 나타나는 것이며, 왜 그들과 가장 가까운 사람에게 향하는 것일까? 분명 너무 바빠서는 아닐 것이다. 어떤 인격상의 결함이 세계 무대가 아닌 가족의 식탁에서, 환한 조명이 사라진 그 고요한 순간에 나타나는 것이다. 그때 그들은 그저 남편과 아내, 아버지와 아들이 되어 단둘이 남는다. 나는 벤이 그 친밀함을 불편해했고 결국 간절히 도망치고 싶어 했다고 생각한다. 다시 한번 그는 너른 바다의 부름에 응답했다.

나는 빨간 벽돌로 지은 평범한 식민지 시대풍 건물 앞에 서 있다. 흰색 아치 모양 창유리가 달려 있고 A자형 지붕 꼭대기에 작은 돔형 지붕이 올라앉아 있다. 카펜터스홀에는 웅장하거나 기념비적인 면이 아주 조금도 없다. 필라델피아 목수 조합의 본거지였기 때문에(그건 지금도 마찬가지다) 카펜터스홀이라는 이름이 붙었지만 그 외에도 수많은 역사가 이곳에서 펼쳐졌다. 이곳은 1774년 제1차 대륙회의가 열린 곳이다. 프랭클린이 낳은 두 단체, 필라델피아 도서관 연합과 미국 철학회가 한동안 본부로 사용하기도 했다. 또한 이곳은 1775년 12월 말에 벤저민 프랭클린의 삶과 독립 이전 미국의 경로를 바꾼 몇 차례의 비밀 회담이 열린 곳이기도 하다.

이 회담의 참석자 중에는 추레한 차림으로 얼마 전 필라델피아에 도착한 26세의 상이군인 줄리앙 알렉상드르 아샤르 드 봉불루아르가 있었다. 그는 자신이 병가 중인 프랑스 육군 장교이며 미국의 대의에 깊이 공감한다고 주장했다. 그러나 사실 그는 루이 16세에게 미국 독립군의 전투력을 평가하라는 명령을 받고 파견된 프랑스 첩보원이었다.

그는 타이밍이 좋았다. 대륙회의에서 막 비밀통신위원회를 만든 때였기 때문이다. 위원회의 이름이 마음에 든다. 열두 살짜리 남자애들이 트리하우스(나무 위에 지은 집-옮긴이)에 모여 재잘거리며 생각해낸 이름 같다. 그러나 비밀통신위원회는 사실 미 국무부의 전신이 된 매우 엄숙한 조직이었다. 위원회의 임무는 미국 독립군에 돈이나 무기, 이상적으로는 돈과 무기를 다 지원해줄 해외 정부를 찾아내는 것이었다.

프랑스는 명백한 후보국이었다. 이 나라는 7년 전쟁에서 영국에게 받은 타격으로 여전히 쓰라려하고 있었다. 인정사정없이 번져나가며 유럽의 다른 강대국들까지 옮아맨 7년 전쟁은 이름보다 체감 기간이 훨씬 길었다. 프랑스는 이 패배에 복수하고 싶었으나 아직 저지를 준비를 못 한 상태였다. 7년 전쟁으로 프랑스 경제가 약화되고 군인들이 대규모로 죽어나갔기 때문이다. 군주를 몰아내겠다고 선언한 저항군을 프랑스 같은 군주국가가 지원해도 괜찮으냐는 까다로운 문제도 있었다. 또 누가 알겠는가? 프랑스 국민들도 같은 야망을 품을지.

봉불루아르는 필라델피아에 가서 벤 프랭클린이라는 인물을 찾으라는 지시를 받았다. 벤은 전에 프랑스를 방문한 적이 있었고 프랑스에 처음 가본 많은 사람과 마찬가지로 그 또한 즉시 프랑스에 마음을 홀딱 빼앗겼다. 그는 프랑스에 가면 스무 살 어려진 기분이 든다고 말했다.

필라델피아에 도착한 봉불루아르는 조심스러운 탐문 끝에 오래지 않아 프랭클린 및 비밀통신위원회의 다른 세 회원과 한자리에 모였다. 봉불루아르는 그들이 밤에 만났고 "각자가 다른 길로" 카펜터스홀에 도착했다고 회상했다.[21]

프랑스인과 미국인 양측은 처음 만난 두 마리 개처럼 킁킁거리며 상대의 냄새를 맡았다. 봉불루아르는 미국 측의 말처럼 신생 미국군의 전쟁 수행 능력이 정말 뛰어난지 알고 싶어 했고 프랭클린과 그의 동료들은 봉불루아르가 이중 첩자로서 영국 첩보기관 밑에서 일하는 것은 아닌지 알고 싶어 했다. 세 번의 회담이 진행되면서 양측은 서로를 신뢰하게 되었고 쿵쿵거림은 점차 줄어들었다. 이 회담을 통해 외교관들이 말하는 "결과물"이 최소 하나는 탄생했다. 봉불루아르는 조지 워싱턴에게 절실히 필요했던 프랑스 육군 공병 두 명을 보내겠다고 약속했고 미국 측은 대화를 지속하는 데 동의했다. 변덕스럽지만 아름다운 우정의 시작이었다.

회담이 끝난 뒤 봉불루아르는 베르사유에 있는 참모에게 급히 보고서를 보냈다. 그는 숨 가쁘게 미국군을 장밋빛으로 묘사했다. "이곳에 있는 모두가 병사이고 군대는 전투복을 잘 차려입었으며 봉급도 무기도 충분합니다……. 그들은 우리 생각보다 더 강력하고 그 힘은 상상을 초월할 정도입니다. 보면 놀라실 것입니다. 그 무엇도 그들에게 충격이나 위협을 가할 수 없습니다. 이 점은 믿으셔도 됩니다."[22]

봉불루아르의 평가는 지나친 과장이었지만 그래도 유익한 쓸모가 있었다. 베르사유와 필라델피아는 조금 더 가까워졌다. 1776년 봄 프랑스는 미국에 꼭 필요했던 화약을 은밀히 공급하기 시작했다. 대륙회의는 프랑스에 대표를 파견했다. 코네티컷의 상인이었던 사일러스 딘이 대표가 되어 프랭클린의 외교 지시 사항과 그의 프랑스인 친구들에게 전할 편지들 그리고 비밀통신위원회의 이름에 걸맞은 투명 잉크병을 들고 항해에 나섰다(딘의 조력자였던 존 제이는 투명 잉크를 다시 보이게 하는 용액을 제공받았다).

대륙회의는 곧 프랑스에 더 저명한 대표를 보내야 한다는 사실을 깨달았다. 그리고 프랭클린을 찾았다. 타당한 부탁이었다. 벤은 미국에서 가장 경험 많은 외교관이었고 국제적 명성을 떨치는 유일한 유명 인사였다. 그의 전기 실험은 어디에서나 열렬한 반응을 얻었지만 프랑스만큼 그 반응이 열광적인 곳은 없었다. 프랑스인은 프랭클린을 사랑했다.

그러나 그 임무를 수행하려면 먼저 바다부터 횡단해야 했다. 위험은 그뿐만이 아니었다. 영국군에게 붙잡힌다면 프랭클린은 분명 체포될 것이었고 어쩌면 교수형에 처해질지도 몰랐다. 무사히 프랑스에 도착한다 해도 독사의 구덩이처럼 위험천만한 정치 환경과 영국의 스파이들이 그를 기다리고 있었다.

벤은 주저하지 않고 이 임무를 받아들였다. 그의 공직 철학(절대 요구하지 말고 절대 거절하지 말라) 때문이기도 했겠지만 나는 다른 이유도 있었으리라 생각한다. 20여 년 전 벤은 친구였던 전도사 조지 화이트필드에게 보내는 편지에서 연극 용어를 이용해 나이 듦을 대하는 자신의 태도를 설명했다. "삶은 한 편의 희곡처럼 규칙대로 상연되고 멋들어지게 끝을 맺어야 한다고 생각하네. 마지막 장에 다다른 지금 나는 마무리에 잘 어울릴 만한 것을 찾기 시작했다네." 물론 이 시기는 벤의 마지막 장이 전혀 아니었다. 그의 마지막 장은 뮤지컬 〈캣츠〉보다도 더 많았다. 그는 유명하지만 시대에 뒤처진 원로 정치인 역할을 맡을 생각이 없었다. 그는 팡파르를 울리며 멋지게 퇴장하고 싶었고 프랑스 임무는 바로 그가 찾던 신나는 사건이었다.

나도 팡파르를 울리면서, 그게 안 된다면 징이라도 울리면서 퇴장하고 싶다. 풍요롭고 뜻 깊은 수많은 삶이 골프와 아침 할인, 은은하게 이어지는 권태로 뒤섞인 따분한 마무리를 맞이한다. 연령주의는 새로운 것이 아니다. 연령주의는 이 세상에 노인과 그들을 조롱할 청년이 존재할 때부터 쭉 우리 곁에 있었다. 그러나 노년에는 반드시 활동적인 삶에서 물러나야 한다는 생각은 비교적 새로운 것이다. 이 개념은 1940년대에 구조기능주의라는 이론과 함께 시작되었다. 이 이론은 만약 노인 인구가 불행하다면 그건 그들이 "적응 문제"를 겪고 있기 때문이라고 상정했다. 이 노인들은 노화라는 "자연스러운" 과정과 그에 따른 밀려나는 느낌에 대처하지 못한다. "나이 든다는 것: 물러남의 과정" 같은 제목의 책들은 노인들이 활동을 줄이고 로마 철학자 키케로가 말한 오티움 쿰 디그니타테^{otium cum dignitate}, 즉 "위엄 있는 휴식"을 추구해야 한다고 주장했다. 이러한 태도가 바뀌어 노인들에게 계속 활동적으로 생활하라고 권하게 된 것은 비교적 최근의 일이다.

바쁨이 모두 똑같은 것은 아니다. 빙고 게임을 하느라 바쁜 것과 혁명을 하느라 바쁜 것은 서로 다르다. 하나는 유의미하지만 다른 하나는 그렇지 않다. 프랭클린도 게임, 그중에서도 특히 체스를 즐겼지만 그가 체스 테마의 양로원에서 생활하는 모습은 상상하기 힘들다. 내가 그러는 모습도 상상하기 힘든데, 그건 내가 체스를 둘 줄 모르기 때문만은 아니다. 쾌락은 그 자체만으로는 보통 무언가를 해야 할 충분한 이유가 되지 못한다. 목적의식이야말로 훨씬 강력한 엔진이다.

1776년 10월 말 벤은 작별 인사를 전하러 친구들의 집을 찾았다. 그는 조심스럽게 움직였다. 그의 프랑스 파견은 비밀이었다. 비록 그리 완벽한 비밀은 아니었지만 말이다. 필라델피아는 가십으로 넘쳐났고 영국 스파이가 우글거렸다. 10월 27일 프랭클린은 보복이라는 적절한 이름의 미 해군 군함에 올랐다. 이번에는 20여 년 전 런던으로 떠날 때처럼 노예 두 명을 거느리는 대신 외손자인 일곱 살 베니와 아직 수감 중이었던 윌리엄의 아들인 열여섯 살 템플을 대동했다. 벤은 템플을 거의 키우다시피 했다. 둘은 런던에서도, 이후 필라델피아에서도 함께 살았다. 벤에게 템플은 믿을 수 없는 세상에서 믿을 수 있는 존재였다.

보복의 키는 젊지만 유능한 선장 램버트 위키스가 잡았다. 비밀통신위원회는 그에게 꼭 바다에서만 열어야 하는 봉인된 명령을 건넸다. 그들은 위키스에게 시간을 지체하지 말고, 닥터 프랭클린의 지시에 따르고, "어디로 향하는지…… 용무가 무엇인지를 반드시 비밀에 부치라"고 당부했다.[23] 프랭클린과 그의 두 손자는 발각되지 않기 위해 필라델피아가 아니라 몇 킬로미터 하류에 있는 마커스훅에서 배에 탑승했다.

프랭클린은 원래 긴 항해를 좋아했지만 이번에는 달랐다. 보복은 "참담한 배"였고 가을 바다는 거칠었으며 잠자리는 비좁았고 음식은 나이 든 벤의 치아로 씹기엔 대부분 너무 딱딱했다. 게다가 벤은 "두피 외에도 등과 옆구리, 다리, 팔까지 퍼진" 각질과 종기에 시달렸다. 붙잡힐지 모른다는 두려움도 계속되었다. 항해에 나서고 2주가 지났을 무렵 선원들은 영국 군함 두 척을 발견했다.

위키스 선장은 급히 키를 돌려 간신히 영국 군함을 피했다. 벤은 분명 다시는 대서양을 횡단하지 말라는 여동생 제인의 애절한 간청을 떠올렸을 것이다. "가지 마. 제발 가지 마."[24]

보복의 선원들이 프랑스 해안을 발견한 11월 28일 벤은 영양실조로 허약한 상태였다. 그는 이번 여정으로 "거의 죽을 뻔했다"고 말했다. 배는 역풍 때문에 애초의 목적지였던 항구도시 낭트에 도착하지 못하고 나흘간 해안 근처를 떠돌았고, 결국 완전히 지치고 좌절한 프랭클린이 작은 어선을 빌려서 해안까지 타고 가겠다고 위키스 선장을 설득했다.

1776년 12월 4일 70세인 벤저민 프랭클린이 오레라는 어촌 마을에 도착했다. 이번에는 환호하는 군중이 없었다. 누구도 그의 도착을 알지 못했다.

22

프랑스 프로젝트

벤은 어촌 마을 오레에 도착하기까지 한 달이 넘게 걸렸다. 나는 열두 시간도 안 걸렸다. 진보의 측정 기준이 속도라면 이것은 확실히 진보가 맞다. 내 여정은 벤의 여정보다 더 편안했고 극적인 사건은 훨씬 적었다. 나는 비듬이나 종기로 고생하지 않았다. 영국 군함이 나를 따라오지도 않았다. 음식은 고급은 아니었어도 먹을 만했다. 몸이 피로하긴 했지만 죽을 만큼은 아니었다.

그러나 벤과 나의 경험에는 한 가지 끔찍한 공통점이 있었으니, 바로 연령주의와의 조우였다. 벤이 경험한 연령주의는 그가 일흔 살의 나이에 그렇게 도전적인 임무를 맡을 수 있을지 의심하는 수군거리는 목소리의 형태로 나타났다. 내가 경험한 연령주의는 프랑크푸르트 국제공항에서 환승할 때 찾아왔다. 나는 터미널에서 공항으로 사람들을 실어 나르는 버스에 올랐고 버스 안은 매우 붐볐다. 앉을 자리가 없었다. 청바지와 함께 과시적 태도를 몸에 걸치고 있던 한 젊은 남자가 내게 자기 자리를 양보했다. 아니, 내가 자기 자리에 앉아야 한다고 우겼다. 자신이 얼마나 너그럽고 관대한지 모르는 사람이 없도록 쩌렁쩌렁한 목소리에 드라마를 찍듯 과장된 몸짓이었다.

"아뇨." 내가 퉁명스럽게 대답했다. "괜찮습니다."

몇 초 뒤 그 남자는 더더욱 과장된 몸짓으로 또다시 내게 자리를 양보했고, 나는 다시 한번 "괜찮습니다"라고 대답했다. 그러나 이번에는 내 말투에 아까와 다른 감정이 담겨 있었다. 꺼져. 이제 이런 식인 건가? 사람들이 내게 자리를 양보한다. 내 가방을 들어준다. 나를 가엽게 여긴다. 나는 참지 않을 것이다. 왜 참아야 하는가? 벤은 참지 않았다.

벤이 80세가 훌쩍 넘었을 때 경험한 다음 일화를 우연히 접했다. 필라델피아에 있는 벤의 집을 찾아온 머내시 커틀러가 벤의 서재에서 어떤 책을 보고 싶다고 말했다. 무거운 책이어서 벤은 그 책을 힘겹게 꺼내 들었다. 그때 커틀러가 버스에서 자리를 양보하듯 책을 대신 들어주겠다고 말했다. 벤은 거절했고 훗날 커틀러는 벤이 "노인들에게 흔히 나타나는 그 노망난 의욕으로…… 자기 혼자서 하겠다고 고집했고, 그저 자신에게 힘이 얼마나 남아 있는지 보여주기 위해 그 누구의 도움도 받지 않았다"라고 회상했다.[1] 멋져요, 벤. 노망난 의욕? 그것의 다른 이름은 투지다.

나는 오래가 좋다. 따뜻한 담요처럼 마을이 항구를 껴안고 있는 모습과 아무것도 증명할 필요가 없는 70대 노인처럼 무심하게 자기 나이를 드러낸 모습이 좋다. 이리저리 기울어진 오래된 집들과 카페를 언덕 위에서 내려다보는 어둡고 위풍당당한 생 소뵈

르 성당이 좋고, 벤저민 프랭클린과 그의 두 손자가 거의 250년 전에 해안으로 떠밀려온 이후로 거의 변하지 않은 부두가 좋다.

벤은 나처럼 오레를 좋아하지 않았고(그는 오레를 형편없는 곳이라고 불렀다) 최대한 빨리 떠나고 싶어 했다.[2] 그러나 이 사실도 오레가 벤과의 만남을 활용하지 못하게 막지는 못했다. 내가 2분 만에 알게 되었듯이 벤은 이곳 어디에나 있다. 나는 프랭클린 부두와 거의 죽을 뻔한 프랭클린이 해안에 도착한 지점을 알려주는 작은 명판을 지난다. 벽 전체를 덮은 형형색색의 거대한 프랭클린 벽화와 프랭클린 맛(블랙커런트와 복숭아를 넣은 레몬 맛)을 판매하는 아이스크림 가게를 지나 프랭클린 술집에 도착한다. 최선을 다해 프랭클린을 이용한다는 이유로 오레의 선량한 시민들을 비난할 순 없다. 장소는 역사적 명성을 직접 선택할 수 없다. 그저 있는 것을 활용할 뿐이다.

짙은 색 나무 기둥과 옅은 색 벽돌이 프랭클린 술집을 간신히 지탱하고 있다. 이 오래되어 기울어진 건물을 보니 영화 〈윌리 웡카와 초콜릿 공장〉에서 본 장면이 떠오른다. 이 여름날 프랭클린 술집은 활발히 영업 중이다. 종업원이 바쁘다. 벤처럼 바쁘다. 겨우 종업원의 관심을 끌어 맥주와 짭짤한 크레이프를 주문한다. 내가 앉은 테라스 자리에서 오레 전체를 조망할 수 있다. 작은 항구에서 위아래로 흔들리는 나무배들, 솜털 같은 구름과 멋진 대조를 이루는 검은색 지붕들, 정성을 담아 책을 가지런히 진열하는 길가의 서적상들. 브르타뉴에 있는 이 마을은 전혀 형편없지 않다. 마을에는 쾌적하면서도 은근히 신비로운 분위기가 흐르는 데, 아마도 켈트족의 영향 때문일 것이다.

벤이 오레를 암울하게 평가한 것은 완전히 탈진해서일 수도 있고(벤은 거의 제대로 설 수도 없었다) 바로 이곳에서 자신이 맡은 임무의 막중함을 체감해서일 수도 있다. 조지 워싱턴의 대륙군은 탄약과 보급품, 공병, 군함, 심지어 군복마저 궁한 상태였다. 이 모든 것을 마련하는 데는 돈이 필요했고 어린 미국에는 사실상 돈이 한 푼도 없었다. 그렇다고 신용이 있는 것도 아니었다. 프랑스는 미국을 도울 수도, 돕지 않을 수도 있었다. 미국은 프랑스의 도움 없이 전쟁에서 승리할 수 없었다.

미국의 대의에 동참해달라고 프랑스를 설득하기란 쉽지 않았다. 프랑스는 지난 세기에 영국과 네 차례 식민지 전쟁을 치렀고 루이 16세는 다섯 번째 전쟁에 말려들기를 원치 않았다. 이 전쟁의 목표가 또 다른 군주를 몰아내는 것이었기에 더더욱 그랬다. 프랑스 관료들은 옛 라이벌을 도발하고 싶지 않았기에 프랭클린과 함께 있는 모습을 대중 앞에 드러내려 하지 않았다. 벤의 임무는 불가능하지는 않았지만 거의 불가능에 가까웠다.

해가 갈수록 벤은 소심해진 것이 아니라 더 대담해졌다. 위험을 감수했고 돈키호테처럼 수차례 풍차에 달려들었다. 나이 들수록 몸을 사리는 사람들이 많다. 그들은 더 이상 불가능한 일에 덤벼들거나 실없는 짓에 빠져들지 않는다. 왜일까? 생각해보면 노년은 오히려 실험하고 스쿠버다이빙을 배우고 풍차에 달려들기 완벽한 시기다. 잃을 게 뭐가 있는가? 오레의 쾌적한 부둣가를 걸으면서 나무배를 바라보고 프랭클린 한 스쿱을 핥는 동안 나는 대담하고 무모하게 나이 들겠다고 맹세한다. 나는 위험을, 심지어 치명적인 것까지도 감수할 것이다. 그리고 우쭐대는 조무래기가 뭐라고 생각하든 간에 버스에서 자리에 앉지 않고 서 있을 것이다.

벤은 얼른 파리에 가서 임무에 착수하고 싶었다. 그러나 문제가 하나 있었다. 아직도 바다 위를 떠도는 보복에 짐이 남아 있었던 것이다. 프랭클린의 글에는 짐을 분실한 이야기가 놀라울 만큼 자주 등장한다. 나는 언제나 짐 분실이 20세기에 태어난 문제, 제트기 시대의 악동이라고 생각했지만 보아하니 전혀 아닌 것 같다. 벤은 제멋대로 사라진 자기 짐과 해외에 있는 다른 미국인 동료의 짐을 찾아 헤매느라 긴 시간을 허비했다.

내 생각보다 역사가 긴 문제가 또 하나 있었으니, 바로 허위 정보였다. 영국 대사관은 벤이 프랑스에 도착하기 전부터 벤과 미국의 전투력에 관한 거짓 소문을 열심히 퍼뜨리고 있었다. 대부분은 사실무근이었다. 벤은 프랑스 땅을 밟자마자 오랜 친구 자크 바뷰-뒤부르그에게 편지를 보내 들리는 소문을 전부 믿지 말라고 경고했다. "우리 미국의 상황에 대해 안 좋은 소식을 들었나 본데, 그건 사실이 아니라네."

그러나 그 소식은 사실이었다. 미국은 전쟁에서 고전을 면치 못하고 있었다. 영국군은 조지 워싱턴의 오합지졸 군대를 롱아일랜드에서 뉴저지까지 완전히 밀어냈다. 전망이 좋지 않았다. 벤은 프랑스의 지원을 얻어내려면 전쟁 소식을 그럴듯하게 포장해야 한다는 사실을 알았다.

벤과 그의 두 손자는 곧 오레에서 근처 낭트로 출발했다. 또 한 번의 불편하고 위험한 여정이었다. 마차는 "형편없었고", 말들은 지쳐 있었으며, 길은 강도들로 가득했다. 수행단은 계속해서 눈에 띄지 않게 움직였는데, 여기에는 안전 외에 다른 이유도 있었다. 벤의 임무를 비밀에 부쳐야 했던 이유는 프랑스 정부를 곤란하게 만들지 않기 위함이기도 했지만 만약 프랑스가 미국의 제안을 거부한다면 "거절당했다는 불명예를 떠안을 위험"에 처할 수도 있었기 때문이다.

벤은 사람들의 관심을 끌지 않으려고 애썼지만 머지않아 그건 피뢰침이 번개를 끌어들이지 않는 것만큼이나 불가능하다는 사실을 깨달았다. 낭트에서 그 유명한 미국인이 이곳을 찾았다는 말이 새어나갔고 무도회를 비롯한 각종 행사의 초대장이 빗발치듯 쏟아졌다. 그는 비밀통신위원회에 보내는 편지에 "나는 이곳에서 대단히 환영받고 있습니다"라고 말했는데, 이는 상당히 절제된 표현이었다. "미국은 친구가 많습니다." 그건 벤도 마찬가지였다. 친구들 수백 명이 1776년 크리스마스이브 직전에 파리에 도착한 벤을 반갑게 환영했다. 환호하는 군중이 위니베르시테가까지 이어졌다.

벤저민 프랭클린이 프랑스에서 누린 거의 메시아급의 어마어마한 인기를 어떻게 설명할 수 있을까? 유전자 때문일까? 벤의 아버지는 "어떤 사람들은 우리 가문이 과거에 프랑크라고 불린 프랑스계 혈통이라고 생각한다"라고 추측한 적이 있다.[3] 아니면 계몽주의의 진원지였던 프랑스에서 그 어디보다 큰 반향을 불러일으킨 그의 전기 실험 덕분일까? 또는 프랑스에서 선인 리샤르^{Bon}

Homme Richard라고 불린 가난한 리처드의 뻔뻔스러운 가면 때문이었을까?

계획 반 우연 반으로 프랭클린은 프랑스인이 기대하는 현명한 시골 철학자의 원형에 부합했다. 벤은 원시적인 인간은 본래 선하다는 루소의 "고상한 야만인" 이론을 체현한 동시에 볼테르의 세련된 재치까지 곁들인 인물이었다. 거부할 수 없는 조합이었다.

카멜레온 같은 벤은 제 역할에 어울리는 복장을 갖췄다. 런던에서 입던 신사 양복은 이제 없었다. 그 대신 벤은 소박한 갈색 재킷과 흰색 스타킹과 셔츠를 입고 캐나다 사태 때 사온 담비털 모자를 썼다. 가장 충격적인 점은 그가 가발을 쓰지 않았다는 것이다. 그는 친구인 에마 톰슨에게 보내는 편지에서 자신의 새 겉모습을 이렇게 묘사한다. "몇 살 더 먹었을 뿐, 전처럼 쾌활하고 강하고 다정하며, 매우 소박한 옷차림에 유일한 머리 장식인 질 좋은 털모자 아래로 숱 없이 곧은 백발이 이마 위 안경까지 흘러내린 내 모습을 떠올려보시오. 그리고 얼굴에 분칠한 파리 사람들 사이에서 이 모습이 어떻게 보일지 생각해보시오." 사람들은 그를 평범한 퀘이커교도로 오해했다(그는 퀘이커교도가 아니었다). 프랭클린은 자기 정체성을 거짓으로 꾸미지 않았다. 그저 사람들의 오해를 바로잡지 않았을 뿐이다.

벤은 몇 달간 호텔에서 머물다가 자기 위상과 임무에 걸맞은 숙소를 발견했다. 우아하고 고요한 그곳은 장차 8년간 그의 집이자 사실상 미국의 대사관 역할을 했다. 또 하나의 최초였다.

비행 카페^{Aero Café}에서 아침 식사를 한다. 분명 벤이 좋아했을 이름이다. 그는 비행술의 초기 광팬이었다. 파리에서 열기구가 떠오르는 광경을 목격하고는 항공 여행뿐만 아니라 공중전까지 예측했다.

나는 파시에 있다. 벤이 살던 시대에는 별도의 마을이었지만 오늘날에는 파리 16구의 상류층 거주지가 된 곳이다. 파시는 걷는 사람이 아무도 없는 그런 동네다. 사람들은 걷지 않고 한가롭게 거닌다. 그래서 나도 그렇게 한다.

임시변통으로 세운 책 가판대 앞을 한가로이 지난다. 책 한 권 한 권을 정성스레(솔직히 이건 사랑이다) 진열해두었다. 인쇄공 벤은 분명 프랑스인의 책 사랑을 높이 샀을 것이다. 값비싼 부티크와 네일 살롱 앞을 한가로이 지난다. 꼬인 케이블을 푸느라 고생하는 공공근로자들, 가죽 앞치마들 옆을 한가로이 지난다. 그들은 벤의 사람들이지, 내 사람들은 아니다. 내가 생각하는 육체노동은 노트북 코드를 꽂는 것이다. 머리를 멋지게 다듬은 파리지앵과 역시나 털을 멋지게 다듬은 그들의 반려견 옆을 한가로이 지난다. 천장 달린 시장인 마르쉐 드 파시를 향해 한가롭게 걷는다. 소 옆구리 살, 송아지 고기, 크기가 내 머리만 한 치즈 덩어리들처럼 통풍을 유발하는 식품이 줄줄이 늘어서 있다. 벤이 저항하지 못한 것도 놀랍지 않다.

파시에 안경점이 무척 많다는 사실을 깨닫는다. 아주 벤스럽다는 생각이 든다. 그가 이중 초점 안경을 발명했다는 점을 고려하면 말이다. 신호다! 아니면 내 합리적 사고가 보고 싶은 것을 보게끔 나를 속이는 건가? 그럴 가능성에 주의하며 한가로운 산책을 이어간다. 곧 메종 발자크에 도착한다. 과거 오노레 드 발자크의 집이었던 이곳은 이제 작은 박물관이 되었다. 발자크와 프랭클린, 이 두 위대한 인물은 서로를 알지 못했다. 발자크는 프랭클린이 죽고 거의 10년 뒤에 태어났지만 프랭클린의 절대적 팬이었다. 프랭클린이 피뢰침과 못된 장난, 공화국을 발명했다고 말한 적도 있다.

프랭클린 거리를 한가로이 거닐다 언덕길인 레누아르가에 이른다. 왼쪽으로 고개를 돌리니 에펠탑이 난데없이 나타난 것처럼 보인다. 벤은 파리의 이 랜드마크를 보지 못했다. 에펠탑은 그가 프랑스를 방문한 때로부터 100년도 더 지난 후에 세워졌다. 물론 벤은 변함없이 같은 자리에서 우리를 위로하는 센강을 바라보았다. 세상이 미쳐 돌아갈지라도 믿음직한 센강만은 파리의 중심과 이웃 동네 파시를 평화롭게 흘렀다.

한두 블록을 더 지나 마침내 발견한다. 한때 발랑티누아 호텔이 서 있던 자리를 보여주는 작은 명판. 이 명판은 발랑티누아 호텔의 향락적인 역사를 설명한다. 이 건물의 전 소유주였던 발랑티누아 백작 부인은 "파시 사람들은 즐길 줄 안다'는 이유를 들어 자신의 방탕한 친구들을 위해" 섹스 파티를 열어주었다. 확실히 해두자면 한때 발랑티누아 호텔에서 이런 파티가 열리긴 했지만 그건 벤이 이곳을 자신의 새 거주지이자 임시 미국 대사관으로 선택하기 훨씬 전의 일이었다.

이 대저택은 이상적인 위치에 자리 잡고 있었다. 파리와 가까웠지만 벤이 숨 돌릴 수 있을 만큼은 떨어져 있었고 왕이 있는 베르사유로 향하는 길목에 있었다. 아래로 포도밭이 센강까지 완만하게 이어져 있었고 와인 저장고도 있었다(벤은 장차 와인을 1200병 이상 모으게 된다). 벤은 사랑하는 크레이븐 스트리트 7번지보다도 이 발랑티누아 호텔을 더 아꼈다. 이러한 마음을 1777년 초에 여동생 제인에게 전하기도 했다.

언덕 위에 있는 바람이 잘 통하는 집에 머물고 있어. 산책로가 잘 갖춰진 널따란 정원이 있고 파리에서 마차로 약 30분 떨어져 있지. 매일 아침 정원을 잠깐 걸어. 식욕도 좋고 잠도 잘 자. 좋은 이웃들을 만났어. 유쾌한 사람들이고 나를 아주 좋아하는 것 같아. 어쨌든 상냥하고 정중한 사람들이야. 대체로 나는 고향과 가족에게서 멀리 떨어져 있는 사람치고는 아주 편안하게 살고 있어.

크레이븐 스트리트에 있는 집과 마찬가지로 발랑티누아 호텔에도 주거지 이상의 의미가 있었다. 발랑티누아 호텔은 은신처이자 오아시스였고 벤의 안전 공간이었다(그러나 내가 곧 알게 된 것처럼 이곳은 영국 스파이에게서 안전하지 않았다). 벤은 호텔 지붕에 피뢰침을 설치하고 지하실에 인쇄기를 놓았다.

이 저택의 새 소유주이자 벤의 집주인이었던 사람은 자크 도나시앵 르 레 드 쇼몽이라는 이름의 부유한 무기상이었다. 그는 미국의 대의에 공감했고 프랭클린에게 집세를 받지 않으려 했다. 벤이 이 호텔에 묵기 시작했을 때 쇼몽은 이미 미국군에게 절실히 필요했던 화약을 공급하고 있었다.

벤은 이 작은 마을을 사랑했다. 모래로 여과되어 런던의 그 어떤 물보다도 더 건강에 좋은 신선한 샘물을 마음껏 즐겼다. 파시는 벤의 열세 가지 미덕 상당수와 그의 몇 가지 악덕에 부합했다. 벤은 걷기 딱 좋은 깨끗한 거리(열 번째 미덕)와 고요한 정원(열한 번째 미덕), 일과 재미 사이의 적절한 균형과 질서(세 번째 미덕)에 감탄했다. 프랑스인이 절제(첫 번째 미덕)와 순결(열두 번째 미덕)을 지키지 못할 때면 벤은 스스로에게 그랬듯 너그러운 마음으로 이해해주었다.

프랭클린은 이목을 끌지 않으려고 계속 노력했으나 그렇다고 은둔 생활을 한 것은 아니었다. 그는 종종 살롱을 방문했고 그중에서도 특히 고인이 된 저명한 철학자의 아내이자 본인도 뛰어난 지식인이었던 마담 엘베시우스가 주최하는 모임을 즐겨 찾았다. 고양이로 가득한 마담 엘베시우스의 자택은 파시에서 마차를 타고 조금만 가면 나오는 오퇴유에 있었는데, 그 집은 나인 뮤지스 Nine Muses(그리스 신화에 나오는 학문과 예술의 여신으로 아홉 자매로 구성되어 있다-옮긴이)에서 유래한 나인 시스터스Nine Sisters라고 불렸고 그곳에 모이는 지식인과 철학자들은 오퇴유 아카데미라는 이름으로 알려졌다. 벤은 촛불만 꺼지지 않는다면 종종 늦은 밤까지도 그곳에서 체스를 두었다. 들리는 말에 따르면 벤은 가끔 속임수를 썼고 손가락으로 테이블을 두드리면서 상대의 평정심을 깨뜨리곤 했다.

프랭클린이 좋아한 또 다른 친구는 마담 브리용이었다. 마담 브리용은 재능 있는 하프시코드 연주자이자 작곡가였고 두 딸과 함께 벤에게 노래를 불러주었다. 벤은 그 노래를 "나의 오페라"라고 불렀다. 벤에게 몽 셰르 파파라는 별명을 붙여준 사람이 바로 마담 브리용이었는데, 이 별명은 곧 파리에 있는 벤의 친한 친구들 대다수가 사용하는 애칭이 되었다. 이때쯤엔 벤이 미국 대표임을 모두가 알았고 벤의 명성은 더더욱 커졌다.

이제 껄끄러운 문제를 다룰 때가 됐다. 벤 프랭클린과 프랑스 여자들이라는 문제 말이다. 미국인 동료였던 아서 리의 말처럼 정말 벤은 자신의 임무를 "타락한 악덕의 온상"으로 뒤바꾼 "사악한 노인네"였을까?[4] 그렇지 않았다. 먼저 벤은 아내 데버라를 배신하지 않았다. 데버라는 벤이 오레에 상륙하기 2년 전에 세상을 떠났기 때문이다. 게다가 당시 프랭클린은 70대였고 신장결석과 통풍을 비롯한 여러 질병으로 몹시 고생하고 있었다. 어떤 때는 남의 침대에 뛰어들기는커녕 자기 침대에서조차 나오지 못했다. 프랭클린의 사생활에 관해 결정적 기록을 남긴 두 역사가는 벤이 실제로 프랑스 여자들과 바람을 피웠다는 "증거는 어디에도 없다"라고 결론 내렸다.[5]

살이 있고 유연한 벤이었지만 "통제하기 힘든 그 젊은 날의 욕정"은 가라앉은 지 오래였다. 그는 속이 시원하다는 말을 남긴 뒤 새로운 취미인 희롱 자체를 위한 희롱에 탐닉하기 시작했다. 프랑스에서 그는 희롱을 예술의 경지로 끌어올렸다. 살롱에서도 음악실에서도 추파를 던졌다. 강에서도 정원에서도 추파를 던졌다. 밤낮 가리지 않고 추파를 던졌다. 당시 볼이나 입술에 키스하는 것은 유행이 아니었다. 그러나 걱정할 필요는 없었다. 벤은 친구에게 보내는 편지에서 이렇게 말했다. "프랑스 여성에게는 다양한 관심사와 교양, 사려 깊은 대화 등으로 자기 매력을 뽐내는 천 가지 다른 방법이 있다네." 두뇌는 여전히 벤이 가장 좋아하는 신체 기관이었다.

적어도 프랭클린 연구자 로렌 팽글은 벤의 희롱이 처세의 일환이었고 그 덕분에 프랑스 정권의 마음을 사로잡아 독립전쟁 승리에 일조할 수 있었다고 믿는다. "그는 사람들에게 다가가 그들을 무장 해제하고 그들의 속마음을 끌어내서 자기편으로 만드는 방법을 본능적으로 알았고 그런 재능을 가진 사람이 좀처럼 추파를 멈추지 못하는 것은 필연이었을지도 모른다."[6]

벤은 여성뿐만 아니라 모든 사람에게 인기가 많았다. 그는 작가와 철학자, 가출한 10대, 미국으로 이주하려는 예비 이민자, 시골 성직자를 비롯한 "온갖 종류의 기획가와 이론가, 모험가"에게 붙들렸고, 어느 날은 한 전과자가 비현실적인 "영원한 평화를 위한 계획"을 품고 그를 찾아오기도 했다.[7] 피에르-앙드레 가르가스는 프랑스 남부에 있는 마을에서부터 줄곧 걸어와서 지저분하고 부스스한 몰골로 프랭클린의 문 앞에 나타났다. 대다수 외교관, 아니 대다수 사람은 가르가스를 쫓아냈겠지만 벤은 그러지 않았다. 그는 가르가스를 반갑게 맞아들이고는 통찰력일 수도 있고 어쩌면 터무니없는 공상일 수도 있는 그의 세계 평화 계획을 유심히 읽었다. 그리고 그 안에 "매우 현명한 발언"이 들어 있다며 (가르가스는 최초로 "국제연합"이라는 용어를 사용한 인물이다) 자비로 여러 부를 인쇄했다. 그 어느 때보다 가능성주의자다운 벤이었다.

프랑스와의 협상은 벤의 가장 중요한 임무였지만 유일한 임무는 아니었다. 벤은 미국인을 도와 분실한 짐들을 찾아냈고 사략선(정부로부터 적선을 공격하고 나포할 권리를 인정받고 포획물을 자기 수익으로 삼았던 민간 배-옮긴이)이 탈취한 전리품들을 처분했으며 파리에 사는 미국인을 매주 식사에 초대했다.

여기서 잠시 벤이 처한 상황을 살펴보자. 그는 거의 일흔한 살이고 다시 한번 새로운 삶을 시작하고 있다. 거의 불가능한 임무를 맡은 데다 새로운 문화와 언어, 정치판에 적응해야 했다. 실제로 벤은 그렇게 했다. 기질 때문인지 세계관 때문인지, 아니면 말로 표현할 수 없는 화학작용 때문인지는 모르겠지만 벤과 그의 새 터전은 놀라울 만큼 잘 맞는 것으로 드러났다. 프랑스인은 벤을 사랑했고 벤도 프랑스인을 사랑했다. 벤은 프랑스가 "가장 사랑스러운 국가"이고 "국민적 악습"이 하나도 없다고 말했다. 전혀 사실이 아니었다. 프랑스에는 실제로 국민적 악습이 (여럿) 존재했으나 그것들은 벤의 악덕, 그러니까 웃음과 음악과 와인, 그리고 여성을 향한 사랑과 완벽하게 들어맞았다. 지금껏 벤 프랭클린과 프랑스처럼 서로를 온전하게 보완한 인물과 장소는 없었다.

처음에 프랑스 정부는 미국에 크게 베팅하기를 꺼렸다. 그래서 게임이 끝나지 않을 정도로만 조금씩 도와주었다. 〈세비야의 이

발사〉와 〈피가로의 결혼〉을 쓴 극작가 피에르 보마르셰가 설립한 유령 회사를 통해 100만 리브르(20만 달러)가 유입되었다. 그렇게 1년 넘는 시간이 흘렀다. 프랑스의 원조는 미국을 달랠 수는 있지만 영국을 자극하지는 않을 딱 그만큼만 찔끔찔끔 이어졌다. 그러나 1777년 12월 4일 상황이 바뀌었다. 미국이 새러토가에서 대승을 거두었다는 소식이 프랑스에 전해졌다. 존 버고인 장군이 이끄는 영국군 8000명이 조지 워싱턴의 대륙군에 항복한 것이다. 이제 미국은 훨씬 좋은 선택지처럼 보였다. 프랭클린은 프랑스 외무장관 콩트 드 베르젠과 동맹 가능성을 논의했다. 확고한 미국 편이었던 베르젠은 신중하고 전문적인 외교관이었고 다행히도 사람 보는 눈이 좋았다.

프랭클린은 프랑스에서 극적인 성공을 거두었다. 몇 년 만에 조약 두 개를 협상했고,[8] 대출과 증여를 통해 4800만 리브르(오늘날의 가치로 14억 달러) 이상을 얻어냈으며, 프랑스 군함과 병사를 파견하는 직접적인 군사 원조는 말할 것도 없었다. 늙은 마술사의 외교 마법이 없었다면 미국은 전쟁에서 승리할 수 없었을 것이다. 돈 구걸을 극도로 싫어하고 갈등을 일체 피했던 70대의 과체중 노인이 어떻게 이처럼 특수한 갈등(마트료시카 인형처럼 원한이 겹겹이 쌓인 갈등 속의 갈등) 속으로 걸어 들어갔다가 목표 달성과 동시에 자신의 트레이드마크인 분별심을 온전하게 유지한 채로 걸어 나올 수 있었을까? 오히려 프랭클린의 분별심은 프랑스에 머무는 동안 더욱 깊어졌다. 그의 프랑스인 친구들은 차분하다는 말로 그를 설명하곤 했다.

내게도 프랭클린의 차분함이 간절히 필요하다. 파시에서의 어느 이른 아침 잠에서 깨어나니 오른쪽 다리가 붉게 부어 있었다. 걱정스러워진 나는 벤이나 나보다도 더 진짜 닥터가 아닌 닥터 구글에게 조언을 구했다. 변변찮은 닥터 구글은 내 증상이 심부정맥혈전증일 수 있으며 그렇다면 혈전이 발생할 수 있고 그 결과 목숨을 잃을 수도 있다고 알려주었다. 아니면 가벼운 피부 자극일 수도 있거나.

나는 절대 위험을 감수하지 않는다. 미국에 있는 내 진짜 담당의에게 전화를 건다. 시차는 안중에 없다. 내 담당의는 왜인지 짜증이 난 것 같지만 나를 달래며 동네 약국에 들러 항균 크림을 사서 발라보라고 말한다.

내 증상은 심부정맥혈전증이 아니었다. 심지어 피부 감염도 아니었다. 그건 (이걸 의학 용어로 뭐라고 할까?) 아무것도 아니었다. 벤은 이런 만성 건강염려증이 없었다. 건강을 염려할 만한 증상이 훨씬 많았음에도 말이다. 벤은 알고 나는 모르는 것이 무엇일까?

프랑스에서 프랑스어를 못 하는 것은 나이 드는 것과 무척 비슷하다. 세상은 여전히 익숙하지만 한편으로는 도깨비집 거울로 바라보는 것처럼 낯설기도 하다. 언어의 부스러기를 조금씩 주워 모으긴 하지만 그 이상은 불가능하다. 의미를 이해한다 해도 더욱 혼란스러워질 뿐이다. 나는 존재하는 동시에 부재하는 지하세계에 머문다. 가장 무해한 만남조차 식은땀을 흐르게 한다. 사람들은 대부분 나를 무시한다. 몇 명은 친절하지만 그 뒤에 다정함이 아닌 동정이 있는 건 아닐지 의심하게 된다. 시간이나 길을 알려달라는 것처럼 내가 해줄 수 없는 부탁을 받을까 봐 시종일관 두렵다. 내가 입을 열면 사람들은 이해하려고 안간힘을 쓴다. 그중 몇몇은 내가 내뱉는 소리 때문에 실제로 몸이 아픈 것처럼 보인다. 몇몇은 내 모국어를 써서 나를 도와주려고 하지만 나는 벤이 자기 서재에서 무거운 책을 내려놓지 않았듯 내 마지막 남은 자존심을 붙들고 그들의 간절한 제안을 거절한다.

벤은 자신이 다른 모든 것을 배운 방식으로 프랑스어를 배웠다. 장난스러운 태도와 기꺼이 실수하겠다는 마음으로 사람들과 어울리며 배운 것이다. 그의 프랑스어 회화는 유창하지는 않았지만 충분하고도 남았다. 존 애덤스는 이런 프랭클린의 재능이 짜증스러웠다(당시에는 그도 프랑스에 있었다). 애덤스는 성실하게 몇 시간씩(때로는 며칠씩이나!) 프랑스어 문법책과 보쉬에의《추도연설집》 같은 두껍고 암울한 책을 들여다보며 프랭클린의 프랑스어가 문법에 안 맞는데도 과도한 찬사를 받고 있다고 내내 투덜거렸다.

벤은 사람들이 많이 모인 곳에서 대화를 잘 따라가지 못했기에 말없이 침묵을 지켰다(두 번째 미덕). 사람들은 그의 과묵함을 지혜로 오인했다. 벤의 친구였던 아베 르페브르 드 라 로셰에 따르면 특히 여성들이 "부족한 프랑스어 때문에 그가 말을 거의 알아듣지 못한다는 사실을 모르고" 몇 시간이나 벤 앞에서 말을 쏟아냈다.[9]

나는 이 나이(전보다 나이 들었지만 늙지는 않은 나이)에 어설프게라도 프랑스어를 배울 일은 없을 것이라는 슬픈 결론에 다다른다.

나는 에베레스트산에 오르지도, 브로드웨이 공연에서 주연을 맡지도, 심지어 오프-오프 브로드웨이 공연에 출연하지도 못할 것이다. 동굴 탐험도 하지 않을 것이다. 도널드 저스티스가 쓴 시의 한 구절이 떠오른다. 마흔 살의 남자들은 조용히 문 닫는 법을 배운다, 다시 돌아갈 리 없는 방으로 향하는 문을.[10] 나는 마흔이 훌쩍 넘었고 문들이 너무나 빠른 속도로 쾅쾅 닫히고 있어서 갇힌 느낌이 들기 시작할 정도다.

벤의 문도 닫혔다. 수영의 문(완전히 닫힌 건 아니었다), 섹스의 문, 결국에는 보행의 문까지. 그러나 벤은 절망에 굴복하지 않고 아직 조금이라도 열려 있는 문에서 기쁨을 얻었다. 심지어 닫힌 문에도 나름의 장점이 있다. 닫힌 문은 아직 열려 있는 문, 정말로 중요한 문에 집중할 수 있게 해준다. 벤은 "지혜의 문"은 절대로 닫힐 일이 없다고 말했다.

벤은 활력을 잃지 않았지만 젊음에 매달리지는 않았다. 젊은이를 따라 하거나 질투하지 않았다. 자기 나이를 온전히 받아들였고 심지어 찬양하기까지 했다. 나는 벤의 삶이 그저 바쁜 것이 아니라 유의미했다는 사실에서 이런 활력이 나왔다고 생각한다. 벤은 미국 독립 혁명에서 그간 계속 찾아 헤맨 목적을, 자신의 집을 발견했다. 게다가 70세의 나이에! 어쩌면 나에게도 아직 시간이 남았을지 모른다.

가방에 손을 넣어 책 한 권을 꺼낸다. 그 안에는 벤의 초상화가 여럿 담겨 있다. 그중 내가 가장 좋아하는 것은 파시에서 프랭클린의 이웃이자 친구였던 프랑스 화가 안-로잘리 보케 피유월의 작품이다. 이 작품은 당시 유행한 딱딱하고 생기 없는 초상화와 다르다. 프랭클린은 윗단추를 풀어헤친 흰 셔츠와 가장자리에 털을 댄 초록색 가운 차림이다. 가발을 쓰지 않았고 숱 없는 연갈색 머리카락이 거의 어깨까지 내려와 있다. 왼팔은 무릎 위에 있고 오른팔은 테이블 위에 놓인 지도와 안경(이중 초점 안경이리라) 위를 맴돈다. 대화 도중에 상대의 주장을 인정하듯이 손바닥을 너그럽게 내보이고 있다. 입꼬리는 미소의 기미만 보일 만큼 살짝 올라갔다. 내 시선을 사로잡는 부분은 바로 눈이다. 벤의 눈빛은 자신만만하면서도 연약하다. 더 가까워지고 싶은 종류의 사람이다.[11]

이 초상화의 모델이 되었을 때 벤은 일흔두 살이었지만 그렇게 늙어 보이지 않는다. 그렇다고 젊어 보이지도 않는다. 차분한 활력과 자연스러움 그리고 (그냥 말해야겠다) 내가 한 번도 70대 노인에게서 느껴보지 못한 욕정이 물씬 풍긴다. 내 안에 존경심과 희망이 가득 차오른다.

다시 프랑스 수수께끼로 돌아간다. 벤은 어떻게 그런 대단한 외교적 위업을 달성할 수 있었을까? 역사적 기록을 뒤지며 조약과 재정 문서, 초상화, 동시대인의 발언, 편지, 엄청나게 많은 편지를 샅샅이 파헤친다. 파시의 거리에서부터 카페 프로코프(파리에서 가장 오래된 카페이자 벤이 가장 사랑했던 카페), 센 강변에 이르기까지 벤이 남긴 발자국을 따라간다. 그러다 결국 수수께끼의 답을 또는 답들을 발견한다.

프랭클린의 프랑스 임무는 그의 걸작, 그의 화이트앨범(비틀스의 아홉 번째 정규 앨범-옮긴이)이었다. 이런 성공에는 연장 하나가 아닌 연장 세트가 필요했다. 벤의 모든 면이 동원되었다. 분노한 벤도 있었고 사교적인 벤, 바쁜 벤, 웃긴 벤도 있었다. 새로운 벤들도 모습을 드러냈다.

프랭클린은 모든 사안에서 체계적 방안을 강구했다. 이것이 총량은 크지만 여기저기 흩어져 있던 에너지를 생산적이고 쓸모 있는 목표로 전환하는 벤만의 방식이었다. 벤은 좋은 삶을 살기 위해 열세 가지 미덕을 마련했고 영적인 삶을 살기 위해 믿음의 조항이라는 것을 만들었다. 그에게는 사람들의 마음을 얻기 위한 외교 방안도 있었다. 벤은 이 방안에 이름을 붙이지 않았지만 대신 내가 이름을 붙였다. 벤도 반대하지 않았을 것이다. 벤은 새로운 아이디어, 새로운 공식에 늘 열려 있었으니까.

프랑스를 사로잡아 독립전쟁에서 승리할
결코 만만치 않은 일곱 단계

1. 가진 것을 활용하라.

벤에게는 활용할 자원이 많지 않았다. 그의 도착을 기다리는 미 대사관이나 직원은 없었다. 그는 미국 외교부를 맨 처음부터, 그것도 비밀리에 만들어야 했다. 그 이전에도 이후에도 미 외교관이 이렇게 외롭고 절실히 필요했던 적은 없었다. 오늘날 미 국무부는 외교관들을 엄격하게 통제하며, 민감한 자리에 있는 직원은 더더욱 그렇다. 프랭클린이 살던 시대는 달랐다. 의회에 질문을 제기하고 답을 듣는 데만 3개월이 걸렸다. 프랭클린은 많은 것을 홀로 책임졌다. 이 점은 저주가 아닌 축복으로 밝혀졌다. 프랭클린에게는 본인이 가장 잘하는 것, 바로 임기응변을 할 수 있는 시간과 공간이 있었다.

벤은 직원이 없었으므로 윌리엄의 아들인 자신의 손자 템플을 개인 비서로 임명했다. 두 사람의 외모가 꼭 닮았고 둘이 늘 함께 다녔기 때문에 사람들은 템플을 "작은 프랭클린"이라고 불렀다. 벤은 템플이 "내 오른손"이라고 말했다.

벤은 다른 측면에서도 임기응변을 발휘했다. 미국은 아직 국기가 없었기 때문에 벤과 다른 위원들은 프랭클린의 개인 인장과 그가 채택한 문장紋章을 사용해 공문을 보냈다. 미 대사관에 인쇄기가 없었기 때문에 벤이 직접 하나를 설치해 미국 여권과 법률 문서, 대사관 연회 초대장을 찍어냈다. 직접 쓴 바가텔을 인쇄해서 친구들에게 나눠주기도 했다. 벤은 프랑스 과학계와 비밀조직 프리메이슨Freemason 같은 사회집단에 참여해 자신의 부족한 사회적 입지를 보완했다.

벤에게는 유리하게 활용할 수 있는 또 다른 수단이 있었다. 만질 수는 없지만 매우 강력한 그 수단은 바로 명성이었다. 프랑스인이 벤 프랭클린을 사랑했다는 말은 미국인이 푸짐한 양을 사랑한다는 말과 비슷하다. 즉 지나치게 절제된 표현이라는 뜻이다. 프랑스는 프랭클린을 열망하는 광팬들의 국가였다. 벤이 프랑스

의회에 참석하면 우레와 같은 박수가 터져 나왔다. 모든 프랑스 화가와 조각가가 벤을 모델로 삼고 싶어 했고 벤은 대체로 그 요청에 응했다. 얼마 안 가 그의 이미지가 사방에 넘쳐났다. 벤은 여동생 제인에게 이렇게 말했다. "이제 내 얼굴이 거의 달 표면만큼 유명해."

이 유명세는 프랭클린에게는 기쁨을, 미국의 다른 외교관들에게는 짜증을 불러일으켰다. 존 애덤스는 프랭클린의 일상에 스민 "끝없는 경박함의 현장"과 "위대한 프랭클린을 만나는 영광을 얻고 그의 소박함과 그의 벗겨진 머리에서 흘러내리는 힘없는 머리칼을 칭송하는 기쁨을 누리려고 찾아오는" 시종들의 행렬에 불만을 토로했다.[12] 프랑스를 방문한 애비게일 애덤스도 큰 충격을 받았다. 애비게일 애덤스는 프랭클린과 그의 친한 친구 마담 엘베시우스와 식사한 뒤 마담 엘베시우스를 "한때는 잘생겼을 것 같은"(어이쿠!) "가볍고 쾌활한 여성"으로 묘사했다.[13]

그런 다음 애비게일 애덤스는 정말이지 남부끄러운 일이 벌어졌다는 이야기를 전한다. "다 함께 식당으로 들어간 뒤 엘베시우스 부인은 닥터 프랭클린과 미스터 애덤스 사이에 앉았다. 부인은 식사 내내 대화를 주도했는데, 그러면서 종종 닥터 프랭클린의 손을 붙잡았고 때로는 두 신사의 의자 뒤로 팔을 뻗어 경솔하게도 닥터 프랭클린의 목을 껴안았다." 화룡점정은 그다음이다. "식사가 끝난 뒤 엘베시우스 부인은 소파에 벌러덩 누워 발보다 더 높은 부위를 훤히 드러냈다." 이런 끔찍한 일이!

애덤스 부부는 벤의 사교 생활이 곧 업무라는 사실을 이해하지 못했다. 벤은 프랑스인을 만날 때 그들의 방식을 따랐다. 얌전 떠는 미국인 동료들이 방종과 타락이라고 본 것을 벤은 부드러운 설득으로 이해했다.

존 애덤스는 이 모든 명성 때문에 프랭클린이 자만해졌고 그가 프랑스의 영향을 지나치게 많이 받았다고 불평했다. 토머스 제퍼슨은 프랭클린이 프랑스인의 신뢰를 얻었으며 "벤이 프랑스의 영향을 받았다기보다는 그들이 벤의 영향을 받았다는 것이 더 올바른 말일지도 모른다"라고 태연하게 대답했다.[14]

명성은 강력한 힘이다. 좋게도 나쁘게도 쓰일 수 있다. 프랭클린은 이 힘을 좋은 곳에 사용했다.

2. 공감하라.

아서 리를 비롯한 미국 위원들은 프랑스 정부를 거대한 현금 인출기로 여겼다. 프랭클린은 그러지 않았다. 그는 그들의 눈을 통해 세상을 바라보았고 그들의 욕망과 두려움을 이해했다. 그는 미국이 편리한 시기에 돈을 부탁하지 않았다. 프랑스의 예산 집행에 맞춰 지원을 부탁했다. 한 역사가는 프랭클린에게 "프랑스를 성가시게 하면 안 된다는 상식적 판단이 있었다"고 말했다.[15]

벤은 이런 공감 능력 덕분에 통찰력 있는 외교관이자 대단히 쓸모 있는 외교관이 되었다. 프랑스 외무장관 베르젠은 극비리에 프랭클린과 일대일로 만나는 것을 선호했다. 그는 프랭클린을 좋아했고 프랭클린이 다소 나이가 많고 특이하긴 하지만 현명하고 협조적인 사람이라고 생각했다. 한편 베르젠이 생각하는 존 제이는 자만하고 불쾌한 사람이었다. 그리고 존 애덤스와는 절대 만나지 않으려 했다(1779년 대륙회의는 프랭클린을 사실상 대사와 마찬가지인 유일한 전권 위원으로 임명했다).

벤의 공감력은 어디서 나온 것일까? 그의 성장 환경이 많은 것을 설명해준다. 다른 건국의 아버지들과 달리 벤은 특권층이 아니었다. 그는 숙련공이었고 가죽 앞치마였다. 인쇄공이라는 직업이 공감 능력을 키웠다. 인쇄공은 다양한 관점을 드러내는 글들을 다뤄야 했다. 게다가 활자는 위아래와 좌우가 뒤집어진 상태로 배열해야 한다. 벤 같은 인쇄공들은 다른 시각으로 세상을 바라보는 데 익숙했다.

3. 적을 무시하라. 조롱하면 더욱더 좋고.

프랭클린은 적을 굳이 찾아 나서지 않았지만 그들이 프랭클린을 찾아왔다. 조지 3세는 프랭클린을 "음흉한 인간"이라고 칭했다. 이런 날카로운 비난 앞에서 벤은 늘 무시하는 전략을 택했다. 증오에 증오로 맞서면서 원한의 불길을 부채질하려 하지 않았다. 그 대신 그는 유머로 맞섰다.

주프랑스 영국 대사였던 스토몬트 경은 벤의 두툼한 엉덩이에 박힌 가시와도 같았다. 그는 프랭클린의 평판을 깎아내리고 미국군의 전투력에 대한 의구심을 퍼뜨렸다. 한번은 대륙군 여섯 대대가 영국군에 항복했다는 소문이 퍼졌다. 이 소문이 사실이냐는 질문에 벤은 "아니, 그건 그저 스토몬트일 뿐이요"라고 답했다. 이 조롱이 사람들의 관심을 끌었고 곧 프랑스 상류사회에서 "스토몬트다"는 "거짓을 말하다"라는 의미의 새로운 표현으로 널리 쓰이기 시작했다.

벤은 자신과 의견이 다른 사람을 절대 배척하지 않았다. 늘 문을 열어두었고 다리를 남겨두었다. 이런 태도가 큰 도움이 되었지만 때때로 벤은 사람을 너무 믿기도 했다. 에드워드 밴크로프트의 경우가 그랬다. 그는 벤의 다정한 친구이자 왕립학회의 동료 회원이었으며 비공식 미 대사관의 비공식 비서였다. 그리고 영국의 스파이이기도 했다. 8년이 넘는 시간 동안 밴크로프트는 매주 화요일 오후 9시 30분에 파리 튀일리 정원에 남몰래 숨어들어 속이 빈 나무 안에 밀봉한 병을 집어넣었고 나중에 영국 첩자가 그 병을 회수해갔다. 전형적인 접선 방식이다. 밴크로프트가 같은 미국인을 배신한 이유는 평범했다. 돈, 정확히 말하면 연간 400파운드의 돈이었다. 그 누구도, 심지어 경계심이 많았던 존 애덤스까지도 그를 의심하지 못했다. 역사가들 또한 19세기 후반이 될 때까지 밴크로프트의 두 얼굴을 발견하지 못했다.

4. 도량에 호소하라.

프랭클린은 다양한 방식으로 프랑스를 설득했는데, 그중 하나는 프랑스의 이익에 호소하는 것이었다. 그는 프랑스 관료들과 상인들에게 미국이 독립하면 거대한 시장이 그들을 기다리고 있을 것임을 일러주었으며, 통상조약을 체결해 미국 항구를 프랑스 선박에 개방할 가능성을 내보였다(미국이 승리하면 프랑스의 오랜 적인 영국의 힘이 약해질 것이라는 점은 굳이 지적할 필요가 없었다).

그러나 프랭클린은 사욕에 호소하는 것만으로는 사람들의 마음을 움직일 수 없음을 알았다. 그래서 그는 더 고결한 차원에 호소했는데, 그 내용은 친구 새뮤얼 쿠퍼에게 보낸 편지에서 가장 잘 드러난다. "우리의 대의가 곧 인류 전체의 대의이며, 우리가 자신의 자유를 옹호함으로써 인류 전체의 자유를 위해 싸우고 있다는 것이 이곳의 공통된 의견이라네." 미국을 돕는 것은 돈만 밝히는 행동이 아니었다. 그건 숭고한 행위였다. 그건 "도덕적 아름다움"의 사례였고, 우리가 순수한 이타심을 목격할 때 경험하는 형언할 수 없는 고양된 느낌을 불러일으켰다. 벤이 알았듯 그러한 느낌은 강력한 동기를 부여한다. 그건 오래전에 벤이 "미덕의 아름다움과 쓸모"를 극찬할 때 머릿속에 떠올린 것이기도 했다. 오늘날 아름다움과 쓸모는 드문 조합이지만 프랭클린의 철학과 삶을 정의한 것이 바로 이 둘의 조합이었다.

오늘날 벤 프랭클린 효과라고 불리는 인간 본성의 기이한 특성 역시 동력으로 작용했다. 벤은 펜실베이니아 의회에서 서기로 일하던 1736년에 이 효과를 우연히 발견했다. 당시 "재력과 학력을 겸비한 신사"였던 의회의 새 권력자가 프랭클린을 미워하며 계속 그를 괴롭히고 있었다. 어떻게 해야 할까? 벤은 이 의원에게 굽실거리며 아첨으로 환심을 살 수도 있었다. 그러나 그는 다른 길을 택했다.

벤은 이 의원이 희귀하고 귀한 책을 소장하고 있다는 말을 듣고 의원에게 그 책을 며칠간 빌려줄 수 있느냐고 물었다. 의원은 그러겠노라 했고 벤은 며칠 뒤 예의 바른 메모와 함께 책을 재깍

반납했다. "다음에 의회에서 만났을 때 그 사람이 먼저 내게 말을 걸었고(전에는 없던 일이었다) 태도도 매우 정중했다." 벤은 훗날 회상했다. 두 사람은 친한 친구가 되었다. 벤은 다음과 같은 교훈을 얻었다. "내가 도운 사람보다는 내게 친절을 베푼 사람이 내게 또 다시 친절을 베풀 준비가 되어 있을 것이다."

직관에 반하는 터무니없는 말처럼 들릴 수도 있다. 사람은 자신을 도운 사람을 도와주고 싶지 않나? 꼭 그런 건 아니다. 프랭클린이 발견하고 최근의 다른 연구들이 입증했듯이 오히려 그 반대다.[16] 우리가 좋아하는 사람은 자신에게 친절한 사람이 아니라 자신이 친절하게 대하는 사람이다. 왜일까? 인지부조화가 한 원인이다. 모순되는 두 가지 생각을 동시에 품기란 어렵다. 그러면 마음이 불편해진다. 우리는 마음을 바꿈으로써 이러한 긴장감을 가라앉힌다. 나는 조가 싫지만 지금 조에게 호의를 베풀고 있으니 결국에는 조를 좋아하는 걸지도 몰라. 그러나 더 단순한 설명도 있다. 우리는 쓸모 있는 사람이 되기를 바라고, 더 나아가 우리에게 그럴 기회를 주는 사람들을 좋아한다.

5. 에너지를 전략적으로 사용하라.

벤을 깎아내리는 사람들의 말과 달리 벤은 게으른 사람이 아니었다. 그는 하루에 열두 시간씩 일했고 휴가도 거의 떠나지 않았다. 그는 열심히 일했지만 영리하게 일하기도 했다. 70대였던 벤은 자신이 에너지를 아껴야 한다는 사실을 잘 알았다. 수영을 잘하는 사람은 절대 추진력을 낭비하지 않고 효율적으로 움직인다.

프랭클린은 언제 발차기를 하고 언제 미끄러지듯 나아가야 하는지, 언제 (미묘하게) 압력을 가하고 언제 힘을 풀어야 하는지를 감지했다.

프랭클린의 전기 실험에서 가장 중요한 발견이었던 전하량 보존의 법칙을 떠올리지 않을 수 없다. 전류는 마치 흐르는 강물처럼 양전하도 음전하도 초과하지 않는 평형상태를 추구한다. 마찬가지로 벤은 영국과 프랑스를 서로 균형을 맞추는 두 개의 힘, 본인들이 알든 모르든 평형상태를 추구하는 양전하와 음전하로 보았다. 그리고 기꺼이 이 관계를 이용해 둘 사이에 긴장을 자아내려 했다. 프랑스로 떠나기 전에 벤은 식민지 미국과 영국 사이의 가짜 평화안을 만들었다. 그는 프랑스 측에서 이 평화안을 보면 불안해할 것이며, 이 안을 이용해 미국을 지지하도록 프랑스를 압박할 수 있으리란 것을 알았다. 그는 만약을 대비해 이 문서를 주머니에 넣어두었지만 결국 사용하지는 않았다.

6. 감사하라.

프랭클린의 동료인 미국 위원들은 프랑스의 도움에 감사할 필요가 없다고 생각했다. 그들은 감사를 나약함의 증거로 이해했다. 미합중국이라는 전도유망한 신생 국가에 일찍 투자할 기회를 얻었으니 오히려 프랑스가 미국에 감사해야 했다. 프랭클린은 그렇게 생각하지 않았다. 그는 기회가 있을 때마다 프랑스에 감사를 표했다. 그리고 "그러한 감사의 표현은 우리의 의무이자 이익"이라고 말했다. 미덕과 쓸모가 또 한 번 융합되는 지점이다.

프랭클린의 이런 감사 철학은 전쟁이 끝난 후에도 계속 프랑스의 지원을 받았던 어린 미국뿐만 아니라 벤에게도 좋은 결과를 가져왔다. 프랭클린은 오늘날까지도 프랑스에서 크게 존경받는다. 다른 건국의 아버지들은, 글쎄, 애덤스 거리나 리 거리는 존재하지 않는다고만 해두자.

7. 넓은 시각을 유지하라.

벤은 프랑스에 머물던 시기에 "하루살이"라는 제목의 바가텔을 썼다. 수명이 겨우 하루뿐인 하루살이의 시각으로 쓴 글이다. 하루살이는 말한다. "나는 여러 세대가 태어나고 번성하다 세상을 떠나는 것을 지켜봤다네. 지금 나의 친구들은 젊은 시절 친구들의 자녀와 손주들이라네. 아아, 그 시절의 친구들은 이제 가고 없구나! 나도 곧 그들을 따라가야겠지. 지금 아무리 건강하다 한들 자연의 섭리에 따라 내게 남은 시간은 7, 8분이 넘지 않을 테니."

하루살이는 실의에 빠진다. 결실을 즐길 시간이 없다면 다른 하루살이들처럼 꿀을 모아봐야 무슨 소용인가? 친구들은 이 하루살이를 위로하며 후대에 이름이 남을 것이라고 말해준다. "하지만 더 이상 존재하지 않는 하루살이에게 명성이 무슨 의미가 있지?" 하루살이는 이렇게 벤의 생각을 대신 전한다.

나는 프랭클린이 이처럼 인생의 무상함을 예리하게 자각했기 때문에 다른 사람이라면 절대 견디지 못했을 폭풍을 헤쳐 나갈 수 있었다고 생각한다. 그는 위험성이 극도로 큰 동시에 전혀 크지 않다는 사실을 잘 알았다.

이 시기에 프랭클린의 나이가 무척 많았던 것은 우연이 아니었다. 그가 더 어렸더라면 프랑스에서 이만큼 성공을 거두지 못했을 것이다. 젊은 프랭클린은 너무 풋풋하고 오만했다. 그는 평생에 걸쳐 자기만의 방식과 습관을 구축했고, 덕분에 자기 능력을 남김없이 발휘해야 할 때가 되었을 때 어떻게 해야 할지를 잘 알았다.

구름 낀 어느 여름날 나는 잠에서 일찍 깨어난다. 벤에게는 좀처럼 없었던 일이다. 그는 여전히 성실하고(여섯 번째 미덕) 결연했지만(네 번째 미덕) 프랑스 시간을 엄격히 따랐다. 그는 계획이 논의되고 새로운 아이디어가 발표되고 거래가 이뤄지는 자리는 아침 식사가 아닌 저녁 식사임을 알았다. 일찍 일어나야 할 이유가 없었다. 오히려 일찍 일어나는 사람은 프랑스인의 의심 어린 눈초리를 받았다.

그르넬 다리 위로 센강을 건넌다. 하늘이 점차 밝아지고 미풍에 저 아래 강물이 흔들린다. 불쾌하지 않은 짭조름한 냄새가 내 콧구멍을 가득 채우고 요트 드 파리라는 이름의 배가 미끄러지듯 옆을 지나간다. 벤은 이곳 센강에서 수영을 했다. 예전만큼 빠르지는 않지만 어쨌든 했고, 그 점이 중요했다. 홀로 수영할 때도 있었고, 본인이 직접 수영을 가르친 손자 베니와 함께할 때도 있었다. 그는 바통을 넘겨주고 있었다.

피부가 주름지고 살이 축 처진 나체의 프랭클린이 센강에 뛰어드는 모습을 상상해본다. 프랑스 사람들은 벌거벗은 벤을 신기하다는 듯 쳐다보거나 못마땅해하며 콧방귀를 뀌었을까? 그러지 않았을 것이다. 영국인에게는 충격적인 사건이 프랑스인에게는 지극히 평범해서 입에 올릴 가치조차 없는 일이었다. 프랑스인은 바람둥이(라는 혐의가 있는) 프랭클린에 대해서는 대충 넘어가고 과학자 프랭클린, 철학자 프랭클린, 벌거벗은 인간 프랭클린에 집중했다.

몇 번 길을 잘못 들어선 뒤 지하철역을 찾아 베르사유행 열차에 탑승한다. 35분이 걸린다. 벤도 바로 이 길을 마차로 여러 차례 왕복했다. 이 몇 시간의 여정 중에 거칠고 울퉁불퉁한 길을 달리느라 신장결석이 악화되었다.

열차가 베르사유역에 도착해 나를 KFC와 맥도날드, 스타벅스라는 미국의 풍요 앞에 내려놓는다. 벤은 이 불경한 삼위일체를 어떻게 받아들였을까? 분명 그는 미소 지으며 자기 예측이 옳았음에 기뻐할 것이다. 미국 문화는 실로 상승 가도를 달렸다. "예술은 기쁜 마음으로 서쪽으로 이동한다." 그는 말했다. 보아하니 패스트푸드는 이동 방향이 반대인 것 같다.

나무가 늘어선 자갈길을 걷는다. 약 250년 전 벤을 위시한 세 미국인이 돈과 화기를 구하려고 공손히 베르사유를 찾았다. 오늘날에는 미국인 수천 명이 값싼 기념품과 인스타그램 사진을 구하려고 이곳을 찾는다. 그러나 아마도 미국인이 가장 원하는 것은 왜인지 우리 저항군의 자식들이 끊임없이 원하는 왕족의 향기일 것이다.

인파를 피해 한 방으로 향한다. 다른 방에 비해 눈에 띄게 작고 가구도 더 간소한 이곳 국정 회의실은 베르사유궁에서 가장 인기 없는 공간 중 하나다. 그 이유를 알겠다. 천장엔 아무 장식이 없고, 작고 지저분한 거울 몇 개만 덜렁 걸려 있다. 바닥은 프랑스 궁전이 아닌 지하 오락실처럼 평범한 쪽모이 세공 마루다. 방 한쪽에는 벽난로가 있고, 그 위에는 로마 전쟁의 신인 마르스와 지혜의 여신 미네르바가 각각 그려진 꽃병 두 개가 놓여 있다. 방 한 가운데에는 작고 간소한 나무 책상이 있다. 루이 16세가 이곳에서 국무를 보았다.

지나치게 화려한 베르사유의 다른 공간에 있는 벤의 모습은 상상하기 힘들지만 이 소박하고 중요한 공간에서 소매를 걷어붙이고 중요한 결정을 내리는 벤의 모습은 상상할 수 있다. 봄의 첫날인 1778년 3월 20일 벤저민 프랭클린이 루이 16세를 알현한 곳이 바로 이곳이었다. 두 사람은 프랑스와 신생국인 미국이 6주 전에 서명한 두 개의 조약을 기념하고 있었다. 어중간한 조치와 비밀 공작, 유령 회사는 더 이상 없었다. 프랑스는 이제 자신들이 저항분자라고 부르던 미국과 완전히 손잡았다. 1년이 넘는 은밀한 교제 끝에 프랑스와 미국은 자신들의 관계를 공공연하게 선언했다.

벤이 이곳까지 올 수 있었던 데는 운이 따랐다. 왕은 그의 팬이 아니었다. 벤을 믿지 않았고 소박한 미국인의 초대형 인기에 발끈했다. 프랑스 어디에서나 프랭클린의 얼굴을 발견할 수 있었기에 왕은 여기에 한 곳을 추가했다. 요강 안에 프랭클린의 얼굴을 넣어 친구들에게 선물한 것이다. 다행히도 왕의 귓가에 속삭이는 차분한 목소리가 있었으니, 바로 미국을 지원하라고 왕을 설득한 외무장관 베르젠이었다.

마리 앙투아네트는 남편만큼 벤을 의심하지는 않았다. 프랭클린의 친구였던 르페브르 드 라 로셰는 왕비가 "유럽 강대국의 호화로운 장관들 사이에 있는 너무나도 소박한 인물 뒤에 그토록 천재적인 능력이 있는 것을 보고 깜짝 놀랐다"라고 회상했다.[17] 어느 날 왕비는 신하에게 미국 대사가 되기 전 프랭클린의 직업이 무엇이었느냐고 물었다.

"인쇄소를 운영했습니다." 신하가 말했다.

"그래?" 왕비가 대답했다. "프랑스였다면 한낱 서적상에 불과했겠구나."

그러나 왕비는 프랭클린에게 매료되어 게임용 테이블에서 벤이 자신을 쳐다봐도 된다고 허락했다. 그 자리에 케이크가 나왔는지는 알 수 없지만 나는 그들이 함께 케이크를 먹었으리라 확신한다. 프랑스 귀족들과 벤의 관계도 마찬가지였다. 그들은 벤의 소박한 복장과 소탈한 지혜에 거부감을 느끼는 동시에 매료되었다.

전하는 말에 따르면 프랭클린은 왕을 알현할 때 런던의 투계장에서 공개적으로 모욕당했던 때와 똑같이 적갈색 벨벳 코트를 입었다고 한다. 보복이었다. 그러나 가장 놀라운 부분은 그가 걸친 것이 아니라 걸치지 않은 것이었다. 그는 가발도 의장검도 걸치지 않았다. 궁정 예법에 반하는 행위였지만 궁정의 신하들은 무척 즐거워했다.

나는 근처에 있는 미국인 커플을 발견하고(스케처스 신발이 그 사실을 말해준다) 그들이 청하지 않은 투어가이드 역할을 자청한다. 이 방은 프랭클린이 왕을 만난 곳이라고 알려준 뒤 곧바로 절정을 향해 나아간다. "이 방은." 나는 이렇게 말하고 극적인 효과를 위해 잠시 침묵한다. "바로 미국 혁명이 성공을 거둔 곳입니다." 과장일까? 그럴 수도. 하지만 그리 지나친 과장은 아니다. 프랭클린이 프랑스와 동맹을 확정짓지 않았더라면 대륙군은 영국군을 물리치는 데 필요한 자원을 구하지 못했을 것이다. 이렇게나 간단하다.

궁전 밖으로 나가는데 마지막으로 이곳에 왔을 때가 거의 40년 전이라는 생각이 든다. 대학교 방학 때 같이 있기 몹시 힘든 여자친구와 함께 유럽을 여행하는 중이었다. 나는 그때와 똑같은 사람일까? 신체의 측면에서는 그렇지 않다. 젊었던 나는 털이 훨씬 많았고 몸무게는 훨씬 적었다. 세포 수준에서도 나는 그때와 같지 않다. 인간 몸에 있는 세포는 (전부는 아니고) 대부분 7~10년마다 재생되므로, 엄밀히 말하면 나는 젊었던 나로부터 최소 여섯 번은 멀어진 상태다.[18] 다른 면에서도 나는 전과 다르다. 젊었던 내 앞에는 창창한 인생이 펼쳐져 있었고, 열린 문이 끝도 없이 늘어서 있었다. 그저 그중 하나를 골라 들어가기만 하면 됐다. 물론 스무 살 때의 어떤 흔적, 젊은 나와 나이 든 나를 연결하는 심리적 관통선이 남아 있기는 하다.

나이 든 프랭클린도 당연히 젊은 벤과는 달랐다. 수영으로 단련된 근육질 몸은 각질이 일어나는 불그스름한 피부에 싸인 지방

덩어리로 변했다. 헤어라인은 캐나다까지는 아니어도 점점 위쪽으로 이동했다. 그는 "돌"의 공격을 비롯한 기저질환을 유발하지 않으려고 몸을 더 느리고 신중하게 움직였다. 다른 면에서도 그는 전보다 더 유해졌다. 짓궂고 도발적인 면은 약해지고 더 원만하고 상냥한 사람이 되었다. 그러니 실제로 벤은 전과 달랐지만 한편으로는 똑같기도 했다. 그는 평등에 대한 신념을 잃지 않았고(늘 이 신념을 실천한 것은 아니었지만) 언제나 타협의 힘과 개인적 경험의 중요성, 쓸모 있는 삶이 지닌 차분한 위엄을 믿었다.

프랑스에서 온전한 하루를 보내는 마지막 날, 다시 프랭클린 거리를 찾는다. 길 끝에 벤의 동상이 있다. 그는 언제든 자리를 박차고 일어날 것처럼 꼿꼿하게 앉아 있다. 왼손은 의자 팔걸이를, 오른손은 종이 뭉치를 붙들고 있다. 표정은 밝고 상냥하며, 그가 즐겨 했던 야한 농담 중 하나를 다시 말하려는 것처럼 입가에 미소가 번져 있다. 동상 밑에 달린 명판에는 이렇게 쓰여 있다. "천재적 재능으로 미국의 수준을 높이고 지혜가 유럽까지 흘러넘친 인물, 두 세계가 서로 자기 것이라고 주장하는 인물."
벤을 만져보고 싶지만 그럴 수 없다. 동상은 보도에서 20미터가량 뒤로 물러나 있고 철망 울타리가 그 사이를 가로막고 있다. 부당해 보인다. 서민이었던 벤은 더 쉽게 다가갈 수 있어야 한다. 나는 드물게 확신에 차서 절대 가만히 있지 않겠다고 조용히 선언한다. 울타리를 열어보려고 하지만 자물쇠로 잠겨 있다. 흔들어서 열어보려고 한다. 안 열린다.

울타리를 뛰어넘을까 생각한다. 새뮤얼 애덤스라면 그렇게 했을 것이다. 그는 규칙 따위 개나 주라며 두 손으로 철망 울타리를 붙들고 그 위를 훌쩍 뛰어넘은 다음 거기서 그치지 않고 울타리를 부숴버렸을 것이다. 존 애덤스라면 울타리와 그곳에 울타리를 놓은 제도(지금 이 순간 그의 의지를 꺾기 위해 조작된 제도)를 저주했을 것이다. 토머스 제퍼슨은 울타리 없이 행복한 삶을 살 수 있는 (노예를 제외한) 모두의 양도 불가능한 권리에 대해 유려한 글을 써내려간 다음 투쟁은 다른 사람에게 맡겼으리라.

벤이라면 어땠을까? 나는 마치 동상이 대답이라도 내놓을 것처럼 지나치게 오랫동안 그의 동상을 바라본다. 그러다 깨닫는다. 프랭클린은 이 지역 울타리 담당자를 찾아가 매력적인 얼렁뚱땅 프랑스어로 울타리를 여는 것이 본인뿐만 아니라 당신에게도 이득이라고 주장할 것이다. 벤은 시간이 얼마나 걸리든 인내심 있게, 그러나 끈질기게 주장을 이어갈 테고, 결국 울타리 담당자는 마치 호의를 베푸는 사람이 자신이 아니라 벤인 것처럼 기꺼이 벤을 위해 울타리를 열 것이다. 그러면 벤은 친구들을 만나 마데이라를 마시고 체스를 두며 자신의 울타리 외교 이야기로 모두를 즐겁게 해줄 것이다.

지하철을 타고 생제르맹으로 이동한 뒤 걷기 시작한다. 아니, 화창한 여름날의 인파에 떠밀려 걸을 수밖에 없다. 여기저기서 영어 단어가 들려온다. "햇볕이 좋네." 나이 든 (그러나 늙지는 않은) 여성이 말한다. "파리에는 에어컨이 없잖아." 뉴욕 악센트를 가진 또 다른 사람이 말한다. 텍사스 악센트를 가진 나이 든 (그러나 늙지는 않은) 두 남자는 장담컨대 기름 값을 논하고 있다. 보나파르트가로 꺾어서 몇 분 더 걷다가 목적지를 지나쳤음을 깨닫고 흐름을 방해하며 급히 유턴한다. 파르동, 파르동(실례합니다, 실례합니다).

내가 보나파르트가 59번지를 지나친 이유를 알겠다. 좁은 발코니가 달려 있고 전면의 흰색 페인트가 벗겨진 파리의 평범한 4층 건물이다. 바로 앞에 쇼윈도가 있는데, 사실 쇼윈도라 하기도 뭐하다. 《미국 헤리티지 영어 사전》과 《이민자의 교육과 통합》 그리고 왜인지 러시아어와 중국어 제목의 책 몇 권이 무작위로 쌓여 있을 뿐이다. 간판에 이곳이 현재 인쇄소로 운영되고 있다고 쓰여 있다. 물론 그렇겠지. 나는 생각한다. 활자는 늘 벤을 따라다녔으니까. 또 다른 간판이 이 건물의 역사적 가치를 알려준다. "1783년 9월 3일 요크 호텔이었던 이 건물에서 영국 왕의 대리인인 데이비드 하틀리와 미합중국의 대표인 벤저민 프랭클린, 존 제이, 존 애덤스가 만나 미국의 독립을 승인하는 최종 평화조약에 서명했다."

전쟁은 끝났다. 프랭클린은 제이, 애덤스와 함께 교섭을 진두지휘했다. 교섭이 마무리된 1783년 여름은 유럽에 좀처럼 해가 들지 않던 이상한 시기였다. 파란 연무와 "핏빛"의 마른 안개가 수개월간 유럽 대륙을 뒤덮었다. 사람들은 호흡을 힘들어했다. 배들은 바다를 항해할 수 없어 항구에 묶여 있었다. 벤은 운석이나 화산이 이런 기이한 날씨를 일으켰을 거라고 추측했다. 그의 두 번째 추측이 옳았다. 그해 6월 아이슬란드의 화산이 폭발해 이

산화항 수십억 톤을 대기에 토해낸 것이었다.

거의 2년간 이어진 협상은 길고 팽팽했다. 그러나 벤은 압박감 속에서도 침착함을 유지했다. 그는 서두르지 않았다. 영국이 마음을 바꿔 미국이 내건 조건으로 평화조약에 서명할 때까지 가만히 기다렸다. 협상의 한복판에서도 어찌나 차분했는지, 한 친구에게 번개의 효과를 설명하는 20쪽 분량의 편지를 써서 보냈을 정도였다.

벤의 인내심은 효과를 발휘했다. 1783년 7월 말 미국과 타협하고 싶은 마음이 컸고 미국이 오로지 완전한 독립만을 받아들이리란 사실을 깨달은 영국의 새 총리 셸번 경은 결국 이 난제를 수용했다. 프랭클린을 비롯한 미국 교섭자들은 서쪽 경계를 미시시피강까지 밀어붙이는 등 미국에 엄청나게 유리한 내용의 조약을 성사시켰다. 벤은 영국에 캐나다를 미국에 양도하라고 주장하기도 했다. 결국 그렇게 되지는 않았지만 나는 시도 자체가 대단하다고 본다.

이때 프랭클린은 큰 실수를 하나 저질렀다. 대륙회의는 영국과의 협상 내용을 프랑스와 협의하라고 분명히 지시했다. 그러나 그는 지시에 따르지 않았다. 그리고 평화조약이 체결된 뒤 울퉁불퉁한 길을 달려 베르사유에 도착했고 그곳에서 베르젠을 만나 바닥에 찰싹 엎드렸다. 설설 기는 능력이 참으로 탁월했다. 그는 외무장관에게 진심으로 죄송한 마음이라며 이 완벽한 조약이 "우리의 과오 하나 때문에 망가지지 않기를" 바란다고 말했다. 그런 일은 발생하지 않았다. 베르젠은 프랭클린을 용서했고, 심지어

온전한 독립국이 된 미국에 새로 대출을 내주는 데 동의하기까지
했다.

벤은 고향에 돌아갈 준비를 마쳤다. 이미 오래전에 마음먹고는
절대 공직을 그만두면 안 된다는 자신의 규칙을 어기고 사직서를
제출했다. 대륙회의는 사직서를 받지 않고 그가 계속 프랑스에
머물러야 한다고 주장했다. 이게 바로 쓸모가 지나치게 많은 삶
의 단점이다. 좀처럼 쉴 수가 없다. "그게 내 운명인 것 같네. 끊임
없이 휴식을 바라지만 절대로 쉴 수 없는 것이." 벤은 한숨을 쉬며
말했다.

건강이 악화되고 있었다. "노화로 인해 몸이 빠른 속도로 약해
지는 것이 느껴진다네. 보수 공사가 너무 많이 필요해서 조만간
건물 주인은 차라리 다 부수고 다시 짓는 게 더 빠르리라 생각하
게 될 걸세."

1785년 마침내 대륙회의는 프랭클린을 놓아주고 후임자로 토
머스 제퍼슨을 보냈다. "이제 하루 일과를 마쳤으니 고향으로 돌
아가 잠자리에 들려고 합니다." 그는 평화조약의 영국 측 교섭자였
던 데이비드 하틀리에게 말했다. 그러나 그가 필라델피아까지의
기나긴 여정을 버틸 수 있을지는 아무도 알 수 없었다. 바다를 건
너는 것도 무척 위험했지만 먼저 파시에서 235킬로미터 떨어진
항구도시 르아브르까지 가야 했다. 그의 신장결석은 방광까지 내
려와 있었고 그 어느 때보다 고통스러웠다. 짧은 거리만 걸어도
극심한 통증이 발생했다. 마차를 타고 거친 자갈길을 달리는 것

은 아예 불가능했다.

프랭클린의 프랑스 친구들은 가지 말라고 애원했다. 죽는 날까지 이곳에 머물며 당신을 사랑하는 친구들 곁에서 유능한 의사에게 진료받으라고 했다. 솔깃한 제안이었고 벤도 그 방안을 고려했다. 그는 장소에 애착이 심한 사람이었다. 나도 그렇다. 어디에 가든 "여기서 살 수 있을까? 여기서 행복할 수 있을까?" 자문한다. 보통 그 답은 '그렇다'다. 그러나 '그곳'이 어디든 나는 그곳으로 이사하지 않는다. 집으로 돌아간다. 결국 벤저민 프랭클린도 나와 똑같은 결정을 내렸다.

토머스 제퍼슨은 안도했다. 그는 프랭클린이 파리에서 수술받다가 죽을지도 모르고, 그러면 설명해야 할 일이 너무 많아질까봐 걱정했다. 벤의 프랑스 친구들은 깊은 슬픔에 빠졌고, 그건 벤도 마찬가지였다. 벤은 자신을 더욱 슬프게 만들지 말아달라고 친구들에게 간청했다. "내가 기운을 잃지 않고 떠날 수 있도록 도와주게나. 내 일은 아직 끝나지 않았어."

벤은 함장이었던 친구 너새니얼 팔코너에게 보내는 편지에서 힘들게 내린 이 결정의 이유를 설명했다. "프랑스 사람들은 같이 살기 좋은 다정한 사람들이야. 그들은 나를 사랑하고, 나도 그들을 사랑하지. 하지만 이곳이 집처럼 편안하지는 않아. 나는 내 조국에서 죽고 싶어." 살고 싶은 곳이 아니라 죽고 싶은 곳. 이것이 바로 고향의 진정한 정의다.

결정은 내려졌지만(그는 고향에 돌아갈 것이었다) 크나큰 문제가 남아 있었으니, 바로 어떻게 르아브르까지 이동하느냐는 것이었다. 평범하게는 바지선을 타고 센강으로 이동할 수 있었지만 1785년 여름은 평범한 해가 아니었다. 그해 여름은 무덥고 건조했다. 수위가 낮아서 배를 띄울 수 없었다. 벤은 파시에서 르아브르까지 열기구로 이동하는 선택지도 고려해보았다. 들리는 것만큼 터무니없는 소리는 아니다. 겨우 6개월 전에 (같은 미국인인 존 제프리스를 포함한) 용감무쌍한 비행사 두 명이 최초로 열기구를 타고 영국해협을 횡단했다. 열기구는 가능하지만 위험한 선택지였다.

벤을 구한 것은 왕비 마리 앙투아네트였다. 왕비는 벤에게 왕실 가마와 가장 뛰어나고 믿음직한 노새 두 마리를 빌려주었다. 긴 장대에 올려 노새와 연결한 가마는 안에서 커튼을 칠 수 있었고 벤이 앉거나 뒤로 비스듬히 기댈 수 있는 침상도 구비되어 있었다.

작별을 고할 시간이었다. 나처럼 벤도 작별을 두려워했다. 아내는 언젠가 내가 인도에서 작별을 고한답시고 아내의 가방을 아내에게 홱 던진 다음 저벅저벅 걸어가 버렸다고 주장한다. 기억은 안 나지만 있었을 법한 일이다. 나는 대대로 작별 인사를 형편없이 하는 집안 출신이기 때문이다. 그중에서도 내 아버지가 최악이었다. 플로리다에 있는 아버지댁에 아버지를 내려드릴 때면 아버지는 자동차가 완전히 멈추기도 전에 차에서 내리곤 한다. 나는 좀 나았으면 좋았으련만 그렇지가 않다. 벤도 그리 낫지는 않았다. 그는 쏟아지는 날것의 감정에 어쩔 줄을 몰랐다.

1785년 6월 초 일꾼들이 벤의 짐을 싸기 시작했다. 책과 해체

한 인쇄기, 과학 실험 도구, 파시 샘물에서 뜬 광천수 등이 담긴 상자가 총 77개였다. 7월 12일 마침내 떠나는 날이 되었다. 친구들과 벤의 지지자들이 그를 배웅하기 위해 잔뜩 모여들었고 프랭클린의 손자 베니가 이때를 시간순으로 기록했다. "할아버지가 파시에 모인 수많은 사람 앞에서 가마에 올랐다. 엄숙한 침묵이 가득했고 훌쩍훌쩍 우는 소리만이 이따금 침묵을 방해했다."[19] 역시 그 자리에 있었던 토머스 제퍼슨은 파시가 지도자를 잃은 것 같은 광경이었다고 말했다.

프랭클린은 육로 이동을 잘 견뎌냈다. 마리 앙투아네트가 빌려준 왕실 가마는 겉보기에 우아할 뿐만 아니라 유용하기까지 해서 노새가 걸음을 옮길 때마다 편안하게 흔들렸다. 프랭클린 일행은 일주일이 지나지 않아 르아브르에 도착했다. 마담 엘베시우스에게서 온 마지막 편지가 그를 기다리고 있었다. "가마에 탄 당신이 걸음걸음 우리에게서 멀어지는 모습, 나와, 당신을 너무나도 사랑하고 그리워하는 사람들에게서 이미 떠나간 모습을 그려봅니다. 당신 몸이 아플까 걱정됩니다……. 만약 아프다면 돌아와요. 몽 셰르 아미(내 사랑하는 친구여), 우리에게로 돌아와요!"[20]

그러나 벤은 돌아오지 않았다. 영국해협을 건너 필라델피아로 향하는 여정이 막 시작되려는 참이었다. 마음속 깊이 게일인의 영혼을 간직한 벤저민 프랭클린은 이제 다시는 프랑스 땅을 밟지 않을 것이었다.

나는 왕실 가마가 아닌 프랑스 철도 SNCF를 타고 프랑스를 떠난다. 페리를 타고 영국해협을 건널 예정이다. 호텔에서 만난 두 독일 여성이 기차역까지 택시를 같이 타자고 해서 그러자고 한다. 그중 한 명이 유창한 영어를 구사하고, 모국어로 나누는 대화가 무척 고팠던 나는 어느새 프랭클린을 향한 나의 집착과 그가 (전 세계 사람들에게, 그중에서도 특히 분열된 내 고국의 국민에게) 본보기로서 갖는 의미를 주절주절 설명한다. 내가 오레에서부터 파시까지 프랭클린의 발자취를 따라가고 있고 지금은 그가 소원해진 아들 윌리엄과 마지막으로 짧게 만난 영국 사우샘프턴으로 향하고 있다고 말한다.

"하지만 아들과 절연한 사람이 어떻게 본보기일 수 있죠?" 독일 여성이 묻는다. "모든 미국 가족이 정치관이 안 맞는다고 서로 절연하면 어떡해요?"

어떻게 대답해야 할지 모르겠다. 나는 벤이 완벽한 사람이 아니었다는 내용의 말을 중얼거린다. 독일 여성은 예의 있게 고개를 끄덕이지만 내 대답이 불충분하다는 것을 느낄 수 있다. 나도 그렇게 느낀다.

좋은 여행 되라며 작별 인사를 나눈 뒤에도 그 질문이 계속 내 곁을 맴돈다. 열차에 타고 페리에 오를 때도 계속 나를 따라다닌다. 곰곰이 생각하고 또 생각한다. 자기 가족에게도 본보기가 되지 못한 사람이 어떻게 전 세계 사람에게 본보기가 될 수 있을까?

여름 햇빛이 점점 희미해지며 페리가 포츠머스 항구에 도착할 무렵 나는 완전히 지쳐버렸지만 여전히 답을 찾지 못했다. 나중에 꼭 다시 고민하겠다고 다짐한다. 조만간, 하룻밤 푹 자고 난 후에.

5부

더 많은 프랭클린이
필요해

23

프랭클린도 풀지 못한 문제

잠들 수가 없다. 왜인지 모르겠다. 영국해협을 건널 때 느꼈던 멀미가 아직 남아 있어서일지 모른다. 아니면 호텔 때문인지도 모른다. 내가 묵고 있는 호텔은 벤이 묵었던 곳이기도 하다. 사우샘프턴에 위치한 스타 호텔(당시에는 스타 여관이었다)은 보는 관점에 따라 멋스럽게 나이 들었을 수도 있고 낡아빠졌을 수도 있다. 트립어드바이저를 잠깐만 훑어봐도 알 수 있듯이 사람들의 의견은 둘로 나뉜다. 한 후기는 사랑에 빠진 듯 이렇게 말한다. "호텔의 위치와 역사적 건축 양식이 마음에 쏙 들었다." 다른 후기는 건조하게 이렇게 말한다. "1785년에 벤저민 프랭클린이 이곳에 묵었다고 한다. 그가 우리보다 더 잘 잤기를 바랄 뿐이다!"

우리가 좋아하는 것은 오래된 장소의 개념이지 현실이 아니다. 우리는 21세기의 안락함과 각종 장치를 원한다. 몇몇 여관은 "오랜 역사와 현대적 설비"를 모두 갖췄다며 터무니없는 호언장담을 하지만 사실 오래된 장소는 거래와 희생을 요구한다. 문화유산에는 대가가 따르며, 그 역사적 세금은 잠들지 못하는 밤과 안락함의 부재라는 형태를 띤다.

스타 호텔은 역사적 세금이 너무 비싸다. 로비의 벗겨진 페인트와 빛바랜 페이즐리 무늬 벽지가 "안전거리 확보!"라고 쓰인 팬데믹 시기의 형광 노란색 테이프와 충돌한다. 내 방은 멀찌감치 떨어진 여러 시대가 마구잡이로 뒤섞여 있다. 화려한 샹들리에와 지나치게 커다란 골동품 거울이 눈부신 형광등 불빛, 합판으로 만든 옷장과 경쟁을 벌인다.

과하게 푹신한 매트리스 위에서 과하게 딱딱한 베개를 부여잡고 이리저리 뒤척인다. 내가 잠 못 드는 이유를 스타 호텔 탓으로만 돌릴 순 없다. 수면과 나의 관계는 늘 변덕스러웠다. 수면은 내가 필요할 때는 절대 찾아오지 않고 내가 필요 없을 때는 언제나 찾아온다. 나는 정오가 되면 번번이 혼수상태에 빠져들지만 자정에는 늘 말똥말똥 깨어 있다.

벤에게 도움을 요청한다. 그는 말년에 "기분 좋은 꿈을 꾸는 기술"이라는 제목의 짧은 글을 썼다.[1] 꿈은 중요하다고, 벤은 내게 말한다. "만약 우리가 자면서 기분 좋은 꿈을 꿀 수 있다면 프랑스어로 탕 가네tant gagné, 즉 삶의 기쁨이 대단히 커질 것이다." 벤, 저도 그렇게 생각합니다. 저도 정말이지 탕 가네를 원해요. 하지만 어떻게 그럴 수 있죠?

살이 있는 벤은 먼저 몸에서부터 시작하라고 조언한다. "몸이 어수선하면 마음도 동요하게 되고, 그러면 잠들었을 때 각종 불쾌한 생각이 떠오르는 것은 자연스러운 결과일 것이다." 이어지는 상세한 조언은 놀라울 만큼 현대적이다. 운동을 충분히 해야 하지만 반드시 식사 후가 아니라 전에 해야 한다. 자기 전에 과식은 금물이다. 침실을 충분히 환기해라. 얇고 통풍이 잘되는 잠옷을 입어라. 전부 실행해도 여전히 잠이 오지 않는다. 벤, 어떻게 해야 하죠?

"베개를 두들겨서 뒤집고 침구를 최소 20회 이상 탁탁 턴 다음 이불을 들춰서 침대를 차갑게 식힌다."

완료. 여전히 말똥말똥하다. 이제 어떡하지?

"피부에 쌓인 것들이 충분히 배출될 때까지 옷을 벗은 채로 방 안을 걸어 다닌다……. 차가운 공기가 불쾌하게 느껴지기 시작하면 그때 침대로 돌아간다. 그러면 곧 잠에 빠져들 것이고 그 잠은 달콤하고도 쾌적할 것이다."

벤이 말한 대로 해보지만 달콤한 잠에도 쓴 잠에도 빠져들지 못한다. 나는 왜 이러는 걸까?

벤이 내린 처방의 마지막 문장을 읽자 모든 게 분명해진다. "무엇보다 가장 필요한 것은 선한 양심이다." 그래서 그렇군. 내 양심에 문제가 있는 것이다. 분명히 말하자면 나는 사람을 죽이거나 기밀문서를 훔치거나 재활용할 수 없는 쓰레기를 재활용함에 넣은 적이 한 번도 없다. 나의 죄는 머릿속에 있다. 나는 충분히 좋은 아들이 아니고 침착하지 못한 아버지이며 무책임한 친구다. 대개는 사실이 아니지만 중요한 건 그게 아니다. 머릿속의 죄는 실재하는 죄책감을 낳는다. 벤은 숙면을 취했고, 모두의 말에 따르면 기분 좋은 꿈을 많이도 꾸었다. 그렇다면 그가 선한 양심의 소유자였다고 생각해도 될까?

꼭 그렇지만은 않다. 필라델피아로 향하는 도중 사우샘프턴에 잠시 들렀을 때 벤은 수많은 사람을 만났다. 대부분 옛 친구들이었지만 그중에는 소원해진 아들 윌리엄도 있었다. 두 사람은 거의 10년간 만난 적이 없었고 1784년에 딱 한 번 편지를 주고받았을 뿐이다. 먼저 편지를 보낸 사람은 윌리엄이었는데, 나는 그 점이 정말 대단하다고 생각한다. 용기가 필요한 일이었다. "존경하는 아버지께." 윌리엄은 이렇게 운을 뗀다.[2] "영국과 미국의 공교로운 갈등이 끝난 뒤로 늘 아버지께 편지를 보내 최근 문제가 발생하기 전까지 늘 제 삶의 자부심이자 행복이었던 아버지와의 살가운 교류를 다시 시작하고 싶었습니다."

그런 다음 윌리엄은 자신이 조지 왕에게 변함없이 충실했던 이유를 설명한다. "저는 아버지뿐만 아니라 신 앞에서도 왕을 향한 깊은 의무감과 조국을 존중하는 마음으로 일관되게 행동했다고 자신 있게 말할 수 있습니다." 그리고 애처롭게 덧붙인다. "제가 실수를 저질렀다면 그건 어쩔 수 없는 일이었습니다."

윌리엄이 언급하지 않은 점은 영국 왕실을 향한 그의 충성심이 매우 적극적인 형태를 띠었다는 점이었다. 1778년 코네티컷 감옥에서 출소한 그는 뉴욕으로 넘어가 영국을 위한 첩자 네트워크를 운영했고 일부 설명에 따르면 뉴욕에서 제일가는 왕당파 인물이었다. 전쟁이 거의 끝난 1782년 윌리엄은 런던으로 건너가 다시는 미국 땅을 밟지 않았다.

그는 자기 행동의 이유를 설명하지만 사과는 하지 않는다. 비숫한 상황을 만나면 똑같이 행동할 것이었다. 그러나 그는 분명 아버지와 화해하고 싶어 했다. 그리고 아버지가 필라델피아로 돌아가는 길에 영국에 들른다는 소식을 들었다. 아버지를 만나 뵐 수 있을까요?

벤 프랭클린이 답장을 보내는 데는 몇 주가 걸렸다. 그 답장은 내가 생각하기에 프랭클린이 쓴 수천 통의 편지 중 가장 비통한 것이었다. 편지는 매우 낙관적으로 시작한다. "아들에게. 네가 우리 사이에 있었던 살가운 교류를 다시 시작하고 싶다니 무척 기쁘구나. 나 역시 그럴 수 있기를 바란다." 그러다 그는 모질게 변한다. "이 나이에 하나뿐인 아들에게 버림받은 것만큼 내 가슴을 찢어놓고 내게 깊은 상흔을 남긴 일은 없었다. 너는 단순히 나를 버린 것이 아니라 내 평판과 재산, 목숨을 모두 위험에 빠뜨리는 목적을 위해 나와 싸우려 했지."

어이쿠. 벤은 온화하고 다정한 중재자였을지 모르지만 여느 유대인 어머니처럼 효과적이고 가혹하게 죄책감 카드를 사용할 줄 알았다. 벤은 윌리엄이 왕에게 의무감을 느꼈을 수 있음을 인정한다. "우리는 모두 인간이고 모두 실수를 저지른단다. 우리의 의견은 우리 스스로 결정하는 것이 아니야. 의견은 대개 환경에 좌우되고 환경은 저항할 수도 이해할 수도 없을 때가 많지." 그러나 벤은 곧이어 날카로운 칼로 상처를 헤집는다. "그러나 세상에는 정치적 의무에 앞서며 결코 정치적 의무 때문에 소멸될 수 없는 천부적 도리라는 것이 있다." 즉 아버지에 대한 의무가 왕에 대한 의무를 능가한다는 뜻이다. 이렇게 자기주장을 내세운 뒤 벤은 칼을 다시

집어넣고 감정싸움에서 뒤로 물러난다. "유쾌하지 않은 주제이니 여기까지만 하겠다." 벤은 사우생프턴에서 윌리엄을 만나기로 했다. 대화의 끈은 아슬아슬하지만 아직 끊어지지 않았다.

벤이 사우생프턴에서 보낸 며칠은 무척 바빴다. 그때나 지금이나 긴 여행을 앞두고 준비할 것이 정신없이 많았고 프랑스 어딘가에서 사라진 벤의 짐도 문제였다. 벤은 트위퍼드 하우스의 시플리 가족을 비롯한 옛 친구들을 여럿 만나 전쟁 전의 행복했던 시절을 추억했다.

그 와중에 벤은 시간을 내서 마틴스 소금 온욕탕을 찾았다. 물의 치료 효과에 대한 벤의 거의 종교적인 믿음에 전 세계가 동참하면서 당시 이런 종류의 스파가 점차 인기를 끌고 있었다. 하늘 높이 뜬 한낮의 태양 아래에서 벤은 물 위에 누워 미동도 없이 평화롭게 거의 한 시간을 푹 잠들었다. 일기에서 그는 "지금껏 한 번도 경험한 적 없고 가능할 거라 생각지도 못했던 일이었다. 물은 가장 편안한 침대다"라고 말한다.

부유하는 경험에 흥미가 동한다. 수영이긴 한데 힘든 노력이나 두려움 없는 수영 같다. 그래, 나도 벤처럼 부유해야 해. 마틴스 소금 온욕탕을 찾아보지만 흔적도 없이 사라졌다. 바보가 된 느낌이다. 뭘 기대한 걸까? 200년도 더 지났는데. 마음을 가다듬고 노력을 두 배로 더한다. 조사(정확히 말하면 구글 검색) 끝에 리미틀리스 플로트Limitless Float라는 업체를 찾아낸다. 업체의 이름이 암시하는 무한한 안락함이 마음에 든다. 더 알아보려고 링크를 클릭

한다.

"이 세상에서 벗어나 그저 존재하는 법을 아시나요?"

물론 모른다. 그걸 알면 내가 이걸 읽고 있을까?

"우리 몸은 자가 치유 능력이 있지만 적절한 환경이 갖춰지지 않으면 계속해서 한계점에 도달하게 됩니다."

알아요. 나도 그 한계점이 뭔지 잘 알거든요. 그리고 장소가 중요한 사람으로서 평생 그 "적절한 환경"을 찾아 헤맸답니다. 그러니 부유에 대해 더 얘기해주면 안 될까요?

"부유하는 경험은 우리의 정신이 휴식하고^{rest}, 재연결되고$^{re-connect}$, 회복할^{recover} 기회를 제공합니다."

보아하니 부유는 두운법을 활용하는 능력도 강화해주나 보다. 아냐, 그만해 에릭. 너무 냉소적이야. 가능성주의자답지 않아. 벤다운 행동이 아니야. 벤이라면 네 경험을 신뢰하라고 조언했을 거야. 리미틀리스 플로트에 방문 예약을 한다.

기분 좋은 여름날 저녁이라 걷기로 한다. 리미틀리스 플로트는 찾기가 쉽지 않다. 구글 지도만 보고 방향을 꺾었더니 계속 막다른 길만 나온다. 그러다 마침내 공업단지의 자동차 부품 가게와 댄스 학원 사이에 숨은 리미틀리스 플로트를 찾아낸다.

안으로 들어서자 대니얼이 나를 반갑게 맞이한다. 그는 젊고 안색이 맑고 거슬릴 만큼 차분한 사람이다. 그러니까, 딱 리미틀리스 플로트라는 이름의 업체에서 일할 것 같은 그런 사람이다. 보통 나는 모공 하나 없는 피부와 차분한 얼굴을 가진 사람을 싫어하지만 대니얼은 마음에 든다. 그는 피부는 좋지만 그런 사람들이 종종 그러듯 은근히 거들먹거리지는 않는다.

대니얼이 파란 불빛으로 빛나는 스타트렉 느낌의 방으로 나를 안내한다. 마치 커크 선장이 오미크론델타에 있는 스파에 몸을 담그고 있는 것 같다. 방 한쪽에는 샤워부스가 있고 다른 한쪽에는 달걀 모양의 유선형 욕조가 놓여 있다. 여닫을 수 있는 거대한 뚜껑이 달린 이 욕조는 꼭 항공모함 부품처럼 생겼다.

대니얼이 어떻게 해야 하는지 설명한다. 그게 방침인지, 아니면 내 두려움을 감지한 건지는 모르겠지만 아주 긴 시간을 들여 폐소공포증을 걱정할 필요가 없다고 나를 안심시킨다. 욕조에 달린 뚜껑은 잠기지 않고 절대 잠길 일이 없고 잠길 수도 없다고, 대니얼이 겁먹은 아이를 달래는 듯한 말투로 내게 말한다. 마음이 놓이지만 여전히 조심스럽다.

대니얼이 방에서 나간다. 그러면서 자신은 바로 바깥에 있을 거라고 나를 안심시킨다. 나는 샤워를 하고 대니얼이 권한 귀마개를 낀 다음 늘 그렇듯 물이 친구일지 적일지 확신하지 못하고 망설이며 물 안으로 들어간다. 물은 따뜻하다. 36.5도를 유지하도록 설정했다고 대니얼이 알려주었다. 그래서 욕조가 이렇게 익숙하게 느껴지나 보다. 똑같은 온도에서, 나를 기다리는 혹독한 세상을 모르는 채로, 편안하게 부유하며 더없이 행복한 9개월을 보낸 장소가 기억난다.

벤이 한 말이 떠오른다. "자신을 지탱하는 물의 힘을 신뢰하기 전까지는 수영인이 될 수 없다." 그게 문제다. 나는 한 번도 그런 믿음을 가진 적이 없다.

오늘은 다르다. 욕조 안의 물은 염도가 높고 부력이 커서 내가 발차기하거나 허우적대지 않아도, 그냥 가만히 있어도 몸이 저절로 물에 뜬다. 일은 전부 자연이 알아서 한다. 눈을 감고 귀마개를 끼고 편안하게 부유하며 지금 상태가 평소와 얼마나 다른지 깨닫는다. 나는 끊임없이 조바심치고 안간힘을 쓴다. 마치 내가 걱정함으로써 하늘에 구름이 흘러가고 비가 내리고 지구가 도는 것처럼. 그게 얼마나 바보 같은지 이제 알겠다. 자연은 내 보잘것없는 노력이 필요치 않다. 자연은 스스로를, 그리고 나를 알아서 잘 지탱한다.

내가 욕조에서 경험한 것이 바로 계몽주의의 맛이다. 오늘날의 과학자들과 마찬가지로 18세기의 과학자들도 자연이 그 비밀을 드러낼지도 모른다는 희망으로 자연을 연구했다. 우리는 그렇게 얻은 통찰로 자연을 길들이고 우리 삶을 개선할 수 있었다. 그러나 오늘날의 대다수 과학자와 달리 계몽주의 시대의 과학자에게는 여전히 종교적이거나 최소한 영적인 동기가 있었다. 그들은 자연 연구를 통해 신 또한 그 비밀을 드러낼지 모른다고 믿었고, 그 비밀은 자연 세계뿐만 아니라 도덕 세계에 관한 것이기도 했다. 독립선언문 앞부분에 등장하는 "자연법과 자연의 신의 법"이라는 문구를 보라. 이것이 바로 프랭클린이 간헐적으로 지지했던 이신론이다. 신은 자기 작품, 즉 자연을 통해 자신의 권위를 드러내며 인간에게 이성의 힘을 부여해 직접 그 자연법을 발견할 수 있도록 했다. 자연, 더 나아가 신은 파악할 수 있는 대상이며, 파악할 수 있는 것은 믿을 수 있다.

이 신뢰 훈련에서 한 발짝 더 나아가보기로 한다. 나는 죽는 연습을 한다. 미친 소리처럼 들린다는 걸 알지만 끝까지 들어보시라. 욕조 안에서 두 눈을 감고 부유하면서 숨을 깊이 들이쉬었다가 내쉬면서 그 신뢰를 더욱 확장해보려 한다. 내려놓는 연습을 한다…… 모든 것을. 기대를 내려놓고 과도한 노력을 내려놓는다. 성공과 실패, 부와 가난, 건강과 병의 구별을, 심지어 삶과 죽음의 구별을 내려놓는다. 나는 깨닫는다. 죽음은 다름 아닌 궁극적 신뢰도 테스트다. 신이든 우주든 자연이든 과학이든 상관없다. 당신은 그것을 믿는가, 믿지 못하는가? 그렇게나 단순한 문제다. 결코 쉽지는 않지만.

뚜껑이 잠기지 않는다는 대니얼의 말이 거짓일 경우에 대비해 지금까지 욕조의 뚜껑을 살짝 열어놓고 있었다. 이제 믿음이 커졌으니 뚜껑을 닫고 내가 그 어둠을 견뎌낼 수 있는지 보기로 한다. 그러나 곧장 두려움과 근원적 공포가 엄습해 뚜껑을 살짝 연다. 그러나 너무 세게 밀었는지 뚜껑이 활짝 열려서 결국 뚜껑을 다시 닫으려고 자리에서 일어난다. 바로 그때 내가 지금까지 헤아릴 수 없을 만큼 깊은 물속이 아니라 60센티미터 깊이의 초현대적 욕조에 떠 있었음을 깨닫는다. 정말 바보 같다. 어쩌면 모든 두려움이 이와 같을지 모른다. 다르게 비유하자면 우리는 평생 높은 곳에서 떨어질까 봐 두려워하다 말년이 되어서야 그 높이가 겨우 몇십 센티미터였음을 깨닫는다. 아무것도 아닌 환영이 두려워 몸을 웅크리고 수십 년을 보낸다.

이런 생각에 잠겨 있는데 뉴에이지 음악이 흘러나오기 시작하며 유감스럽게도 나의 부유가 무제한이 아니었음을 알려준다. 내게 주어진 60분이 다 끝났다. 수건으로 몸의 물기를 닦고 밖으로 나가자 대니얼이 녹차를 건네준다. 물론 그렇겠지.

"어떠셨어요?" 대니얼이 묻는다.

"종교적이었어요." 내가 주저 없이 대답한다.

왜 그 단어를 선택했을까? 잘 모르겠다. 나는 관습적 의미가 아닌 프랭클린식 의미의 종교를 말한 것이었다. 그가 신을 지칭한 표현이 무엇이었나? 위대한 선이다. 마음에 든다. 위대한 선은 상처를 치유하고 캄캄한 하늘을 밝힌다. 위대한 선은 우리가 노력 없이도 물에 가라앉지 않게 해준다.

벤저민 프랭클린과 윌리엄 프랭클린은 스타 호텔에서 여러 차례 만났다. 분명 긴장감이 흐르는 가슴 찢어지는 만남이었을 테지만 안타깝게도 우리는 무슨 일이 있었는지 알지 못한다. 벤은 일기에 이보다 더 형식적일 수 없는 기록만을 남겼다. "어제저녁 런던에서 도착한 아들을 만났다." 윌리엄 역시 이 만남을 전혀 언급하지 않았다.

두 프랭클린이 볼일을 처리했다는 사실은 알려져 있다. 아버지의 감시 속에서 윌리엄은 뉴저지와 뉴욕에 있는 자신의 재산 권리증서를 아들(벤의 손자)인 템플에게 양도했다. 벤은 윌리엄에게 다시는 네 아들에게 연락하지 말라고 말했다.

분명 벤과 윌리엄은 화해하지 못했다. 한때 두 사람은 여느 부자지간처럼 가까운 사이였다. 전쟁은 끝났다. 윌리엄은 기꺼이 악감정을 과거에 묻어두고 앞으로 나아가고자 했다. 아버지는 달랐다.

이건 호감 가는 벤이 아니다. 존경스러운 벤도 아니다. 이건 치사한 벤이다. 벤, 그냥 아들을 용서할 순 없었어요? 윌리엄은 여전히 당신을 사랑하고 당신도 여전히 윌리엄을 사랑하잖아요. 물론 윌리엄은 전쟁에서 잘못된 편을 선택했지만 당신도 떳떳하지는 않다고요. 당신이 열일곱 살 때 몰래 고향을 떠나면서 아버지 마음을 얼마나 아프게 했는지를 떠올려봐요. 당신의 '천륜'은 어땠나요? 어떻게 윌리엄에게 본인보다 더 나은 자식이 되라고 요구할 수 있죠? 게다가 벤, 당신은 사람들을 용서하는 넓은 마음의 소유자잖아요. 거짓말로 당신을 런던으로 보낸 총독 윌리엄 키스도 용서했죠. 전쟁 때 영국 편에 선 여러 영국인 친구들도 용서했고요. 자기 혈육은 왜 용서할 수 없나요? 나는 내 딸이 그 무슨 짓을 하더라도 절대 딸과 의절할 수 없어요.

독일 여성이 했던 질문이 다시 머릿속에 떠오른다. "아들과 절연한 사람이 어떻게 본보기일 수 있죠?" 아직도 깔끔한 답이 나오지 않는다. 벤이 윌리엄을 용서하지 않은 사실을, 마치 다른 면에서는 완벽한 벤이 손가락 관절을 꺾어 딱딱 소리를 내거나 짜증나게 휘파람을 부는 것처럼 사소한 성격적 결함으로 치부할 순 없다. 벤이 윌리엄과의 절연을 자기 삶의 오자, 수정할 수 있는 실수 목록에 넣지 않았음을 깨닫는다. 어떤 실수는 신판이 아무리 여러 차례 출간될지라도 수정이 불가능하다. 그 점은 이해한다. 실망스러운 점은 아들과의 문제에서 벤이 실수를 수정할 시도조차 하지 않았다는 것이다.

1785년 7월 27일 벤은 자신이 탈 런던패킷호가 곧 필라델피아
로 출항한다는 연락을 받는다. 승객은 벤과 그의 두 손자인 베니
와 템플, 조지 워싱턴의 조각상을 제작하러 마운트버넌으로 향하
던 장 앙투안 우동이라는 이름의 프랑스인 조각가, 마담 엘베시
우스가 선물로 준 앙고라 고양이 두 마리였다. 승선하지 못한 것
은 벤의 짐이었다. 그의 짐은 프랑스의 르아브르 세관에 억류되
어 있었다(프랭클린은 몇 달이 지난 후에야 겨우 짐을 되찾는다).

그날 저녁 벤과 친구들은 스타 여관에서 마지막 식사를 함께
즐긴 뒤 바로 앞바다에 정박해 있던 런던패킷호로 자리를 옮겨
잔치를 이어갔다. 그다음 날 프랭클린의 일기에는 딱 한 줄이 적
혀 있다. "아침에 잠에서 깨어났을 때 친구들은 가고 없었고 배는
이미 항해 중이었다." 그게 다다. 자기 마음 상태나 자신이 두고
온 것, 한때 조국이라 불렀던 국가와 그 많은 일이 있었음에도 여
전히 자신을 사랑하는 아들에 대해서는 아무런 언급이 없었다.

길고 쓸모 있는 삶의 마지막 장을 향해 가던 벤저민 프랭클린
은 그 둘과 다시는 재회할 수 없을 것이었다.

24

자신의 의심까지도 의심하라

친구들은 머나먼 귀향길에서 자서전을 완성하라고 벤을 설득했다. 그러나 벤은 북대서양의 수온을 재고 선박과 굴뚝에서 흘러나오는 매연 문제에 관한 논문을 쓰며 시간을 보냈다. 이것이 프랭클린이 가장 좋아하는 미루기 방법이었다. 우리도 저마다 자기만의 방법이 있다. 나는 온라인으로 가방을 산다. 벤은 과학 논문을 썼다. 방식은 다르지만 결과물은 같다. 마치지 못한 원고와 두둑한 자기 비난.

프랭클린은 대서양 횡단을 놀라울 만큼 잘 견뎌냈다. 횡단 전보다도 건강이 더 좋았다. 1785년 9월 13일 런던패킷호가 새 미국 국기를 휘날리며 델라웨어만에 입항했고, 벤은 일기에 "물살은 잔잔하고 공기는 시원했으며 날이 맑고 화창했다"라고 적었다.

벤이 바다에 있는 동안 그가 바르바리 해적에게 붙잡혀 포로가 되었다는 소문이 퍼졌기 때문에 마켓 스트리트 부두에 모여든 인파는 크게 기뻐하는 동시에 놀라워하며 프랭클린을 맞이했다. 대포 소리가 울려 퍼졌다. 종이 울렸다. 눈물이 흘러내렸다. 제 할아버지보다 속을 더 잘 드러냈던 손자 베니 바체는 이 귀향의 순간을 꼼꼼히 기록했다. "사람들의 박수갈채를 받으며 아버지와 어머니, 형제자매를 만났을 때 느낀 기쁨은 이루 말할 수 없을 만큼 컸다."[1] 프랭클린의 집에서는 그의 딸 샐리가 그가 한 번도 만나보지 못한 손주 네 명과 함께 문간에서 그를 기다리고 있었다. 프랭클린은 외국에서 너무 오랜 시간을 보냈기에 "내 나라에서 거의 이방인"이나 다름없었다.

벤은 정치 활동에서 물러나 "나의 소중한 철학적 유희를 다시 반갑게 맞아들일" 수 있을 거라고 생각했다. 오산이었다. 철학적 유희는 불가능했다. 은퇴도 휴식도 불가능했다. 바쁜 벤이 돌아왔고 많은 이들이 그를 찾았다. 사람들에겐 그가 필요했다. 벤은 곧 펜실베이니아의 행정장관(사실상 주지사)으로 선출되어 세 번 연임했다. 또한 그는 본인이 창립한 단체인 미국 철학회와 펜실베이니아 대학교에서 각각 회장과 이사직을 맡았다. 그리고 1787년 제헌회의 대표로 임명되었다.

그는 이 모든 임무를 받아들일 필요가 없었다. 이제 거의 80세가 된 그는 지금까지 명백히 길고 쓸모 있는 삶을 살았다. 신과학을 열었고 전쟁에서 승리할 수 있게 도왔고 전 세계에 이름을 떨쳤다. 결단코 그는 휴식을 취할 자격이 있었다.

벤에게는 이유가 있었다. 그는 공직은 절대 요구하지 말고 절대 거절하지 말고 절대 사임하지 말라는 자신의 신조를 지키고 싶었다. 본인이 오래전에 사라졌다고 생각했던 야심의 불씨도 아직 남아 있었다. 벤은 중요하고 쓸모 있는 사람으로 남고 싶었다. 그는 자신을 필요로 하는 사람이 필요했다. 그러나 고령의 나이와 그에게 남은 시간이 겨우 몇 년뿐이라는 사실은 어떡한단 말인가? 벤의 대답은 한마디로 흥!이었다. 그는 한 프랑스인 친구에게 이렇게 말했다. "나의 신조는 언제나 영원히 살 것처럼 살라는 것이었어. 그렇게 생각해야만 기운을 내서 유용한 목적을 달성하려고 노력할 수 있거든."[2]

이 말을 어떻게 이해해야 할지 모르겠다. 늙은 마술사가 또 하나의 환상을 꾸며냈다. 이번에 그 환상은 바로 불멸이다. 그는 실제로 자신이 영원히 살 거라고 믿지는 않았지만 그래도 그런 척했다. 알고 보니 그건 또 하나의 유용한 기만이었다.

나이 드는 것은 결코 쉽지 않은 일이며, 그건 프랭클린이 살던 시대에도 마찬가지였다. 어떤 이들은 그게 무슨 뜻인지는 몰라도 '제 나이에 걸맞게 행동하는' 방식으로 서서히 다가오는 노년을 맞이한다. 어떤 이들은 노인이 어떻게 행동해야 '마땅한가'에 대한 사회적 관념을 고집스레 거부한다. 벤저민 프랭클린은 정확히 후자에 속했다.

메이슨딕슨선을 긋는 측량사 중 한 명이었던 앤드루 엘리콧은 "미국의 덕망 높은 장로"를 만나러 벤의 필라델피아 자택을 방문했던 때를 다음과 같이 회상한다.[3] 벤은 면도를 하려고 물을 데우기 시작했다. 엘리콧이 돕겠다고 했지만 벤은 거절했다. 스스로 하지 못하면 아예 안 하겠다는 것이었다. "그는 자기 나이에 항복해 더욱 노쇠해지지 않기로 마음먹은 모양이었다."[4] 엘리콧은 회상했다. 놀랍게도 프랭클린은 훨씬 젊은 사람처럼 편안하고 능숙하게 면도날을 다뤘다. 프랭클린은 면도가 삶을 살 만한 것으로 만드는 작은 기쁨 중 하나라고 말했다. "나는 우연한 운명에 좌우되는 이런저런 행운보다는 노년에 스스로 못 하게 되면 다른 사람의 손을 빌려야만 하는 이런 소소한 일들을 직접 할 수 있는 것이 바로 행복이라고 생각한다."

벤은 행복을 외부에 위탁하지 않기로 마음먹었다. 그는 스스로 할 수 있는 것들을 최대한 오랫동안 해낼 작정이었다.

1787년 5월 중순 13개 주 중 12곳의 대표(로드아일랜드주 대표가 불참했다)들이 필라델피아에 속속 도착했다. 벤은 평범한 대표가 아니었다. 그는 다른 대표들보다 훨씬 많은 곳을 여행했다. 정식 교육은 훨씬 적게 받았지만 명예 학위는 더 많았다. 필라델피아에 모인 55명의 대표 중 34명이 변호사였고 10명이 '농장주'였으며 의사도 소수 있었다. 프랭클린은 몇 명 없는 상인 중 한 명이었고 유일한 저널리스트였다.

그러나 가장 큰 차이는 나이였다. 여든하나였던 프랭클린은 다른 모든 대표의 아버지뻘이었고 대다수에게는 할아버지뻘이었다. 가장 어린 대표였던 뉴저지의 조너선 데이턴은 스물여섯 살이었다. 벤에게는 더 나이 많은 손자가 있었다. 프랭클린이 처음으로 식민지의 통합을 주장했던 1754년(이른바 올버니 계획)에 제임스 매디슨은 세 살이었다.

건국의 아버지 프랭클린의 정신은 변함없이 예리했다. 손님이었던 머내시 커틀러는 "나이를 무색케 하는 그의 선명한 기억력과 명료하고 생기 넘치는 지적 능력"에 감탄했다.[5] 동료 대표였던 윌리엄 피어스는 프랭클린이 "25세 청년과 동등한 수준의 정신 활동"을 유지하고 있다고 말했다.[6] 가능한 설명 중 하나는 벤이 젊은 시절에 지루한 펜실베이니아 의회 회기를 버티려고 일종의 스도쿠와 같은 마방진을 발명했고 그것이 평생의 취미가 되었다는 것이다. 어쩌면 오늘날의 십자말풀이처럼 이 취미가 그의 정신을 날카롭게 유지하는 데 도움이 되었을지도 모른다.

벤은 나이 때문에 공경의 대상이자 조롱의 대상이 되었다. 젊은 대표들은 프랭클린의 지난 업적은 존경했지만 그렇다고 그의 현재 기여도까지 높이 평가한 것은 아니었다. "그들은 프랭클린의 제안에 귀 기울인 뒤 별다른 논의 없이 잠자코 반대표를 던졌다."[7] 한 역사가가 말했다.

이전에 많은 이들이 그랬듯 대표들은 벤저민 프랭클린을 과소평가했다. 그가 헌법 제정에서 중요한 역할을 맡지 않은 것은 사실이다. 그 과제는 제임스 매디슨이나 알렉산더 해밀턴 같은 젊은 대표들이 맡았다. 벤은 정치 이론가가 아니었지만 이론을 모르는 것과 원칙이 없는 것을 혼동해서는 안 된다. 벤은 원칙이 많았다. 17세기 법학자였던 존 셀던의 격언 "가장 많이 통치하는 자가 소음이 가장 적다"를 체화해 그 원칙들을 떠벌리지 않았을 뿐이다.[8]

프랭클린은 미국 정치계의 히포크라테스였다. 무엇보다 사람들에게 해를 끼쳐선 안 됐다. 벤은 농부와 찌르레기의 일화를 즐겨 이야기했다. 뉴잉글랜드의 농부들은 찌르레기가 자신들의 작물, 그중에서도 특히 옥수수에 해를 끼친다고 확신했다. 그래서 인정사정없이 찌르레기를 박멸했더니 천적에게서 자유로워진 벌레 한 종이 농부들의 소중한 목초를 먹어 치우기 시작했다. "찌르레기에게서 구한 옥수수보다 잃어버린 목초가 훨씬 많다는 사실을 깨달은 농부들은 찌르레기들이 다시 돌아오길 바랐다." 벤은 말했다. 이것이 바로 프랭클린이 의회에 제공한 현실적 지혜였다.

프랭클린이 제공한 것이 또 있었으니, 바로 냉철한 호기심이었다. 자기 모습을 있는 그대로 편안해한 그는 아무것도 증명할 필요가 없었다. 회의 중에 그는 말 없는 무심함을 유지했다. 부처 벤이 돌아왔다. 그렇다고 그가 회의에 무관심한 것은 아니었다. 오히려 그는 회의장의 먼지와 소음보다 더 높은 곳에서 다른 사람이 보지 못하는 것을 내려다보았다. 그는 나이 든 사람이 "시끄러운 행인들의 다툼에 관여하지 않고 그들을 가만히 관찰한다"고 말했다.[9] 이런 태도는 대단히 유용한 것으로 드러났다. 프랭클린은 회의 결과와 자신을 동일시하지 않았기에 중재자 역할을 맡아 상충하는 세력을 꼬드기고 회유하며 타협을 이뤄낼 수 있었다.

◆

1787년 여름은 유난히 더웠다. 벤은 매일 아침 열기구를 타고 회의장까지 이동하는 방안을 고려했다. 물론 농담이었다. 어느 정도는. 벤에 관해서는 그 무엇도 장담할 수 없다. 보통 그는 한 두 블록을 걸어서 펜실베이니아 의사당(현 독립기념관)에 도착했다. 때때로 통풍이 재발하거나 "돌"이 다시 움직이기 시작하면 가마를 탔다. 사면이 막혀 있고 유리를 끼운 문이 달린 이 가마는 네 명의 근육질 남성이 긴 장대 위에 올려서 날랐다. 미국보다 유럽에서 더 흔히 사용된 가마는 그 안에 탄 벤과 마찬가지로 세간의 호기심을 불러일으켰다.

회의 일정은 빡빡했다. 대표들은 숨 막히는 여름 더위 속에서 하루에 다섯 시간, 때로는 그보다 더 오래 모였고 점심시간이나 휴식 시간도 거의 없었다. 논의는 종종 날씨만큼 뜨거워졌다. 거의 모두가 고성을 지르며 자기 의견을 관철하려고 했다.

벤은 달랐다. 뛰어난 연설가가 전혀 아니었던 그는 회의 중에 침묵의 미덕을 지키며 거의 입을 다물고 있었다. 그러나 그런 벤이 입을 열 때면 "그 끈기와 효과가 대단했다"고, 그의 근처에 앉았던 제임스 매디슨이 말했다.[10] 또한 벤은 긴장감 넘치는 회의에 약간의 경쾌함을 더했다. 그는 머리 둘 달린 뱀과 스코틀랜드인 변호사, 프랑스인 자매에 관한 농담을 던졌다(물론 그의 농담에는 중요한 의미가 들어 있었다). 한번은 숨겨둔 포터 맥주를 꺼내기도 했다.

벤은 여러 흥미로운 아이디어를 제안했다. 예를 들면 그는 대통령을 포함한 행정부 구성원은 "급여와 수당, 사례를 비롯해 그 어떤 보상"도 받아서는 안 된다고 주장했다. 그러면서 인간을 지배하는 두 가지 열정은 야망과 탐욕, 즉 "권력에 대한 사랑과 돈에 대한 사랑"이라고 설명했다. 이 두 열정은 각각 떨어져 있을 때는 강력한 원동력이지만 서로 만나면 "몹시 파괴적인 영향력"을 발휘한다. 런던에서 그는 돈이 정치에 미치는 부패한 영향력을 직접 목격했다. 분명 미국은 더 잘해낼 수 있었다.

실제로 조지 워싱턴은 8년간 대륙군 사령관으로 활동하며 그 보상으로 단 1달러도 받지 않았다. 워싱턴이 드물고 예외적인 인물이라는 사람들의 말에 프랭클린은 "나는 내 나라를 그보다 더 높이 평가하네"라는 말로 응수했다. 미국은 보상 없이 기꺼이 조국에 봉사하려는 "지혜롭고 선한 인물의 수"가 절대 부족하지 않을 것이다. "이득이 적을수록 명예는 커진다."

대표들은 프랭클린의 제안에 공손히 귀 기울였다. 아이디어 자체보다는 프랭클린에 대한 존중 때문이었다. 결국 이 제안은 부결되었다. 프랭클린은 이 발상의 명백한 결함을 간과했다. 공무원에게 봉급을 주지 않으면 부유한 시민만 공직을 맡을 수 있다. 이는 프랭클린의 신념에 반하는 상황이었다. 나이가 많고 지위가 높았음에도 프랭클린은 대표 중 가장 서민적이었고 가장 평등을 추구했다. 그가 젊은 시절에 쓴 글에서 드러나는 평등을 향한 사랑은 나이 들수록 더욱 깊어졌다. 그는 자신의 평등주의적 이상에 늘 부응하는 삶을 살았을까? 오랫동안 고통받은 그의 아내 데버라나 그가 노예로 삼은 사람들이 증명하듯이 절대 그렇지 않다. 그러나 프랭클린이 그 이상을 완벽하게 실천하지 못했다고 해서 그 이상의 가치를 즉각 일축해버리는 것은 실수다. 프랭클린과 다른 건국의 아버지들은 우리가 충족해야 할 기준을 세웠다. 만약 우리가 실패한다면 우리의 아이들이, 또는 우리 아이들의 아이들이 그 기준을 충족해야 한다. 세상은 늘 그렇게 돌아간다. 한 세대가 목표를 정하면(목표는 높을수록 좋다) 다음 세대가 그 목표를 겨냥한다.

실제로 벤은 회의에서 몇몇 핵심적인 역할을 해냈다. 그는 대통령 탄핵을 허용하자는 제안을 통과시키고 투표권과 공무담임권을 지주에게만 부여하자는 제안을 물리치는 데 일조했다. 프랭클린은 정부의 정당성이 오로지 권력에서만 나오는 것이 아님을 잘 알았다. "정부가 흔들림 없이 오래 지속되려면 정부는 지혜롭고 공정하다는 여론이 유지되어야 한다." 사람들이 지도자를 두려워하는 것이 좋은가 사랑하는 것이 좋은가라는 오래된 질문에서 프랭클린은 단호히 사랑의 편에 선다.

6월 말 회의 분위기는 더욱 험악해졌다. 대표들은 교착 상태에 빠졌다. 프랭클린은 걱정할 것 없다고 말했다. 그건 그저 "인간 이해의 불완전성을 보여주는 울적한 증거"일 뿐이다. 그는 자신이 실수를 저지를 수 있는 한낱 인간임을 인정하라고 충고했다. "우리가 스스로 정치적 지혜가 부족하다고 느끼는 이유는 지금까지 그러한 지혜를 찾아 사방으로 뛰어다녔기 때문이다."

그때 프랭클린은 아무도 예상치 못한 제안을 했다. 매 회기를 기도로 시작해 "하늘의 도움을 간청"하고 "우리의 이해를 환히 비춰달라고 빛의 아버지께 겸손히 부탁"하자는 것이었다.

벤답지 않은 제안이었다. 아마 그는 적어도 관습적 의미에서는 모든 대표 중 가장 종교적이지 않은 인물이었을 것이다. 그러나 더 자세히 들여다보면 이런 제안이 그와 꽤 잘 어울린다는 사실을 발견하게 된다. 프랭클린이 교회에 다니지는 않았을지 몰라도 그는 언제나 종교의 사회적 유용성을 믿었다. 설교와 성경이 사람들을 선한 행동으로 이끄는 원동력이라면 프랭클린은 이에 대찬성이었다. 또한 벤은 대표들에게 자기 바깥에서 정치적 지혜를 찾으라고 제안하면서 본인의 또 다른 모습, 바로 비이성적인 벤을 드러냈다. 물론 그는 이성이 삶을 헤쳐 나가는 좋은 수단임을 굳게 믿었지만 이성이 불완전한 나침반이라는 사실 또한 잘 알았다. 이성은 감정만큼이나 우리를 잘못된 방향으로 이끌 수 있다. 프랭클린은 "인류에게 추론 능력이 없었으면 좋았겠다고 바라기까지 했는데, 인류는 이성 사용법에 대해 아는 바가 거의 없고 이성 때문에 너무 자주 잘못된 길로 빠지기 때문이다." 그는 인류에게 다른 선택지가 있다고 말했다. 바로 "뛰어난 감각적 본능"이었다. 벤은 그러한 본능의 소유자였고 언제 그 본능을 사용해야 할지도 잘 알았다. 이성만으로는 그 누구도 흔들 수 없다. 상대를 흔들려면 그들의 열정에도 호소해야 한다.

이번에도 대표들은 정중하게 그의 말에 귀 기울였지만 프랭클린의 제안에 동의하는 사람은 거의 없었다. 한 대표는 사제를 데려올 돈이 없다는 변변찮은 이유를 내세웠다. 물론 더 큰 문제는 사람들의 눈이었다. 필라델피아 주민들은 이미 제헌회의가 갈피를 잡지 못하고 허우적대는 중이라고 의심하고 있었다. 사제가 회의장에 들어가는 장면을 목격하면 그런 의심이 확신으로 변할 터였다. 회의 시작 전에 기도를 올리자는 프랭클린의 제안은 무산되었지만(투표에도 부치지 않았다) 회의장의 열기를 잠시 가라앉혀 대표들이 분노를 조금이나마 누그러뜨리는 데는 성공했다. 또한 벤의 연설은 덥고 갑갑한 회의장에 모인 대표들에게 이것이 매우 중요한 과업이며 겸손한 자세가 필요하다는 사실을 상기시켰다. 즉 벤의 제안은 유용했다.

이틀 뒤 프랭클린은 또 다른 방법을 시도했다. 그는 타협을 촉구하면서 식탁을 만드는 목수의 비유를 사용했다. "장인이 커다란 식탁을 만들 때 나무판자의 모서리가 서로 맞지 않으면 양쪽을 조금씩 다듬어 두 판자를 꼭 맞게 결합하는 것처럼 이곳에서도 양측이 자신들의 요구를 어느 정도 양보해야만 모두가 수용할 수 있는 제안을 도출할 수 있습니다."[11]

벤은 제도의 가치를 판단할 때 장인의 시선을 활용했다. 쿡쿡 찔러보고 여러 부분을 불빛에 비춰 제대로 맞아떨어지는지 확인했으며 필요하면 변경하기도 했다. 그가 세상에 접근하는 방식은 "직접 소매를 걷어붙이는 실용적 접근법"이었다.[12]

거의 모든 사안에서 손을 떼는 나의 방관적 접근법과는 매우 다르다. 선택지가 주어진다면 나는 실천보다는 사유 쪽을 택하는 편이다. 이런 방식이 그리 유용하지 않으며 그리 미국인답지도 않다는 것을 이제 알겠다. 미국은 계몽주의 시대가 낳은 자식이었고, 그것도 아주 고집 센 자식이었다. 이 어린 국가는 발상을 빌리기만 한 것이 아니었다. 미국은 그 발상들을 발전시키고 실현했다. 건국의 아버지들은 존 로크 같은 유럽 사상가들이 이론으로만 제시한 내용을 직접 구현했다. 유럽이 계몽주의 시대의 도서관이었다면 미국은 작업장이었다.

이후 벤은 더 공식적인 냉각기를 갖자고 제안했다. 3일간 휴회하자는 것이었다. 그는 대표들이 자신과 뜻이 다른 동료들과 함께 시간을 보내며 참을성 있게 서로의 말에 귀 기울여야 한다고 주장했다. 그의 조언은 오늘날에도 유의미하다. 한편으로 그의 말은 우리를 안심시킨다. 미국은 원래 온전히 통합된 적이 없었다. 우리는 늘 고립되어 있었다. 다른 한편 그의 조언은 불편한 의문을 제기한다. 왜 우리는 프랭클린이 살던 시대보다 더 나아지지 못했을까? 지금쯤이면 우리의 참을성 있는 귀가 코끼리만큼 커졌어야 마땅한데, 오히려 우리의 귀는 쭈그러들었다. 우리는 서로의 말에 귀 기울이지 않는다. 벤이라면 이러한 현실을 깊이 우려했을 것이다. 그는 듣기가 대화에서 가장 중요한 부분임을 알았다.

또한 프랭클린은 아무리 주의 깊게 귀 기울여도 모두를 설득할 수는 없음을 잘 알았다. 마찰은 불가피하지만 과학자이자 전기 기술자로서 프랭클린은 마찰의 유용한 역할을 이해했다. 현명하게 사용하면 마찰은 강력한 힘이 된다. "서로 다른 감정이 충돌함으로써 진리의 불꽃이 튀고 정치의 빛이 타오른다."

회의가 시작되고 약 6주가 지난 7월 초 대표권을 둘러싸고 논쟁이 격화되면서 이 실험 전체가 중단될 위험에 처했다. 규모가 큰 주들은 새 의회의 대표를 인구수에 비례해서 결정하길 원했다. 규모가 작은 주들은 인구수와 상관없이 주별로 대표를 할당해야 한다고 주장했다.

7월 프랭클린은 타협을 위한 대위원회의 위원으로 임명되었다 (얼마나 멋진 이름인가! 나는 이 위원회가 부활해야 한다고 본다). 며칠간 비공개 회의를 진행한 끝에 위원회는 이름에 걸맞게 위대한 타협안을 들고 나타났다. 하원의원은 인구수에 따라 뽑고 상원의원은 주별로 뽑자는 내용이었다. 매디슨이 프랭클린에게 공을 돌린 이 계획은 곤경에 처한 회의와 신생 국가를 구해냈다.

9월 17일 회의는 끝에 가까워지고 있었다. 마침내 여름의 열기가 가라앉았다. 남쪽에 면한 회의장 창문으로 아침의 빛이 밀려들었다. 프랭클린은 연설문을 준비했지만 몸이 너무 약해서였는지 너무 수줍어서였는지 직접 단상에 오르지 않고 또 다른 대표 제임스 윌슨에게 연설을 대신 부탁했다.

나는 이 연설이 역대 최고의 연설 중 하나라고 생각한다. 물론 정치적인 연설이었지만 여기에는 그 이상의 의미가 있다. 이 연설은 좀처럼 찬양받지 못하는 태도인 의심을 변호하는 간절한 탄원서다. 프랭클린은 지난 몇 달간 만든 헌법이 과연 최선이었는지 의심했다. 과연 여기에 서명할 가치가 있는지 의심했다. 그는 제헌회의 의장이었던 조지 워싱턴에게 자신이 이 헌법에 서명하기로 마음먹은 이유를 이렇게 설명했다.

고백하자면 저는 현재 이 헌법에 전적으로 찬성하지 않습니다. 그러나 의장님, 저는 제가 언제까지나 이 헌법에 찬성하지 않을 거라고 확신하지도 않습니다. 이렇게 오래 살다 보니 더 많은 정보를 얻고 더 충분히 고려한 끝에 한때 옳다고 믿었던 것이 사실 그렇지 않음을 깨닫고 중요한 사안에서조차 생각을 바꿀 수밖에 없었던 경험을 수차례 했기 때문입니다. 그렇기에 나이 들수록 저 자신의 판단을 더 의심하게 되고, 타인의 판단을 더 존중하게 됩니다.

언제나처럼 프랭클린의 연설에는 일화가 들어 있었다. 이번에는 자매와 다투게 된 한 프랑스 여성의 짧은 이야기였다. 그 여성은 이렇게 말했다. "어찌 된 영문인지 모르겠어. 항상 옳은 사람은 나밖에 없단 말이야." 다른 대표들이 이 이야기를 듣고 웃음을 터뜨렸을까? 분명히 그랬을 거라고 생각한다. 공감에서 터져 나오는 웃음이었으리라.

프랭클린의 메시지는 1787년만큼이나 오늘날에도 중요하다. 아니, 더 중요하다. 타인의 관점을 의심하기는 쉽다. 인격의 진정한 시험대는 자신의 입장을 의심할 수 있느냐다. 모든 것을, 자신의 의심까지도 의심하라. 프랭클린은 자신이 쌓아 올린 지식의 성에 너무 집착하지 말라고 경고한다. 그 성은 모래로 지어졌을지도 모른다. 언젠가 프랭클린이 과학 이론에 관해 한 말은 정치 이론에도 똑같이 적용된다. "멋진 시스템을 구축한 뒤 이내 파괴해야만 하는 경우가 얼마나 많은가!" 성숙한 민주주의의 증표는 그 제도와 정책뿐만 아니라 새로운 환경에 적응하기 위해 그 제도와 정책을 기꺼이 수정하려는 태도에서 드러난다.

미국처럼 개방적이고 유동적인 사회는 장점이 많지만 한 가지

중대한 단점이 있다. 바로 "필연적 불편함"이다.[13] 프랭클린은 그 누구보다 그 불편함을 오래 참아낼 수 있었다. 그에게는 영국의 시인 존 키츠가 훗날 "소극적 수용력negative capability"이라고 칭한 능력이 있었다. 소극적 수용력은 "사실과 근거를 성급하게 좇지 않고" 불확실성과 의심을 견디는 능력이다. 벤 그 자체다. 우리도 그랬으면 좋았으련만.

의심으로 흔들리는 삶이라고 해서 꼭 소심하고 조심스러운 것만은 아니다. 프랭클린의 삶이 보여주듯이 엄청난 자신감과 끊임없는 자기 회의를 동시에 지니는 것도 가능하다. 이런 불가능해 보이는 조합은 모든 위대한 인물과 문명의 특징이다.

계속해서 프랭클린은 사람들이 모이면 그들의 편견과 분노, 결점, 이기심까지 모이는 법이라고 말한다. 제헌회의도 예외는 아니었다. "이러한 회의에서 어떻게 완벽한 결과물을 기대할 수 있겠습니까? 그렇기에 의장님, 저는 이 체제가 이렇게 완벽에 가깝다는 사실이 놀랍습니다." 프랭클린은 미국의 어린 주들이 "서로의 목을 벨 것"이라 기대하며 침을 줄줄 흘리고 있을 미국의 적들도 이 사실에 놀랄 것이라고 덧붙였다.

뒤이어 프랭클린은 좀처럼 자신을 의심하지 않는 자신만만한 대표 한 명 한 명에게 "본인의 확신을 조금이라도 의심하고 이 서류에 이름을 올리길" 촉구했다. 문서document가 아니다. 서류instrument다. 이 단어 선택은 우연이 아니었다(벤에게 우연은 없었다). 문서는 결과물이다. 서류는 도구다. 목적이 아닌 수단이다. 프랭클린은 헌법을 수술용 메스나 만년필 같은 도구로, 능숙한 사용자를 필요로 하는 비활성 물체로 보았다.

벤의 유럽인 친구들은 이 새로운 국가와 새로운 헌법의 소식을 간절히 듣고 싶어 했다. 미국은 처음의 주장을 고수할 것인가, 아니면 다시 군주제로 돌아올 것인가? 프랭클린은 군주제로 돌아갈 가능성이 늘 존재한다는 사실을 알았다. 그는 "인간은 왕정에 이끌리는 성향을 타고났다"고 말했다. 프랑스에 살 때 이웃지간이었던 장 바티스트 르 로이에게 보낸 1789년의 편지에서 벤은 특히 인상적인 의견을 드러내는데, 그 맥락은 종종 간과되곤 한다. 벤은 이렇게 말했다. "새로 수립한 우리의 헌법은 영원할 것처럼 보이지만 죽음과 세금을 제외하면 이 세상에서 확실하다고 말할 수 있는 것은 하나도 없다네."

9월 말 대표들이 회의장에서 줄지어 빠져나오는데 그 지역 여성인 엘리자베스 파월이 프랭클린을 붙들고 이렇게 물었다고 한다. "닥터, 결과는 어떻게 됐나요? 공화국인가요, 군주제인가요?"[14]

"공화국입니다." 프랭클린이 대답했다. "여러분이 유지할 수만 있다면 말이죠." 타는 듯이 무더웠던 필라델피아의 여름에 어지럽고도 용감하게 만들어진 미국 헌법은 선물도 당연한 권리도 아니었다. 심지어 완성된 결과물도 아니었다. 이 헌법은 진행 중인 작업이자 미래 세대를 향한 도전이었으며 무엇보다 하나의 수단이었다. 딱 사용하는 사람만큼만 선하고 쓸모 있는 수단.

25

반면교사라는 훌륭한 교사

어떤 사람과 충분히 오랜 시간을 보내면 내가 사랑하는 사람일지라도 필연적으로 그 사람에게 실망하는 일이 생긴다. 나와 벤도 그랬다. 지난 몇 년간 점점 벤을 좋아하고 존경하게 되었고 심지어 사랑하게 되었지만 한편으로 벤은 나를 실망시킨다. 죽어가는 아내의 곁으로 달려가지 않았을 때 나를 실망시켰고 아들 윌리엄과 결국 화해하지 못했을 때 나를 실망시켰다. 그러나 무엇보다 가장 실망스러운 점은 노예제에 대한 그의 관점이었다.

벤은 다르길 바랐다. 워싱턴과 제퍼슨처럼 수백 명을 노예로 삼은 다른 건국의 아버지보다 낫기를 바랐다. 특히 제퍼슨은 죽을 때까지 자신이 소유한 노예 대다수를 풀어주지 않았다. 결국 프랭클린은 그들보다 나았으나 그렇게 되기까지 아주 오랜 시간이 걸렸다. 벤저민 프랭클린은 거의 일평생 노예 소유주이자 노예 거래로 이득을 취하는 중개인으로 살았다. 기록에 따르면 그는 약 40년에 걸쳐 아프리카계 미국인 최소 일곱 명을 노예로 삼았다[1](그에 비해 제퍼슨의 노예는 600명이 넘었다[2]).

만년에 그는 더 이상 노예를 소유하지 않았다. 조심스러운 노예제 폐지론자가 되었고 죽기 직전에는 소리 높여 노예제를 비판했다. 벤이 이렇게 마음을 바꿨다는 사실에 희망을 걸어본다. 어쩌면 이것이 그의 인생에 속한 어두운 면의 한 줄기 빛일지 모른다.

아무리 애써도 우리는 자신이 사는 시대의 한계를 완벽히 넘어서지 못한다. 우리는 모두 특정 시공간에 갇힌 포로다. 벤저민 프랭클린도 예외는 아니었다. 그는 그 시대의 모든 편견과 오류를 물려받았다. 그렇다고 그의 말과 행동을 변명할 순 없다. 벤도 자신을 변명하지 않았을 것이다. 언젠가 그는 이렇게 말했다. "핑계를 대는 데 능숙한 사람은 다른 데는 절대 능숙할 수 없다."[3] 그러니 벤, 당신의 행동을 합리화하진 않을게요. 다만 이해해보려 노력할게요.

벤은 거의 20년간 〈펜실베이니아 가제트〉를 소유하고 편집했다. 당시 신문들은 노예와 도망자, 어린 벤처럼 무단이탈한 도제를 찾는 광고를 다수 실었다. 이런 광고들은 읽기가 힘들 정도다. 가장 불편한 지점은 흔들의자와 낚싯배, 거위털 광고와 나란히, 때로는 그 안에 실린 노예 광고의 사무적인 어조다. 다음은 1734년의 광고다. "유능하고 젊은 흑인 두 명, 19세 사내아이와 15세 여자아이 판매합니다. 인쇄공에게 문의하세요."[4] 물론 여기서 말하는 인쇄공은 벤저민 프랭클린이었다. 그는 1733년에 다음과 같은 가슴 미어지는 광고를 실었다. "약 서른 살의 아주 유능한 흑인 여성 판매합니다. 어린 시절부터 이 도시에 살았고 세탁과 다림질을 아주 잘합니다……. 약 여섯 살인 아주 유능한 남자 아이도 있습니다. 앞에서 말한 여성의 아들입니다. 구매자 마음대로 제 어미와 같이 판매할 수도 있고 혼자 판매할 수도 있습니다. 인쇄공에게 문의하세요."[5]

프랭클린은 이런 광고를 싣는 데 아무 거리낌이 없었으며, "도망친 말을 찾는 광고만큼이나 태연하게 도망친 노예를 찾는 광고를 실었다"고, 역사가 게리 내시는 말한다.[6] 이런 광고들은 〈펜실베이니아 가제트〉가 벌어들이는 수입의 상당 부분을 차지했고 프랭클린이 마흔두 살의 나이에 (한동안이나마) 은퇴할 만큼 부를 쌓는 데 일조했다.

〈펜실베이니아 가제트〉의 사설란도 나을 바가 없었다. 1731년의 천연두 발생에 관한 기사에서 프랭클린은 사망자 288명 중 흑인 노예가 64명이었다고 전한다. 그런 다음 그는 끔찍한 계산에 착수한다. "이들의 가치가 대략 1인당 30파운드라면 손실액은…… 거의 2000파운드에 달한다."[7] 사망자에 관해 그가 하고 싶었던 말은 이게 전부였다. 벤에게 그들은 사람이 아닌 재산이었다.

앞에서 말했듯이 이런 비난받아 마땅한 태도는 당시에 매우 흔했던 것이 사실이다. 인쇄업자 대부분이 프랭클린처럼 이런 기사와 광고를 실었다. 그러나 모두가 그랬던 것은 아니다. 펜실베이니아에서 독일어 신문을 발행하던 크리스토퍼 자우어는 노예 광고를 일절 거부했다. 벤, 당신도 통례가 아닌 예외가 될 순 없었나요?

프랭클린은 벤저민 레이의 맹렬한 1738년 팸플릿 〈무고한 이들을 속박하는 모든 노예 소유주, 배교자들〉 같은 초기 노예 폐지론자들의 글도 실었다. 레이는 괴짜였다. 퀘이커교도에 키가 겨우 120센티미터였던 그는 동굴에 살았고 필라델피아 주민 대다수가 그를 기피했다. 레이는 틀림없는 근대 미국 최초의 노예제 폐지론자였다. 노예제를 "모든 죄악의 어머니"로 여겼고 노예제가 노예 소유주뿐만 아니라 공동체 전체를 타락시킨다고 믿었다.[8] 레이는 어떤 수단을 써서든 기필코 사람들을 도덕적 마비 상태에서 흔들어 깨우겠다고 다짐했다. 그리고 뉴저지 벌링턴에서 열린 한 퀘이커교도 모임에서 칼로 성경을 찌르고 교인들에게 가짜 피(붉은 자리공 열매의 즙)를 뿌리며 이렇게 외쳤다. "신께서는 같은 인간을 노예로 삼은 자들이 피 흘리게 하실 것이다!"[9]

프랭클린도 레이의 글을 보고 감탄했으나 그의 진정한 추종자는 데버라였다. 집에 레이의 유화를 걸어둘 정도였다. 노예제를 바라보는 프랭클린의 시각이 점차 변화한 것은 데버라 덕분일까? 확신할 순 없지만 충분히 가능하다.

벤이 1730년대와 1740년대에 노예제 폐지를 주장하는 글들을 신문에 실은 것이 심경의 변화를 의미한다고 믿고 싶었다. 그러나 아니었다. 벤이 노예들, 또는 아프리카인 전반의 비참한 처지에 공감했다는 증거는 어디에서도 찾을 수 없다. 펜실베이니아의 경계를 방어해야 한다고 강력하게 주장한 1747년의 팸플릿 〈명백한 진실〉에서 그는 백인들에게 이렇게 경고했다. "여러분의 사람들, 재산, 아내와 딸들은 가장 비열하고 방종한 인류인 흑인과 물라토(흑인과 백인 부모 사이에서 태어난 사람-옮긴이)의 억제되지 않는 무자비한 분노와 약탈, 성욕에 희생될 것입니다."

프랭클린 가문의 노예들에 대해 더 많이 알고 싶지만 정보가 거의 없다. 그들의 이름은 알려져 있으나(조지프, 제미마, 피터, 밥, 조지, 오셀로, 킹) 그게 전부다.[10] 역사는 노예가 아닌 노예 주인의 손에 쓰인다. 필라델피아에 있는 프랭클린 박물관에는 벤과 그의 남성 동료 그리고 가족의 초상화는 많이 걸려 있지만 그의 삶에서 중요했던 여성의 초상화는 훨씬 적고 벤이 소유한 노예의 초상화는 사실상 하나도 없다. 그들은 벤의 방대한 저술에 드문드문 등장할 뿐 거의 눈에 띄지 않는다. 그러나 그들은 벤의 삶을 변함없이 지키는 존재이자 때로는 위로가 되는 존재였다. 벤과 윌리엄이 영국 엑톤에 있는 조상의 고향을 방문했을 때 이끼로 뒤덮인 조상의 묘비를 문질러 닦은 사람은 노예 피터였다.

1750년대 들어 벤은 서서히 조심스럽게 노예제도를 의심하기 시작했다. 그러나 그의 첫 관심사는 윤리가 아닌 경제적 문제였다. 그가 걱정한 것은 흑인이 아닌 백인의 복지였다. 노예 노동에 의지하는 백인은 점점 게으르고 "쇠약"해지며, "거만하고" 노동을 혐오하며, 나태함을 배운 백인 자녀들은 근면하게 일해서 생계를 꾸리지 못하게 된다는 것이었다. 1751년에 쓴 에세이에서 프랭클린은 식민지 미국에 거주하는 아프리카인 노예가 갈수록 많아진다며 속을 태웠다. 그 사실이 윤리적으로 혐오스러워서가 아니라 미국의 피부색이 "점점 검게 변하기" 때문이었다. "흑인과 황갈색 피부를 배제해 사랑스러운 백인과 홍인의 수를 늘

릴 공평한 기회가 있는데, 어째서 미국에 흑인을 데려와 아프리카 자식들의 수를 늘리려 하는가?" 프랭클린의 노골적인 인종차별은 다음 문장에 이르러 다소 누그러진다. "그러나 어쩌면 내가 조국의 피부색을 편애하고 있는 것일지도 모른다. 그러한 편애는 인류의 자연스러운 특징이기 때문이다."

한 줄기 빛. 나는 이 말이 변화의 시작이었다고 생각한다. 벤은 자신의 편견을 인정함으로써 의심의 씨앗을 심었고 우리가 제헌회의에서 살펴보았듯이 바로 이런 씨앗에서 울창한 나무가 자라난다.

작은 빛의 조각들이 더 있다. 영국으로 떠나기 직전인 1757년 벤은 유언장을 수정해 자신이 죽으면 노예인 피터와 그의 아내 제미마를 풀어주게 했다. 그다음 해에 윌리엄 프랭클린의 노예였던 킹이 영국 시골로 도망친 뒤 한 친절한 여성의 집에서 지내며 읽고 쓰는 법을 배웠다. 벤과 윌리엄은 킹을 돌려보내라고 요구할 수 있었지만 그러지 않았다. 이 일은 프랭클린의 마음이 점점 부드러워지고 있다는 증거였을까? 아니면 벤이 데버라에게 말한 것처럼 "킹은 별 쓸모가 없고 종종 못된 짓을 하므로" 그저 킹을 그대로 놔두는 쪽이 더 편리했던 걸까? 그건 말하기 어렵다. 한 줄기 빛조차 희미하고 뿌옇다.

한 걸음 뒤로 물러서서 벤의 삶을 더 넓게 조망하면 노예제도에 대한 그의 입장이 변하고 있다는 더 명백한 증거가 보인다. 1751년에 쓴 에세이 〈인류의 증가에 관한 고찰〉에서 벤은 "거의 모든 노예가 그 본성상 도둑이 된다"고 말했다. 그러나 18년 뒤 그는 이 문장을 "거의 모든 노예가 노예제도의 본성상 도둑이 된다"라고 수정했다. 작은 변화처럼 보일지 모르지만 나는 이것이 매우 중요한 변화라고 생각한다. "도둑"은 천성이 아닌 환경의 산물이다.

진정한 변화는 1760년대 초에 찾아왔다. 필라델피아에 흑인 어린이를 위한 학교를 열고 싶었던 성공회 단체 브레이 연합이 프랭클린을 찾아와 조언을 구했다. 벤은 이들을 도우며 결국 이 사회 회장이 되었다. 1762년 이 학교를 방문한 경험은 흑인을 바라보는 그의 시각을 극적으로 바꿔놓았다. 이제 그는 "흑인의 타고난 능력을 전보다 더 높이 평가하게 되었다. 흑인 아이들은 모든 면에서 백인 아이들만큼이나 이해가 빠르고 기억력이 좋으며 유순하다."

프랭클린의 깨달음은 너무 명백하고 자명해서 오늘날에는 흑인을 깔보는 인종차별적 발언으로 보일 정도다. 그러나 흑인의 지적 능력이 백인과 동등하다는 생각은 슬프게도 당시에는 전혀 자명하지 않았다. 토머스 제퍼슨에게는 확실히 그랬다. 프랭클린이 필라델피아 학교를 방문하고 20년이 지났을 때 제퍼슨은 자신의 저서 《버지니아주에 대한 기록》에서 노예제를 옹호했다. 그는 인종차별을 유사 과학 용어로 포장하지만 그저 눈살이 더 찌푸려질 뿐이다. 그는 흑인이 백인보다 잠을 덜 자고 열을 더 잘 견디며 "매우 강하고 불쾌한 냄새"[11]를 풍긴다고 말한다. 흑인의 기억력은 백인만큼 좋지만 "사고력은 훨씬 열등한데, 유클리드 기하학을 따라가며 이해할 수 있는 흑인은 거의 찾아볼 수 없기 때문이다. 또한 흑인의 상상력은 따분하고 무미건조하며 기형적이다."[12]
제퍼슨은 흑인이 "몸과 마음의 능력에서 백인보다 열등하다"고
결론 내린다.[13]

벤저민 프랭클린은 한때 제퍼슨의 편협한 관점을 공유했지만
반증에 부딪쳤을 때는 제퍼슨과 달리 생각을 바꾸었다. 그의 "경
험주의적 기질"이 발휘된 것이었다.[14] 벤은 새로운 경험에 늘 열
려 있었고 그 경험을 토대로 기꺼이 자기 생각을 수정했다.

1770년대 초 프랭클린은 공개적으로 노예제도에 반대했다.
1772년 그는 〈런던 크로니클〉에 기고한 글에서 설탕 넣은 차를
마시는 "사소한 기쁨이 같은 인간 사이에서 발생하는 그 많은 고
통과 인간의 몸과 마음을 사고파는 이런 유해하고 혐오스러운 거
래 때문에 인간을 끊임없이 학살하는 현실을 상쇄할" 수 있는지
물었다.

프랭클린의 심경 변화는 말뿐만 아니라 행동에서도 드러났다.
그는 유언장을 수정해 사위인 리처드 바체가 소유한 노예의 자유
를 사실상 돈을 주고 구매했다. 1757년에 그는 두 노예와 함께 런
던으로 떠났으나 거의 20년 뒤 프랑스로 떠날 때는 노예 없이 손
자 두 명만 대동했다. 프랑스에서는 프랑스 지식인들의 귓속말
덕분에 노예제를 폐지해야 한다는 입장이 더욱 확고해졌다.

마지막으로 필라델피아에 돌아온 1785년 이제 거의 여든이 된
벤은 단호한 노예제 폐지론자였다.[15] 사람들에게 가짜 피를 뿌리
는 것 같은 공격적 전략을 사용하지는 않았다. 그건 벤의 방식이
아니었다. 그러나 벤은 나름대로 사람들의 마음을 바꾸기 위해

열심히 애썼다. 그는 펜실베이니아 노예제 폐지 추진협회 회장으로 임명되었고,[16] 제헌회의가 열리기 직전인 1787년에 신이 세상의 "모든 자녀를 한 몸으로" 만드셨다고 선언하는 노예제 반대 청원서에 서명했다.[17] 세상을 떠나기 1년 전인 1789년에 쓴 글에서 그는 가장 강경한 입장을 드러냈다. 그는 노예제가 "인간 본성이 극악무도하게 타락"한 결과라고 말했으며 아마도 처음으로 노예의 입장에 자신을 대입해보았다.

오랫동안 야만적인 짐승 취급을 받은 불행한 사람은 인간 종의 공통 표준 밑으로 너무 자주 가라앉는다. 그의 몸을 결박하는 짜증스러운 쇠사슬은 그의 지적 능력까지 속박하고 사람들을 향한 애정을 훼손한다. 주인의 의지에 따라 한낱 기계처럼 움직이는 데 익숙해지면 생각이 멈춘다. 그에게는 선택권이 없으며 이성과 양심은 그의 행동에 별다른 영향을 미치지 못한다. 그를 지배하는 것은 무엇보다 격렬한 두려움이기 때문이다. 그는 가난하고 친구도 없다. 아마 극심한 노동과 노화, 질병 때문에 지칠 대로 지쳤기 때문이리라.

벤저민 프랭클린이 발표한 마지막 글은 죽음을 한 달도 남기지 않았을 때 쓴 것으로, 노예제도를 신랄하게 풍자한다. 이 글은 첫 연방의회에 노예제 폐지안이 발의되자 조지아주의 한 하원의원이 분노하며 장황하게 비난을 늘어놓은 것에 대한 반응이었다. 이 글에서 벤은 마지막으로 시디 므헤멧 이브라힘의 가면을 쓴

444

다. 알제리 왕자인 그는 바르바리 해적이 잡아온 기독교인을 노예로 삼는 관행을 변호한다. 이브라힘/프랭클린은 묻는다. 만약 기독교인을 노예로 부리는 관행을 없앤다면 "이 더운 날씨에 누가 우리 땅을 일구겠는가?" 이브라힘은 물론 우리는 안 된다고 말한다. 그렇게 되면 우리가 "자기 자신의 노예가 되기" 때문이다. 또한 그는 그들에게 알라의 무한한 자비를 전하고 "참된 교리를 익혀 불멸의 영혼을 구할 기회"를 제공함으로써 이 노예들의 삶을 실제로 개선하고 있다고 말한다.

벤은 미국이 노예제도를 합리화하는 다양한 방식을 그대로 뒤집었다. 그의 풍자는 효과가 있었고 엄청난 영향력을 발휘했다. 노예제 같은 부당한 현실에 빛을 비추는 대신 그는 거울을 들이댔다. 그 안에 비친 모습은 아름답지 않았다.

마지막으로 프랭클린 박물관에 간다. 이제 나는 단골이다. 하지만 혼자는 아니다. 워싱턴과 제퍼슨에게는 학자들이 있다. 프랭클린에게는 팬이 있다. 곧장 마지막 전시실로 향한다. 전시는 이렇게 묻는다. "프랭클린은 노예제도에 반대했을까?" 박물관은 이 질문에 대답하는 대신 결정을 관람객에게 넘긴다. "역사가가 되어 증거를 따져보고 직접 판단하세요."

내 앞에 프랭클린 인생의 열 가지 순간이 펼쳐지고(예를 들면 노예 중개인 역할을 맡았던 젊은 시절과 노예제도에 반대하는 글을 썼던 만년) 어느 쪽에 점수를 줄지 선택해야 한다. 내 최종 점수는 프랭클린은 노예제도에 반대했다가 7점, 아니다가 3점이다. 자, 문제는 해결되었다.

그런가? 다시 호텔로 걸어가는데 역사적 판결이 이렇게 명쾌할 수 있는지 의문이 든다. 다른 사람, 예를 들면 아프리카계 미국인이라면 나와 똑같은 사실 정보를 검토한 뒤 다른 결론에 다다를 수도 있지 않나? 게다가 나는 이 어려운 시기에 벤이 길잡이가 될 수 있다고 강력하게 믿는다. 내가 확증 편향이라는 함정에 빠져 좋은 벤만 보고 나쁜 벤은 무시하는 걸까? 열여덟 살인 나의 딸도 내가 프랭클린과 노예제도의 관련성을 설명해주자 이렇게 말했다. "아빠, 그 사람은 노예를 소유했어. 우리가 그 사람한테서 뭘 배울 수 있겠어?"

그때는 딸아이의 질문에 대답할 수 없었다. 그러나 어느 따뜻한 봄날 필라델피아 체스트넛 스트리트를 걷고 있는 지금 대답할 수 있을 것 같다는 생각이 든다. 벤이 과거에 노예 소유주였다는 사실에는 변명의 여지가 없다. 노예제도는 지금이나 그때나 옳지 않다. 그러나 벤에게서 아무것도 배울 수 없다고 단정하는 것은 실수다. 위대한 인물들(나는 프랭클린이 위대한 인물이라고 믿는다)은 긍정적인 사례뿐만 아니라 부정적인 사례로도 우리에게 가르침을 준다. 반면교사도 교사다. 때로는 그런 가르침이야말로 가장 귀중한 가르침이다.

우리는 벤저민 프랭클린 같은 건국자들의 신화를 파괴하는 대신 그들의 신화를 다시 써야 한다. 우리에겐 신화가 필요하다. 거짓이라는 의미의 신화가 아니라 조지프 캠벨이 정의한 신화, 즉 영감을 주고 활기를 북돋는 이야기라는 뜻의 신화 말이다. 모든 문화에는 그런 종류의 신화가 필요하다. 신화 없는 문화는 존재하지 않는다. 그러니 굴하지 말고 결점을 포함한 벤저민 프랭클린의 삶 전체를 들여다보자. 그리고 그가 완벽했는지 아닌지를 묻는 대신 다르게 질문하자. 좋고 또 나빴던 그의 긴 인생 이야기는 쓸모가 있는가? 그렇지 않다면 여기서 끝내면 된다. 그러나 그 답이 '그렇다'라면 나는 벤이 아닌 우리 자신을 위해 자세를 바로 세우고 관심을 기울일 필요가 있다고 생각한다.

26

프랭클린이 남긴 발자국

벤은 제헌회의가 마무리되고 정확히 31개월을 더 살았다. 그의 정신은 여전히 예리했으나 그의 몸은 낡은 집처럼 여기저기 삐걱대고 휘어지기 시작했다. 배관에도 문제가 생기고 있었다. 벤은 "오래 산 사람, 삶을 끝까지 들이켠 사람은 컵 바닥에 남은 찌꺼기를 마주할 준비를 해야 한다"고 말했다. 내가 늘 쇠퇴와 상실로만 이해하는 과정을 상쾌할 만큼 긍정적으로 바라보는 관점이다. 동시에 벤은 현실적이다. 그는 찌꺼기의 씁쓸함을 부정하지 않는다. 그렇다고 찌꺼기가 부당하다고 생각하지도 않는다. 그저 그 자체로, 즉 길고 쓸모 있는 삶의 자연스러운 결과물로 받아들인다.

벤은 인간 몸에 발생할 수 있는 온갖 질병을 고려하면 자신의 불치병은 통풍과 결석, 노화 세 개뿐이니 아주 운이 좋다고 말했다. 그는 본인이 겪는 각종 통증과 고통을 곱씹지 않았다. 그를 담당했던 의사 존 존스의 말에 따르면 그는 자기 질병을 "주어진 역할을 더 이상 제대로 해내지 못하는 그를 이 세상에서 친절하게

내보내는" 출구로 여겼다.[1]

프랭클린은 우리가 몸의 주인이 아님을 알았다. 우리는 한동안 몸을 빌릴 뿐이다. 몸은 우리에게 쾌락을 선사하고 이 세상에서 좋은 일을 하도록 우리를 도울 수 있지만 "몸이 더 이상 이런 역할을 수행하지 못하고 쾌락 대신 고통을 선사한다면" 자연은 우리에게 출구를 제공한다. 프랭클린은 "그 출구는 바로 죽음"이라고 말했다.

우리는 이 사실을 직관적으로 안다. 짓눌린 팔다리를 절단하거나 병든 치아를 뽑을 때 우리는 프랭클린이 말한 "작은 죽음"을 기꺼이 선택한다. 죽음은 이런 목숨 미적분의 논리적 연장선일 뿐이다. 마지막에 프랭클린은 우리는 우리 몸이 아니라고 말한다. "우리는 영혼이다."

벤은 남은 시간 동안 "독서와 글쓰기, 친구들과의 대화, 농담, 웃기, 즐거운 이야기 들려주기"처럼 본인이 즐거워하는 활동에 몰두했다. 프랭클린 코트에 3층짜리 건물을 증축했는데, 그 건물에는 24명이 모일 수 있는 식당과 함께 그의 자부심이었던 "책이 천장까지 꽂힌" 서재가 있었다. 평소 매우 신중했던 프랭클린에게는 좀처럼 없던 경솔한 행동이었지만 그가 여동생 제인에게 말한 것처럼 "우리는 자신이 늙었다는 사실을 쉽게 잊고, 건축은 아주 재미있는 일"이었다.

마침내 찾아온 휴식. 벤은 자신의 발명품, 본인이 받은 수많은 훈장에 둘러싸여 자기 삶을 돌아보았다. 긴 삶이었다는 사실에는 의심의 여지가 없었지만 정말 쓸모 있는 삶이었을까? 벤은 "내가 그동안 선을 행했는지, 아니면 해를 끼쳤는지" 소리 내어 물었다. 그러나 그는 오래 고심하지 않았다. 질문에 답할 사람은 자신이 아님을 알았기 때문이다. 한 사람의 인생을 판단할 자격은 미래에서 과거를 되돌아보는 이들에게 주어진다. 프랭클린은 말했다. "내가 아는 것은 나의 의도가 좋았다는 것뿐이다. 그저 만사가 잘 마무리되길 바랄 뿐이다."

의도가 좋았다고? 의도가 아닌 결과에 큰 가치를 두었던 사람에게서 나온 기이한 발언이다. 이런 심경의 변화는 죽음을 앞두고 선한 의도라는 미덕에 귀의한 결과일까? 아니면 더 대대적인 회심을 암시하는 신호일까? 성경과 성직자를 그토록 비판했던 벤저민 프랭클린이 이제 내세를 믿게 된 걸까?

목사이자 예일대 총장이었던 벤의 친구 에즈라 스타일스가 종교, 특히 내세에 대해 어떻게 생각하느냐고 묻자 프랭클린은 특유의 익살맞은 대답을 내놓았다. 그는 이렇게 말했다. "나는 이 질문에 분명한 답을 내놓지 않을 걸세. 고민해본 적도 없고, 별 어려움 없이 진실을 알게 될 기회가 곧 찾아올 테니 지금 이 문제에 골몰할 필요도 없다고 생각하네." 전형적인 벤이다. 재치 있으면서도 본인의 핵심 원칙이 잘 드러난다. 경험이 이론을 이긴다. 언제나.

다른 편지에서 벤은 내세의 가능성을 수용했다. 그는 자신의 전기 실험, 특히 본인 최고의 발견인 전하량 보존의 법칙을 언급하면서 자연이 "물 한 방울"도 파괴하거나 낭비하지 않는다고 했다. 그러면서 그런 자연이 왜 영혼을 말살하고 수백만 명의 정신을 낭비하겠느냐고 묻는다. 그건 말이 안 된다. 프랭클린은 그러므로 "나는 이런저런 형태로 언제나 존재하리라 믿는다"라고 결론짓는다.

다시 프랭클린 코트로 돌아와 벽돌로 안을 덧댄 입구를 통과하니 프랭클린도 이 길을 걸어서 집으로 들어갔다는 안내판이 보인다. 마켓 스트리트를 그린 그림을 보며 프랭클린이 처음 도착한 1722년과 그가 세상을 떠난 1790년 사이에 이 거리가 폭발적으로 성장했음을 깨닫는다. 벤이 필라델피아에 도착했을 때 사람들은 정착민이 델라웨어강 옆의 굴속에 살던 시절을 여전히 기억했다. 벤이 세상을 떠날 무렵 필라델피아는 번성하는 과학과 문화의 수도이자 미국의 아테네였다.

바닥에서 타원형 명판을 발견하고 허리를 굽혀 내용을 읽는다. "벤저민 프랭클린의 옥외 변소. 1787." 더 쉽게 쓸 수도 있었을 것이다. "벤저민 프랭클린이 똥 싸던 곳." 아쉽다. 벤이라면 좋아했을 텐데.

벤치 하나를 발견하고 오디나무 아래 자리를 잡는다. 따뜻한 필라델피아의 여름날 프랭클린이 즐겨 앉았던 나무와 똑같다. 두 눈을 감고 벤저민 프랭클린의 마지막 날들을 상상해본다. 때는 만물이 소생하는 계절인 4월이다. 빠르고 불안한 변화의 시대였던 18세기에 사람들은 계절을 위안이 되는 은유로 여겼다. 계절은 변화하지만 무작위로 변하진 않는다. 계절의 순환에는 질서가, 마음을 안정시키는 일관성이 있다. 프랭클린은 계절과 만물의 흐름을 민감하게 감지했다. 그가 가장 좋아한 시 중 하나는 제임스 톰슨의 〈사계〉였다. 벤은 "지금껏 읽은 그 어떤 시도 이만큼 기쁨의 눈물을 자아내지는 않았다"라고 말했다.

프랭클린은 할 가치가 있는 활동은 무조건 다른 사람과 함께하는 것이 좋다고 믿었고 이러한 믿음은 죽음에도 적용되었다. 그는 홀로 죽지 않았다. 그의 곁에는 딸 샐리("내 말년의 위안")와 손주들, 오랜 친구이자 제자였던 폴리 스티븐슨이 있었다.

어느 날 폴리는 프랭클린이 "몹시 고통스러워하는" 모습을 보았다.[2] 통증이 가라앉은 뒤 폴리는 책을 읽어주겠다고 했다. 프랭클린은 동의했고 폴리는 프랭클린이 가장 좋아한 시인 중 한 명이었던 아이작 와츠의 시집을 펼쳤다. 폴리는 그렇게 하면 프랭클린을 재울 수 있으리라 생각했지만 오히려 "프랭클린은 이 시에 고무되어 자신의 기억력과 사고력을 과시했다."[3] 그는 와츠의 시 여러 편을 한 글자도 틀리지 않고 암송했고 시의 숭고함을 고찰했다. 왜 프랭클린이 와츠를 좋아했는지 알겠다. 이성에 관한 책을 썼던 회중교회 목사 와츠는 프랭클린처럼 머리와 마음 사이를 수월하게 오갔다.

마지막 날들에 이 늙은 마술사는 계속해서 모두를 애태웠다. 그는 거의 혼수상태에 빠져들었다가도 다시 기운을 되찾으며 희망을 불러일으켰다. 어느 날 벤이 꼿꼿하게 일어나 앉아 자신이 "품위 있게 죽을 수 있도록" 침대를 정리해달라고 부탁했다.[4] 샐리는 벤이 회복해서 더 오래 살았으면 좋겠다고 말했다.

"난 안 그러고 싶구나." 벤이 차분하게 대답했다.

얼마 지나지 않아 벤저민 프랭클린은 마지막 숨을 내쉬며 누구보다 길고 누구보다 쓸모 있던 삶을 마감했다.

상쾌하고 시원한 어느 봄날 5번가와 아크 스트리트의 교차로에 위치한 크라이스트처치 묘지에 도착한다. 입장료 5달러를 낸 뒤 작고 녹음이 우거진 묘지에 들어선다. 벤의 무덤은 혼잡한 교차로 근처의 모퉁이에 있다. 역시. 그는 죽을 때까지 도시 남자였다.

대리석으로 만든 묘비에는 "데버라 프랭클린과 벤저민 프랭클린, 1790"이라고만 쓰여 있다. 그 위로 1센트 동전이 한 줌 정도 흩어져 있고 25센트 동전과 구겨진 1달러 지폐도 드문드문 보인다. 아마 유명하지만 종종 잘못 인용되는 벤의 격언 "한 푼 아끼면 한 푼을 번 것이다"에서 비롯된 전통이리라(사실 벤은 "한 푼 아끼면 한 푼을 얻은 것"이라고 말했다).

길 건너에 회색 벙커 같은 거대한 건물이 있다. 저 삭막하고 흉물스러운 건물은 뭐지? 자세히 살펴보니 간판이 보인다. "미국 조폐국." 가여운 벤. 죽어서도 돈만 밝혔다는 평판에서 벗어나지 못하다니. 그러나 벤이 안달복달했을 것 같진 않다. 그는 자신을 잘 알았다. 그의 말처럼 흙은 반질대는 대리석이 아닌 흙벽에 달라붙는다.

묘지에서 나가려는데 벤이 젊은 시절 심각한 늑막염을 앓았을 때 직접 쓴 비문이 벽에 새겨진 것을 발견한다.

인쇄공 B. 프랭클린의 몸,
오래된 책의 표지처럼 닳고

글씨와 금박이 벗겨진 채로

벌레들의 먹이가 되어 이곳에 잠들다.

그러나 그 내용은 완전히 사라지지 않으리라.

그의 믿음처럼

저자가 고치고 수정한

더 완벽한 신판의 형태로

언젠가 재등장할 것이기 때문이다.

저자가 수정하는 데서 더 나아가 더 확장할지도 모른다. 가장 길고 가장 쓸모 있는 삶조차도 불완전하다. 우리는 실망과 후회, 무산된 꿈(가지 않은 여행, 마치지 못한 책, 전하지 못한 말)을 뒤에 한가득 남겨두고 너무 일찍 무대에서 퇴장한다.

벤도 삶의 이런 슬픈 불완전함에서 자유롭지 않았다. 그는 오랫동안 말해온 책《미덕의 기술》을 결국 쓰지 않았다. 우리에겐 그 책이 꼭 필요한데도. "태평한 사람들 연합"과 "미덕당"도 마찬가지다. 무엇보다 벤은 본인의 자서전을 완성하지 못했다. 자서전은 벤이 막 51세가 되어 삶이 진짜 재미있어지기 시작할 무렵 흐지부지되었다. 벤은 왜 자서전을 완성하지 못했을까? 물론 바빴겠지만 아메리칸드림의 본보기인 본인의 특출난 삶을 온전히 기록하지 못할 만큼 바빴을까? 왜 이래요, 벤. 무슨 일이 있었던 거죠?

내 생각에 그 답은 역사상 가장 유명한 이 미완성 원고의 첫 두 마디에 있다. "사랑하는 아들에게." 그는 윌리엄에게 보내는 편

454

지로 서두를 시작했다. 그러나 이제 벤에게 윌리엄은 더 이상 존재하지 않았다. 전쟁이 끝난 뒤로 벤은 아들을 웬만해선 언급하지 않았고 언급한다 해도 신랄한 씁쓸함이 배어 있었다. 그는 유언장에서 윌리엄에게 값진 것을 하나도 남기지 않았다. 윌리엄이 이미 갖고 있는 책 몇 권과 서류, 쓸모없는 땅문서뿐이었다. 그 이유를 설명하며 벤은 차갑게 말했다. "윌리엄이 전쟁 후반에 나를 거역했다는 사실로…… 아들이 내게서 빼앗으려 했던 재산을 이 이상 물려주지 않는 이유를 설명할 수 있을 것이다."

프랭클린에게 영국과의 갈등은 사실상 가족과의 다툼이었고 이만큼 그를 아프게 한 것은 없었다. 벤은 윌리엄을 떠올리지 않고는 자서전을 완성할 수 없었고 그 과정은 너무 고통스러웠다. 그건 위대한 닥터 프랭클린조차 치유할 수 없는 상처였다.

벤은 여전히 우리 곁에 있을까? 아프가니스탄 카펫을 살 때 쓰는 100달러 지폐나 필라델피아 치즈스테이크 샌드위치의 광고판에서만이 아니라 더 깊은 의미에서도 우리 곁에 있을까? 그가 남긴 '유산'을 이야기하고 싶지만 나는 그 단어를 싫어한다. 그 단어는 칙칙하고 불충분하며 퀴퀴한 냄새를 물씬 풍긴다. 아직 옷장에 걸려 있지만 입는 사람도 없고 사랑받지도 못하는 할아버지의 오래된 양복처럼. '유산'이라는 말은 벤저민 프랭클린 같은 위대하고도 흠 있는 인물의 꾸준한 영향력을 제대로 담아내지 못한다.

우리가 남긴 발자국은 흐릿해질지언정 절대 사라지지는 않는다. 프랭클린의 발자국처럼 어떤 것은 시간이 갈수록 더 진해지기도 한다. 프랭클린은 건국의 아버지 중 가장 생생하게 살아 있는 인물이다. 어쩌면 그의 기술 사랑 때문일지도 모른다. 워싱턴이나 제퍼슨과 달리 프랭클린이 노트북 앞에 앉아 있거나 노이즈 캔슬링 헤드폰을 끼고 팟캐스트를 듣는 모습은 쉽게 상상할 수 있다. 맙소사, 나는 프랭클린이 노이즈캔슬링 헤드폰을 발명하는 장면도 떠올릴 수 있다. 그러나 어쩌면 더 심오한 이유가 있을지도 모른다. 그의 내세가 놀라울 만큼 왕성한 이유는 그가 인생을 살았던 방식, 그가 포용한 가치와 그의 행동에 있을지도 모른다.

묘지에서 내가 묵는 호텔까지는 겨우 몇 블록 거리지만 그 짧은 거리 안에도 벤의 흔적이 수없이 많다. 벤이 살고, 연구하고, 농담하고, 꿈꾸고, 마시고, 쓰고, 회의에 참석하고, 사람들을 설득하고, 애도하고, 실험하고, 그리고 경험했던 장소들. 그러나 이 장소들보다 더 중요한 것은 그의 쓸모 있는 삶이 남긴 살아 숨 쉬는 흔적이다. 필라델피아 도서관 연합이 여전히 활발하게 운영되고 있고 미국 철학회와 펜실베이니아 병원, 펜실베이니아 대학교(지금은 스쿨킬강 너머로 자리를 옮겼다)도 마찬가지다. 소방차가 요란한 사이렌과 함께 불을 번쩍이며 지나간다면 그건 벤의 소행이다. 까칠한 논조의 신문? 벤이다. 가로등? 벤이다. 공공 백신 접종? 벤이다.

지평선 밑으로 가라앉는 해를 바라보며 길을 걷는데 생각이 하나 떠오른다. 어쩌면 과거는 완전히 사라지지 않을지도 모른다. 어쩌면 핵폭발 이후의 방사능 입자처럼 계속 남아 있을지도 모른다. 하지만 (여기가 바로 우리가 지독한 가능성주의자가 되는 지점이다) 과거가 방사능처럼 유해한 것이 아니라 오히려 그 반대라면? 우리 장 속에 있는 좋은 박테리아나 위험한 자외선을 막아주는 오존층처럼 눈에 보이지는 않지만 유익한 힘이라면?

"과거의 무게"라는 말이 있지만 만약 과거가 전혀 무겁지 않다면? 사실 과거가 믿기 어려울 만큼 가볍다면? 그냥 가벼운 것이 아니라 부력이 있어서 우리를 들어 올리고 지탱하고 물에 떠 있게 한다면?

틀림없이 모든 게 바뀔 것이다.

여전히 우리 곁에서 살아 숨 쉬는

벤에게.

당신이 먼 곳에 있는 친구와 편지를 주고받으며 마음 나누는 걸 얼마나 좋아하는지 알기 때문에 편지 한 통 정도 더 보내도 괜찮을 거라고 생각했어요.

당신이 내 모습을 볼 수 있으면 좋을 텐데. 나는 지금 홀딱 벗고 있어요. 그래요, 완전히 발가벗은 건 아니지만 그래도 거의 다 벗었어요. 지금 나는 '수영복'이라는 것을 입고 있어요. 사람들 앞에서 입는 속옷이라고 생각하면 돼요. 부분적 공기욕이죠. 물론 이런 발명품이 왜 필요한지 의아하겠죠. 무언가를 감춘다는 건 곧 제약하는 것이기도 하니까요.

얘기가 딴 길로 샜네요. 당신이 말 길어지는 걸 얼마나 싫어하는지 잘 알아요. 당신은 늘 간결함을 추구했죠. 괜찮다면, 어느 여름날 아침 어느 정도 나이 든 남자가 삶은 달걀을 찾아 미시간호에 뛰어드는 모습을 상상해보세요. 잘 따라오고 있나요, 벤?

물론 잘 따라오고 있겠죠. 이건 당신 아이디어니까요. 친구 올리버 니브가 중년 남성도 수영을 배울 수 있느냐고 물었을 때 당신이 해준 조언, 기억하죠?

물론이라고, 당신은 주저 없이 대답했죠. 그리고 그 방법을 자세히 설명해줬어요. 달걀을 하나 구해서 물속 깊이 빠뜨리라고. 두려움을 삼키고 달걀을 찾아 물속에 뛰어들라고 말이에요. 당신은 물에 빠져 죽을 일은 절대로 없다고 올리버를 안심시켰어요. 오히려 "물은 자네의 경향과 반대로 자네를 위로 뜨게 할 것"이라고 말한 뒤 내게도 큰 인상을 남긴 문장을 덧붙였죠. "물 아래로 가라앉는 건 자네 생각만큼 쉽지 않다네." 나도 당신 말을 믿고 싶어요, 벤. 진심이에요. 하지만 힘드네요. 지난 몇 년을 그 누구보다 낙천적인 가능성주의자인 당신과 함께했는데도 말이에요.

나는 그리스 식당에서 삶은 달걀을 하나 사서 당신 조언대로 호수에 던져 넣고 곧장 따라 들어가요. 계절에 안 맞게 차가운 물속으로 잠수해 일사불란하게 팔다리를 허우적대는데(나는 이것을 수영이라 부른답니다) 익숙한 공포가 마치 전기 충격처럼 머릿속을 스칩니다. 이 두려움은 무어라 이름 붙일 수 있는 것이 아니지만 나는 기억이 닿는 오랜 옛날부터 물에서 이런 두려움을 느껴왔어요. 달걀 찾기를 거의 포기하려는데, 당신이 한 말이 떠오릅니다. "자신을 지탱하는 물의 힘을 느끼고 그 힘을 믿는 법을 배워라."

영국 남부에 있는 스파에서 60센티미터 깊이의 염도 높은 물에 떠 있을 때는 그 힘을, 그 위대한 선을 믿기가 참 쉬웠어요. 3.6미터 깊이의 차갑고 소금기 없는 이곳 미시간호에서는 얘기가 달라요. 이게 바로 물의 역설입니다. 우리에겐 물이 필요해요. 우리가 곧 물이죠. 그러나 물은 우리를 죽일 수 있어요.

그래도 버텨봅니다. 두 다리로 개구리 발차기를 하고 양팔로 호를 그리며 더욱 깊숙이 잠수합니다. 호수는 내가 가라앉길 원하지 않는다는 깨달음이 밀려와요. 호수는 내가 수영하길 바라거나 그게 아니면 최소한 빠져 죽지 않기를 바라요. 나로서는 그걸로 충분합니다.

나는 혼자가 아니에요. 사람들이 이른 아침 수영을 하려고 호숫가에 모여 있어요. 대부분 나보다 나이가 많아요. 그중에는 내 친구인 바버라도 있어요. 시카고에서 온 은퇴한 신문 칼럼니스트죠. 당신도 바버라가 마음에 들 거예요. 하지만 그건 바버라의 나이 든(그러나 늙지는 않은) 혈관 속에 인쇄용 잉크가 흘러서만은 아니랍니다. 바버라는 수영의 광팬이고 당신만큼이나 물을 사랑해요.

달걀을 찾아 물속에 들어가니 바버라와 다른 사람들의 존재가 희미해집니다. 인간들이 내 옆을, 내 위를, 내 안을 미끄러지듯 지나갑니다. 적어도 나는 그렇게 느낍니다. 저 위, 물 밖에서 그들은 독특한 정체성을 가진 구체적 인물입니다. 그러나 이 아래에서는 서로 분간이 안 되는, 나 자신과도 분간이 안 되는 이름 없는 포유류일 뿐이에요. 저 위에서 그들은 바다코끼리처럼 주름진 피부와 정맥류, 무릎 관절염, 흉터, 각질, 인공 고관절, 심장 박동기, 틀니, 그밖에 쇠퇴하는 몸이 남긴 흔적을 지니고 있었어요. 이 아래에서 그들의 나이 듦, 다름은 우리를 따뜻하게 맞이하는 물에 녹아 사라집니다.

노인. 청년. 청소년. 중년. 장년. 이것들은 전부 이름표이고 우리가 잠시 맡는 역할일 뿐이에요. 모든 이름표가 그렇듯 아주 무의미한 것은 아니지만, 그래도 우리 생각만큼 유의미하진 않죠. 형체 없이 흐르는 시간은 우리의 분류 게임을 거부합니다.

물 아래로 가라앉는 건 자네 생각만큼 쉽지 않다네. 벤, 우리가 헤어진 뒤 몇 달간 내 삶은 당신의 주장을 시험했어요. 나는 어머니를 땅에 묻고 하나뿐인 아이를 대학에 보내고 수술을 받고 60세가 되었습니다. 이야, 결국 말했다!

벤, 이 격렬한 물살을 당신처럼 차분하고 침착하게 통과했다고 말하고 싶지만 그건 거짓말일 거예요. 게다가 쓸모 있는 거짓말도 아닐 거예요. 사실 나는 물살에 맞서 싸웠어요. 섭리를 불신했어요. 그런데 가라앉지 않았어요. 수영도 하지 않았어요. 그냥 떠 있었어요. 그 모든 일이 있었는데도. 그 모든 일이 있었기 때문에.

나를 기다리고 있는 게 무엇일지 모르겠어요, 벤. 삶이 넘쳐흐르는 컵일까요, 컵 바닥에 남은 찌꺼기일까요? 무명일까요, 명성일까요(어쩌면 불가리아 영해 바깥에서까지 이름을 떨칠지도요)? 거친 바다가 날 기다리고 있다는 건 알아요. 그게 이 세상의 이치잖아요. 하지만 그곳엔 어떤 형태로든 당신이 있을 거예요. 나를 살살 밀고 물 위로 끌어올리면서, 함께 웃음을 터뜨리면서 말이에요.

왜 당신이 달걀을 추천했는지 알겠어요. 새하얀 달걀이 분명한 목표물이 돼요. 등대처럼요. 한 번 더 발차기를 하고 오른팔을 쭉 뻗어서 나도 놀랄 만큼 부드러운 동작으로 호수 바닥에 가라앉은 달걀을 붙잡아요. 그리고 당신이 수차례 그랬듯 방향을 틀어 다시 발차기를 해요. 위로, 위로, 위로 미끄러지듯 올라가요. 호수가 나를 끌어올리고 잡아당기고 수면 위로, 빛으로 내보내요.

눈을 비비고 목욕을 마친 개처럼 몸을 털어서 귓속의 물을 뺍니다. 공기는 부드럽고 부산한 도시의 소리로 가득합니다. 바버라를 발견해요. 바버라는 물가에 서 있어요. 내가 다친 데 없이 나타나서, 내 얼굴에 떠오른 미소와 내 손에 들린 삶은 달걀을 보고 안도한 것 같아요. 나는 달걀이 노벨상이라도 되는 양, 아니면 불가리아의 두 번째로 훌륭한 명문대학에서 받은 명예박사 학위라도 되는 양 의기양양하게 달걀을 치켜들어요.

당신 말이 맞았어요, 벤. 이 세상은 대체로 꽤 괜찮은 곳이에요.

| 주 |

벤저민 프랭클린의 말은 대부분 예일 대학교에서 출판한《벤저민 프랭클린 전집(*The Papers of Benjamin Franklin*)》(총 43권), 노턴 출판사에서 나온《벤저민 프랭클린 자서전》, 라이브러리오브아메리카(Library of America)에서 총 두 권으로 출간한 벤저민 프랭클린 저술집에서 가져왔다. 가독성을 위해 이 세 출처에서 인용한 프랭클린의 발언은 주석을 달지 않았으나 그 밖의 다른 출처는 아래에 표기했다. 프랭클린과 편지를 주고받은 여러 인물의 발언도 인용했는데, 이 서신들은 대부분《벤저민 프랭클린 전집》에 실려 있다.

들어가는 말: 우리 삶에는 좋은 안내자가 필요하다

1 Adam Reilly, "Western Mass. Debates a UFO Monument—and How to Commemorate the Inexplicable," WGBH, June 14, 2018.

2 Matthew Stewart, "Our Founders, Alien-Obsessed: Adams and Franklin Had a Thing—Really!—for Extraterrestrials," *Salon*, July 4, 2015. 또한 다음을 참조했다. "Aliens in New England? A Timeline of UFO Sightings and Unusual Encounters," New England.com, April 15, 2022.

3 Betsy Erkkila, "Franklin and the Revolutionary Body," *ELH* 67, no. 3 (2000), 717–741.

4 독립선언문(1776), 프랑스와의 동맹 조약(1778), 영국과의 평화를 확립하는 파리 조약(1783), 미국 헌법(1787).

5 대다수 역사학자가 벤저민 프랭클린이 이중 초점 안경을 발명했다고 보지만 일부는 프랭클린보다 앞선 다른 발명가가 있었을지 모른다고 본다. 개략적인 내용은 다음을 보라. Charles Letocha, "The Invention and Early Manufacture of Bifocals," *Survey of Ophthalmology* 35, no. 3 (1990), 226–235.

6 Ormond Seavey, *Becoming Benjamin Franklin: The Autobiography and the Life* (University Park: Penn State University Press, 1990), 99.

7 Neil Postman, *Building a Bridge to the 18th Century: How the Past Can Improve Our Future* (New York: Vintage, 1999), 6.

1부 스스로 성공 공식이 된 인간의 탄생

1 나를 이용해주세요

1 폴리 스티븐슨의 결혼 후 이름은 메리 휴슨이었으나 프랭클린은 다른 친한 친구들처럼 그를 "폴리"라고 불렀고 계속해서 그를 "스티븐슨"으로 여겼다.

2 Polly Stevenson (married name: Mary Hewson), John Bigelow, ed., *The Works of Benjamin Franklin* (New York: Knickerbocker Press), 12:197.

3 안타깝게도 칠면조는 이 만남에서 살아남지 못했다.

4 방문객은 머내시 커틀러였다. Harold Bloom, ed., *Benjamin Franklin* (New York: Infobase Publishing, 2008), 17.

5 Kevin Hayes and Isabelle Bour, eds. *Franklin in His Own Time* (Iowa City: University of Iowa Press, 2011), 122.

6 같은 책, 122.

7 이 표현은 철학자(이자 프랭클린과 동시대를 살았던) 제러미 벤담이 내놓은 것이다.

8 이글먼은 이 용어를 NPR 인터뷰에서 처음 사용했다. *Talk of the Nation*, February 17, 2009.

2 주어진 선택지를 거부하다

1 당시 프랭클린의 생일은 1월 6일로 기록되었으나 1752년 영국과 그 식민지에서 율리우스력이 그레고리력으로 바뀌면서 프랭클린의 생일도 1월 17일로 바뀌었다.

2 보스턴을 방문 중이었던 윌리엄 태카라가 연필 스케치를 드로잉으로 발전시켰다.

3 올드사우스 회관이 이 형태를 갖춘 것은 1729년이었다. 프랭클린이 세례받던 당시 회관은 삼나무로 지어져 있었다.

4 그 판사는 새뮤얼 수얼이었다. Arthur Bernon Tourtellot, *Benjamin Franklin: The Shaping of Genius: The Boston Years* (Garden City, NY: Doubleday, 1977), 6.

5 같은 책, 145.

6 Ormond Seavey, *Becoming Benjamin Franklin: The Autobiography and the Life* (University Park: Penn State University Press, 1990), 105.

7 Joyce Chaplin, ed., *Benjamin Franklin's Autobiography* (New York: Norton, 2012), 76.

8 프랭클린은 영국의 조지 2세와 조지 3세, 프랑스의 루이 15세와 루이 16세 앞에 섰다. 또한 그는 덴마크 왕 크리스티안 7세와 식사를 함께하기도 했다.

9 휘트니는 식민지 미국에서 태어났다. 그가 조면기를 발명한 1794년 식민지(이제는 주)는 독립한 상태였다.

10 John Adams, *The Diary and Autobiography of John Adams* (Cambridge, MA: Belknap, 1961), 2:150, 27.

11 Seavey, *Becoming Benjamin Franklin*, 115.

12 Claude-Anne Lopez and Eugenia Herbert, *The Private Franklin: The Man and His Family* (New York: Norton, 1975), 7.

13 벤저민이 6세였을 때 프랭클린 가족은 북쪽으로 약 다섯 블록 거리에 있던 훨씬 큰 집으로 이사했다.

14 Paul M. Zall, ed., *Ben Franklin Laughing* (Berkeley: University of California Press, 1980), 98.

15 벤저민 러시의 회상. Harold Bloom, ed., *Benjamin Franklin* (New York: Infobase Publishing, 2008), 17.

3 자기 지혜를 숨기지 못하는 사람은 바보다

1 Cotton Mather, *Essays to Do Good* (New York: Kindle, 2012), 462.

2 Paul M. Zall, ed., *Ben Franklin Laughing* (Berkeley: University of California Press, 1980), 131.

3 Daniel Defoe, *An Essay upon Projects* (New York: AMS Press, 1999), 12.

4 John Bunyan, *The Pilgrim's Progress* (London: Penguin Classics, 2008), 17.

5 *Plutarch's Lives*, translated by John Dryden (New York: Modern Library, 2001), 325.

6 같은 책, 201.

7 "B. 프랭클린의 이 고장 법률 책을 빌려간 사람은 본인이 누구에게 빌려주었는지 잊은 관계로 알아서 반납하길 바랍니다." *Pennsylvania Gazette*, July 24, 1735.

8 의사들 중에 예외가 한 명 있었다. 자브디엘 보일스턴은 이 새로운 접종 기술을 열렬히 수용했다. Eric Weiner, "How 18th Century Boston Countered Vaccine Hesitancy," *Medium*, September 20, 2021 참고.

9 Arthur Bernon Tourtellot, *Benjamin Franklin: The Shaping of Genius: The Boston Years* (Garden City, NY: Doubleday, 1977), 188.

10 Mather, *Essays to Do Good*, 64.

11 같은 책, 96.

12 같은 책, 282.

13 같은 책, 208.

14 Benjamin Franklin, *The Papers of Benjamin Franklin* (New Haven: Yale University Press, 1959), 20:286.

4 경험과 실험의 애호가

1 Leslie Hartley, *The Go-Between* (New York: New York Review Books, 1953), 17.

2 Stanley Finger, *Doctor Franklin's Medicine* (Philadelphia: University of Pennsylvania Press, 2006), 44.

3 프랭클린의 친구였던 앙드레 모를레가 전한 이 일화는 다음에서 인용되었다. Paul M. Zall, ed., *Ben Franklin Laughing* (Berkeley: University of California Press, 1980), 101.

4 자크 바뷰-뒤부르그에게 보낸 편지. Sarah Pomeroy, *Benjamin Franklin, Swimmer: An Illustrated History* (Philadelphia: American Philosophical Society Press, 2021), 6.

5 같은 책, 8.

5 가면 쓴 어린 현자

1 Benjamin Franklin, *Poor Richard's Almanack* (New York: Barnes & Noble, 2004), 62.

2 *New England Courant*, August 7, 1721.

3 J. A. Leo Lemay, *The Life of Benjamin Franklin* (Philadelphia: University of Pennsylvania Press, 2006), 1:111.

4 Ralph Ellison, *Shadow and Act* (New York: Vintage International), 54.

5 Jennifer Van Horn, *The Power of Objects in Eighteenth-Century British America* (Chapel Hill: University of North Carolina Press, 2017), 251.

6 John Updike, "Many Bens," *New Yorker*, February 22, 1988.

7 James Sappenfield, *A Sweet Instruction: Franklin's Journalism as a Literary Apprenticeship* (Carbondale: Southern Illinois University Press, 1973), 20:436.

8 같은 책, 16-17.

9 같은 책, 15.

10 Edmund Morgan, *Benjamin Franklin* (New Haven: Yale University Press, 2012), 146.

11 Theodor Adorno, *The Jargon of Authenticity* (London: Routledge Classics, 2003), 3.

12 Alan Watts, *The Book: On the Taboo against Knowing Who You Are* (New York: Vintage, 1989), 53.

6 영혼의 장소를 찾아서

1 Pauline Maier, "Boston and New York in the 18th Century," American

Antiquarian Society, October 21, 1981, https://www.americanantiquarian.org/proceedings/44517672.pdf.

2 David Anderson, "The Soldiers Who Died of Homesickness," *Conversation*, September 30, 2016, https://theconversation.com/the-soldiers-who-died-of-homesickness-65910.

3 Salman Rushdie, *Joseph Anton: A Memoir* (New York: Random House, 2012), 430.

4 1814년 2월 3일 토머스 제퍼슨에게 보낸 편지, https://founders.archives.gov/documents/Jefferson/03-07-02-0140.

5 Andrew Murphy, *William Penn: A Life* (New York: Oxford University Press, 2018), 159.

6 백인이 노예제도에 반대하며 벌인 최초의 시위는 독일 이주민 네 명의 주도로 4년 뒤인 1688년에 일어났다.

7 노예 비율은 18세기 대부분 큰 변화 없이 유지되었다. 역사가 게리 내시는 미국 독립혁명 직전에 필라델피아 주민 12명 중 한 명이 노예였으며 다섯 가구 중 한 가구에 노예가 있었다고 추산한다. Gary Nash, "Franklin and Slavery," *Proceedings of the American Philosophical Society* 150, no. 4 (2006), 618–635.

8 Russell Weigley, ed., *Philadelphia: A 300-Year History* (New York: Norton, 1982), 14.

9 Alexander Hamilton, *Gentleman's Progress: The Itinerarium of Dr. Alexander Hamilton* (New York: Alejandro's Libros, 2012), 623.

10 William Smith, Carl Bridenbaugh and Jessica Bridenbaugh, *Rebels and Gentlemen: Philadelphia in the Age of Franklin* (New York: Oxford University Press, 1962), 16.

11 이 방문객은 윌리엄 블랙이었다. Alan Houston, *Benjamin Franklin and the Politics of Improvement* (New Haven: Yale University Press, 2008), 75.

12 Billy Smith, "Benjamin Franklin, Civic Improver," in Page Talbott, ed., *Benjamin Franklin: In Search of a Better World* (New Haven: Yale University Press, 2005), 98.

13 조지아나에게 보내는 편지에서 프랭클린은 특출난 다람쥐였던 뭉고의 죽음을 애통해했다. "뭉고보다 뛰어난 다람쥐는 없었지. 뭉고는 훌륭한 교육을 받았고 널리 여행하며 세상을 두루 구경했으니."

2부 아무도 가지 않은 길을 떠나다

7 거짓말에서 시작된 여행

1 Percy Adams, "Benjamin Franklin and the Travel Writing Tradition" in J. A. Leo Lemay, ed., *The Oldest Revolutionary: Essays on Benjamin Franklin* (Philadelphia: University of Pennsylvania Press, 1976), 34.

2 Adams, *The Diary and Autobiography of John Adams* (Cambridge: Belknap Press, 1961), 369.

3 키스는 얼마 안 가 업보를 치렀다. 그는 채권자들에게 쫓겨 미국에서 영국으로 이 동했고 채무자 감옥에 수감되어 1749년 올드베일리 교도소에서 사망했다.

4 Daniel Defoe, *A Tour through the Whole Island of Great Britain* (New Haven: Yale University Press, 1991), 135.

8 커피하우스를 사랑한 이유

1 Kathryn Hughes, "Hans Sloane's 'Nicknackatory' and the Founding of the British Museum," *Guardian*, June 16, 2017.

2 프랭클린은 자신의 영웅인 아이작 뉴턴을 거의 만날 뻔했으나 결국 그러지 못했다.

3 William Stow, White, *A Great and Monstrous Thing: London in the Eighteenth Century* (Cambridge, MA: Harvard University Press, 2013), 7.

4 White, *A Great and Monstrous Thing*, 6.

5 Samuel Pepys, quoted in Anthony Clayton, *The Coffee Houses of London: A Stimulating Story* (London: Historical Publications, 2003), 7.

6 James Boswell, *The Life of Samuel Johnson* (London: Penguin Classics, 2008), 430.

7 이 말은 그리 정확하지 않다. 그는 보스턴과 필라델피아에서 인쇄 기술을 배웠고 런던에서 그 기술을 갈고닦았다.

8 주로 초상화가들의 전언을 토대로 프랭클린의 눈동자가 갈색이었다는 역사적 합 의가 이루어졌지만 그와 동시대를 살았던 일부 인물은 그의 눈동자를 녹갈색 또 는 회색으로 묘사했다. 벤저민 프랭클린에 관해서라면 그 무엇도 간단하지 않다.

9 전 재무장관이었던 윌리엄 윈덤 경.

9 운수 나쁜 여정 한가운데서

1 Robert Grudin, *The Grace of Great Things: Creativity and Innovation* (New York: Ticknor & Fields, 1990), 65.

2 프랭클린은 속도에 매혹되었다. 청교도 보스턴에서 도망친 10대 때 배는 그리 빠 르게 항해하지 못했다. 훗날 그는 바다를 더 빠르게 건널 방법을 고안했고 체신장

관 대리로서 식민지 우편 업무를 가속화했다.

3 또한 프랭클린은 한 젊은 상인에게 이렇게 조언했다. "새벽 5시와 밤 9시에 채권자의 귀에 당신의 망치질 소리가 들리면 6개월은 더 편하게 지낼 수 있다." Franklin, *Papers*, 37:304.

4 Thompson Mayes, *Why Old Places Matter* (London: Rowman & Littlefield, 2013), 7.

5 Carl Van Doren, *Benjamin Franklin* (New York: Viking, 1938), 292.

6 프랑스인 친구였던 피에르 카바니스는 프랭클린이 "정중한 마음"을 가졌다고 말했다. Kevin Hayes and Isabelle Bour, eds., *Franklin in His Own Time* (Iowa City: University of Iowa Press, 2011), 166.

7 Jean-Jacques Rousseau, *Emile, or On Education* (Mineola, NY: Dover, 2013), 369.

8 William James, "Pragmatism: A New Name for Some Old Ways of Thinking, Lecture II" (Project Gutenberg, 2004), https://www.gutenberg.org/files/5116/5116-h/5116-h.htm.

10 수정 가능한 삶에 대하여

1 Franklin, *The Papers of Benjamin Franklin* (New Haven: Yale University Press, 1959), 5:475.

3부 실용주의자 프랭클린을 만든 거의 모든 것

11 18세기판 실리콘밸리에서 벌어진 일

1 Kevin Hayes and Isabelle Bour, eds., *Franklin in His Own Time* (Iowa City: University of Iowa Press, 2011), 24.

2 같은 책, 165.

3 준토는 아마도 사생활을 보호해야 한다는(또는 맥주를 줄여야 한다는) 이유로 회원 로버트 크레이스의 집으로 모임 장소를 옮겼다.

4 Benjamin Franklin, *The Papers of Benjamin Franklin* (New Haven: Yale University Press, 1959), 1:255.

5 그 씨앗은 오늘날까지 계속 꽃을 피우고 있다. "벤 프랭클린 서클" 수십 개가 미국 전역에서 활발히 활동 중이다. Andrew Marantz, "Benjamin Franklin Invented the Chat Room," *New Yorker*, April 2, 2018.

12 될 때까지 그런 척하라

1 Pelin Kesebir and Selin Kesebir, "The Cultural Salience of Moral Character and Virtue Declined in Twentieth Century America," *Journal of Positive Psychology* 7

(2012), 471–480.

2   Joyce Chaplin, ed., *Benjamin Franklin's Autobiography* (New York: Norton, 2012),
    79–80.

3   같은 책, 87.

13 거의 읽지 않는 사람들도 구입한 책

1   프랭클린이 발명한 단어를 총망라한 목록은 다음을 보라. David Yerkes, "Franklin's
    Vocabulary," in J. A. Leo Lemay, ed., *Reappraising Benjamin Franklin* (Newark:
    University of Delaware Press, 1993), 396–411.

2   프랭클린은 친구 휴 메러디스와 동업했고, 메러디스의 가족이 두 사람에게 자금
    을 지원했다.

3   그의 프랑스인 친구 앙드레 모를레는 이렇게 말했다. "그는 제국을 세우면서도 술
    마시며 웃음을 터뜨릴 수 있고 진지한 동시에 유쾌할 수 있다. 그게 바로 우리의
    벤저민이다." Kevin Hayes and Isabelle Bour, eds., *Franklin in His Own Time* (Iowa
    City: University of Iowa Press, 2011), 151.

4   Lemay, *The Life of Benjamin Franklin*, 65.

5   프랭클린은《가난한 리처드의 연감》을 1만 부씩 팔았다. 당시 펜실베이니아 인구
    는 겨우 1만 5000명이었다.

6   프랭클린의 전기 작가 레오 르메이는《가난한 리처드의 연감》에 실린 격언 중 프
    랭클린이 직접 떠올린 것은 고작 10퍼센트뿐이라고 추정한다.

14 프로메테우스로 불린 사나이

1   Voltaire, "Poem on the Lisbon Disaster," in *Toleration and Other Essays by Voltaire*,
    translated by Joseph McCabe (New York: Knickerbocker Press, 1912), 86.

2   이저벨 밀러는 본명이 아니다. 프랭클린다운 태도로 그는 내게 가명을 요구했다.

3   역사가 에드먼드 모건은 프랭클린 삶의 이러한 측면에 관해 현재까지 알려진 내
    용을 다음과 같이 요약한다. "우리는 그가 집을 비운 긴 시간 동안 성적으로 신
    의를 지켰는지 아닌지 절대 알 수 없을 것이다." Edmund Morgan, *Benjamin
    Franklin* (New Haven: Yale University Press, 2012), 45.

4   역사가 리치 로버트슨은 이렇게 말한다. "자기 뇌와 관찰력을 사용하기로 한 사
    람이라면 누구든 분야를 가리지 않고 새로운 것을 배울 수 있었으며 과학 분야
    의 수많은 중요한 발견이 전문 교육을 받지 않은 아마추어의 손에 이루어졌다."
    Robertson, *The Enlightenment*, 5.

5   James Delbourgo, *A Most Amazing Scene of Wonders: Electricity and Enlightenment
    in Early America* (Cambridge, MA: Harvard University Press, 2006), 148.

6 William James, *Principles of Psychology* (New York: Dover, 1950), 2:110.
7 J. A. Leo Lemay, *The Life of Benjamin Franklin* (Philadelphia: University of Pennsylvania Press, 2009), 3:65.
8 Delbourgo, *A Most Amazing Scene of Wonders*, 9.
9 William Temple, Ritchie Robertson, *The Enlightenment: The Pursuit of Happiness* (New York: HarperCollins, 2021), 14-15.
10 Lemay, *The Life of Benjamin Franklin*, 3:105.
11 프랭클린은 자신이 최초로 번개가 전기임을 입증했다고 생각했지만 사실 프랑스인 발명가가 프랭클린이 고안한 실험을 통해 몇 달 앞서 이 사실을 증명했다.
12 프리드리히 멜키오르 폰 그림 남작이 프랭클린이 프랑스어로 한 이 발언을 기록으로 남겼다. Benjamin Franklin, *The Papers of Benjamin Franklin* (New Haven: Yale University Press, 1959), 40:544-547.
13 몬티첼로의 노예였던 아이작 제퍼슨의 회상. Kevin Hayes and Isabelle Bour, eds., *Franklin in His Own Time* (Iowa City: University of Iowa Press, 2011), 151.
14 Carla Mulford, *Benjamin Franklin and the Ends of Empire* (Oxford: Oxford University Press), 289.
15 John Adams, diary entry June 3, 1779, Massachusetts Historical Society, http://www.masshist.org/digitaladams/.
16 Stanley Finger, *Dr. Franklin's Medicine* (Philadelphia: University of Pennsylvania Press, 2006), 106.

15 풍자에는 늘 그럴듯한 핑계가 있다

1 Benjamin Franklin, *Autobiography, Poor Richard, and Later Writings* (New York: Library of America, 1987), 203-210.
2 Jill Lepore, "What Poor Richard Cost Benjamin Franklin," *New Yorker*, January 20, 2008.
3 Carl Japikse, *Fart Proudly: Writings of Benjamin Franklin You Never Read in School* (Berkeley, CA: Frog Books, 1990), 15.
4 같은 책.
5 John Morreall, "Philosophy of Humor," *The Stanford Encyclopedia of Philosophy* (2023), https://plato.stanford.edu/archives/sum2023/entries/humor/.
6 같은 글.
7 Stephen Sayre, Kevin Hayes and Isabelle Bour, eds., *Franklin in His Own Time* (Iowa City: University of Iowa Press, 2011), xiii.
8 John Adams, "From John Adams to Boston Patriot, November 8, 1810,"

Founders Online, National Archives, https://founders.archives.gov/documents/
Adams/99-02-02-5574.

16 쓸모 있는 거짓말

1 Shantideva, *A Guide to the Bodhisattva's Way of Life* (Dharamsala: Library of Tibetan Works and Archives, 1979), 20.

2 Ryan Aponte, "Dharma of the Founders: Buddhism within the Philosophies of Benjamin Franklin, Thomas Jefferson, and Elihu Palmer," master's thesis (Georgetown University, 2012).

3 Shantideva, *A Guide to the Bodhisattva's Way of Life*, 4.

4 프랭클린의 친구 아베 르페브르 드 라 로셰가 전한 일화. Paul M. Zall, ed., *Ben Franklin Laughing: Anecdotes from Original Sources by and about Benjamin Franklin* (Berkeley: University of California Press, 1980), 111.

5 Stanley Finger, *Doctor Franklin's Medicine* (Philadelphia: University of Pennsylvania Press, 2006), 4.

6 폴리 스티븐슨, 결혼 후 이름인 메리 휴슨으로 다음에서 인용되었다. Jared Sparks, *The Life of Benjamin Franklin* (Boston: Tappan, Whittemore, and Mason, 1850), 532.

7 병원은 필라델피아 주민 존 킨제이의 집에서 문을 열었다. 전용 건물은 몇 년 뒤 완공되었다.

8 *Consider a classic Buddhist parable: The Lotus Sutras*, translated by Burton Watson (New York: Columbia University Press, 1994), 61.

9 Alan Houston, *Benjamin Franklin and the Politics of Improvement* (New Haven: Yale University Press, 2008), 69.

17 나체가 된다는 것의 의미

1 Benjamin Franklin, *The Papers of Benjamin Franklin* (New Haven: Yale University Press, 1959), 7:106.

2 이 방문객은 토머스 쿰이었다. Julie Flavell, *When London Was Capital of America* (New Haven: Yale University Press, 2010), 223.

3 Kevin Hayes and Isabelle Bour, eds., *Franklin in His Own Time* (Iowa City: University of Iowa Press, 2011), 53.

4 Stanley Finger, *Doctor Franklin's Medicine* (Philadelphia: University of Pennsylvania Press, 2006), 172.

5 애덤스는 자신의 1776년 9월 9일 자 일기에서 이 일화를 회상한다. *John Adams*

Autobiography, Vol. 1, Massachusetts Historical Society. http://www.masshist.org/digitaladams/.

6 Colin Schultz, "Why Was Benjamin Franklin's Basement Filled with Skeletons?", *Smithsonian*, October 3, 2013.

4부 불가능을 가능하게 만들다

18 분노를 다루는 방법

1 Claire Rydell Arcenas and Caroline Winterer, "The Correspondence Network of Benjamin Franklin: the London Decades," Stanford University Online Project, http://republicofletters.stanford.edu/publications/franklin/.

2 Franklin, *Papers*, 26:220.

3 Marcus Aurelius, *Meditations*, translated by Diskin Clay (London: Penguin Classics, 2006), 66.

4 Stanley Finger and William Zeitler, "Benjamin Franklin and his glass armonica: from music as therapeutic to pathological," *Progress in Brain Research* 216 (2015), 93–125.

5 Franklin, *Papers*, 20:570.

6 토머스 허친슨에게 보낸 1769년 1월 20일 자 편지. Founders Online, National Archives, https://founders.archives.gov/documents/Franklin/01-20-02-0282-0007.

7 Franklin, *Papers*, 21:112.

8 Franklin, *Papers*, 21:37.

9 Edward Bancroft, Michael Warner, "Franklin and the Letters of the Republic," *Representations* 16 (1986), 110–130.

10 프랭클린이 했다는 이 위협은 투계장 청문회가 있고 거의 10년이 지났을 때 런던의 한 잡지에 보도되었다. 역사가 대부분은 이 보도를 그리 신뢰하지 않는다. Paul M. Zall, *Ben Franklin Laughing: Anecdotes from Original Sources by and About Benjamin Franklin* (Berkeley: University of California Press, 1980), 77.

19 어디로 가는지 모르겠다면 지나온 길을 돌아보라

1 Benjamin Franklin, *The Papers of Benjamin Franklin* (New Haven: Yale University Press, 1959), 18:65.

2 Peter Hoffer, *When Benjamin Franklin Met the Reverend Whitefield: Enlightenment, Revival and the Power of the Printed Word* (Baltimore: John Hopkins University Press, 2011), 16.

3 Ormond Seavey, *Becoming Benjamin Franklin: The Autobiography and the Life* (University Park: Penn State University Press, 1990), 39.

4 Alexander Pope, "An Essay on Man Epistle 1," The Poetry Foundation, https://www.poetryfoundation.org/poems/44899/an-essay-on-man-epistle-i.

5 프랭클린과 벤저민 러시는 담배에 관해 생각이 같았다. Harold Bloom, *Benjamin Franklin* (New York: Infobase Publishing, 2008), 14.

6 Joyce Chaplin, ed., *Benjamin Franklin's Autobiography* (New York: Norton, 2012), 11.

7 Elisabeth Lasch-Quinn, "Pastlessness," *Hedgehog Review* (Summer 2022), https://hedgehogreview.com/issues/the-use-and-abuse-of-history/articles/pastlessness.

8 Constantine Sedikides et al., "Nostalgia: Conceptual Issues and Existential Functions," in Jeff Greenberg, ed. *Handbook of Experimental Existential Psychology* (New York: Guilford Press, 2004), 201.

9 Somerset Maugham, *Points of View* (New York: Doubleday, 1959), 70.

10 Robert Butler, "The Life Review: An Interpretation of Reminiscence in the Aged," *Psychiatry* 26, no. 1 (1963), 65–76.

11 같은 글.

12 Bin Li, Qin Zhu, and Rubo Cui, "Can Good Memories of the Past Instill Happiness? Nostalgia Improves Subjective Well-Being by Increasing Gratitude," *Journal of Happiness Studies* 24 (2023), 699–715.

20 남을 것인가, 떠날 것인가

1 Donald Redelmeier, Joel Katz, and Daniel Kahneman, "Memories of Colonoscopy: A Randomized Trial," *Pain* 104, no. 1 (2003), 187–194.

2 사실 벤은 1757년부터 1774년까지 17년을 런던에서 살았으나 1763년과 1764년에 총 18개월을 필라델피아로 돌아와서 보냈다.

3 프랭클린은 1785년 8월 19일 자 편지에서 친구 윌리엄 스트레이핸에게 이 발언을 전했다.

4 Franklin, *Papers*, 20:336. 프랭클린은 이 습관을 "자문대수학"이라고 부르기도 했다.

5 Benjamin Franklin, *The Papers of Benjamin Franklin* (New Haven: Yale University Press, 1959), 16:152.

6 같은 책, 21:42.

7 같은 책.

8 Hayes and Bour, *Franklin in His Own Time*, 43.

21 70세 혁명의 할아버지

1 Marissa A. Sharif, "How Having Too Little or Too Much Time Is Linked to Lower Subjective Well-Being," *Journal of Personality and Social Psychology* 121, no. 4 (2021), 933–947.

2 Richard Larson, "Perspectives on Queues: Social Justice and the Psychology of Queueing," *Operations Research* 35, no. 6 (1987), 895–905.

3 Robert Louis Stevenson, *Travels with a Donkey in the Cevennes* (Boston: Roberts Brothers, 1879), 81.

4 Thomas Hutchinson, *The Diary and Letters of Thomas Hutchinson* (New York: Burt Franklin, 1971), 237.

5 Kevin Hayes and Isabelle Bour, eds., *Franklin in His Own Time* (Iowa City: University of Iowa Press, 2011), 53.

6 Gordon Wood, *The Americanization of Benjamin Franklin* (New York: Penguin, 2004), 162.

7 윌리엄 스트레이핸이 1775년에 프랭클린에게 보낸 편지. Benjamin Franklin, *The Papers of Benjamin Franklin* (New Haven: Yale University Press, 1959), 20:220.

8 W. S. C. Copeman, *A Short History of the Gout* (Berkeley: University of California Press, 1964), 80.

9 Stanley Finger, *Doctor Franklin's Medicine* (Philadelphia: University of Pennsylvania Press, 2006), 287.

10 Carl Van Doren, ed., *Letters of Benjamin Franklin and Jane Mecom* (Princeton: Princeton University Press, 2015), 340.

11 Clay Routledge et al., "Nostalgia as a Resource for Psychological Health and Well-Being," *Social and Personality Psychology Compass* 7, no. 11 (2013), 808–818.

12 Gerben J. Westerhof and Syl Slatman, "In Search of the Best Evidence for Life Review Therapy to Reduce Depressive Symptoms in Older Adults: A Meta-Analysis of Randomized Controlled Trials," *Clinical Psychology: Science and Practice* 26, no. 4 (2019), 26 e12301.

13 J. Jefferson Looney, ed., *The Papers of Thomas Jefferson* (Princeton: Princeton University Press, 2016), 13:464.

14 Hayes and Bour, *Franklin in His Own Time*, 136.

15 P. Boyd, ed., *The Papers of Thomas Jefferson* (Princeton: Princeton University Press, 1950), 1:243.

16 Van Doren, *Benjamin Franklin*, 552.

17 John Locke, *An Essay Concerning Human Understanding* (Hertfordshire:

Wordsworth Editions, 2014), 27.

18 Larry R. Gerlach, ed., "New Jersey in the American Revolution, 1763–1783: A Documentary History" (Trenton: New Jersey Historical Commission, 1975), 210.

19 *Proceedings of the New Jersey Historical Society* (Trenton: New Jersey Historical Society, 1918), 3:47.

20 Benjamin Franklin, *The Papers of Benjamin Franklin* (New Haven: Yale University Press, 1959), 22:551.

21 Henri Doniol, *Histoire de la Participation de la France à l'Etablissement des États-Unis d'Amerique* (Paris: Imprimerie Nationale, 1886), 1:267.

22 같은 책.

23 David Schoenbrun, *Triumph in Paris: The Exploits of Benjamin Franklin* (New York: Harper, 1976), 50.

24 Franklin, *Papers*, 22:104.

22 프랑스 프로젝트

1 Harold Bloom, ed., *Benjamin Franklin* (New York: Infobase Publishing, 2008), 19.

2 William Bell Clark, *Lambert Wickes, Sea Raider and Diplomat: The Story of a Naval Captain of the Revolution* (New Haven: Yale University Press, 1932), 100.

3 Benjamin Franklin, *The Papers of Benjamin Franklin* (New Haven: Yale University Press, 1959), 2:229.

4 Thomas Fleming, "Franklin Charms Paris," *American Heritage* (Spring 2010).

5 Claude-Anne Lopez and Eugenia Herbert, *The Private Franklin: The Man and His Family* (New York: Norton, 1975), 278.

6 Lorraine Smith Pangle, *The Political Philosophy of Benjamin Franklin* (Baltimore: Johns Hopkins University Press, 2007), 69.

7 William Temple Franklin, *Memoirs of the Life and Writings of Benjamin Franklin* (London: Henry Colburn, 1818), 1:329.

8 수호통상조약과 동맹조약. 둘 다 1778년 2월에 조인되었다.

9 Kevin Hayes and Isabelle Bour, eds., *Franklin in His Own Time* (Iowa City: University of Iowa Press, 2011), 127.

10 Donald Justice, "Men at Forty," *Poetry* 108, no. 2 (May 1966).

11 이 그림은 현재 필라델피아 미술관에 전시되어 있다. 직접 보면 훨씬 인상적이다.

12 John Adams, *John Adams Autobiography*, 2:26. Massachusetts Historical Society, http://www.masshist.org/digitaladams/.

13 Hayes and Bour, *Franklin in His Own Time*, 69.

14 Hayes and Bour, *Franklin in His Own Time*, 134.

15 Jonathan Dull, *Franklin the Diplomat: The French Mission* (Philadelphia: American Philosophical Society Press, 1982), 9.

16 Yu Niiya, "Does a Favor Request Increase Liking toward the Requester?," *Journal of Social Psychology* 156, no. 2 (2016), 211–221.

17 Hayes and Bour, *Franklin in His Own Time*, 130.

18 개별 세포의 수명은 매우 다양하다. 예를 들어 결장에 있는 세포는 며칠마다 교체되는 한편 근육 세포와 지방 세포는 재생되는 데 70년이 걸릴 수도 있다. 뇌와 눈에 있는 세포 같은 일부 세포는 평생 불변한다.

19 Lopez and Herbert, *The Private Franklin*, 281.

20 같은 책, 282.

5부 더 많은 프랭클린이 필요해

23 프랭클린도 풀지 못한 문제

1 이 에세이는 프랭클린이 불면증을 겪던 친구 캐서린 시플리에게 보낸 편지에 들어 있다. Benjamin Franklin, *The Papers of Benjamin Franklin* (New Haven: Yale University Press, 1959), May 2, 1786.

2 윌리엄 프랭클린이 1784년 7월 22일에 벤저민 프랭클린에게 보낸 편지.

24 자신의 의심까지도 의심하라

1 Claude-Anne Lopez and Eugenia Herbert, *The Private Franklin: The Man and His Family* (New York: Norton, 1975), 287.

2 이 발언은 프랭클린이 파리를 방문했을 때 토머스 페인에게 한 것으로 알려졌다. John Epps, *The Life of John Walker, MD* (London: Whittaker, Treacher, 1832), 145.

3 과학자 앤드루 엘리콧의 표현. Kevin Hayes and Isabelle Bour, eds., *Franklin in His Own Time* (Iowa City: University of Iowa Press, 2011), 99.

4 같은 책, 100.

5 Harold Bloom, *Benjamin Franklin* (New York: Infobase Publishing, 2008), 19.

6 Bernard Cohen, *Science and the Founding Fathers* (New York: Norton, 1995), 189.

7 Hastings Lyon, *The Constitution and the Men Who Made It* (Boston: Houghton Mifflin, 1936), 73.

8   John Selden, *The Table Talk of John Selden* (London: John Russell Smith, 1856), 120.

9   프랭클린의 지인이었던 역사가 콘스탄틴 볼니가 프랭클린의 이 발언을 회상했다. Zall, *Ben Franklin Laughing*, 142.

10 William Carr, *The Oldest Delegate: Franklin in the Constitutional Convention* (Newark: University of Delaware Press, 1990), 56.

11 제임스 매디슨이 프랭클린의 이 발언을 회상했다. Max Farrand, ed., *The Records of the Federal Convention of 1787*, https://oll.libertyfund.org/title/farrand-the-records-of-the-federal-convention-of-1787-vol-1.

12 Donald Meyer, in Melvin Buxbaum, ed., *Critical Essays on Benjamin Franklin* (Boston: G. K. Hall, 1987), 164.

13 John William Ward, "Who Was Benjamin Franklin," *American Scholar* 32, no. 4 (Autumn 1963), 563.

14 이 대화는 메릴랜드주의 대표 제임스 맥헨리를 통해 전해졌다. "Papers of Dr. James McHenry on the Federal Convention of 1787," *American Historical Review* 11, no. 3 (1906), 595–624.

25 반면교사라는 훌륭한 교사

1   프랭클린에게 노예가 정확히 몇 명 있었는지 짚어내기는 어렵다. 역사가 게리 내시는 이렇게 설명한다. "북부의 노예 소유주 대다수와 마찬가지로 프랭클린도 노예의 탄생과 죽음, 결혼을 기록하지 않았는데, 노예 소유가 남부의 대규모 농장에서처럼 생산 과정의 핵심 요소가 아니었기 때문이다." Nash, "Franklin and Slavery," *Proceedings of the American Philosophical Society*, 619.

2   Henry Wiencek, "The Dark Side of Thomas Jefferson," *Smithsonian Magazine*, October 2012.

3   Anonymous, *Liber Facetiarum: Being a Collection of Curious and Interesting Anecdotes* (Newcastle upon Tyne: Dr. Akenhead and Sons, 1809), 182.

4   Franklin, *Papers*, 1:378.

5   같은 책, 1:345.

6   Nash, "Franklin and Slavery," *Proceedings of the American Philosophical Society*, 621.

7   Franklin, *Papers*, 1:217.

8   Benjamin Lay, *All Slave Keepers That Keep the Innocent in Bondage, Apostates* (Philadelphia [Printed for the author], 1737), 106.

9   Marcus Redeker, "The 'Quacker Comet' was the Greatest Abolitionist You've

Never Heard Of," *Smithsonian Magazine*, September 2017.

10 아직 20대였던 1735년에 프랭클린은 일찍이 조지프라는 이름의 소년을 노예로 삼았다. Nash, "Franklin and Slavery," *Proceedings of the American Philosophical Society*, 619.

11 Thomas Jefferson, *Notes on the State of Virginia* (Boston: Lilly and Wait, 1832), 145, https://tile.loc.gov/storage-services/service/gdc/lhbcb/04902/04902.pdf.

12 같은 책, 146.

13 같은 책, 150.

14 I. Bernard Cohen, "The Empirical Temper," in Charles Sanford, ed., *Benjamin Franklin and the American Character* (Boston: D. C. Heath, 1955), 91.

15 모든 역사가가 노예제도에 대한 프랭클린의 생각이 진짜로 변했다고 믿는 것은 아니다. 반대되는 견해는 다음을 참조하라. David Waldstreicher, *Runaway America: Benjamin Franklin, Slavery, and the American Revolution* (New York: Hill and Wang, 2014).

16 이 단체의 정식 이름은 '노예제도의 폐지와 불법으로 속박된 자유 흑인의 구제를 촉진하는 펜실베이니아 협회'였다.

17 Franklin, *Papers*, "From the Pennsylvania Abolition Society: Constitution," April 23, 1787.

26 프랭클린이 남긴 발자국

1 William Pepper, *The Medical Side of Benjamin Franklin* (Philadelphia: William J. Campbell, 1911), 114.

2 Bigelow, *The Works of Benjamin Franklin*, vol. 12, 197.

3 같은 책.

4 프랭클린의 친구였던 벤저민 러시가 1790년 4월 24일에 리처드 프라이스에게 보낸 편지에서 이 일화를 전했다. Zall, *Ben Franklin Laughing*, 98.

| 참고도서 |

Alsop, Susan Mary. *Yankees at the Court: The First Americans in Paris*. New York: Washington Square Press, 1982.

Anderson, Douglas. *The Radical Enlightenments of Benjamin Franklin*. Baltimore: Johns Hopkins University Press, 1997.

Barbour, Frances, ed. *A Concordance to the Sayings in Franklin's Poor Richard*. Detroit: Gale Research Company, 1974.

Battaly, Heather. *Virtue*. Cambridge, UK: Polity, 2015.

Becker, Carl L. *Benjamin Franklin*. Ithaca, NY: Cornell University Press, 1946.

Bloom, Harold, ed. *Benjamin Franklin*. New York: Infobase Publishing, 2008.

Bridenbaugh, Carl, and Jessica Bridenbaugh. *Rebels and Gentlemen: Philadelphia in the Age of Franklin*. New York: Oxford University Press, 1962.

Bunker, Nick. *Young Benjamin Franklin: The Birth of Ingenuity*. New York: Knopf, 2018.

Bunyan, John. *The Pilgrim's Progress*. London: Penguin Classics, 2008.

Buxbaum, Melvin, ed. *Critical Essays on Benjamin Franklin*. Boston: G. K. Hall, 1987.

Campbell, James. *Recovering Franklin: An Exploration of a Life of Science and Service*. Chicago: Open Court, 1999.

Carr, William. *The Oldest Delegate: Franklin in the Constitutional Convention*. Newark: University of Delaware Press, 1990.

Chaline, Eric. *Strokes of Genius: A History of Swimming*. London: Reaktion Books, 2017.

Chaplin, Joyce, ed. *Benjamin Franklin's Autobiography*. New York: Norton, 2012.

Clayton, Anthony. *The Coffee Houses of London: A Stimulating Story*. London: Historical Publications, 2003.

Cohen, I. Bernard. *Science and the Founding Fathers*. New York: Norton, 1995.

Conner, Paul W. *Poor Richard's Politicks: Benjamin Franklin and His New American Order*. New York: Oxford University Press, 1965.

Defoe, Daniel. *An Essay upon Projects*. New York: AMS Press, 1999.

Delbourgo, James. *A Most Amazing Scene of Wonders: Electricity and Enlightenment in Early America.* Cambridge, MA: Harvard University Press, 2006.

Dull, Jonathan R. *Franklin the Diplomat: The French Mission.* Philadelphia: American Philosophical Society Press, 1982.

————. *Benjamin Franklin and the American Revolution.* Lincoln: University of Nebraska Press, 2010.

Epstein, Daniel. *The Loyal Son: The War in the Franklin House.* New York: Ballantine Books, 2017.

Finger, Stanley. *Doctor Franklin's Medicine.* Philadelphia: University of Pennsylvania Press, 2006.

Flavell, Julie. *When London Was Capital of America.* New Haven: Yale University Press, 2010.

Franklin, Benjamin. *The Papers of Benjamin Franklin,* vols. 1–43. New Haven: Yale University Press, 1959.

————. *Autobiography, Poor Richard, and Later Writings.* New York: Library of America, 1987.

————. *Silence Dogood, the Busy-Body, and Early Writings.* New York: Library of America, 1987.

Gargaz, Pierre-André. *A Project of Universal and Perpetual Peace.* New York: Garland, 1973.

Goodwin, George. *Benjamin Franklin in London: The British Life of America's Founding Father.* New Haven: Yale University Press, 2016.

Hamilton, Alexander. *Gentleman's Progress: The Itinerarium of Dr. Alexander Hamilton.* New York: Alejandro's Libros, 2012.

Hayes, Kevin, and Isabelle Bour, eds. *Franklin in His Own Time: A Biographical Chronicle of His Life, Drawn from Recollections, Interviews, and Memories by Family, Friends, and Associates.* Iowa City: University of Iowa Press, 2011.

Hoffer, Peter. *When Benjamin Franklin Met the Reverend Whitefield: Enlightenment, Revival, and the Power of the Printed Word.* Baltimore: John Hopkins University Press, 2011.

Houston, Alan. *Benjamin Franklin and the Politics of Improvement.* New Haven: Yale University Press, 2008.

Huang, Nian-Sheng. *Benjamin Franklin in American Thought and Culture 1790–1990.* Philadelphia: American Philosophical Society, 1994.

Inglis, Lucy. *Georgian London: Into the Streets.* London: Penguin, 2013.

Isaacson, Walter. *Benjamin Franklin: An American Life.* New York: Simon & Schuster, 2003.

Japikse, Carl. *Fart Proudly: Writings of Benjamin Franklin You Never Read in School.* Berkeley, CA: Frog Books, 1990.

Kerry, Paul E., and Matthew S. Holland, eds. *Benjamin Franklin's Intellectual World.* Madison, NJ: Fairleigh Dickinson University Press, 2012.

Lemay, J. A. Leo, ed. *The Oldest Revolutionary: Essays on Benjamin Franklin.* Philadelphia: University of Pennsylvania Press, 1976.

———, ed. *Reappraising Benjamin Franklin.* Newark: University of Delaware Press, 1993.

———. *The Life of Benjamin Franklin*, vols. 1–3. Philadelphia: University of Pennsylvania Press, 2006.

Locke, John. *An Essay Concerning Human Understanding.* Hertfordshire: Wordsworth Editions, 2014.

Lopez, Claude-Anne. *Mon Cher Papa: Franklin and the Ladies of Paris.* New Haven: Yale University Press, 1990.

Lopez, Claude-Anne, and Eugenia Herbert. *The Private Franklin: The Man and His Family.* New York: Norton, 1975.

Mather, Cotton. *Essays to Do Good: Modern English Version.* New York: Kindle, 2012.

Mayes, Thompson. *Why Old Places Matter.* London: Rowman & Littlefield, 2013.

Menz, Steve. *Ocean.* New York: Bloomsbury Academic, 2020.

Morgan, David T. *The Devious Dr. Franklin, Colonial Agent: Benjamin Franklin's Years in London.* Macon, GA: Mercer University Press, 1999.

Morgan, Edmund. *Benjamin Franklin.* New Haven: Yale University Press, 2012.

Mulford, Carla, ed. *The Cambridge Companion to Benjamin Franklin.* Cambridge: Cambridge University Press, 2008.

Nunley, John, and Cara McCarty, eds. *Masks: Faces of Culture.* St. Louis: Harry Abrams, 1999.

Pangle, Lorraine Smith. *The Political Philosophy of Benjamin Franklin.* Baltimore: Johns Hopkins University Press, 2007.

Pomeroy, Susan. *Benjamin Franklin, Swimmer: An Illustrated History.* Philadelphia: American Philosophical Society Press, 2021.

Postman, Neil. *Building a Bridge to the 18th Century: How the Past Can Improve Our Future.* New York: Vintage, 1999.

Robertson, Ritchie. *The Enlightenment: The Pursuit of Happiness.* New York: HarperCollins, 2021.

Rossiter, Clinton. *Seedtime of the Republic: The Origin of the American Tradition of Political Liberty.* New York: Harcourt Brace, 1953.

Sanford, Charles, ed. *Benjamin Franklin and the American Character*. Boston: Heath, 1955.

Sappenfield, James. *A Sweet Instruction: Franklin's Journalism as a Literary Apprenticeship*. Carbondale: Southern Illinois University Press, 1973.

Schoenbrun, David. *Triumph in Paris: The Exploits of Benjamin Franklin*. New York: Harper, 1976.

Seavey, Ormond. *Becoming Benjamin Franklin: The Autobiography and the Life*. University Park: Penn State University Press, 1990.

Shantideva. *A Guide to the Bodhisattva's Way of Life*. Dharamsala: Library of Tibetan Works and Archives, 1979.

Slack, Kevin. *Benjamin Franklin, Natural Right, and the Art of Virtue*. Rochester, NY: University of Rochester Press, 2017.

Talbott, Page, ed. *Benjamin Franklin: In Search of a Better World*. New Haven: Yale University Press, 2005.

Tanford, Charles. *Ben Franklin Stilled the Waves*. Oxford: Oxford University Press, 2004.

Thane, Pat, ed. *A History of Old Age*. Los Angeles: J. Paul Getty Museum, 2005.

Tise, Larry, ed. *Benjamin Franklin and Women*. University Park: Penn State University Press, 2000.

Tourtellot, Arthur Bernon. *Benjamin Franklin: The Shaping of Genius: The Boston Years*. Garden City, NY: Doubleday, 1977.

Van Doren, Carl. *Benjamin Franklin*. New York: Book-of-the-Month Club, 1938.

Van Horn, Jennifer. *The Power of Objects in Eighteenth-Century British America*. Chapel Hill: University of North Carolina Press, 2017.

Walters, Kerry. *Benjamin Franklin and His Gods*. Chicago: University of Illinois Press, 1999.

Weigley, Russell, ed. *Philadelphia: A 300-Year History*. New York: Norton, 1982.

White, Jerry. *A Great and Monstrous Thing: London in the Eighteenth Century*. Cambridge, MA: Harvard University Press, 2013.

Winterer, Caroline: *American Enlightenments: Pursuing Happiness in the Age of Reason*. New Haven: Yale University Press, 2016.

Zall, Paul M., ed. *Ben Franklin Laughing: Anecdotes from Original Sources by and about Benjamin Franklin*. Berkeley: University of California Press, 1980.

―――. *Benjamin Franklin's Humor*. Lexington: University Press of Kentucky, 2005.

Ziff, Larzer, ed. *The Portable Benjamin Franklin*. New York: Penguin Classics, 2005.

옮긴이 김하현

서강대학교 신문방송학과를 졸업하고 출판사에서 편집자로 일한 뒤 현재 전문 번역가로 활동하고 있다. 옮긴 책으로 《도둑맞은 집중력》, 《소크라테스 익스프레스》, 《아무것도 하지 않는 법》, 《식사에 대한 생각》, 《디컨슈머》, 《한 번 더 피아노 앞으로》, 《지구를 구할 여자들》, 《결혼 시장》, 《팩트의 감각》, 《미루기의 천재들》, 《분노와 애정》 등이 있다.

프랭클린 익스프레스

초판 1쇄 발행 2024년 9월 2일
초판 4쇄 발행 2024년 9월 27일

지은이 에릭 와이너
옮긴이 김하현
발행인 김형보
편집 최윤경, 강태영, 임재희, 홍민기, 강민영, 송현주, 박지연
마케팅 이연실, 이다영, 송신아 **디자인** 송은비 **경영지원** 최윤영

발행처 어크로스출판그룹(주)
출판신고 2018년 12월 20일 제 2018-000339호
주소 서울시 마포구 동교로 109-6
전화 070-5080-4113(편집) 070-7564-0279(영업) **팩스** 02-6085-7676
이메일 across@acrossbook.com **홈페이지** www.acrossbook.com

한국어판 출판권 ⓒ 어크로스출판그룹(주) 2024

ISBN 979-11-6774-167-7 03100

만든 사람들
편집 강태영 **교정** 윤정숙
표지디자인 [★]규 **본문디자인** 송은비 **표지 및 본문 그림** junichi koka **조판** 박은진